Wege der Patientenführung

Die unter sich selbst leiden

Hilfe für psychisch Kranke

Ein Psychiatrielehrbuch für Behandelnde und Betroffene

H.-J. Haase, Klingenmünster

peri med fach buch

perimed Fachbuch-Verlagsgesellschaft mbH
D-8520 Erlangen

CIP-Kurztitelaufnahme der Deutschen Bibliothek

Haase, Hans-Joachim:
Die unter sich selbst leiden: Hilfe für psychisch Kranke.
Ein Psychiatrielehrbuch für Behandelnde und Betroffene/H.-J. Haase. –
Erlangen: perimed Fachbuch-Verlagsgesellschaft, 1980.

(Wege der Patientenführung; Bd. 2)

ISBN 3-88429-017-7

ISBN 3-88429-017-7

Satz: Lichtsatz Vogt, Bamberg
Druck: Grafik und Druck, München

Inhaltsverzeichnis

Geleitwort

Von den Millionen, die als psychisch Behandlungsbedürftige unter sich selbst leiden, finden nur relativ wenige den Weg zum Facharzt für Nervenheilkunde bzw. zum fachlich geschulten Psychotherapeuten. Sie finden diesen Weg nicht, weil ihnen die psychische Bedingtheit ihres Leidens nicht bewußt ist, oder auch, weil sie diesen Weg scheuen.

Den Ärzten bot ein überbetont naturwissenschaftliches Medizinstudium viel Wissen über den kranken Körper und wenig Wissen über den kranken Menschen an. Die Mehrzahl der Nervenärzte wiederum sind vorwiegend Psychiater oder Neurologen und haben auch als Psychiater in der Mehrzahl bisher keine Sonderausbildung in Psychotherapie. Viele psychotherapeutisch tätige Ärzte oder Psychologen wiederum lernten wenig oder auch nichts über die Möglichkeiten der Behandlung von Psychosen mit Psychopharmaka. Die Soziotherapie, d.h. die Einschaltung der Gesunden im Bereich der Familie, der Nachbarn und Bekannten, sowie bisher unbekannter Personen als Laien und Paten in die Behandlung und Betreuung derjenigen, die unter sich selbst leiden, ist uns allen gemeinsam noch überwiegendes Neuland.

Als Folge dieser Mißstände ergibt sich die Tatsache, daß nicht nur die Mehrzahl der psychisch Leidenden, sondern viele derjenigen, die ihnen behandelnd oder betreuend entgegenkommen möchten, Informationslücken haben. Doch gilt es beim Helfen auch das Richtige zu tun. Nicht nur die Einfühlung in den Einzelnen, der behandelt bzw. betreut wird, sondern auch das Wissen um die sehr unterschiedlichen Erscheinungsweisen, Entstehungsbedingungen und Behandlungsmöglichkeiten verschiedener Formen von Psychosen, Neurosen, abnormer Erlebnisreaktionen, Suchterkrankungen, psychischer Erkrankungen im Alter u.a. sind für die Behandelnden und Betreuenden wie für die Betroffenen unerläßliche Voraussetzung, will man die vielen therapeutischen Möglichkeiten, seelisches Leiden zu beenden, für andere oder sich selbst optimal nutzen.

Bei denjenigen, die unter sich selbst leiden, ist die freie Willensbildung und damit realistische Bewältigung des Lebens durch neurotisch bedingte Angst- bzw. Schuldreflexe eingeengt, durch Verdrängungen verzerrt oder auch durch schwere Formen der Suchterkrankungen und Psychosen gänzlich aufgehoben. Sie können äußere Schicksalbelastungen nicht mit eigener Kraft realistisch und frei überwinden, noch genügen ihnen Trost und Zuspruch durch andere, denn psychische Störungen bedürfen der Behandlung, über deren notwendige Grundlagen nicht nur die Behandelnden, sondern auch die Betroffenen und Betreuuenden informiert werden sollten, um unnötige Fehlbehandlungen wie Behandlungswiderstände zu vermeiden. Es kann keine Alleingänge der Behandelnden, Betreuenden und unmittelbar oder mittelbar Betroffenen geben. Wenn z. B. bei einem Patienten mit einer depressiven Psychose eine Bezugsperson fälschlich zum „reiß Dich zusammen" rät, ein einseitig geschulter Psychiater nur Psychopharmaka verordnet und ein einseitig geschulter Psychotherapeut, zu dem der Patient überwechselt, nur psychotherapeutisch behandelt, hilflos ist, weil er nichts über Erscheinungsweise, Entstehung und Behandlung einer depressiven Psychose weiß, dann kommt zum Leid der Erkrankung für den Patienten noch das Leid der Behandlung und Betreuung hinzu.

Das Buch wendet sich daher nicht nur an speziell geschulte Therapeuten oder solche, die es als Medizin- oder Psychologiestudenten werden wollen, um Informationslücken auszufüllen, sondern auch durch eingeschaltete allgemeinverständliche Passagen, ein psychiatrisches Repetitorium und Merkblätter für Patienten und Angehörige an Betreuende und Betroffene, um ein für die Behandlung und Betreuung dringend erforderliches Allgemeinwissen zu vermitteln.

Hans-Joachim Haase, Klingenmünster Oktober 1980

Psychiatrie – Gesellschaft – Psychiatrisches Krankenhaus – Bürger- und Gemeindenähe

Millionen Bundesbürger gehen pro Jahr wegen psychisch bedingter körperlicher Beschwerden zum Arzt. In vermutlich mindestens 1000 Fällen ist pro Tag wegen einer persönlichkeitsbedingten Krise im Zusammenhang mit einem Selbstmordversuch, abnormem Verhalten in Verbindung mit Alkohol oder anderen Gründen eines Kontrollverlusts eine registrierte Krisenintervention erforderlich. Dabei übertragen wir die uns aus Essen (3) mitgeteilten Zahlen auf die Bundesrepublik. Diese Krisenintervention erfolgt meist zunächst durch die Polizei, seltener durch den Hausarzt, fast nie durch den Psychiater, aber auch fast nie durch den Pfarrer. In nur 5 % der Fälle erfolgt z. B. in Essen nach einer derartigen Krisenintervention eine Einweisung in die psychiatrische Klinik.

Mehrere hunderttausend Bundesbürger werden pro Jahr in den psychiatrischen Krankenhäusern der verschiedensten Art, meist in den sogenannten Großkrankenhäusern zur stationären Behandlung wegen abnormen psychischen Erlebens oder Verhaltens im Durchschnitt für ein bis zwei Monate zur Behandlung aufgenommen. Ein weit kleinerer Teil befindet sich langfristig über Jahre in einem psychiatrischen Krankenhaus oder einem psychiatrischen Wohnheim. Ratlosigkeit und Unbehagen bestehen angesichts derartiger Zahlen in unserer Gesellschaft.

Die Fragen, die uns bewegen, lauten: Warum sind es so viele, die psychisch erkranken, psychisch dekompensieren, psychisch derart leiden, daß sie der Hilfe oder Behandlung durch andere, ihnen meist fremde Bundesbürger bedürfen? Wie stehen ihnen die anderen, die Gesunden gegenüber? Wem wird am besten geholfen? Den Millionen Bürgern in der ambulanten Behandlung, den Hunderttausenden, die pro Jahr wegen psychischer Erkrankung stationär behandelt werden oder den Zehntausenden, die sich langfristig über Jahre in psychiatrischen Institutionen befinden? Wer wird am meisten benachteiligt?

Zu den ersten Fragen: Warum sind es so viele? Wie wird ihnen begegnet? Hierzu läßt sich zunächst die Formel aufstellen: Je kleiner und bindungsärmer die Familie, um so größer die Zahl derjenigen, die mit sich und der Umwelt nicht zurecht kommen. Je mehr das Leben im Konsum des Augenblicks verglüht, je mehr Sofortbefriedigung von Bedürfnissen an die Stelle von Dauerbefriedigung im Sinn des Lebens steht, um so größer ist die Zahl derjenigen, die in die Scheinwelt von Rausch und Sucht ausweichen, oder ihr Leben indirekt über einen Mißbrauch von Medikamenten oder Alkohol langsam zerstören oder direkt mit dem Suizid beenden.

Mangelnde Bindung an Menschen und mangelnde Bindung an Werte, die in die Zukunft weisen, sind der hohe Preis für eine vorwiegend industrialisierte Gesellschaft.

Industrialisierung – Wohlstand – Fortschritt im Konsum – Rückschritt in der Geborgenheit

Industrialisierung und damit Verstädterung führen bekanntlich zum Abbau landwirtschaftlicher Betriebe und Wohngemeinschaften, in denen Großeltern, Eltern, Kinder und Enkel Lebensgemeinschaften bildeten. Familientraditionen, in denen Eltern und Großeltern eine besondere Achtung zukommt, können jedoch dazu führen, daß trotz fortschreitender Industrialisierung die Familienbande besonders im Hinblick auf die Alten fester erhalten bleiben, wie man es in Japan beobachten kann. Vereinsamung der Alten ist dagegen unser spezielles Problem, wenn das häufige Erreichen eines hohen Alters in zivilisierten Ländern einhergeht mit der Auflösung der Familienverbände. Die besonders hohe Selbstmordrate in Berlin mit einem hohen Anteil vereinsamter alter Menschen gibt beredtes Zeugnis von dieser Situation.

Die Auflösung der Großfamilien trifft aber auch alle Alleinstehenden überhaupt. So bei uns die Millionen Frauen, die im Zusammenhang mit zwei Weltkriegen ledig blieben oder verwitweten. Hinzu kommt die nicht geringe Anzahl von Geschiedenen. Es ließ sich statistisch nachweisen, daß alleinstehende Frauen wesentlich häufiger bei uns in stationäre Behandlung psychiatrischer Kliniken aufgenommen werden und darüber hinaus unverhältnismäßig häufiger wiederaufgenommen werden als verheiratete Frauen. So zeigte eine statistische Untersuchung des Verfassers (4), daß in den sechs psychiatrischen Großkrankenhäusern des Landschaftsverbandes Rheinland bei einer Erfassung von 2,6 Millionen Frauen durch die Volkszählung im gleichen Jahr 57 % der stationär aufgenommenen Frauen über 30 Jahre unverheiratet waren, während in der Bevölkerung dieses Einzugsgebietes nur 36 % über 30 Jahre unverheiratet waren.

Die Vereinzelung des Menschen führt aber nicht nur zur Auflösung von Großfamilien, sondern geht bis in die Kleinfamilien hinein, in denen nicht selten beide Elternteile auf Kosten der Kindererziehung und zugunsten eines höheren Einkommens und damit höherer Konsummöglichkeiten einer beruflichen Tätigkeit nachgehen. Indem der Glaube an Erwerbs- und Konsumverbesserung und die Ausrichtung auf höheren Lebensstandard die Augenblicksbefriedigung übersteigende Werte und Ziele ablöste, indem weder die Eltern, noch die Kirche, noch der Staat in ausreichendem Umfang Ziele anboten, mit denen heranwachsende junge Menschen sich identifizieren konnten, erhöhte sich die Zahl der in das Nichts, in die Sucht ausweichenden jungen Menschen wie derjenigen, die ihre Ziel- und Richtungslosigkeit kriminell ausleben.

Indem z.B. in Schweden und Dänemark soziale Gesetzgebungen die Kraft zum Lebenskampf unterhöhlten, in dem nicht einmal mehr das Ziel des Erwerbs bzw. der Erwerbssteigerung lohnte, da staatliche Krankheits- und Altersversicherungen auch den Arbeitslosen voll schützten und eine Erwerbssteigerung durch die hierfür notwendigen hohen Steuern weitgehend aufgefangen wurden, führte gerade in diesen Ländern diese Entwicklung zu einer besonders hohen Rate von Suchterkrankungen und Selbstmorden, die auch bei uns bereits eine derartige Bedeutung haben, daß wir alle 15 Minuten mit einem Selbstmordversuch, alle 45 Minuten mit einem Selbstmord rechnen und mehr als 1 Million (neuerdings gehen die Schätzungen bis zu 1,8 Millionen) Alkohol- und Suchtkranke in der BRD zählen.

Man kommt zu der Formel, daß der Mensch umso häufiger an sich selbst scheitert, je mehr er auf sich selbst gestellt ist. Je weniger er sich den höheren Werten des Wahren, Guten, Schönen, Heiligen verpflichtet weiß, je mehr er im Interesse seiner Augenblicksbefriedigung um das goldene Kalb tanzt, umso häufiger scheitert er an sich im Vakuum der Sinnlosigkeit und Leere. Ein Land wie Japan, in dem Sucht und Kriminalität eine wesentlich geringere Rolle spielen, zeigt, daß auch in der industriellen Gesellschaft festere Bindungen des Menschen an Persönlichkeitswerte möglich sind. Sofern es dort zum Selbstmord kommt, spielt dort der Bilanzselbstmord im Unterschied zu den westlichen Ländern eine wesentliche Rolle, wenn das Leben im unvereinbaren Widerspruch steht zu den Forderungen der Gesellschaft. Wenn demgegenüber in einem überwiegenden Agrarland, wie z.B. Ägypten Sucht, Selbstmord und Kriminalität von ungleich geringerer Bedeutung sind als bei uns, so fällt hier die stärkere Geborgenheit im Glauben wie in der Großfamilie und die stärkere Notwendigkeit zum Existenzkampf in der Armut eines noch unterentwickelten Landes ins Gewicht.

Es wird sich zeigen, wie weit bei uns trotz Wirtschaftskrisen der Weg der Wohlstandsverwahrlosung, der reinen Konsum-Orientierung, der Vereinzelung des Menschen mit all ihren Folgen fortgesetzt wird oder wie weit unsere Gesellschaft in der Lage ist, sich in einem fortschreitenden Sozialisierungsprozeß dem Menschen zuzuwenden. Nachdem soziale Gesetzgebungen die Hilflosigkeit der materiell Armen gemindert haben, läßt sich das Niveau eines Sozialisierungsprozesses in erster Linie daran ablesen, wie weit sie die Vereinzelung des Menschen aufhebt. Niemand aber ist mehr vereinzelt als der psychisch Kranke, dessen freie Willensbildung und Realitätsbewältigung in der Psychose nicht selten aufgehoben und bei neurotischen Persönlichkeitsfehlentwicklungen meist zunächst beeinträchtigt sind.

Wenn man sagt, daß dem Fortschritt der Menschen Grenzen gesetzt werden, indem Rohstoffe und Energiequellen begrenzt sind, sowie die Möglichkeiten der Umweltverschmutzung der weiteren Entfaltung Einhalt gebieten, so sind diese Grenzen auch gesetzt, wenn sich der Mensch nicht dem Menschen zuwendet, wenn Sitte, Moral, höhere Werte als Verpflichtungen aus unserem Leben genommen werden zugunsten des materiellen Fortschritts. Psychiatrie ist somit in jedem Fall ein Gesellschaftsproblem und geht jeden an. Ihre Probleme sind nicht in erster Linie mit dem Ruf nach neuen Baukörpern zu lösen, sondern mit neuer Bewußtseinsbildung gegenüber dem psychisch Kranken, wobei die Gleichschaltung des psychisch Kranken mit dem körperlich Kranken in die Gesellschaft das erste Ziel wäre.

Wie wird dem psychisch Kranken in unserer Gesellschaft begegnet?

Folgende Traditionen sind in unserer Gesellschaft wirksam und wirken sich zum Nachteil und Schaden des psychisch Kranken und damit der Psychiatrie aus:

1. Die Tradition des naturwissenschaftlichen Geistes der Medizin.

2. Die Tradition des Bösen Geistes, wonach psychisch Kranke über mehr als 1000 Jahre in unserem christlichen Kulturkreis vielfach als böse galten.
3. Die Tradition der Idee von der lebensunwerten Minorität.
4. Angst vor dem Kontrollverlust, vor dem Unberechenbaren.

1. Die Tradition des naturwissenschaftlichen Geistes der Medizin

Der naturwissenschaftliche Geist der Medizin brachte zwar besonders seit dem 19. Jahrhundert wesentliche Fortschritte, führte Meßbares, Zählbares in die Krankheitslehre ein, grenzte abstrakte Krankheiten ab, leistete außerordentliches auf dem Gebiet der Erkennung und Behandlung von Krankheiten, ließ aber wenig Raum für die Lehre vom kranken Menschen.

Das bedeutet, daß ärztliches Denken von Meßbarem und naturwissenschaftlich Erklärbarem beherrscht wird und dem Millionenheer der Neurotiker wie auch psychotisch Kranken, die häufig wegen leiblicher Beschwerden zum Arzt gehen, eine hochspezialisierte Medizin gegenübersteht, die rasch ratlos wird, wenn die leicht durchzuführenden diagnostischen Organuntersuchungen normale Befunde ergeben oder sich an irgendeine von der Norm abweichende Zahl oder Kurve klammert, während die Erfassung der Persönlichkeitsentwicklung mit ihrem früheren und gegenwärtigen sozialen Hintergrund sinnvoller wäre. Dementsprechend war der Ausbildungsgang des angehenden Arztes bisher weitgehend naturwissenschaftlich orientiert.

Während der nicht-spezialisierte Hausarzt trotz seiner reinen naturwissenschaftlichen Ausbildung über Hausbesuche oft noch ein Gespür hat für den kranken Menschen, ging auch dieses Gespür vielen in der Praxis (mit nur gelegentlichen oder fehlenden Hausbesuchen) und ganz besonders bei ausschließlicher Krankenhausbehandlung mehr und mehr verloren. Die Kostenträger finanzieren dementsprechend in erster Linie naturwissenschaftliche Untersuchungen und Behandlungen und lassen wenig Raum für zeitraubende ärztlich-therapeutische Gespräche. Erst seit einigen Jahren werden in Sonderfällen psychotherapeutische Langstreckenbehandlungen durch die Kassen finanziert und wird die Behandlung des Alkoholismus von den Kassen übernommen.

Die unmittelbaren Folgen sind: Unzureichende Kenntnis vieler Ärzte für die psychische Bedingtheit körperlicher Beschwerden bei neurotischen Persönlichkeitsfehlentwicklungen sowie bei psychotischen Erkrankungen, Mangel an psychotherapeutisch geschulten Ärzten und darüber hinaus Mangel an Fachärzten für Psychiatrie, da das bisherige Medizinstudium zu wenig Anregungen gab, sich der Psychiatrie zuzuwenden.

Die psychische Bedingtheit körperlicher nicht organisch verursachter Beschwerden wird somit vielfach nicht erkannt, bestenfalls symptomatisch vordergründig behandelt. So wurden im Jahre 1979 in den Apotheken der Bundesrepublik von den rd. 935 Millionen DM für psychotrope Medikamente (Kombinationspräparate mit Zusätzen von psychotropen Medikamenten nicht gerechnet) allein für Tranquilizer, die zur seelischen Entspannung und Beruhigung benutzt werden und vielfach zur Scheinlösung von Konflikten führen, mehr als 200 Millionen DM umgesetzt. Hinzu kommen die enormen Summen für Schlafmittel, Schmerzmittel, die vielfach verordnet werden anstelle der Durchführung psychotherapeutischer Maßnahmen bei Neurosen und eventuell auch auf Kosten eines gezielten Einsatzes von Psychopharmaka bei Psychosen (Neuroleptika, Antidepressiva).

Mehr als 30 Milliarden DM werden pro Jahr in der Bundesrepublik für den Konsum von Alkohol ausgegeben. Davon werden mindestens, vorsichtig geschätzt, 10%, das heißt 3 Milliarden für Alkohol ausgegeben, der nicht als Genußmittel konsumiert wird, sondern von Alkoholikern, die sich durch den Alkohol zugrunde richten. Sei es, daß sie Konflikten und Problemen über den Alkoholrausch ausweichen, sei es, daß sie den gesellschaftlichen Trinksitten folgend, die Leere ihres Lebens durch den Alkohol ausfüllen und dann zu abhängigen Gewohnheitstrinkern werden.

Man schätzt, daß bis zu 1,8 Millionen Menschen in der Bundesrepublik alkoholkrank und ca. 100000 Jugendliche bzw. junge Menschen heroinabhängig sind. Die Zahl der suchtkranken Jugendlichen steigt. Pro Tag sterben in der Bundesrepublik ein bis zwei Menschen an den Folgen der Heroinsucht. Man rechnet, daß pro Jahr die Zahl der Heroinabhängigen in der Bundesrepublik um 6000 bis 8000 Personen steigt und daß eine ähnliche Summe für Heroin in der Bundesrepublik umgesetzt wird wie für den Alkoholmißbrauch. Identifikationsmangel mit den Werten des Lebens ist meist der trostlose Hintergrund dieser tragischen Entwicklung.

Eine andere Notlösung stellt das Kurwesen dar, das in diesem Zusammenhang auch als Kur-Unwesen bezeichnet werden kann und für das Milliardenbeträge ausgegeben werden, um psychische Konflikte in Badewannen zu ertränken.

In den Allgemeinkrankenhäusern fehlen weitgehend ausreichende Behandlungen und Beratungen für die dort stationär eingewiesenen Neurotiker bzw. psychosomatisch Erkrankten. Ein besonders charakteristischer Mißstand besteht in den Allgemeinkrankenhäusern, indem für die rd. 60000 Patienten, die pro Jahr mit Tabletten einen Selbstmordversuch unternehmen, zwar meist ausgezeichnete Entgiftungs- und Intensivstationen zur Verfügung stehen, doch nach der perfekten Entgiftung des Körpers fehlen entsprechende Stationen und Therapeuten, die den Grund des Selbstmordversuches behandeln.

Die Schaffung von psychiatrischen Kriseninterventionsstationen im Allgemeinkrankenhaus mit Vorschaltambulanzen im Vorfeld psychiatrischer Krankenhäuser, möglichst als Satellitenstationen zum psychiatrischen Krankenhaus in Personalunion geführt, würde sich dem überbetont naturwissenschaftlichen Geist der Allgemeinkrankenhäuser entgegenstellen und rasch eine Brücke schlagen zwischen körperlicher Medizin und Psychiatrie.

2. Die Tradition des Bösen Geistes

Vor weniger als zweihundert Jahren, zu Beginn des 19. Jahrhunderts wurden in Deutschland die letzten Hexen verbrannt. Böse war in erster Linie der psychisch

Auffällige. Das Böse konkretisierte sich in der primitiven Vorstellung des Teufels, entsprechend den bösen Geistern primitiver Volksreligionen. Das Besondere war, daß abendländische Gründlichkeit es nicht bei Teufelsaustreibungen bewenden ließ, sondern häufig zur Vernichtung von Menschen führte. Die Verfolgung psychisch Abnormer bzw. Kranker beschränkte sich nicht auf das Mittelalter, sondern steigerte sich vom 15. Jahrhundert an für die folgenden zwei Jahrhunderte so, daß in diesen drei Jahrhunderten wahrscheinlich mehr Hexen verbrannt wurden als im ganzen Mittelalter. Das im 15. Jahrhundert herausgegebene Handbuch der Hexenverfolger „Der Hexenhammer" zeigt, daß nicht nur die Besessenen, sondern auch viele Hexen psychotisch Erkrankte waren. Nicht nur Vertreter der Kirche, sondern auch berühmte Ärzte glaubten fest an diesen Unsinn. *Paracelsus* schrieb z. B. einen Artikel gegen die Hexen.

Es kann kein Zweifel bestehen, daß wir noch mühsam die Ängste dieser rund tausend Jahre gegenüber dem psychisch Kranken überwinden müssen. Obwohl in den letzten Jahren durch eine statistische Untersuchung, die sich auf einen Zeitraum von 1955 bis 1965 innerhalb der BRD bezog, nachgewiesen wurde, daß psychisch Kranke zwar weder seltener, jedoch aber auch nicht häufiger gefährlich aggressiv werden als die Normalbevölkerung (1), spricht sich dieses Ergebnis nur mühsam herum und Angst, Abwehr und Intoleranz gegenüber dem psychisch Kranken verlieren nur langsam an Boden. Gleichsam der verlängerte Arm sind Abwehrformen über Irrenwitze, über Mißtrauen gegenüber der Psychiatrie. Weitere Abwehr bildete sich über die Annahme, daß psychiatrisch Kranke unheilbar seien, daß man sich vor ihnen schützen müsse, sie verwahren und isolieren müsse, während in der arabischen Welt des Islam in den Jahren um 700 n. Chr. in Fez und Bagdad und 800 n. Chr. in Kairo bereits Krankenhäuser für Geisteskranke gegründet wurden. Der Geisteskranke galt im Islam als von Gott inspiriert, er wurde von der Bevölkerung wohlwollend toleriert und wird es noch heute.

Auch in Volksreligionen mit animistisch magischem Denken hebt sich der psychotisch Kranke mit seinen Wahnideen in mancher Beziehung weniger von seiner Umgebung ab. Fühlt er sich als Schizophrener verfolgt, so beziehen sich diese Verfolgungsideen weniger auf den Mitmenschen, bzw. die Nachbarn, sondern auf Geister, an die die anderen ohnehin glauben (wie Verf. es im Senegal erfuhr). Der Gang zum Zauberer, der auf diese Geister einwirkte, ist weit mehr eingebettet in die Wünsche und Ängste der Gesunden. Im Senegal, in dem neuerdings psychotisch Kranke in psychiatrischen Dörfern mit Psychopharmaka behandelt werden, die sich offensichtlich wirkungsvoller als die Zauberei erweisen, werden die Patienten während dieser sogenannten stationären Behandlung als Ausdruck einer bleibenden mitmenschlichen Verbundenheit von ihren Angehörigen begleitet.

Die durch die grausige Konzeption der Teufelsbesessenheit bedingte Intoleranz und Angst wirken sich in unserem christlichen Kulturbereich heute noch ganz besonders gegenüber den psychotisch Erkrankten aus. Psychotisch erkranken in der BRD mindestens eine Million Menschen zeitweise über einige Monate oder in manchen Fällen auch chronisch über Jahre. Unter einer Psychose verstehen wir bekanntlich einen seelisch abnormen Zustand, der über den Betroffenen meist nach Jahrzehnten hereinbricht und für den Außenstehenden unverständliche Erlebnisse und Verhaltensweisen auslöst. Bei rund der Hälfte der psychotisch Erkrankten handelt es sich um Gemütserkrankungen des manisch-depressiven Formenkreises, bei denen es sich bei den psychotischen Depressionen zu krankhaften Insuffizienzerlebnissen, Schuldgefühlen ohne Schuld, Verarmungsideen ohne objektiven Sachverhalt kommen kann. Bei den psychotischen Erkrankungen des schizophrenen Formenkreises stehen meist Erlebnisse des Gemachtwerdens in dem Sinne im Vordergrund, daß der Betroffene sich von außen beeinflußt bzw. verfolgt fühlt und häufig Stimmen hört. Während es durch moderne Behandlung mit Psychopharmaka möglich ist, akute Psychosen in zwei Drittel der Fälle in ungefähr sechs Wochen voll zu kompensieren und die Patienten zur Realität zurückzuführen, besteht oft erhebliche Rückfallsgefahr, sofern die Psychopharmaka meist nicht mindestens ein Jahr weiterhin eingenommen werden, und auch dann insofern, wenn besondere psychische Belastungen auf den Betroffenen zukommen.

Während die Alkohol- und Suchtkranken bereits viele Förderer haben und Verbände gegründet haben, während es eine Liga für Epilepsie gibt, haben die Psychotiker bei uns noch keine Lobby, sondern begegnen bestenfalls Unverständnis. Die psychotisch Erkrankten fürchten aus dem gleichen Grund die Öffentlichkeit und erklären sich z.B. nur ausnahmsweise und zögernd bereit, an einer aufklärenden Fernsehsendung mitzuwirken. Am ehesten noch, wenn sie an psychotischen Depressionen leiden, noch seltener bei Erkrankungen des schizophrenen Formenkreises, wobei ohnehin das Wort „Schizophrenie“ dem Kranken gegenüber möglichst zu vermeiden ist, da es bereits derart negativ wertgetönt ist, daß es als arges Schimpfwort gilt, wenn sich Bundestagsabgeordnete z.B. „schizophrenes Denken“ gegenseitig vorwerfen.

Die Angst vor der Besessenheit, vor dem Irren, wird durch die Presse und besonders durch das Fernsehen einerseits durch sachliche Information abgebaut, andererseits durch reißerische Darstellungen von Einzelfällen oder verantwortungslose Filme geschürt. Während die differenzierte Presse und im Fernsehen bei manchen Sendern häufiger die dritten Programme bereit sind, konstruktive Informationsmitteilungen über psychisch Kranke zu bringen, werden von der Sensationspresse Einzelfälle in mißverständlicher Weise dargestellt und wiederholt in den ersten und zweiten Programmen des Fernsehens Filme geboten, die den angstbetonten Klischeevorstellungen über den Irren entsprechen. Andererseits verdankt die Psychiatrie auch auf dieser Ebene, besonders durch informatorisch wertvolle Filme von *H. Mohl* u. a. im ZDF, wichtige Fortschritte.

Inzwischen ist unsere Bevölkerung so aufgeschlossen, daß es theoretisch möglich wäre, mit weiteren Informationsstunden, die mit Patientenvorstellungen von psychotisch Kranken vom ersten und zweiten Programm ausgestrahlt würden, weitere Vorurteile ganz besonders gegenüber der rund eine Million psychotisch Erkrankten entscheidend abzubauen.

Es bahnt sich somit allmählich ein Bewußtseinswandel in unserer Gesellschaft, die allmählich Vorurteile abbaut, an. Dabei zeigt sich, daß auch wir Psychiater das Vorurteil abzubauen haben, daß die Gesunden nur mit negativen Vorurteilen den psychotisch Kranken gegenüberstehen.

Nachdem wir uns im Bereich unserer Pfalzklinik Landeck in den vergangenen 3 Jahren um die Gewinnung von Laien bemüht haben, die bereit sind, psychotisch Kranke, die aus der Klinik nach stationärer Behandlung entlassen wurden, zu betreuen, konnten wir folgendes erfreuliche Ergebnis feststellen:

Bei bisher 49 Laienhelferfortbildungsveranstaltungen, bei denen wir jeweils 2 bis 6 Patienten mit meist psychotischen Erkrankungen vorstellten, die nach der Entlassung Laienhilfe wünschten, waren bei Veranstaltungen innerhalb der Klinik bei seit 1975 ansteigender Teilnehmerzahl 1980 durchschnittlich 80 Teilnehmer und bei den gleichen Veranstaltungen in den Städten außerhalb der Klinik rd. 150 bis 350 an Laienhilfe Interessierte anwesend (weiteres s. S. 234 ff). Zu diesen Veranstaltungen, die in ca. sechswöchigen Abständen meist samstags in unserer Klinik, sowie in letzter Zeit zunehmend in vorgelagerten Städten der Klinik stattfanden und weiterhin stattfinden, war jeweils durch unsere regionale Presse (weitgehend durch „Die Rheinpfalz“), vereinzelt auch durch Rundfunk und Fernsehen hingewiesen worden. Auf dem gleichen Weg hatte Verf. vor 7 Jahren rd. 100 unserer Langzeitpatienten (davon 33 psychotisch Kranke), die weder Besuch noch Post erhielten, in Einzelpatenschaften an Laien vermitteln können (6).

Sofern ein Laienhelfer mindestens 2 Mal an diesen Laienhelferfortbildungsveranstaltungen teilgenommen hat und mir darüber hinaus eine von seinem Bürgermeister, Hausarzt oder Pfarrer unterzeichnete Befürwortung eingereicht hat, gilt der Betreffende zunächst auf Probe als Laienhelfer. In diesem Sinn sind nunmehr bereits 241 Einzellaienhelfer für entlassene Patienten unserer Klinik aktiv tätig. Hinzu kommen zahlreiche Helfer von Hilfsorganisationen wie Diakon. Werk, Caritas, Rotes Kreuz und andere, die über unsere Laienhelferfortbildungsorganisationen für diese Tätigkeit gewonnen wurden und gemeinsam mit den Einzellaienhelfern z. Zt. mehr als 700 entlassene Patienten unserer Klinik betreuen. Ferner haben 50 Pfarrer ihre aktive Mitarbeit zugesagt, und rd. 70 vorwiegend konfessionelle Frauengruppen besuchen Patientengruppen in unserer Klinik oder laden diese in ihre Ortschaften ein. Pro Monat werden 20 bis 30, meist psychotisch Kranke, an diese Laienhelfer mit schriftlicher Benachrichtigung und, unter Einschaltung einer ganztätig hierfür eingesetzten Mitarbeiterin, gezielt an Laienhelfer vermittelt. Es überwiegen bei den Patienten mit ca. $^2/_3$ der Fälle Frauen, von denen rund die Hälfte verheiratet ist, ferner Patienten aus dem schizophrenen Formenkreis. 12 Patientenclubs wurden in 9 Städten des Einzugsgebiets unserer Klinik durch diese Laienhelfer in Verbindung mit uns gegründet und jede Stadt unseres Einzugsgebiets soll in absehbarer Zeit einen derartigen Patientenclub haben, in dem sich entlassene psychotisch Kranke mit Laienhelfern, die außerdem weiterhin Einzelbetreuungen durchführen, jede Woche an einem Abend treffen. Die Sucht- und insbesondere von ihren eigenen Verbänden in Verbindung mit den Suchtberatungsstellen betreut.

Zusammenfassend läßt sich sagen, daß Vorurteile und unrealistische Ängste gegenüber psychotisch Kranken in unserer Gesellschaft bereits derart vermindert sind, daß jeder psychotisch Kranke, der eine Hilfe durch einen anderen wünscht, diese auch erhalten kann, sofern die Bürger der Gesellschaft entsprechend informiert und aufgefordert werden. Sei es, daß dieser Patient langjährig stationär in Klinik oder Wohnheim behandelt oder betreut wird und in Patenschaften durch Einzelpersonen oder Gruppen (besonders Frauenverbände) genommen wird, sei es, daß er nach stationärer Behandlung einer akuten psychotischen Erkrankung in seine Wohnung entlassen wurde. Die Tradition des Bösen Geistes verliert gegenüber dem psychotisch Kranken zunehmend an Bedeutung.

3. Die Tradition der lebensunwerten Minorität

Die Konzeption „lebensunwert, weil böse", wurde in der Hitler-Zeit modifiziert in „lebensunwert, weil lästig bzw. teuer". Zwar in aller Heimlichkeit und nur mit Billigung einiger weniger, die sich diesem Teufelskreis des 20. Jahrhunderts verschrieben hatten, doch führte sie bekanntlich zur Vernichtung nicht weniger psychisch Kranker. Bei einer derartigen Ideologie wurden Naturg_setze aus der Pflanzen- und Tierwelt, die einen Untergang des Schwachen gegenüber dem Starken im Kampf ums Dasein erkennen lassen, bedenkenlos auf den Menschen übertragen, dessen menschlichstes Verhalten sein sollte, den Schwachen, Kranken, Nutzlosen zu helfen.

Während die Psychoanalyse mit *Freud* und seinen Anhängern aus dem deutschen Sprachraum verbannt wurde und besonders in den USA Fuß faßte, lief bei uns eine Vernichtungsmaschinerie gegen Menschen, die entweder aus sog. rassischen Gründen oder wegen psychischer Erkrankung als minderwertig angesehen wurden. In der Hitler-Zeit gewannen einige Länder der westlichen Welt, besonders auch unter dem Einfluß der Psychoanalyse uns gegenüber einen erheblichen Vorsprung in ihrem Bemühen um die psychisch Kranken. Ein Vorsprung, der dazu führte, daß man die Psychiatrie in den USA schon vor 20 Jahren als die Königin der Medizin bezeichnete. Dies hat allerdings im Überschwang in den vergangenen Jahren dort zu einer Fehlentwicklung auf Kosten stationärer psychiatrischer Behandlung geführt (2).

4. Angst vor dem Kontrollverlust, vor dem Unberechenbaren

Die Angst vor dem Versagen, bzw. Erkranken der eigenen Körperfunktionen beeinflußt das Erleben und Verhalten vieler Menschen, die zum Arzt gehen. Die Angst vor dem Versagen, bzw. Erkranken der eigenen psychischen Funktionen wird dagegen weitgehend verdrängt und nicht eingestanden. Es ist die Annahme diskutabel, daß diese Angst, zumindest in der Vergangenheit, abgewehrt wurde auf den Irren, dem mit Angst, Abwertung, Ironie oder Haß begegnet wurde. Dabei drängt sich der Gedanke an primitive Einstellungen gegenüber den Toten auf, die als Folge einer Angst vor dem Tod als Geister gefürchtet oder verspottet wurden. Es mag auch die Angst vor dem Irren bei manchen Menschen mit der Angst vor dem eigenen Kontrollverlust und damit der Angst vor der Unberechenbarkeit des Lebens zusammenhängen. Täglich gefährden zahllose Menschen sich und andere durch Mangel oder Verlust ihrer Selbstkontrolle. Trotz unserer liberalen Gesellschaft ist es darüber hinaus möglich, mit unüberlegten, unkontrollierten Sätzen oder

Handlungen das eigene Ansehen, die berufliche Position, wie die familiäre Geborgenheit erheblich zu beeinträchtigen, ja unter Umständen zu zerstören. Die Vermutung, daß Angst und Abwehr vor dem Irresein, dem Unberechenbaren auch in Verbindung stehen kann mit der Angst vor eigenem Kontrollverlust wird sich allerdings nicht durch Meinungsumfragen oder standardisierte Interviews erörtern lassen. Sie mag auch für in sich selbst ruhende, selbstsichere, aufgeklärte Menschen in der Gegenwart ohne nennenswerte Bedeutung sein. Jedoch kennen wir die Angst vor dem Kontrollverlust bei Angstneurotikern und wir wissen, daß bei einer Aufdeckung der Urängste in der psychotischen Depression nicht selten die Angst vor dem „Verrücktwerden" geäußert wird. Wie es müßig ist, durch Gespräche klären zu wollen, wie weit ein Glaube an eine Fortsetzung der Existenz im Jenseits die Abwehr der Angst vor dem Tode ist, so werden wir auch im Hinblick auf die Angst vor dem Irresein auf derartige Beweisführungen verzichten müssen, die in den Bereich psychoanalytischer Deutungen unbewußter Vorgänge gehören. Die Angst vor der Unberechenbarkeit, die man den Geisteskranken zuschreibt, ist als Realangst nicht überzeugend, zumal sie im allgemeinen nicht auf persönlichen Erfahrungen beruht, sondern z.B. durch Horrorgeschichten- und Filme unrealistisch genährt wird. Das Verhalten der Menschen z.B. im Straßenverkehr zeigt dem gegenüber, wie wenig eine real berechtigte Angst gegenüber den Unberechenbarkeiten des Lebens wirksam wird. Unberechenbarkeit in Verbindung mit Kontrollverlust bewegt die Gemüter jedoch sehr viel mehr. So ist es kein Zufall, daß die Massenmedien gerade dieses Thema als Sprachrohr der Gesellschaft immer wieder aufgreifen, seitdem es überhaupt eine Psychiatrie und Massenmedien gibt. Der Psychiater sieht sich dabei bei seiner Wanderung auf einem sehr schmalen Grat kritischen Angriffen ausgesetzt. Verhält er sich zu liberal gegenüber den ihm anvertrauten psychisch Kranken, mobilisiert er die Ängste vor dem „unkontrollierbaren Irresein", verhält er sich zu kontrollierend, berührt er die Rechte der menschlichen Freiheit und damit die Angst vor dem von außen aufgezwungenen Kontrollverlust.

5. Abwehrformen unserer Gesellschaft gegenüber Irresein und Unberechenbarkeit wird zur Abwehr gegenüber der Psychiatrie

So lange nicht sachliche Informationen an die Bürger unserer Gesellschaft über psychische Erkrankungen in ausreichender Weise vermittelt werden, und wer wäre mehr dafür verantwortlich und dazu in der Lage als Presse, Rundfunk und Fernsehen, überwiegen die Abwehrformen. Von besonderer Bedeutung sind zur Zeit:

a) Die Verschiebung als Abwehrform

Die Verschiebung der Abwehr gegenüber dem Irren auf diejenigen, die mit dem psychisch Kranken umgehen, die Psychiater, das psychiatrische Krankenhaus, ja rundum die Psychiatrie, auf Rückstände und Mißstände bei der Behandlung und Betreuung psychisch Kranker, die sich mühelos durch entsprechenden personellen und finanziellen Aufwand beseitigen ließen. Diese Abwehr wird unrealistisch in der Öffentlichkeit aufgegriffen und destruktiv statt konstruktiv verarbeitet.

Wie in der Vergangenheit zeigt sich: Die besondere Ideologieanfälligkeit der Psychiatrie ist ihre größte Gefahr für die psychisch Kranken. So wurden z.B. in den

USA im Zusammenhang mit dem Kennedy-Aufruf und einer Bürgerrechtsbewegung der sechziger Jahre zehntausende von Langzeitpatienten aus psychiatrischen Krankenhäusern nach Hause entlassen, für die es gar kein zu Hause gab, so daß sie ein Opfer dieser unrealistischen Maßnahmen wurden (2). Die nachteiligen Folgen dieser Maßnahmen wurden erneut den z.T. aufgelösten psychiatrischen Institutionen zugeschoben, die erneut eine schlechte Presse bekamen.

b) die Abwehrformen des „Ungeschehen Machens", der „Verkehrung ins Gegenteil"

Andere aus der Psychoanalyse bekannte Abwehrformen wie das „Ungeschehen Machen", die „Verkehrung ins Gegenteil" werden deutlich, wenn sogenannte Antipsychiater dazu übergingen, die psychotischen, insbesondere schizophrenen Erkrankungen nicht als Erkrankung anzuerkennen, sondern aus dem Krankheitsbegriff und damit dem Bereich der Psychiatrie herauszunehmen. Wiederum auf Kosten der psychisch Kranken, deren Helfer verunsichert werden, während man damit rechnet, daß rund $^1/_4$ der täglichen Selbstmorde psychotisch bedingt sind und weitgehend außerhalb psychiatrischer Behandlung erfolgen.

c) Die Projektion von Schuldgefühlen und Angst auf einen Sündenbock: Das psychiatrische Krankenhaus

Als besondere Form der Abwehr ist die Sündenbocktherapie gegenüber den psychiatrischen Großkrankenhäusern, den ehemaligen Irrenanstalten, zu nennen, deren besondere Aufgaben sich mühelos in die Richtlinien modernster Psychiatrie integrieren lassen, sofern sie nicht durch die Massenmedien verteufelt werden und ihnen die entsprechenden finanziellen Mittel für bauliche und personelle Ausstattung zur Verfügung gestellt werden. Wesenlich ist allerdings, daß diese Institutionen die Prinzipien der Sozialpsychiatrie mit Aufbau von Behandlungsgemeinschaften und Förderung der Gemeindenähe bzw. Bürgernähe durch Einbeziehung von Laienhelfern, Paten, Außenfürsorge, Vorschaltambulanzen, vorgeschalteten Kriseninterventionsstationen, sowie teilstationären Einrichtungen wie Tag- und Nachtkliniken, Überleitungsheimen und anderen verwirklichen.

Das psychiatrische Krankenhaus zu groß und zu unübersichtlich?

Man wirft den psychiatrischen Großkrankenhäusern vor, daß sie zu groß und unübersichtlich seien, obwohl es mühelos möglich ist und auch zunehmend durchgeführt wird, diese z.T. als Anstaltsmonstren deklarierten Häuser zu einem Klinikum auszudifferenzieren, deren größte in sich funktionierende Einheit nicht mehr als maximal 150 bis 200 Patienten umfaßt. Als Beispiel sei unsere Pfalzklinik Landeck genannt, die sich in folgende Fach- und Funktionsbereiche aufgliedert: Je 1 Bereich für Jugendpsychiatrie, Neurologie, Sucht- und Alkoholkranke, geistig Behinderte, Psychoendokrinologie, Gerontopsychiatrie, 4 Bereiche für vorwiegend psychotisch bzw. neurotisch Kranke. Jeder Bereich hat sein eigenes Behandlungsprogramm, insbesondere auch sein eigenes Freizeit- und Beschäftigungstherapieprogramm. Keiner der rund 4000 Patienten, die pro Jahr zur Aufnahme kommen, wechselt von der Aufnahme bis zur Entlassung seinen Bereich und das ihn behandelnde Personal.

Mit den Leitlinien der Dezentralisierung und Spezialisierung (12) und der Herausnahme der Langzeitpflegefälle, insbesondere der geistig Behinderten entsteht aus dem psychiatrischen Großkrankenhaus, dem sogenannten „Anstaltsmonstrum" ein ausdifferenziertes Klinikum zur Behandlung von psychisch akut und subakut Kranken. Dabei bleibt nur ein kleiner Anteil von chronisch psychisch Kranken, die mehrjähriger klinischer Behandlung bedürfen.

Zu viele Patienten im psychiatrischen Krankenhaus?

Immer noch befinden sich in unserer Klinik, wie auch in anderen psychiatrischen Großkrankenhäusern zu viele Patienten, z.B. die zahlreichen geistig Behinderten (bei uns rund 200) und weitere Langzeitpatienten, die keiner täglichen psychiatrischen Behandlung bedürfen und möglichst gemeindenah, damit sie über die Jahre möglichst oft Besuch erhalten können, in entsprechende Geistig-Behindertenheime und andere Heime (Altenpflegeheime, psychiatrische Wohnheime) verlegt werden können, die selbstverständlich nach modernen sozialpsychiatrischen Gesichtspunkten zu führen sind, indem Gruppenstunden durchgeführt werden, Freizeit- und Beschäftigungsprogramme organisiert werden und die Bevölkerung als Laienhelfer und Paten die Bürgernähe fördern. Wird in diesem Sinne verfahren, werden in den psychiatrischen Krankenhäusern nicht nur genügend Funktionsräume für Freizeit und Beschäftigung frei, sondern jeder Schlafraum, in dem z.B. zur Zeit bei uns noch 3 bis 4 Patienten (mit einer Reihe von 2 und 3 Bettenzimmern, wie aber auch 7 Bettenzimmern) im Durchschnitt schlafen, kommt dann auf 1 bis maximal 3 Betten.

Der hierarchischen, kustodialen, übermäßig arztzentrierten Struktur des psychiatrischen Krankenhauses wird zunehmend durch den Aufbau von Behandlungsgemeinschaften begegnet. Indem jeder Patient in jeder Woche in mindestens einer durch das therapeutische Personal, zu dem ganz besonders auch das Pflegepersonal rechnet, geleiteten Gruppenstunde die Gelegenheit hat, über seine Probleme, Sorgen, Wünsche zu sprechen, wie auch zu den Anliegen anderer Patienten Stellung zu nehmen, fühlt sich der Patient mitverantwortlich am therapeutischen Geschehen, anerkannt und nicht isoliert. Mindestens eine Gruppenstunde wird bei uns seit rd. $2^1/_2$ Jahren in jeder Woche von der Stationsschwester bzw. dem Stationspfleger auf jeder Station für jeden Patienten mit Ausnahme einer Station für nichtbildungsfähige, geistig Behinderte durchgeführt. Weitere Stunden für ausgewählte Patienten führen Ärzte und Psychologen durch.

Die zunehmende Einbeziehung des Pflegepersonals in die Behandlungsgemeinschaft ist von größter Bedeutung. Sie wird mehr und mehr durch eine fachspezifische psychiatrische Weiterbildung des examinierten Pflegepersonals gefördert. In unserer Klinik beginnt in Ergänzung und Fortführung der dreijährigen Ausbildung zur examinierten Krankenschwester bzw. zum Krankenpfleger nunmehr eine zweijährige Fachausbildung zur Fachschwester bzw. zum Fachpfleger für Psychiatrie.

Es wirft ein bezeichnendes Licht auf die positive Atmosphäre dieser Behandlungsgemeinschaft, daß z. B. unser Patientenfürsprecher, ein Landtagsabgeordneter, der als gewählter Vertreter der Bevölkerung in jeder Woche Sprechstunden in der Klinik für Patienten abhält, in den Jahresberichten für 1976 bis 1978 (10) angab, daß ihn im Laufe des Jahres nur jeweils ca. 70 Patienten (bei rd. 1260 Betten und rd. 4000 Aufnahmen) aufgesucht hätten. Diese Patienten äußerten fast ausnahmslos Sorgen und Probleme außerhalb der Klinik, jedoch keine Beschwerden über Behandlung und Betreuung innerhalb der Klinik.

Besonders eindrucksvoll war das Ergebnis einer Fragebogenaktion, bei der in den Monaten April, Mai, Juni 1979 jeder Patient bei der Entlassung wie bei einer Wahl einen Fragebogen vorgelegt bekam, der nicht seinen Namen trug und den er nach dem Ausfüllen in einem Briefumschlag in eine Urne gab, wobei die Ergebnisse durch unsere Dokumentationsassistentin ausgewertet wurden. Auf diesem Fragebogen sollte der Patient sich äußern, wie es ihm in der Klinik gefallen hatte und was zu seiner Genesung beigetragen habe. Es kam zu folgenden Ergebnissen:

Bewertung des Klinikaufenthaltes bei der Entlassung
(mit Ergebnissen gemäß Prozentsätzen)

Wir wünschen Ihnen nach ihrer Entlassung gute Gesundheit, Freude und Erfolg. Wir haben uns bemüht, Ihre Behandlung und Betreuung möglichst erfolgreich zu gestalten.

Wir möchten Sie bitten, diesen Fragebogen auszufüllen, um einen Eindruck darüber zu gewinnen, wie unsere Patienten mit uns zufrieden sind.

Die Auswertung des Bogens erfolgt streng vertraulich.

Geschlecht: (455) männlich
(302) weiblich

Station: ____________

Zahl der entlassenen Patienten: 757

Alter: ________ Familienstand: (26,7 %) led. (40,8 %) verh.
(11,5 %) verw. (11,1 %) gesch.
9,9 % machten hierzu keine Angaben

Beruf: ____________

Dauer der Behandlung: ____________

1. Wie hat Ihnen der Klinikaufenthalt gefallen?

(24,2 %) sehr gut
(46,8 %) gut
(13,3 %) befriedigend
(4,5 %) gar nicht
11,2 % haben diese Frage nicht angekreuzt

2. Was trug besonders zu Ihrer Genesung bei?
(bitte jede Antwort ankreuzen, die für Sie in Frage kommt)

(49,9 %) Medikamente
(37,3 %) Gruppengespräche
(29,6 %) Einzelgespräche
(61,4 %) Betreuung durch das Pflegepersonal
(54,4 %) Kontakte mit anderen Patienten
(19,4 %) Trennung von der häuslichen Situation
(39,9 %) Beschäftigungs- bzw. Arbeitstherapie
(24,8 %) Freizeitangebote der Klinik
(48,3 %) landschaftliche Umgebung der Klinik

3. Wenn bei einer erneuten Erkrankung eine stationäre Behandlung erforderlich wäre, würden Sie dann die Pfalzklinik wieder aufsuchen?

(76,6 %) ja
(11,1 %) nein warum nicht?
7,6 % der Patienten beantworteten diese Frage
12,3 % haben diese Frage nicht angekreuzt.

4. Wie waren Sie insgesamt mit Ihrer Verpflegung zufrieden?

(62,7 %) gut
(22,2 %) befriedigend
(2,8 %) schlecht
12,3 % haben diese Frage nicht angekreuzt.

5. Was hat Ihnen bei Ihrem Klinikaufenthalt nicht gefallen?
174 Patienten brachten Verbesserungsvorschläge.

Zusammenfassend läßt sich folgendes feststellen:

Rd. 84 % der Patienten hatte der Aufenthalt in der Klinik gefallen, (davon rd. 24 % sehr gut, rd. 47 % gut, rd. 13 % befriedigend). 9,1 % konnten den Fragebogen wegen psychischer Behinderung nicht ausfüllen.

Nur 4,5 % gaben an, daß es Ihnen in der Klinik nicht gefallen habe. Inzwischen hierzu durchgeführte Erkundigungen nach Abschluß der Fragebogenaktion ergaben, daß ein Teil der Patienten diese Frage dahingehend mißverstanden hatte, daß er „nicht gefallen" angekreuzt hatte, da er lieber zu Hause geblieben wäre, obwohl es ihm in der Klinik an sich gefallen habe.

Insgesamt war in den 3 Monaten sämtlichen 757 entlassenen Patienten der Fragebogen vorgelegt worden. Hinzu kamen 43 Patienten, die in diesen 3 Monaten die Klinik eigenmächtig verließen, da ihnen die notwendige Krankheitseinsicht fehlte, so daß ihnen der Fragebogen nicht vorgelegt werden konnte.

Dies und die weiteren Ergebnisse sind umso bemerkenswerter, als die Auszählung der drei Monate ergab, daß es in jedem der drei Monate jeweils zu weitgehend ähnlichen Zahlenergebnissen kam.

Bemerkenswert ist, daß 76,6 % der Patienten ankreuzten, daß sie die Klinik im Falle einer Wiedererkrankung erneut aufsuchen würden.

Bemerkenswert ist, daß unter den Gesichtspunkten, die die Patienten für ihre Genesung für wesentlich hielten, dem Pflegepersonal die höchste Bedeutung beigemessen wurde (61,4 %).

Bemerkenswert ferner die hohe Bedeutung, die die Patienten den Gesichtspunkten Kontakt mit Mitpatienten (54,4 %), Medikamente (49,9 %), landschaftliche Umgebung der Klinik (48,3 %), Beschäftigungstherapie (39,9 %) gaben.

Unterstrichen wird die Bedeutung dieser anonymen Fragebogenaktion durch die Tatsache, daß es bei einer Fortsetzung der Fragebogenaktion ab Mai 1980 bisher zu fast völlig gleichen Ergebnissen kam, so daß insgesamt bisher die Meinung von 1296 Patienten berücksichtigt werden konnte.

Die Kontakte zu anderen Patienten waren auch deshalb von besonderer Bedeutung, weil in unserem psychiatrischen Fachkrankenhaus die Patienten mit den verschiedensten Diagnosengruppen sich mit wenigen Einschränkungen in jeweils eigenen Bereichen befinden, so daß die Alkoholkranken, die Alterskranken, die Geistig Behinderten, die psychotisch Kranken weitgehend unter sich sind, wobei wiederum bei den psychotisch Kranken gewisse Akzente im Hinblick auf die depressiv-psychotisch Kranken einerseits und die psychotisch Kranken des schizophrenen Formenkreises andererseits gegeben ist, da sich depressiv-psychotisch Kranke vermehrt auf gewissen Stationen befinden.

Dieses Ergebnis, wonach sich die Patienten auf den nach Krankheitsgruppen spezialisierten Stationen gegenseitig bejahen, unterstreicht die Notwendigkeit, daß bei stationären Behandlungen, die über eine Krisenintervention hinausgehen und mittelfristig mindestens zwei Wochen bis zwei, drei Monate im Durchschnitt dauern, die Voraussetzungen für eine spezifizierte Behandlung gemäß den Erkrankungen der Patienten gegeben sein sollten, wie dies optimal nur in den entsprechend großen und ausdifferenzierten Fach- und Funktionsbereichen des psychiatrischen Fachkrankenhauses möglich ist.

Die relativ häufige Betonung der Bedeutung der landschaftlichen Umgebung der Klinik unterstreicht, daß die auf dem Lande befindlichen psychiatrischen Fachkrankenhäuser vielfach gegenüber den im Großstadtbereich gelegenen psychiatrischen Fachkrankenhäusern im Zusammenhang mit ihrer landschaftlichen Umgebung größeren Erholungswert für die Patienten haben. Ein Gesichtspunkt, der für die sogenannten Kuraufenthalte der verschiedensten Art unbestritten ist, doch in der Psychiatrie durch oberflächliche Handhabung des Begriffs Gemeindenähe in letzter Zeit vielfach vernachlässigt wurde. Sofern Gemeindenähe eines „auf der grünen Wiese gelegenen" psychiatrischen Fachkrankenhauses kompensiert wird durch Bürgernähe im Zusammenhang mit Laienhelferkontakten und Integration in eine Versorgungskette, besteht kein Grund, eine derartige Lage zu bedauern, sondern sie vielmehr zu bejahen.

Gemeindenähe – Bürgernähe

Das Unbehagen um den großen Abstand zwischen Psychiatrie und Bevölkerung drückt sich im Ruf nach Gemeindenähe aus. Als sei Gemeindenähe in erster Linie ein Problem von Kilometern, werden „auf der grünen Wiese" gelegene psychiatrische Krankenhäuser verdammt. Während andere Aufenthalte, die der Erholung der Persönlichkeit dienen, sei es im Urlaub oder über eine sog. Kur, möglichst weit weg von zu Hause in möglichst schöner Umgebung von Millionen gesucht werden, möchte man dies für die maximal 100000 bis 150000 psychisch Kranken, die pro Jahr ca. 4 bis 8 Wochen in einer ländlich gelegenen psychiatrischen Klinik behandelt werden, nicht gelten lassen. Dabei wird wiederum ein emotionelles Abwehrsymptom vermengt mit einem sachlichen Problem. Gemeindenähe in Kilometern ist einerseits zu fordern, wenn es sich um Kriseninterventionen nach Suizidversuchen im Zusammenhang mit Alkoholmißbrauch oder anderen Persönlichkeitskrisen handelt, bei denen eine ambulante oder nur mehrtägige bis höchstens ein bis zwei Wochen dauernde Behandlung im Bereich einer psychiatrischen Kriseninterventionsstation angezeigt wäre. Gemeindenähe wird ferner ein Kilometerproblem für Langzeitkranke, die über Jahre einer Betreuung in einer Institution bedürfen, die dann meist in einem Wohnheim erfolgt. Nur wenn die Fahrtzeit mehr als 1 bis $1^1/_2$ Stunden zur psychiatrischen Klinik beträgt, wird Gemeindenähe auch für das Gros der Akutkranken ein Kilometerproblem und erfordert die Neuerrichtung einer Klinik mit eigenem Einzugsgebiet. Unweigerlich kommt es zum Rückschritt und zur Entwicklung einer Minipsychiatrie und Zweiklassenpsychiatrie, wird bei Neuerrichtungen psychiatrischer Abteilungen nicht das Prinzip gewahrt, daß entweder ein gänzlich neues psychiatrisches Klinikum mit eigenem Einzugsgebiet geschaffen wird, um Gemeindenähe über Baumaßnahmen zu fördern, oder eine vorgeschaltete Kriseninterventionsstation, die funktionell mit dem bestehenden psychiatrischen Klinikum verbunden ist. Dies haben Erfahrungen in anderen Ländern, z.B. in Schweden, wie aber auch die Mehrzahl der deutschen psychiatrischen Universitätskliniken im Unterschied zu den psychiatrischen Universitätskliniken der Schweiz gezeigt.

Da Gemeindenähe für das Gros der psychisch akut Kranken, die meist einer mehrwöchigen stationären Behandlung bedürfen, so wenig ein Kilometerproblem ist, spielen auch teilstationäre Einrichtungen, wie Tag- und Nachtkliniken und Überleitungsheime, von denen so viel gesprochen wird, zahlenmäßig nur eine ganz unbedeutende Rolle, die sich auch in Zukunft nicht grundlegend ändern wird.

Gemeindenähe ist dem gegenüber für viele psychisch Kranke viel weniger ein Problem der Errichtung neuer Baukörper zur Verminderung von Kilometerdistanzen, sondern ein Thema für eine neue Bewußtseinsbildung unserer Gesellschaft gegenüber dem psychisch Kranken. Dies wird u.a. auch dadurch unterstrichen, daß gemeindenahe, im Großstadtbereich gelegene psychiatrische Großkrankenhäuser prozentual nicht mehr Aufnahmen bzw. Entlassungen haben als entsprechende psychiatrische Großkrankenhäuser in Distanzen bis zu $1-1\frac{1}{2}$ Fahrstunden.

Was sagen nun die Patienten selbst zum Thema der Kilometerdistanz? Wir haben daher diese Frage ab Mai 1980 in unsere oben wiedergegebene Fragenaktion aufgenommen und zusätzlich (vor der Entlassung) folgendes gefragt: War die Entfernung der Klinik von Ihrem Wohnort für die Behandlung: vorteilhaft, unwichtig oder nachteilig. Obwohl unser psychiatrisches Fachkrankenhaus „auf der grünen Wiese" liegt, und obwohl unsere Aufnahmeärzte bei einer Erhebung (s. S. 30) feststellten, daß z. B. rd. 20 % der aufgenommenen Patienten zweckmäßigerweise in (zu errichtende) Kriseninterventionszentren in den Städten im Vorfeld der Klinik hätte aufgenommen werden sollen, kreuzten nur 7,2 % der Patienten an, daß die Entfernung der Klinik zum Wohnort nachteilig für die Behandlung war, während 35 % „vorteilhaft" und 45,9 % „unwichtig" ankreuzten.

Wohlwollende Toleranz und aktive Mitarbeit als Laienhelfer und Paten fordert daher die Psychiatrie von den Gesunden im Interesse einer gemeindenahen Psychiatrie. Gefordert wird aber auch im Interesse der Gemeindenähe von den zuständigen politischen Gremien die grundsätzliche Umstellung und damit Verbesserung der Personalschlüssel, die sich fälschlich an der Zahl der Betten orientieren, statt die Anzahl der ambulanten und stationären Aufnahmen, sowie vor allem die Anzahl der Einwohner eines Versorgungsgebietes in den Vordergrund zu stellen (12). Im Bett liegen zum Beispiel in unserer Klinik bei zur Zeit 1260 Patienten stets weniger als 20 Patienten, meist Alterskranke. Dagegen ist es entscheidend, ob in diesen Betten pro Jahr z. B. 1000, oder wie bei uns zur Zeit 4000 Patienten aufgenommen und entlassen werden und welches Personal zur Verfügung steht, um im Vorfeld der Klinik Vorschaltambulanzen, Kriseninterventionen, Außenfürsorge und Nachsorge in Zusammenarbeit mit niedergelassenen Nervenärzten und nicht zuletzt mit ehrenamtlich tätigen Laien durchführen zu können. Konkretes Material zur Frage der Bedeutung der Gemeindenähe wurde ermittelt, indem ab Januar bis Juni 1979 bei jedem erwachsenen psychisch Kranken, der zur Aufnahme kam, von den Aufnahmeärzten angekreuzt wurde, ob die Aufnahme des betreffenden Patienten in unserem psychiatrischen Fachkrankenhaus zweckmäßig war oder ob diese Aufnahme hätte vermieden werden können, wenn im Rahmen einer Versorgungskette andere Aufnahme- und Behandlungsmöglichkeiten bestanden hätten. Es kam zu folgenden Ergebnissen:

Fragebogen für Untersuchung zur Aufnahmesituation
(Durch den Stationsarzt bei Erstuntersuchung auszufüllen)

Station: ______________________

Arzt: ______________________

1. Name des Patienten ____________ Gesamtaufnahmen: 1652 Patienten

a) Geb. Datum: ____________ Geschlecht:(922) männlich (730) weiblich

2. Tag der Aufnahme: ______________ (1349) Tagesaufnahme (08.00–18.00)
(303) Nachtaufnahme (18.00–08.00)

a) (852) Erstaufnahme
(800) Wiederaufnahme

3. Einweisungsmodus: (62,1 %) freiwillig
(28,7 %) LUG-Antrag
(3,8 %) LUG-Beschluß
(4,7 %) Pflegschaft/Vormundschaft
(0,3 %) Forens./Psych. § 81
(0,1 %) Forens./Psych. § 126 a
(0,1 %) Forens./Psych. § 63 od. § 64
(0,2 %) Haftunterbrechung

5. Einweisungsdiagnose des einweisenden Arztes: ______________

____

6. Ihre vorläufige Diagnose (ICD): ______________

7. Auf welcher Art von Station müßte der Patient Ihrer Meinung nach untergebracht und behandelt werden:

a) (57,4 %) geschlossene Station
b) (42,6 %) offene Station

8. (38,9 %) Allgemeinpsychiatrie
(19,1 %) Gerontopsychiatrie
(2,3 %) Oligophrenie
(0,5 %) Jugendpsychiatrie
(2,1 %) Psychotherapie
(36,2 %) Suchtbereich
(0,9 %) Neurologie

9. Ist die Aufnahme in die Pfalzklinik Landeck unbedingt erforderlich:

(70,5 %) ja (29,5 %) nein

10. Unter welchen Umständen wäre eine Aufnahme nicht notwendig:

a) Bei Unterbringung in Kriseninterventionsstationen mit Aufenthaltsdauer bis maximal 2 Wochen im Raum:

(3,0 %) Pirmasens/Zweibrücken
(12,2 %) Ludwigshafen/Frankenthal
(4,7 %) Kaiserslautern

b) (8,1 %) Bei Vorschaltambulanz mit fachärztl., -psychologischer- und sozialarbeiterischer Betreuung an Kriseninterventionsstationen

c) (0,5 %) Bei Unterbringung in familiärer Wohngemeinschaft bzw. Familienpflege oder Familienverband

d) (1,5 %) Bei Unterbringung in Wohngemeinschaft von Patienten mit fachlicher Betreuung (Besuche von Ärzten, Psychologen und Sozialarbeitern)

e) (0,4 %) Bei Unterbringung in Wohngemeinschaft von Patienten ohne fachliche Betreuung

11. Keine Aufnahme bei Heimunterbringung:

(0,8 %) offen
(1,8 %) kontrolliert
(0,8 %) geschlossen

Keine Aufnahme bei Unterbringung in:

(0,5 %) Altenheim
(1,6 %) Pflegeheim
(0,7 %) Heim für geistig Behinderte

12. Keine Aufnahme:

a) (4,1 %) Bei ambulanter Behandlung – allgemein nervenärztlich
b) (2,2 %) Bei speziell psychotherapeutischer Behandlung
c) (1,8 %) Bei Aufenthalt in Tagesklinik
d) (1,8 %) Bei Aufenthalt in Nachtklinik
e) (4,1 %) Bei vorwiegend internistischer Behandlung im Allgemeinen Krankenhaus
f) (4,7 %) Bei Entgiftung in Intensivstation des Allgemeinen Krankenhauses

Zusammenfassend läßt sich feststellen, daß rd. 20 % der Aufnahmen hätten vermieden werden können, wenn in den rd. 50 bis 70 km entfernt gelegenen Städten im Vorfeld der Klinik Kriseninterventionszentren bestanden hätten, in denen die Patienten ambulant oder stationär für einige Tage aufgenommen werden können. Weitere rd. 10 % der Patienten hätten nicht aufgenommen werden müssen, wenn noch weitere ambulante und stationäre (Heime, Wohngemeinschaften) Behandlungsmöglichkeiten im Rahmen einer Versorgungskette zur Verfügung gestanden hätten, wie aus den Ergebnissen des Fragebogens ersichtlich.

Es gilt durch die Massenexperimente in den USA, wie aus den Erfahrungen der verschiedenen Länder als erwiesen, daß in unserer vorwiegend industrialisierten Gesellschaft mit weitgehender Auflösung der Großfamilien und dem Zurücktreten der entsprechenden geistigen und moralischen Tradition pro 100 000 Einwohner 150 bis 200 stationäre Behandlungsplätze erforderlich sind (2). Auch bei einer optimalen sozialpsychiatrischen Versorgung der Bevölkerung, wie auf der dänischen Insel Samsö durchgeführt (13), kommt man zu diesen Zahlen.

Berücksichtigt man die stationären Aufnahmen in weniger entwickelten, bzw. unterentwickelten Ländern, wie Verf. in psychiatrischen Kliniken in Thailand, Ägypten und Senegal feststellen konnte, in denen Agrarwirtschaft und Großfamilien, abgesehen von anderen kulturellen Traditionen, von Bedeutung sind, so kommt man zu folgender Faustregel: Die Anzahl stationärer psychiatrischer Akutaufnahmen steigt, je mehr die Großfamilien, wie die kulturellen Bindungen zurücktreten und die Gesellschaft vereinzelt. Die Anzahl dieser Aufnahmen steigt aber auch, wenn das Vertrauen der Bevölkerung in die Effizienz einer psychiatrischen Behandlung zunimmt. Diese Aufnahmezahl läßt sich wiederum durch eine Optimierung sozialpsychiatrischer Aktivitäten etwas senken. Sie läßt sich aber auch senken, wenn Presse, Rundfunk und Fernsehen den rechten Akzent setzen und das sich mehr und mehr bildende Vertrauen der Bevölkerung nicht verunsichern.

Die Anzahl der stationär langfristig untergebrachten psychisch Alterskranken einerseits, wie Geistig Behinderter andererseits, hängt in ganz besonderer Weise eng mit den Gesellschaftsstrukturen zusammen. Die besondere Achtung und Respektierung der Alten fördert nicht nur in manchen ländlichen Großfamilien, sondern wie erwähnt, auch u. U. in der industrialisierten Gesellschaft, wie besonders in Japan, das Verbleiben in der Familie. Geistig Behinderte (d.h. Schwachsinnige), werden sehr viel eher in der ländlichen Großfamilie verbleiben und auch dort noch bei leichteren und mittelschweren Formen der Behinderung noch eher nützlich sein können, sofern es sich um landwirtschaftlich technisch unterentwickelte Gebiete handelt. Hinzu kommt, daß die absolute Anzahl sowohl alter Menschen, wie auch tiefstehender, pflegebedürftiger, junger geistig Behinderter in unterentwikkelten Gebieten der Erde wesentlich niedriger liegt.

Auch im Jahre 2000 werden noch mindestens $^{2}/_{3}$ der psychisch akut Kranken, die einer mehrwöchigen stationären Behandlung bedürfen, in den psychiatrischen sog. Großkrankenhäusern behandelt werden. Selbstverständlich ist es Pflicht dieser psychiatrischen Krankenhäuser, die Prinzipien moderner Sozialpsychiatrie zu verwirklichen, wie es die Pflicht der entsprechenden politischen Gremien ist, entsprechende personelle und bauliche Verbesserungen weiterhin zu fördern. Doch mindestens ebenso wichtig wird es sein, wie sich die Vertreter der Massenmedien gegenüber der Psychiatrie verhalten. Unterliegen sie irrational bedingten Ängsten gegenüber Kontrollverlust und Unberechenbarkeit des Lebens, unterliegen sie den psychiatriefeindlichen Traditionen des überbetont naturwissenschaftlichen Geistes, des Bösen und des gefährlichen Geistes, den Ideen der lebensunwerten Minorität, so werden noch bestehende Abwehrhaltungen der Gesellschaft gefördert, statt abgebaut. Indem dies der Psychiatrie schadet, schadet es dem psychisch Kranken.

Jede Gesellschaft hat das Niveau der Massenmedien und der Psychiatrie, das ihr entspricht. Massenmedien und öffentliche Meinung um Psychiatrie sind unlösbar aneinandergeknüpft. Nicht Klagen und Anklagen zwischen Massenmedien einerseits und Psychiatrie andererseits sollte daher unser Thema sein, sondern der Abbau gesellschaftlicher Fehlhaltungen gegenüber der Psychiatrie mit Hilfe der Massenmedien.

Die Empfehlungen der Enquête der Bundesregierung für Psychiatrie haben wenig Aussicht, die Situation der psychisch Kranken zu verbessern, wenn ausschließlich materielle Förderungen als notwendig erachtet werden und die gesellschaftlichen Fehleinstellungen nicht abgebaut werden.

Literatur

1. *Häfner, H., W. Böker*: Gewalttaten Geistesgestörter. Springer, Berlin, Heidelberg, New York 1973

2. *Brill, H.*: Strömungen und Gegenströmungen in den psychiatrischen Versorgungssystemen der USA. Standorte der Psychiatrie. Urban u. Schwarzenberg, München 1976, 11

3. *Engelmeier, M.-P.*: Krisenintervention in einem industriellen Ballungsraum. Vortrag auf dem 4. Landeck-Symposion S. 9

4. *Haase, H.-J.*: Sozialpsychiatrische Untersuchungen an alleinstehenden Frauen. Fortschritte Neurologie Psychiatrie 32:6 (1964)

5. *Haase, H.-J.*: Hrsgb., Sozialpsychiatrie. Vorträge und Diskussionen des 3. Landeck-Symposion, Schattauer, Stuttgart 1977

6. *Haase, H.-J.*: Sozialpsychiatrie im Wirkungsbereich des psychiatrischen Krankenhauses. Vortrag auf dem 3. Landeck-Symposion S. 5

7. *Haase, H.-J.*: Depressionen. Entstehung. Erscheinung. Behandlung. Schattauer, Stuttgart 1976

8. *Haase, H.-J.*: Therapie mit Psychopharmaka und anderen seelisches Befinden beeinflussenden Medikamenten. 4. Auflage Schattauer, Stuttgart 1977

9. *Haase, H.-J.*: Hrsgb., Krisenintervention in der Psychiatrie. Vorträge und Diskussionen des 4. Landeck-Symposion. Schattauer, Stuttgart 1977

10. *Haase, H.-J.*, Hrsgb.: Bürgernahe Psychiatrie im Wirkungsbereich des psychiatrischen Krankenhauses. Vorträge und Diskussionen des 7. Landeck-Symposion. Im Druck perimed-Verlag Erlangen 1981

11. *Hartard, B.*: Persönliche Mitteilung. Bericht über die Erfahrungen des Patientenfürsprechers der Pfalzklinik Landeck im Jahre 1976

12. *Hippius, H., H. Lauter*: Hrsgb., Standorte der Psychiatrie. Urban und Schwarzenberg. München 1976

13. *Kulenkampff, C.*: Kritisches bei der Reform der Versorgung psychisch Kranker und Behinderter in der Bundesrepublik. Standorte der Psychiatrie. Urban und Schwarzenberg. München 1976. S. 11

14. *Strömgren, E.*: Möglichkeiten und Grenzen ambulanter psychiatrischer Behandlung, unter Berücksichtigung des Samsö-Projektes. Vortrag auf dem 3. Landeck-Symposion. S. 5

Zum gegenwärtigen Stand der Psychotherapie im psychiatrischen Krankenhaus. Unter besonderer Berücksichtigung der Bundesrepublik Deutschland

Zusammenfassung der Vorträge des VI. Landeck-Symposions

Psychotherapie im psychiatrischen Krankenhaus meint mehr, als den Patienten beobachten, seine Krankheit registrieren und etikettieren, meint mehr, als den Patienten zu verwahren, meint aber auch mehr, als freundlich sein zum Patienten, ihn trösten und ihm zusprechen. Es sei auf unsere Rundfrage bei den im April bis Juni 1979 und ab Mai 1980 entlassenen Patienten hingewiesen, wonach den Patienten zwar in rd. 85% der Fälle der Krankenhausaufenthalt in unserem psychiatrischen Krankenhaus gefallen habe, daß sogar rd. 70% der Entlassenen, die einen Fragebogen ausfüllten, diesen Krankenhausaufenthalt als gut bis sehr gut bezeichneten und daß aber auch unter den Faktoren, die von den Patienten als wesentlich für ihre Genesung angesehen wurden, das Einzelgespräch und die Gruppengespräche bisher nur eine relativ geringe Rolle spielten, mit Ausnahme der Alkoholkranken und Drogenabhängigen, denen wir bereits eine größere Anzahl von Gruppengesprächen anbieten können und die dies auch registrieren. Damit meinten die Patienten offensichtlich psychotherapeutisch orientierte Einzel- und Gruppengespräche und sie brachten dies auch in ihren Verbesserungsvorschlägen zum Ausdruck. Ich meine, daß dies repräsentativ für den gegenwärtigen Stand vieler psychiatrischer Großkrankenhäuser ist, die alle gemeinsam darunter leiden, daß ihnen noch nicht genügend psychotherapeutisch ausgebildetes und überhaupt genügend therapeutisches Personal zur Verfügung steht, um die Zeit zu haben, dem berechtigten Anliegen der Patienten zu diesem Gesichtspunkt Rechnung zu tragen.

Das vertiefende psychotherapeutisch orientierte Gespräch mit Berücksichtigung der Lebensgeschichte des Patienten und seiner aktuellen Situation, möglichst unter Einbeziehung der Angehörigen, dient nicht nur der Symptombeseitigung, der Reparation einer Störung, sondern soll ihm Hilfe zur Selbsthilfe anbieten, um ihm neue und bessere Wege zur Selbstverwirklichung, zur Besserung seiner Genuß- und Leistungsfähigkeit aufzuzeigen und damit auch die Rückfallsgefährdung zu verringern. In den verschiedensten Vorträgen wurde auf Möglichkeiten hingewiesen, wie sich psychotherapeutische Methoden auf die Bedürfnisse, die sich im psychiatrischen Krankenhaus ergeben, anpassen. *Winkler* wies darauf hin, daß seit dem Beginn der 70er Jahre in den psychiatrischen Landeskrankenhäusern Gesprächspsychotherapie, Verhaltenstherapie und in Gütersloh z.B. das Psychodra-

Einzelheiten s. Vorträge und Diskussionen des VI. Landeck-Symposions. Hrsgb. H.-J. Haase. Psychotherapie im Wirkungsbereich des psychiatrischen Krankenhauses. Perimed Verlag Erlangen, 1980.

ma zunehmend eingeführt wurden. Besonders die Verhaltenstherapie kann im psychiatrischen Krankenhaus auf sehr breiter Basis bei den verschiedensten Krankheitsdiagnosen und nicht zuletzt bei den Oligophrenen erfolgreich angewandt werden. Wesentlich ist es aber, daß es an einem psychiatrischen Großkrankenhaus weniger auf die Anwendung bestimmter psychotherapeutischer Behandlungsverfahren, als vielmehr auf eine bestimmte Einstellung zum Patienten ankommt, die *Winkler* als „psychotherapeutische Grundeinstellung" bezeichnete, weil sie sich aus der Psychotherapie ableitet und bereits psychotherapeutisch wirksam ist. Es wird in der Medizin einer allgemein üblichen objektivierenden Betrachtung diese psychotherapeutische Grundeinstellung gegenübergestellt. Während bei einer objektivierenden Betrachtung der Patient als Träger einer Krankheit, als Objekt der Behandlung, auch als Objekt der Pflege und Administration fungiert, läßt die psychotherapeutische Grundeinstellung den Patienten als Person mit einer ganz eigenen Biographie, in welche die Krankheit eingewoben ist, gelten. Die psychotherapeutische Grundeinstellung besteht also vor allem in einer Bereitschaft zum Verständnis lebensgeschichtlicher Zusammenhänge und in einem empathischen Sich-Einfühlen in die Erlebnisweisen und die Situation des Patienten. Ein wichtiges Instrument ist dabei die biographische Anamnese. Es wird dabei zwischen Psychotherapie, d.h. den verschiedenen psychotherapeutischen Behandlungsmethoden unterschieden. Auch viele schizophrene Erlebnisweisen können durch eine psychodynamische Betrachtungsweise nach *Winkler* dem Verständnis nähergebracht werden.

Suchen wir nach gemeinsamen Tendenzen, so finden wir die gemeinsame Absage an die sogenannten großen psychoanalytischen Gruppen- und Einzeltherapiekuren innerhalb des psychiatrischen Krankenhauses. Wir finden demgegenüber gemeinsame Hinweise für aktives Verhalten der Therapeuten, das sich ausdrückt in den Formulierungen von der Interaktionsanalyse nach *Winkler*, von der stützenden tiefenpsychologisch orientierten Psychotherapie, vom Prinzip der Interaktion nach *Anneliese Heigl-Evers* und *Franz Heigl*, sowie z.B. des Selbstbehauptungstrainings. Wir finden neben dieser Betonung der aktiven Komponente der Therapie durch den Therapeuten das Ansprechen und die Mobilisierung der gesunden Ich-Anteile der Patienten. Wir finden die Betonung der Wichtigkeit der Einbeziehung der Angehörigen und Familien in die Therapie und die allgemeine Wertschätzung gesprächs- und vor allem verhaltenstherapeutischer Behandlungsverfahren im psychiatrischen Krankenhaus. Wir finden die Betonung der Notwendigkeit der tiefenpsychologischen Orientierung bei Gruppen- und Einzeltherapien. Zum Thema der Psychotherapie und Psychopharmaka sei jedoch im Interesse der Vollständigkeit nicht unerwähnt gelassen, daß wir uns sicher einig sind, daß besonders bei produktiven Psychosen mit paranoiden oder depressiv-psychotischen Erlebnissen die psychopharmakotherapeutische Kompensation der produktiv psychotischen Symptomatik vielfach erst die Voraussetzungen schafft für den sozialpsychiatrischen Umgang mit dem Patienten, wie für psychotherapeutische Behandlungen im engeren Sinne dieses Begriffs. Zwar wurde nur im Referat über die Alkoholkranken auf die besondere Verzahnung der stationären mit der ambulanten Behandlung und auf die Wichtigkeit der Testwochenendurlaube für die Behandlung hingewiesen, doch sind wir uns sicher ebenfalls einig, daß dieser Gesichtspunkt für all unsere stationär behandelten psychisch Kranken, wenn auch in anderem Zusammenhang, von entscheidender Wichtigkeit ist. Ähnliches gilt für das Thema der Rollenspiele, deren Bedeutung für die Behandlung Alkoholkranker betont wurde, deren Bedeutung aber sicher noch sowohl für psychotisch Kranke, als auch für neurotisch Kranke der verschiedensten Symptomatik dann wichtig sein dürfte, wenn Interaktionen zu Personen und belastenden Situationen zu bearbeiten sind. Zu betonen ist ferner die Bedeutung des Psychodramas, wie der Musiktherapie und der Maltherapie, die wir in unserer Klinik sowohl bei Alkoholkranken, wie bei depressiv Erkrankten seit Jahren als Einstieg zum psychotherapeutischen Gruppengespräch und zur Psychotherapie nutzen.

Aktuelle Aspekte der Psychopharmaka

Zum Anstieg des Gesamtverbrauchs von Psychopharmaka und seelisches Befinden beeinflussenden Medikamenten

Werfen wir zunächst einen Blick auf den Verbrauch von Psychopharmaka und seelisches Befinden beeinflussende Medikamente in der BRD. Wir fassen diese Medikamente in folgende Gruppen zusammen:

1. Analgetika
2. Hypnotika
3. Tranquilizer
4. Neuroleptika
5. Antidepressiva
6. Geriatrika bzw. Psychostimulantia.

Psychopharmaka-Übersicht

Neuroleptische Wirkung = psychisch: hochgradige Reduzierung des psychoenergetischen Niveaus außerhalb von Bewußtseinsstörungen bzw. Schlaf

somatisch: extrapyramidale Bewegungshemmung. Meist bei optimaler Dosierung nur in der Feinmotorik (Handschrift) sichtbar

Medikamente:	*Handelsnamen:*	*Subjektiv störende Überdosierungssymptome:*	*Indikationen der neuroleptischen Wirkung:*
Schwach bis sehr stark potente Neuroleptika in Dosierung oberhalb der neuroleptischen Schwelle (s. S. 52)	Für schwach potente (s. S. 55) Für mittelstark potente (s. S. 55). Für stark potente (s. S. 56). Für sehr stark potente (s. S. 56).	Bei den schwach potenten Neuroleptika: Müdigkeit, Schwindelgefühl (Kollapsgefahr), Herzklopfen, Sehstörungen (Akkommodationsstörungen), Mundtrockenheit (s. S. 55/56). Bei den stärker potenten Neuroleptika: Bei Behandlungsbeginn extrapyramidale dyskinetische Reaktion, Schiefhalsbildung, Zungen-Schlund-Syndrom u. a., einige Tage später evtl. Sitzunruhe (Akathisie) später grobmotorischer Parkinsonismus (s. S. 56/57).	1. Hochgradige (meist psychotisch bedingte) affektive Erregungs- oder Spannungszustände (s. S. 50). 2. Psychotische Erlebnisproduktionen (Wahnideen, Halluzinationen u.a.) (s. S. 50).

Neuroleptische Potenz: Stärke der Affinität zum extrapyramidalen System. Je stärker die neuroleptische Potenz, um so niedriger ist die Dosis, mit der mit einem Neuroleptikum die neuroleptische Schwelle überschritten werden kann.	**Neuroleptische** *Schwellendosis:* Dosis, bei er eine meist zunächst in der Feinmotorik (Handschrift) erkennbare extrapyramidale Bewegungshemmung ausgelöst wird (s. S. 52, 53, 54). Damit wird die Mindestdosis zum Erreichen der neuroleptischen Wirkung ermittelt. *Wichtig für die Dosierung!* Neuroleptisch-therapeutische Breite (s. S. 56). *Disposition zur neuroleptischen Wirkung:* (s. S. 58, 254). *Anfangsdosierung:* (s. S. 56).

Antidepressive Wirkung = Stimmungsnormalisierung bei psychotisch veränderter Grundstimmung. Kein Einfluß auf die Stimmung Gesunder.

Medikamente		*Häufigste subjektiv störende Überdosierungssymptome:*	*Indikationen:*
1. MAO-Hemmer (s. S. 160)	Handelsnamen: (s. S. 160)	Ohrensausen, Augenflimmern, Kreislaufbeschwerden mit Schwindelgefühl (Kollapsgefahr), innere Unruhe.	Depressive Psychosen[1]) = endomorphe Depression (s.S. 141 ff).
2. Trizyklische Antidepressiva (s. S. 158 ff)	Handelsnamen: (s. S. 158 ff)	Schwitzen, Kreislaufbeschwerden (Kollapsgefahr), Herzklopfen, Zittern, bes. der Hände, Sehstörungen (Akkomodationsstörungen),	Diagnostisches Syndrom ersten Ranges bei depressiven Psychosen: Schlafstörungen, Tagesschwankungen (abends besser),
3. Weitere Antidepressiva (s. S. 161 ff)		Beschwerden beim Wasserlassen, Schwere, besonders in den Beinen, Empfindungsstörungen in den Händen, Mundtrockenheit.	Leistungsminderung (besonders Konzentrationsstörungen und Schwunglosigkeit) (Nicht-Können trotz Wollen).

[1]) Psychose = qualitativ neuartiges Erleben, aus dem bisherigen nicht ableitbar. Sofern durch äußeren Anlaß ausgelöst, Verselbständigung von Anlaß im weiteren Verlauf.

4. Evtl. schwach potente Neuroleptika (s. S. 55).	Siehe oben schwach potente Neuroleptika.	Körperbeschwerden, besonders Kopf, Brust oder Bauchraum, mangelnde Lebensfreude, Grübeln, evtl. Appetitstörungen, Gewichtsabnahme, Verstopfung.
Tranquilizer-Wirkung = affektive Entspannung mit mehr oder weniger begleitender Müdigkeit		
Medikamente: 1. „Reine" Tranquilizer (= ohne neuroleptische Potenz – Handelsnamen) (s. S. 158 f). 2. Neuroleptika in Dosierung *unterhalb* der „neuroleptischen Schwelle" (s. S. 52, 251).	*Subjektiv störende Überdosierungssymptome:* 1. Bei den „reinen" Tranquilizern besonders Müdigkeit mit entsprechender Leistungsbeeinträchtigung. 2. Bei den schwach potenten Neuroleptika (s. o.) 3. Bei den stärker potenten Neuroleptika (s. o.).	*Indikationen der Tranquilizer-Wirkung:* Ia) Evtl. somatische Begleitbehandlung bei Psychotherapie von Neurosen und abnormen Erlebnisreaktionen. Ib) Zur Behandlung von körperlichen Beschwerden bei Neurosen (psychosomatische Symptome und Erkrankungen. „Organneurosen" u. a.) und körperlichen Erkrankungen. Ic) Zur Behandlung von Sucht. II Behandlung von Schmerzzuständen verschiedener Genese. III Behandlung von Psychosen mit nur geringer Erregung bei Fehlen psychotischer Erlebnisproduktionen, wie Wahnideen, Halluzinationen u. a. = leichte Tranquilizer-Behandlung. IV Behandlung von Psychosen (u. evtl. Neurosen) mit ausgeprägtem Schlafdefizit, starker affektiver (besonders ängstlicher) Beteiligung = sog. Heilschlafbehandlung; intensive Tranquilizer-Behandlung; auch bei affektiv

	geleiteten psychotischen Erlebnisproduktionen, dann jedoch Kombination mit der neuroleptischen Wirkung angezeigt.
V	Behandlung Hirngeschädigter, insbesondere zerebralsklerotischer Patienten, deren Hirnschädigung häufig auch die für die neuroleptische Wirkung zuständigen Hirnstammzentren umfaßt.

Insgesamt wurden in den Apotheken der BRD 1965 für 375 Millionen DM Medikamente dieser 6 Gruppen unmittelbar an den Verbraucher, d.h. außerhalb von Krankenhäusern, abgegeben. Bemerkenswert ist der Anstieg des Gesamtverbrauchs, indem 14 Jahre später, d.h. 1979, durch die Apotheken der Bundesrepublik für 935 Millionen DM an den Verbraucher die genannten Medikamente abgegeben wurden. Es wurde festgestellt, daß der Anstieg des Verbrauchs von Psychopharmaka und psychotropen Medikamenten, wie überhaupt der Anstieg des Verbrauchs an Medikamenten sich in der BRD wie auch in anderen Ländern in erster Linie auf den Anstieg des Pro-Kopf-Einkommens der Bevölkerung zurückführen läßt.

Während die finanziellen Mehraufwendungen für Analgetika, Hypnotika und Geriatrika in den Jahren von 1965–1979, die wir erfaßt haben, wesentlich überlagert wurden durch den Preisanstieg dieser Medikamente, der bei den gebräuchlichsten Analgetika, Hypnotika und Geriatrika in dem genannten Zeitraum 60–80% betrug, war der Preisanstieg bei den Psychopharmaka im engeren Sinne des Begriffes von ganz untergeordneter Bedeutung. Bei den Psychopharmaka, d.h. den Tranquilizern, den Neuroleptika und den Antidepressiva wie auch bei den Geriatrika kam es insgesamt zu einem prozentualen Anstieg des Mehrverbrauchs, während sich der Anteil der Analgetika und Hypnotika prozentual verminderte.

Was steckt hinter diesen Zahlen? Wieweit können wir diese Entwicklung begrüßen und inwieweit ist sie bedenklich?

Die Entwicklung ist bedenklich, sofern es sich hierbei um ein Konsumproblem handelt, sofern es sich dabei weiterhin um das Symptom einer Wohlstandsgesellschaft handelt, die einen Teil ihres ständig gestiegenen Einkommens einsetzt, um mehr zu essen, zu trinken und mehr Medikamente einzunehmen. Medikamente, die zum Teil an die Stelle realistischer Bewältigung von Sorgen und Problemen des Lebens getreten sind. Medikamente, die, sofern sie psychotrop wirken, Unbehagen, Mißstimmungen beseitigen sollen. Medikamente, die evtl. sogar dem Mißbrauch und der Sucht dienen und damit der Flucht in eine Scheinwelt. Es ist die Frage, wieweit diejenigen, die diese Medikamente verordnen, diesen Wünschen einer Wohlstandsgesellschaft entgegenkommen und eine unrealistische Entwicklung fördern, die der Patient umso mehr erwartet, als er hohe Beiträge an Krankenkassen zahlt. So ist es bemerkenswert, daß es auch im gleichen Zeitraum zu einem deutlichen Konsumanstieg im Bereich des Alkoholverbrauchs kam, wobei jedoch der Mehrverbrauch besonders bei den Tranquilizern wesentlich mehr anstieg als der Alkoholkonsum.

Jeder einzelne von uns sollte sich fragen, wieweit er die Konsumentwicklung im negativen Sinn fördert. Sofern es sich um die Behandlung psychischer Störungen außerhalb von Psychosen handelt, ist es bedenklich, sofern den passiven Erwartungen einer Wohlstandsgesellschaft durch gedankenlose Verschreibung entgegengekommen wird. Es ist zwar sehr viel zeitraubender und sehr viel komplizierter, psychische Konfliktsituationen durchzusprechen und psychotherapeutische Beratungen und Behandlungen durchzuführen, als psychotrope Medikamente zu verschreiben, doch sollte man sich stets deutlich machen, daß der Einsatz von psychotropen Medikamenten zu Scheinlösungen von Konflikten sowie zum Mißbrauch und, sofern es sich um Analgetika und Hypnotika handelt, auch im engeren Sinne zur Sucht führen sowie bei den Tranquilizern Mißbrauch und Sucht fördern kann. Die Verschreibung psychotroper Medikamente spart zwar Zeit und schafft raschen Verdienst für den Therapeuten, bietet dem Patienten die erwartete Gegenleistung für seinen finanziellen Aufwand gegenüber Krankenkassen, sie nimmt ihm den Leidensdruck, sie erspart ihm Zeit und Aufwand, aber sie kann und darf ihn nicht aus der Verantwortlichkeit gegenüber seinem inneren Schicksal entlassen. Sofern er nicht psychotisch erkrankt ist und seine Willensfreiheit aufgehoben oder beeinträchtigt ist, muß er sich um die Bewältigung seiner Konfliktsituationen bemühen, und die Therapeuten müssen ihm dabei helfen, dürfen es nicht bei medikamentös bedingten Scheinlösungen belassen. Es sollte uns bedenklich stimmen, daß der Anstieg des Verbrauchs besonders bei den Tranquilizern nur in geringer Beziehung steht zu einem Bevölkerungsanstieg wie zum Preisanstieg, dagegen in sehr enger Beziehung zum Anstieg des Pro-Kopf-Einkommens der Bevölkerung. Anstieg des Pro-Kopf-Einkommens und Anstieg des Pro-Kopf-Verbrauchs an Medikamenten und ganz besonders an Tranquilizern haben die engste Korrelation. Der Konsum ist Wohl und Wehe unserer Gesellschaft. Konsum ist die Voraussetzung zum wirtschaftlichen Wachstum in der freien Marktwirtschaft. Sofern dieser Konsum sich auf mittelfristige und langfristige Anschaffungen bezieht, fördert er in gesunder Weise das Wirtschaftsleben.

Zum Ärgernis wird der Konsum jedoch, wenn er nicht vorrangig der mittelfristigen und längerfristigen Dauerbefriedigung dient, sondern der unmittelbaren Sofortbefriedigung. In unserem Zusammenhang wird der Konsum zum Ärgernis, wenn eine rasche orale Bedürfnisbefriedigung dem menschlichen Leben seine Würde nimmt, infantile Sofortbefriedigung Scheinlösungen und Scheinberuhigungen über Stunden schafft. In diesem Sinne seien die Hinweise auf die Umsatzerhöhungen psychotroper Medikamente (von 1965 bis 1979) als Appell an jeden ärztlichen Therapeuten, der Medikamente verordnet und verschreibt, wie an jeden, der Medikamente, die auf seelisches Befinden einwirken können, rezeptfrei abgibt, wiedergegeben. Zur rezeptfreien Abgabe ist von besonderem Interesse, daß die Abgabe rezeptfreier Analgetika durch die Apotheken der BRD nach den Tranquilizern den höchsten Umsatz aufweist. So entfielen 1979 rd. 22 % der 935 Millionen DM auf die Tranquilizer, während nur rd. 3 % weniger, d.h. 19 %, also fast 180 Millionen DM, auf die Abgabe rezeptfreier Analgetika durch die Apotheken der Bundesrepublik entfielen.

Stets sollte man sich fragen, handelt es sich um die Behandlung einer psychischen Erkrankung, bei der im Sinne einer Psychose der Betroffene seine Willensfreiheit verloren oder eingebüßt hat, so daß er auf die Behandlung mit Psychopharmaka angewiesen ist, oder handelt es sich um die Symptome einer psychischen Fehlhaltung, der sowohl der Therapeut als auch der Patient sich verantwortlich stellen sollten und bei der der Psychotherapie stets der Vorrang einzuräumen ist. Noch fehlen uns in der BRD Tausende von psychotherapeutisch tätigen Ärzten bzw. Psychotherapeuten, doch ist es keine Lösung des Problems, wenn im Zusammenhang mit psychischen Störungen außerhalb der Behandlung psychotischer Erkrankungen die Anzahl der Medikamentenverschreibungen und Medikamentenabgaben ansteigt, statt daß menschliches Fühlen, die Suche nach dem Sinn der Symptomatik, das gesprochene Wort und die hilfreiche Tat gegenüber demjenigen, der an einer seelischen Fehlhaltung leidet, den Vorrang haben sollten.

Zur Tranquilizer-Wirkung

Die Tranquilizer-Wirkung beruht im wesentlichen auf einer affektiven Entspannung mit mehr oder weniger begleitender Müdigkeit bzw. erhöhter Schlafbereitschaft. In der Praxis werden einerseits „reine" Tranquilizer (= ohne neuroleptische Potenz) angewandt, deren Wirkung bei zunehmend hoher Dosierung im wesentlichen zu einer erhöhten Müdigkeit führt.

Andererseits wird vielfach eine Tranquilizer-Wirkung durch Neuroleptika ausgelöst, die unterhalb der „neuroleptischen Schwelle" (*Haase*) dosiert werden. Die „neuroleptische Schwelle" wird erreicht, wenn somatisch eine extrapyramidale Bewegungshemmung, meist bei optimaler Dosierung nur in der Feinmotorik (Handschrift) sichtbar, ausgelöst wird. Im psychischen Bereich geht die affektiv entspannende Tranquilizer-Wirkung mit Überschreiten dieser somatisch extrapyramidal sichtbaren neuroleptischen Schwelle zunehmend in eine Reduzierung des psychisch-energetischen Niveaus bei hellem Bewußtsein, Wachheit und bei typischer Ausprägung, fehlender Sedierung über.

Man unterscheidet 1. die Major-Tranquilizer-Wirkung. Sie führt zu ausgeprägter affektiver Entspannung und Beruhigung mit erhöhter Müdigkeit und Schlafbereitschaft. Sie wird durch schwach potente Neuroleptika wie durch „reine" Tranquilizer in hoher Dosis ausgelöst.

2. Die Minor-Tranquilizer-Wirkung mit leichter affektiver Entspannung und nur angedeuteter oder fehlender Müdigkeit und evtl. ohne erhöhte Schlafbereitschaft. Sie wird durch „reine" Tranquilizer in niedriger Dosis wie durch stärker potente Neuroleptika unterhalb der neuroleptischen Schwellendosierung bewirkt.

Die neuroleptische Wirkung wird bei den schwach potenten Neuroleptika oberhalb der neuroleptischen Schwelle von der Major-Tranquilizer-Wirkung überlagert, während bei den stärker potenten Neuroleptika die Minor-Tranquilizer-Wirkung die oberhalb der neuroleptischen Schwellendosis ausgelöste neuroleptische Wirkung begleitet.

Die „reinen" Tranquilizer wirken sowohl affektiv entspannend und beruhigend, körperlich entspannend, muskelrelaxierend, zum Teil mehr oder weniger antikonvulsiv, als auch schlaffördernd, insbesondere schlafanbahnend.

Bisher kann man bei den „reinen" Tranquilizern u. E. folgende Faustregel aufstellen: Je stärker die affektiv entspannende und damit angstlösende Wirkung, umso mehr Sedierung, Schlafanbahnung, Muskelrelaxierung, antikonvulsive Wirkung. Wirkungen auf das vegetative System wie auf die Stimmung werden den „reinen" Tranquilizern indirekt, d.h. auf dem Weg über die affektive Entspannung, zugeschrieben.

Die stärksten Wirkungen werden bei den empfohlenen Dosierungen im Hinblick auf die Entspannung, Angstlösung und Schlafanbahnung dem Diazepam (Valium), dem Lorazepam (Tavor), die zusätzlich die stärksten muskelrelaxierenden und antikonvulsiven Eigenschaften aufweisen, zugeschrieben. Weniger ausgeprägt und mit relativ geringen Unterschieden der einzelnen Präparate werden Entspannung, Angstlösung und Schlafanbahnung dagegen beim Chlordiazepoxyd (Librium), Medazepam (Nobrium), Prazepam (Demetrin), Oxazepam (Adumbran, Praxiten), Camazepam (Albego), Bromazepam (Lexotanil), Clobazam (Frisium) beobachtet. Es wird jedoch weiterhin zu überprüfen sein, ob und wieweit sich bei den einzelnen Präparaten im Hinblick auf die affektive Entspannung bei äquivalenten Wirkungen unterschiedliche Eigenschaften zeigen.

Von wesentlicher Bedeutung für die angestrebte Wirkung sind die Halbwertzeiten der „reinen" Tranquilizer, die Schnelligkeit des Einsetzens ihrer Wirkung und die angewandte Dosierung. Je kürzer die Halbwertzeit, d.h. je rascher weniger als die Hälfte der verabreichten Dosis noch im Körper wirksam ist, umso weniger muß man mit einer Kumulation, d.h. einer Verstärkung der Wirkung, insbesondere mit unerwünschter Sedierung am Tage bei wiederholten Gaben rechnen. Je rascher die einsetzende Wirkung und je kürzer die Halbwertzeit, umso eher kommt eine Anwendung als schlafförderndes, insbesondere einschlafförderndes Medikament in Betracht. Weiteres zur Schlafförderung durch reine Tranquilizer s. S. 45, 48. Mein Mitarbeiter *O. K. Linde* stellte die reinen Tranquilizer gemäß ihren Halbwertzeiten zusammen mit folgenden Hinweisen für die Anwendung:

„Der Versuch, die Tranquilizer vom Benzodiazepintyp nach unterschiedlichen pharmakodynamischen Profilen und ihren Wirkäquivalenzen eindeutig abzugrenzen, scheitert daran, daß die vier Grundwirkungen (anxiolytisch, schlafbahnend, antikonvulsiv, muskelrelaxierend) allen bisher bekannten Benzodiazepinen eigen sind. Die Festlegung dosisbezogener Wirkäquivalenzen, wie sie *Haase* für die Neuroleptika aufgestellt hat, ist für die Benzodiazepine nicht möglich, da sich hierbei die vier ihrer Natur nach völlig differenten Wirkqualitäten überschneiden und dar-

	Generic name	Präparat	Hauptindikation
ultrakurz-wirkend $T_{1/2} \sim 5$ h	Clotiazepam	Trecalmo	Angst, psychoreaktive Verstimmung
	Triazolam	Halcion	Schlaflosigkeit
kurz- bis mittel-wirkend $T_{1/2}$ 5–24 h	Bromazepam	Lexotanil	Psycholabilität
	Camazepam	Albego	Psychische Dysregulation
	Flunitrazepam	Rohypnol	Schwere und chronische Schlafstörungen
	Lorazepam	Tavor	Angstzustände
	Nitrazepam	Mogadan	Schlafstörungen
	Oxazepam	Adumbran Praxiten	Psychovegetative Dysregulationen
	Clonazepam	Rivotril	Status epilepticus Epilepsie
langwirkend $T_{1/2} > 24$ h	Chlordiazepoxid	Librium	Neurovegetative Störungen
	Clobazam	Frisium	Neurotische Störungen, Angst
	Diazepam	Valium	Schlafstörungen Psychoneurosen
	Dikaliumclorazepat	Tranxilium	psychisch induzierte Schlafstörungen
	Flurazepam	Dalmadorm	Schlafstörungen
	Medazepam	Nobrium	Angst, Konfliktneurosen
	Prazepam	Demetrin	Angst, Organneurosen

Tab. 1 Einteilung der Tranquilizer des Benzodiazepintyps nach ihrer Eliminationshalbwertszeit.

über hinaus erhebliche Unterschiede bei den pharmakokinetischen Daten (Eliminationshalbwertszeit, Wirkungshalbwertszeit, QR, QA, Rezeptoraffinität, Metabolismus) bestehen.

Allerdings läßt sich in Abhängigkeit von der Dosierung *und* den pharmakokinetischen Eigenschaften eine brauchbare Zuordnung der Präparate zu ihren Hauptindikationen vornehmen, mit dem unmißverständlichen Hinweis, daß bei entsprechender Beachtung der Dosierung und der Dosierungsintervalle mit jeder Substanz dieser Reihe jede der genannten Wirkungen erzielt werden kann, jedoch stets im Verbund mit den anderen Wirkqualitäten, wenn auch in unterschiedlich quantitativer Dimension.

Für die Verordnungspraxis mit den auf dem Markt befindlichen Präparaten in ihren fixen Dosierungen läßt sich eine Einteilung nach den Eliminationshalbwertszeiten vornehmen.

Heute neigt man allerdings dazu, der Eliminationshalbwertszeit die Wirkungshalbwertszeit zur Seite zu stellen, ein Datum, welches der therapeutischen Realität noch näher kommt.

Hierbei wird deutlich, daß eine Diskrepanz zwischen Wirkungsdauer und Blutspiegelverlauf bei den Benzodiazepinen in ähnlicher Weise besteht, wie es von den Neuroleptika bekannt ist. Die Serumkonzentrationen sind nicht proportional den Konzentrationen im Bereich der Benzodiazepinrezeptoren.

Während z.B. die Ausscheidungshalbwertszeit des unveränderten Wirkstoffs von Rohypnol 19 h beträgt, beläuft sich seine Wirkungshalbwertszeit auf ca. 4 h. Ähnlich verhält es sich bei Mogadan.

Die Aufführung der Hauptindikation in Tabelle 1 erfolgte in Anlehnung an die wissenschaftliche Basisliteratur der Hersteller. Die darin vielfach anzutreffende Häufung von Indikationen führt eher zu Verwirrungen und zu Unsicherheit, insbesondere dann, wenn es sich hierbei nur um terminologische Variationen ein und desselben Symptoms o. ä. handelt.

Aus vorstehenden Erkenntnissen ergeben sich folgende Hinweise zur Anwendung in der Praxis:

1. Bei kritischer und sachgemäßer Anwendung von Benzodiazepinen als Schlafmittel werden diese den Anforderungen an ein ideales Schlafmittel weitgehend gerecht: Keine Beeinflussung des REM-Schlafs, große therapeutische Breite und von daher kein Intoxikationsrisiko, praktisch keine ausgeprägte Enzyminduktion sind gegenüber den klassischen Hypnotika die herausragenden Charakteristika der Benzodiazepine.

2. Bei Einschlafstörungen sind die ultrakurzwirkenden Tranquilizer induziert, sofern tranquilisierende Nachwirkungen am folgenden Tag vermieden werden sollen, z.B. Trecalmo, Halcion.

3. Bei Ein- und Durchschlafstörungen empfehlen sich kurz- bis mittelwirkende Tranquilizer, d.h. Adumbran, Albego, Lexotanil, Mogadan, Praxiten, Rivotril, Rohypnol, Tavor.

4. Ein- und Durchschlafstörungen, die einhergehen mit Angstzuständen und abnormen affektiven Spannungszuständen am Tage, können behandelt werden mit Langzeittranquilizern (Dalmadorm, Demetrin, Frisium, Librium, Nobrium, Tranxilium, Valium), die abends bzw. nachts gegeben anfangs den Schlaf bahnen, am Tage darauf entspannend bzw. entängstigend wirken.

5. Sollen pharmakotherapeutisch mit Benzodiazepinen lediglich Angst- und Spannungszustände behandelt werden, genügt tagsüber die Applikation jeweils der halben Dosis des Präparates, welches individuell schlaffördernd wirkt.

6. Antikonvulsive und muskelrelaxierende Wirkungen der Benzodiazepine sind mit Dosen zu erreichen, die unterhalb der schlafbahnenden Schwelle liegen und in etwa den Dosen entsprechen, mit denen man eine Anxiolyse bzw. affektive Entspannung erzielt.“

Tranquilizer-Wirkung und Schmerzbeeinflussung

Die sowohl mit „reinen" Tranquilizern wie Neuroleptika ausgelöste Tranquilizer-Wirkung kann zur indirekt analgetischen Wirkung im Sinne der Schmerzdistanzierung führen. Dabei wird den Neuroleptika eine besonders starke Schmerzbeeinflussung zugeschrieben, die im Rahmen der Neuroleptanalgesie ihre Berücksichtigung fand. Bei Schmerzen, die von Angst und affektiven Spannungszuständen sowie innerer Unruhe begleitet sind, hat die Major-Tranquilizer-Wirkung der „reinen" Tranquilizer wie der schwach bis mittelstark potenten Neuroleptika ihren besonderen Stellenwert.

Es gibt jedoch auch Erfahrungsberichte, wonach die Anwendung von sehr stark potenten Neuroleptika, insbesondere auch Langzeitneuroleptika, die kaum entängstigend und wenig tranquilisierend wirken, zur Einsparung von Analgetika bei schweren, chronischen Schmerzzuständen führte. Ob hierzu Dosierungen oberhalb der neuroleptischen Schwelle erforderlich sind, ist noch nicht ausreichend geklärt.

Der prozentuale Anteil der Verordnung von Analgetika ging im vergangenen Jahrzehnt zwar deutlich zurück. Er betrug 1965 46% des Gesamtverbrauchs psychotroper Medikamente, 1979 „nur" noch 41 % des Gesamtverbrauchs. Dennoch sind die Summen, die für Analgetika ausgegeben werden, erheblich, wobei insbesondere nochmals auf die fast 180 Millionen DM hingewiesen sei, die 1979 für rezeptfreie Analgetika in den Apotheken der BRD ausgegeben wurden. Gleichzeitig stieg der prozentuale Verbrauch der Tranquilizer von 12 % im Jahre 1965 auf 22 % des Gesamtverbrauchs im Jahr 1979 an. Dieses Ergebnis könnte begrüßt werden, sofern „reine" Tranquilizer dazu beigetragen haben, die Anwendung von Analgetika zu verringern. Bedenklich wiederum könnte der Mehrverbrauch sein, sofern die Verordnung von Tranquilizern psychotherapeutische Maßnahmen nicht unterstützen, sondern ersetzen sollte oder sofern Tranquilizer benutzt wurden, um rauschhafte Wirkungen von Alkohol oder anderen Suchtmitteln zu potenzieren.

Kommen wir auf die Beeinflussung von Schmerzen und Körpermißempfindungen durch Psychopharmaka und psychotrope Medikamente, insbesondere Analgetika, zurück:

Für den seelisch gesunden Menschen ist sein Körper ein Gehäuse, das er erstaunlich wenig subjektiv empfindet und aus dem heraus er zentrifugal in die Umwelt hineinlebt. Ihm werden nicht nur die Fülle seiner Körperempfindungen nicht bewußt, sondern er kann sogar in seiner menschlichen Freiheit im Unterschied zum Tier sehr vielfältig mit auftretenden Schmerzen umgehen und sich mit ihnen auseinandersetzen. Er kann den Schmerz z.B. auf christlichem Wege zur Läuterung bejahen, er kann ihn sich im Mannbarkeitsritual bewußt zufügen, um ihn zu bestehen, er kann ihn als Masochist lustvoll orgastisch genießen, er kann ihn aber auch als anspruchsvoller Wohlstandsbürger wie jedes Leiden als lästiges Übel um jeden Preis abstellen wollen, auch um den Preis des Lebens in einer Scheinwelt mit einer andauernden emotionalen Abschirmung mit Hilfe der medikamentösen Tranquilizer-Wirkung oder gar durch ein Leben in rauschhafter Euphorie, vermittelt durch die toxischen Wirkungen hochdosierter Analgetika, wie auch anderer Rausch- und Suchtmittel, nicht zuletzt des Alkohols.

Es ist bekannt, daß der seelisch unfreie Mensch, eingeengt in seiner Willensfreiheit in neurotischer Fehlhaltung oder gar im evtl. gänzlichen Verlust seiner Freiheit in der Psychose, insbesondere in der depressiven Psychose, sich auf seinen Körper zurückzieht. Der Körper wird umsomehr beherrschender Mittelpunkt, sofern der Welt mit Sorgen, Ängsten, Befürchtungen, Depressionen begegnet wird. Im Zusammenhang mit Erwartungsängsten und Depressionen werden körperliche Empfindungen zu körperlichen Beschwerden und wird ein körperlich Empfindender zum Patienten. Die Psychotherapie hat den Vorrang, handelt es sich um neurotisch bedingte leibliche Beschwerden. Die medikamentöse Tranquilizer-Wirkung hat hier nur dann ihre Berechtigung, wenn der Leidensdruck zu ausgeprägt ist und der Patient in Erwartungsängsten und hypochondrischen Befürchtungen auf seine leiblichen Empfindungen fixiert ist. Die Formel „ich habe einen Körper und ich bin ein Leib" hat ihre volle Gültigkeit, sofern eine schmerzhafte Situation leiblich schmerzhaft empfunden wird. Wie der Volksmund sagt, daß ein Problem Kopfschmerz bereiten kann und ein Verlust als schmerzhaft empfunden wird, so gibt es nicht wenige Menschen, die das Schmerzhafte einer Konfliktsituation auch im leiblichen Schmerz in irgend einer Form erleben. Gänzlich unangebracht sind hier Analgetika und entscheidend ist das psychotherapeutische Gespräch, das den Betroffenen aus seiner körperlichen Fixierung befreit, unterstützt allenfalls durch die medikamentöse Tranquilizer-Wirkung. Im Rahmen neurotisch bedingter Empfindungen sollte dabei im Hinblick auf die Gefahr der Gewöhnung und Scheinlösung von Konflikten, wie erwähnt, den schwach potenten Neuroleptika gegenüber den „reinen" Tranquilizern der Vorrang gegeben werden.

Ein ganz besonderes Problem ist das leibliche Erleben eines depressiven psychotischen „Nicht-mehr-Könnens trotz Wollens". rund 90% derjenigen, die an einer depressiven Psychose, bzw. einer endomorphen Depression erkranken, haben leibliche Beschwerden, die nicht selten als schmerzhaft empfunden werden. Jeder zweite hat Kopfbeschwerden, $^1/_3$ hat Beschwerden im Brustraum und $^1/_3$ hat Beschwerden im Bauchraum. Hinzu kommt, daß in der depressiven Psychose, bei der diese leiblichen Empfindungen oft ganz im Vordergrund stehen, so daß man von larvierter Depression spricht, diese leiblichen Beschwerden für den Betroffenen oft eine Alibifunktion haben. Eine Alibifunktion, weil er sein Nicht-mehr-Können oft als schuldhaft und als Versagen erlebt. Dies, weil es sich bei den Erkrankten meist um überdurchschnittlich Verpflichtete handelt, die dem depressiv bedingten nicht mehr „Sich-verwirklichen-können" ratlos und gequält gegenüber stehen. Es versteht sich, daß Analgetika hier gänzlich fehl am Platze sind. Selbst die Psychotherapie hat nur eine Begleitfunktion, während die Verordnung von Antidepressiva die Methode der Wahl ist, wobei diese ursächlich auf die Behandlung der depressiven Psychose gerichtete antidepressive Wirkung durchaus durch eine zusätzliche medikamentöse Tranquilizer-Wirkung unterstützt werden kann.

In diesem Sinne könnte es als Fortschritt zu buchen sein, wenn der prozentuale Anteil des Verbrauches von Analgetika im Bereich der Verordnung psychotroper Medikamente in den vergangenen 14 Jahren in der BRD zurückgegangen ist und der Verbrauch von Psychopharmaka sich erhöht hat, wobei besonders zu vermerken ist, daß sich der prozentuale Umsatz von Antidepressiva in den Apotheken der Bundesrepublik fast verdreifachte und von rd. 3,1 % (1965) auf 8,5 % (1979) anstieg.

Die Tranquilizer-Wirkung bei der eventuellen Begleitbehandlung bei der Psychotherapie von Neurosen und abnormen Erlebnisreaktionen

Überschießende und belastende affektive Äußerungen zu vermeiden, war schon das Ziel der Schule der Stoiker in der Antike. Die Entstehungsbedingungen dieser Spannungen weniger in der Umwelt als vielmehr in der Persönlichkeit zu suchen, war ihre Erkenntnis, die wir teilen. Die Einstellung der Persönlichkeit zu diesen inneren Konflikten zu beeinflussen und gegebenenfalls zu ändern, war der Weg der Stoiker, wie es der Weg der heutigen Psychotherapie ist. Niemand sollte glauben, man könne durch Einführung der medikamentösen Tranquilizer-Behandlung die neurotische Persönlichkeit aus ihrer Verantwortlichkeit gegenüber ihrem inneren Schicksal entlassen. Man wird ferner bedenken, daß sich das Leben in rhythmischem Wechsel von Spannung und Entspannung, Lust und Unlust vollziehen muß. Ginge es darum, sich außerhalb von Krankheit und echtem Leidensdruck eine Tranquilitas durch chemische Mittel erkaufen zu wollen, so käme das einer Flucht vor der Realität gleich.

Von psychotherapeutischer Seite besteht daher Übereinstimmung, daß die Tranquilizer-Wirkung zwar den Leidensdruck bei den genannten Störungen mindert, doch auch damit einer kausalen Behandlung seelischer Fehlhaltungen hinderlich sein kann.

Tranquilizer-Wirkung bei Schlafstörungen

Es ist als positive Tendenz des Verbrauchs von psychotropen Medikamenten zu registrieren, daß der prozentuale Anteil des Verbrauchs von Hypnotika gesunken ist. Er betrug 27 % des Gesamtverbrauchs 1965 und verminderte sich 1979 auf rd. 15 % der Gesamtabgabe psychotroper Medikamente in Apotheken der BRD. Zweifellos wird in den vergangenen Jahren häufiger der schlafanbahnende Effekt der Tranquilizer-Wirkung genutzt, indem „reine“ Tranquilizer oder auch schwach potente Neuroleptika abends anstelle von Schlafmitteln gegeben werden.

Jedoch sind rd. 15 % des Gesamtverbrauchs, d.h. rd. 140 Millionen DM für Hypnotika im Jahr 1979 noch als echter Mißstand anzusehen, der dem offensichtlich unsinnig hohen Verbrauch an Analgetika nicht nachsteht. Diese Hypnotika sind nämlich zum weit überwiegenden Teil Barbiturate bzw. barbiturathaltig. Die Barbiturate sind jedoch als Medikamente zur Schlafförderung vor allem aus folgenden Gründen abzulehnen: Hohe Toxizität bei Überdosierung bzw. lang anhaltender Einnahme mit entsprechender Möglichkeit zur lebensbedrohenden Intoxikation. Möglichkeit von Mißbrauch und Sucht im Zusammenhang mit der Auslösung rauschhafter Zustände. Beeinflussung und Minderung der Wirkung anderer Medikamente, wie z.B. von Antidepressiva durch Enzyminduktion. Unterdrückung der

Traumphasen (REM-Phasen), d.h. Auslösung eines unnatürlichen Schlafes. Einige Hypnotika sind methaqualonhaltig und können als Intoxikationssymptome Neuritiden auslösen, andere sind bromhaltig und können zur Intoxikation des sogenannten Bromismus führen.

Im Unterschied zu diesen Hypnotika lösen die „reinen" Tranquilizer, wie die schwach potenten Neuroleptika einen natürlichen Schlaf aus mit Erhaltung der Traumphasen ohne Intoxikationsgefahr bei vorübergehender Überdosierung, mit weit geringerer Mißbrauchsgefahr und nur bei einzelnen „reinen" Tranquilizern in sehr seltenen Fällen mit Suchtgefahr (besonders Valium, Meprobamate, wie z.B. Miltaun u. a.), sowie ohne Enzyminduktion. Wir haben daher in unserer Klinik die Verwendung von barbiturat-, methaqualon- und bromhaltigen Hypnotika zur Schlafförderung abgeschafft zugunsten der „reinen" Tranquilizer mit betont schlafanbahnender Wirkung, wie besonders Mogadan, Rohypnol, Halcion, Adumbran bzw. Praxiten u.a., sowie schwach potenter Neuroleptika mit Ausnahme des Dogmatil (Sulpirid), die abends verabreicht schlafanbahnend wirken, wobei die schlafanbahnende Wirkung von Neurocil besonders hervorgehoben sei.

Wichtig ist grundsätzlich die Klärung, ob es sich um eine psychotisch bedingte Schlafstörung handelt, bei der es durchaus sinnvoll und meist notwendig ist, den Patienten mit Hilfe der Tranquilizer-Wirkung zu behandeln. Dem gegenüber wird man bei allen neurotisch bedingten Schlafstörungen wiederum der Psychotherapie den Vorrang geben, um der seelischen Fehlhaltung ursächlich zu begegnen.

Tranquilizer-Wirkung und Sucht

Die Tranquilizer-Wirkung kann nicht nur durch eine entsprechende Kombination mit Hypnotika oder Analgetika erheblich dazu beitragen, den Verbrauch dieser Medikamente in sinnvoller Weise herabzusetzen, sondern sie kann auch zumindest für eine Übergangszeit gänzlich an die Stelle der Verordnung von Hypnotika und Analgetika wie auch von Alkohol oder anderen Mitteln treten, wenn diese zweckentfremdet im Sinne von Sucht oder Mißbrauch eingesetzt wurden. So hat sich die Tranquilizer-Wirkung sowohl bei der stationären Entziehung von Suchtfällen wie auch in der ambulanten Praxis als Ersatz nach langjährigem Mißbrauch von Hypnotika oder Analgetika vielfach bewährt. Allerdings mit der wichtigen Einschränkung, daß hier die Neuroleptika im Einsatz als Tranquilizer unbedingt vorzuziehen sind. „Reine" Tranquilizer sind allein schon wegen der geringeren subjektiv spürbaren Nebenwirkungen, wie auch der in höherer Dosis gelegentlich euphorisierenden Wirkungen evtl. geeignet, bei Suchtgefährdeten als Suchtersatzmittel verwandt zu werden, oder sie können auch als Potenzierungsmittel gemeinsam mit Suchtmitteln (besonders mit Alkohol) zur Förderung rauschhafter Zustände mißbraucht werden. Es sind Einzelfälle einer reinen Tranquilizersucht durch Valium und Meprobamate wie Miltaun mit Entziehungssymtomen nach dem Absetzen beschrieben worden.

Stationär erleichtert eine „Heilschlafbehandlung" mit schwach potenten Neuroleptika in den ersten Tagen nach der Aufnahme den Übergang zur Entziehung.

Die Tranquilizer-Wirkung bei der Behandlung von Psychosen

Wir rechnen damit, daß rd. 1 bis 1 1/2 Million Personen in der BRD dazu veranlagt sind, zeitweise oder in seltenen Fällen auch chronisch psychotisch im Rahmen des manisch-depressiven oder des schizophrenen Formenkreises zu erkranken. Etwa die Hälfte entfällt auf Erkrankungen des manisch-depressiven Formenkreises, wobei wiederum Erkrankungen an depressiven Psychosen ganz im Vordergrund stehen. Fast jeder depressiv psychotisch Erkrankte leidet an einer inneren Unruhe und bedarf daher einer Verordnung der Tranquilizer-Wirkung. In diesem Sinne werden meist tranquilisierende Antidepressiva vorgezogen. Darüber hinaus hat sich der feste Zusatz eines Tranquilizers (Chlordiazepoxyd = Librium) zu einem Antidepressivum (Amitriptylin) besonders durchgesetzt (Limbatril), weil die Kombination der Antidepressiva mit reinen Tranquilizern oder auch schwach bis mittelstark potenten Neuroleptika häufig erforderlich ist.

Bei den schizophrenen Erkrankungen hat es sich aus didaktischen Gründen bewährt, die Plus-Symptomatik von der Minus-Symptomatik zu unterscheiden. Unter Plus-Symptomatik verstehen wir affektive Erregungs- und Spannungszustände wie das Produzieren psychotischer Erlebnisse wie Wahnideen, Halluzinationen und insbesondere die charakteristischen Erlebnisse des „Gemacht-Werdens". Unter Minus-Symptomatik ordnen wir die Minderung des psychisch-energetischen Niveaus mit Minderung der geistigen Initiative und der Kontaktbereitschaft ein. Diese Minus-Symptomatik, die auch als psychischer Defekt bezeichnet wird, tritt umso eher in Erscheinung, in je früherem Lebensalter die schizophrene Psychose einsetzt. Es wird angenommen (*M. Bleuler*), daß es 5 Jahre nach dem ersten Beginn einer schizophrenen Erkrankung nicht mehr zu einer Verstärkung eines psychischen Defektes durch die Erkrankung komme. Wichtig ist jedoch, daß der Minus-Symptomatik mit soziotherapeutischen Maßnahmen begegnet wird und der Betroffene nicht aus der Gesellschaft ausgegliedert wird. So bedeutungsvoll eine Behandlung der Plus-Symptome mit Psychopharmaka ist, so unbedeutend ist sie bei den Minus-Symptomen. Lediglich dann, wenn Minus-Symptome nach außen vorgetäuscht werden, indem der Patient sich im Zusammenhang mit affektiven Spannungen von der Umwelt zurückzieht, ist eine Behandlung mit Psychopharmaka angebracht.

Von besonderem aktuellen Interesse ist die Frage, wieweit es möglich ist, in Zusammenhang mit einer Tranquilizer-Wirkung schizophrene Plus-Symptome, insbesondere hochgradige Erregungszustände, wie aber auch psychotische Erlebnisproduktionen, wie Wahnideen u. a. zu kompensieren. Wir wissen, daß die reinen Tranquilizer in diesem Bereich in ihrer Wirkung zu schwach sind. Dagegen leistet die Major-Tranquilizer-Wirkung der schwach potenten Neuroleptika hier besondere Dienste. Zunächst sei in diesem Zusammenhang daran erinnert, daß bereits der tranquilisierende Milieu-Effekt der Aufnahme in ein psychiatrisches Krankenhaus nach unseren Erfahrungen bei 5 % der Patienten dazu führte, daß sie innerhalb drei Tagen nach der Aufnahme nicht nur ihre Wahnideen und Halluzinationen und anderes verloren, sondern ohne jegliche Behandlung mit Psychopharmaka volle Krankheitseinsicht gewannen. In diesem Sinne kann auch der beruhigende, entspannende und entängstigende Effekt der schwach potenten Neuroleptika jenseits der reinen neuroleptischen Wirkung antipsychotisch wirksam sein. Dies ist der Grund, weshalb bei ausgeprägten, psychotisch bedingten Erregungszuständen häufig zumindest in der ersten Behandlungszeit die Major-Tranquilizer-Wirkung mit Hilfe schwach potenter Neuroleptika kombiniert wird mit der reinen neuroleptischen Wirkung der stärker potenten Neuroleptika. Es wurde sogar vorübergehend vermutet, daß es möglich ist, mit einem schwach potenten Neuroleptikum, dem Clozapin (Leponex) psychotische Plus-Symptome außerhalb der neuroleptischen Wirkung in gleicher Weise zu kompensieren, wie dies mit Hilfe der reinen neuroleptischen Wirkung möglich ist. Hier war offensichtlich der Wunsch der Vater des Gedankens, nicht die Erfahrung. Der Wunsch, daß es möglich sei, ohne extrapyramidale Begleitsymptome die gleichen antipsychotischen Wirkungen auf Plus-Symptome zu erreichen wie mit Hilfe der neuroleptischen Wirkung, ist zwar verständlich, ist aber bisher nicht in Erfüllung gegangen. Im Tierversuch wie am Menschen zeigt sich, daß Clozapin (Leponex) als schwach potentes Neuroleptikum erst bei mehreren 100 Milligramm grobmotorische extrapyramidale Symptome beim Menschen bzw. Katalepsie beim Tier auslöst, wobei beim Menschen diese grobmotorischen extrapyramidalen Symptome wie beim Tier die Katalepsie durch eine stark muskelerschlaffende Wirkung des Clozapin (Leponex) kaschiert und modifiziert werden, so daß es erst in sehr hohen und subjektiv oft nicht mehr verträglichen Dosen in Einzelfällen zum Auftreten von grobmotorischen extrapyramidalen Symptomen kommt. Gleichzeitig jedoch ist die Wirkung des Clozapin (Leponex) durch eine signifikant höhere Rate des Auftretens von Agranulozytosen wie auch durch besondere Nebenwirkungen, wie Temperaturanstiege, Speichelfluß und anderes belastet. Hinzu kommt, daß das Präparat im Vergleich zu stärker potenten Neuroleptika nicht die Vorteile der reinen neuroleptischen Wirkung aufweist, da bei ihm die tranquilisierenden Wirkungen im Vordergrund stehen, bzw. die Dosierungen, die auch eine neuroleptische Wirkung auslösen, oft subjektiv nicht mehr verträglich sind, wobei auch die Kollapsgefahr besonders zu erwähnen ist. Klinisch hat sich erwiesen, daß bei schizophrenen Psychosen mit Plus-Symptomatik, bei denen affektive Erregung, wie insbesondere auch Angst, sehr ausgeprägt sind, der Einsatz des schwach potenten Neuroleptikums unterhalb der neuroleptischen Schwelle, d.h. im Major-Tranquilizer-Wirkungsbereich, von besonderer Bedeutung ist. Da jedoch bei den schwach potenten Neuroleptika und damit auch beim Clozapin (Leponex) die Dosierungen oft nicht mehr verträglich sind, mit denen die neuroleptische Schwelle erreicht bzw. ausreichend hoch überschritten werden kann und die Wirkung auf Plussymptome, insbesondere auf psychotische Erlebnisproduktionen wie Wahnideen, Halluzinationen u. a. geringer ist, ist eine Kombination mit stärker potenten Neuroleptika meist erforderlich. Hinzu kommt, daß Langzeitwirkungen, die über einen Tag hinausgehen, grundsätzlich nur mit Hilfe der Auslösung der reinen neuroleptischen Wirkung, d.h. mit Hilfe mindestens mittelstark potenter Neuroleptika in Form von Langzeitneuroleptika möglich sind.

Es ist nun an der Zeit, die reine neuroleptische Wirkung und damit das für die Behandlung der schizophrenen Psychosen wesentliche Wirkungsprinzip zu beschreiben:

Die „reine" neuroleptische Wirkung

Die „reine" neuroleptische Wirkung ist dadurch gekennzeichnet, daß sie unabhängig von Sedierung, Entängstigung und Entspannung das psycho-energetische Niveau bei voller Erhaltung der Bewußtseinsfähigkeit und Wachheit reduziert. Das bedeutet, daß die Gesprächs- und Handlungsfähigkeit oberhalb der neuroleptischen Schwelle, sofern nicht überdosiert wird, voll erhalten ist.

Unter Berücksichtigung klinisch-experimenteller Untersuchungen an rd. 850 Schizophrenen, die seit 1953 in meinem Arbeitskreis mit Hilfe von rd. 50000 Untersuchungen der Feinmotorik in der Handschrift* bei stets gleichem Text sowie der Beachtung der psychopathologischen Befunde wie der Neben- und Begleitwirkungen an 30 verschiedenen Neuroleptika durchgeführt wurden, kam es zur Erarbeitung folgender 4 Begriffe, die zur Anwendung und Dosierung der Neuroleptika von praktischer Wichtigkeit sind (s. Abb. 1–6).

1. Die neuroleptische Schwelle,
2. die neuroleptische Potenz, bezogen auf die neuroleptische Schwelle,
3. die neuroleptisch-therapeutische Breite,
4. die Disposition zur neuroleptischen Wirkung bzw. zur neuroleptischen Schwelle.

1. Die neuroleptische Schwelle

Als neuroleptische Schwellendosis bezeichnete ich diejenige Dosis, mit der mit einem Neuroleptikum eine in der Feinmotorik erkennbare extrapyramidale Bewegungshemmung ausgelöst wird. Sie gilt als Mindestdosis, wenn es darum geht, über eine Tranquilizer-Wirkung hinaus die eigentliche neuroleptische Wirkung zu erreichen. Die neuroleptische Schwellendosis ist als Mindestdosis dafür anzusehen, daß bei voller Wachheit, d.h. Vigilanz, die psychotische Plus-Symptomatik wie bisher erwähnt, reduziert bzw. kompensiert wird. Die Erfahrung hat gezeigt, daß besonders bei stärker potenten Neuroleptika, sofern sie zur Kumulation neigen, die neuroleptische Schwellendosis absinkt, so daß bei länger dauernder Behandlung nicht selten Dosisreduzierungen erforderlich sind, um das Auftreten grobmotorischer extrapyramidaler Überdosierungssymptome wie insbesondere Auftreten dyskinetischer Reaktionen, Sitzunruhe (Akathisie) und grobmotorischen Parkinsonismus, zu vermeiden.

2. Neuroleptische Potenz

Unter Beachtung der neuroleptischen Schwellendosierungen brachte ich die Neuroleptika in ein System, bezogen auf Chlorpromazin = 1, und kennzeichnete diejenigen Neuroleptika als schwach potent, deren neuroleptische Schwellendosierungen höher lagen als beim Chlorpromazin, und diejenigen als mittelstark bis sehr stark neuroleptisch potent, deren neuroleptische Schwellendosierungen zunehmend niedriger lagen als beim Chlorpromazin.

Handschriftbeispiele mit neuroleptisch extrapyramidaler Symptomatik

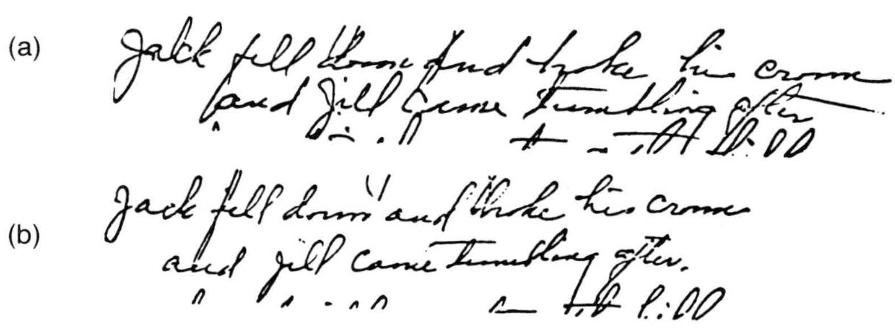

Abb. 1 Megaphen (Chlorpromazin). a) vor der Behandlung; b) während der Behandlung mit 300 mg Chlorpromazin/Tag, Schweregrad der extrapyramidalen Schriftveränderung = *leicht.*

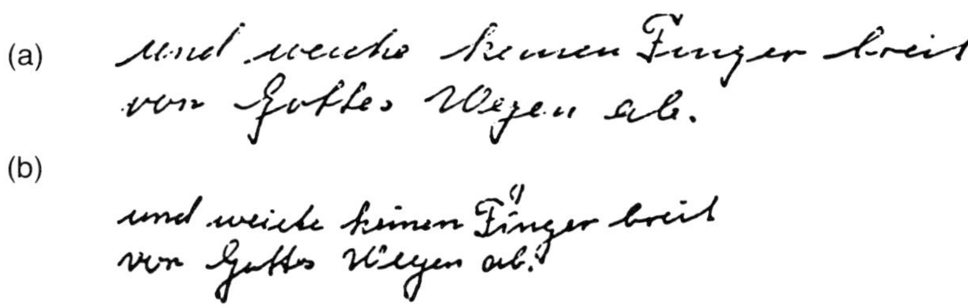

Abb.2 Ciatyl (Chlorperphentixen = Clophenthixol). a) vor der Behandlung; b) während der Behandlung mit 100 mg/Tag, (etwa = 300 mg Chlorpromazin), Schweregrad der extrapyramidalen Schriftveränderung = *mittel.*

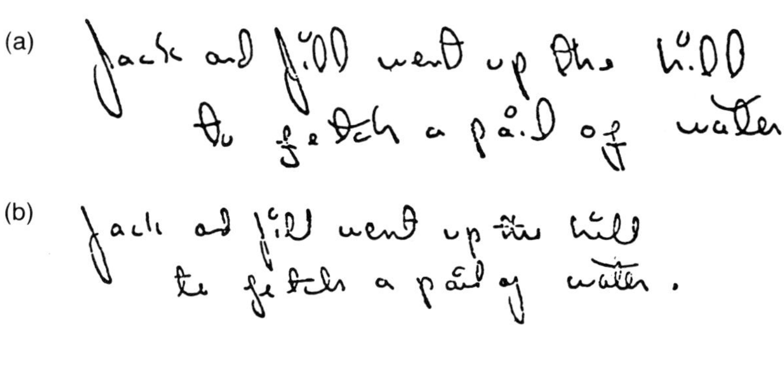

Abb. 3 Nipodal (Prochlorperazin). a) vor der Behandlung; b) während der Behandlung mit 60 mg/Tag, (etwa = 300 mg Chlorpromazin), Schweregrad der extrapyramidalen Schriftveränderung = *leicht.*

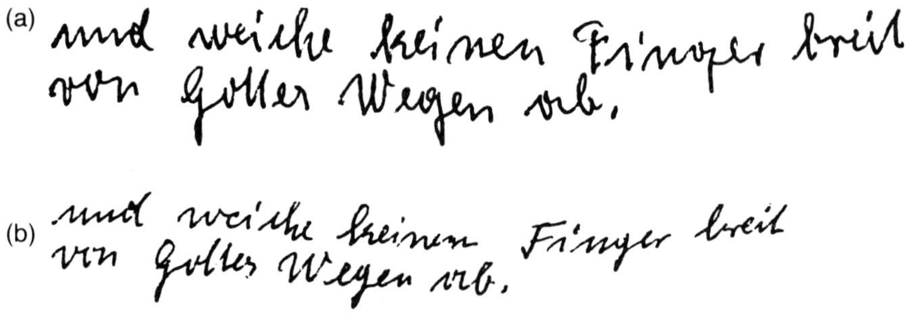

Abb. 4 Aolept (Periciazin). a) vor der Behandlung; b) während der Behandlung mit 60 mg/Tag, (etwa = 300 mg Chlorpromazin), Schweregrad der extrapyramidalen Schriftveränderung = *leicht.*

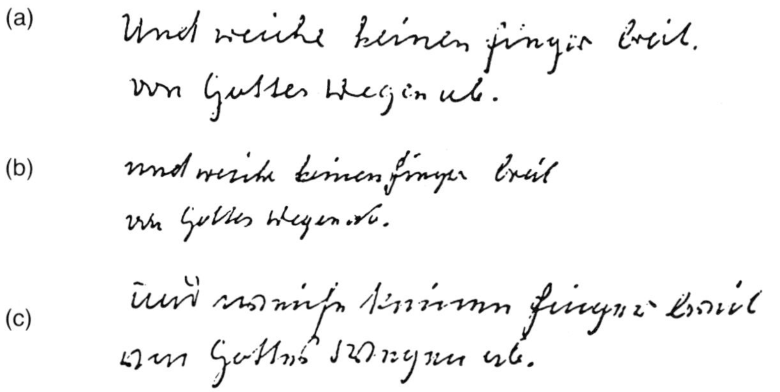

Abb. 5 Randolectil (Butaperazin). a) vor der Behandlung; b) während der Behandlung mit 10 mg/Tag, (etwa = 300 mg Chlorpromazin); c) nach Absetzen, Schweregrad der extrapyramidalen Schriftveränderung = *leicht.*

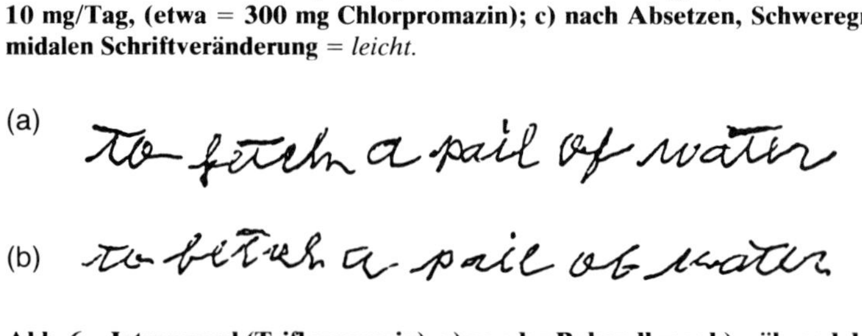

Abb. 6 Jatroneural (Trifluoperazin). a) vor der Behandlung; b) während der Behandlung mit 10 mg/Tag, (etwa = 300 mg Chlorpromazin), Schweregrad der extrapyramidalen Schriftveränderung = *leicht.*

Aus: Haase, H.-J.: Therapie mit Psychopharmaka, IV. Auflage. Schattauer Verlag Stuttgart–New York 1977.

Wie bereits erwähnt, dienen die schwach potenten Neuroleptika vorwiegend der Sedierung, der Beruhigung und Entängstigung sowie der Erhöhung der Schlafbereitschaft und finden besonders ihre Anwendung, wenn innere Beunruhigung im Vordergrund steht, d.h. am Beginn einer stationären Behandlung oder bei Kranken, wenn eine anhaltende Bereitschaft zu Unruhe, Angst, sowie auch Aggressivität besteht. Da bei ihnen vegetative Neben- und Begleitsymptome sehr ausgeprägt sind, gelingt es mit ihnen häufig nicht, die neuroleptische Schwellendosis zu erreichen bzw. ausreichend hoch zu überschreiten. Sie werden daher meist mit stärker potenten, oberhalb der neuroleptischen Schwelle dosierten Neuroleptika kombiniert. Eine Ausnahme von der Regel macht Sulpirid (Dogmatil), das unterhalb der neuroleptischen Schwellendosierung keine sedierende hingegen aber ausgeprägt anregende bzw. antidepressive Wirkung entfaltet, während bei Dosierungen mit 300–600 mg die neuroleptische Schwelle überschritten wird und es dann als klassisches Neuroleptikum zu verwenden ist.

Medikamente mit schwacher neuroleptischer Potenz, d.h. also schwächer als Chlorpromazin (Megaphen) sind:

Promazin (Protactyl), Clozapin (Leponex), Thioridazin (Melleril), Perazin (Taxilan), Pipamperon (Dipiperon), Melperon (Eunerpan), Sulpirid (Dogmatil), Prothipendyl (Dominal), Chlorprothixen (Truxal), Levomepromazin (Neurocil), Sulforidazin (Inofal).

Die neuroleptischen Schwellendosierungen liegen im Durchschnitt bei den schwach potenten Neuroleptika bei mehreren Hundert Milligramm, mindestens 200–300 mg täglich.

Medikamente mit mittelstarker neuroleptischer Potenz, d.h. gleiche bis fünffache Stärke von Chlorpromazin (Megaphen)

Chlorpromazin (Megaphen), Oxypertin (Forit), Fluanison (Sedalande), Clopenthixol (Ciatyl), Dixyrazin (Esucos), Triflupromazin (Psyquil), Prochlorperazin (Nipodal), Periciazin (Aolept), Homofluazin (Pasaden).

Die neuroleptische Potenz steigt bei dieser Gruppe in der Reihenfolge der genannten Präparate und beträgt bei den zuletzt genannten Periciazin (Aolept) und Trifluophenothiazin (Pasaden) etwa das Fünffache von Chlorpromazin (Megaphen). Damit gehen die erforderlichen neuroleptischen Schwellendosierungen bei den zuletzt genannten Präparaten herunter im Durchschnitt bis auf 30–60 mg täglich.

Nachteile der schwach bis mittelstark potenten Neuroleptika: Eventuelle Beeinträchtigung der Arbeitsfähigkeit und Behinderung im Straßenverkehr durch begleitende Müdigkeit, subjektiv störende vegetative Nebensymptome (besonders Kreislauf, Mundtrockenheit, Akkommodationsstörungen), Belastung des Organismus (mit Ausnahme des ZNS) bei höheren Dosiseinheiten (besonders Pigmentstörungen [Haut, Auge, innere Organe] bei den Phenothiazinen) u.a. Zum Gesichtspunkt einer kardiotoxischen Wirkung bes. trizyklischer und evtl. anderer Psychopharmaka, s. S. 160.

Vorteile der schwach bis mittelstark potenten Neuroleptika: Dämpfung innerer Erregung und Angst. Förderung des Nachtschlafes (besonders bei abendlicher Einnahme). Eventuelle Ausnutzung der Wirkung auf das vegetative System.

Neuroleptika mit starker neuroleptischer Potenz (bis 20fache neuroleptische Potenz von Chlorpromazin = 1):

Perphenazin (Decentan), Thiopropazat (Dartal), Methylperidol (Luvatrena), Butaperazin (Randolectil), Trifluoperazin (Jatroneural), Tiotixen (Orbinamon), Imiclopazin (Ponsital).

Bei den zuletzt genannten Präparaten dieser Reihe beträgt die durchschnittliche neuroleptische Schwellendosierung pro Tag (per os) nur noch 10–20 mg.

Medikamente mit sehr starker neuroleptischer Potenz (20fache bis 400fache neuroleptische Potenz im Vergleich zu Chlorpromazin (Megaphen)).

Pimozid (Orap), Reserpin (Sedaraupin, Serpasil), Fluphenazin (Lyogen, Omca), Flupentixol (Fluanxol), Haloperidol (Haldol-Janssen), Thioproperazin (Mayeptil), Trifluperidol (Triperidol), Benperidol (Glianimon), Spiperon (Spiroperidol). Bei den zuletzt genannten Präparaten Benperidol (Glianimon) und Spiperon (Spiroperidol) liegt die durchschnittliche Tagesdosis zum Überschreiten der neuroleptischen Dosis (per os) nur noch bei 0,3–0,9 mg täglich.

Nachteile der stark bis sehr stark potenten Neuroleptika: Beim Überschreiten der angegebenen Tagesdosierungen oder sehr starker Disposition zur neuroleptischen Wirkung Gefahr des Auftretens extrapyramidaler dyskinetischer Reaktionen (Schiefhalsbildung, Zungen-Schlund-Syndrom u.a.). Bei Erreichen der neuroleptischen Schwellendosis bei rd. 10 % der Patienten Auftreten dyskinetischer Reaktionen (!). Nur geringe Förderung des Nachtschlafes. Zum Gesichtspunkt einer kardiotoxischen Wirkung bes. trizyklischer und evtl. anderer Psychopharmaka, s. S. 160.

Vorteile der stark bis sehr stark potenten Neuroleptika: Mit zunehmender neuroleptischer Potenz affektive Dämpfung bzw. Ausgleich affektiver Spannungen ohne Müdigkeit. Gleichzeitig Abnahme störender vegetativer Nebensymptome. Keine oder nur geringe Beeinträchtigung der Arbeitsfähigkeit.

3. Die neuroleptisch-therapeutische Breite

Die neuroleptisch-therapeutische Breite liegt zwischen dem Auftreten der feinmotorisch, in der Handschrift erkennbaren, extrapyramidalen Symptomatik und den bei zunehmender Dosierung auftretenden Neben- und Begleitwirkungen, die subjektiv störend sind.

Die neuroleptisch-therapeutische Breite wird bei den schwach potenten Neuroleptika nach oben begrenzt durch das Auftreten subjektiv störender vegetativer Nebensymptome wie Blutdrucksenkung, Mundtrockenheit und anderem. Bei den stärker potenten Neuroleptika wird die neuroleptisch-therapeutische Breite nach oben begrenzt durch das Auftreten subjektiv störender grobmotorischer extrapyramidaler Symptomatik. Diese besteht am Beginn der Behandlung in dyskinetischen Reaktionen mit Schiefhalssymptomatik u. a. Selbst bei einschleichender Dosierung tritt in rd. 10% der Fälle diese dyskinetische Symptomatik bei Behandlungsbeginn auf und benötigt dann die Zugabe von Antiparkinsonmittel sowie evtl. Dosisreduzierung. Ist die neuroleptische Schwellendosis am ersten Tag um das Mehrfache überschritten, so kommt es in bis zu 70% der Fälle zu dyskinetischen Reaktionen, sofern die Applikation peroral erfolgt. Wird die neuroleptische Schwelle sehr rasch und sehr hoch überschritten, besonders intravenös, so geht die Rate der dyskinetischen Reaktion wiederum bis auf 10% zurück. In letzter Zeit häufen sich positive Erfahrungen bei intravenöser Applikation hochdosierter stark potenter Neuroleptika, bei denen bei vital-gefährdeten akut psychotisch Kranken oder bei chronisch therapieresistenten Patienten mit Plus-Symptomatik Dosierungen einer 10–30fachen neuroleptischen Schwellendosis pro Tag appliziert werden. Es konnten bei Dosierungen bis zu z. B. 100 mg Haldol-Janssen, sowie Fluphenazin (= Dapotum acutum) innerhalb 24 Stunden auf mehrere Applikationen verteilt noch wesentliche therapeutische Erfolge bei den genannten Fällen beobachtet werden, während das Auftreten grobmotorischer extrapyramidaler Symptomatik im Vergleich zu mittleren Dosierungen zurückging.

Bei fortdauernder Behandlung tritt als zeitlich extrapyramidales Überdosierungssymptom zunächst meist eine Sitzunruhe, die Akathisie, auf, die in Zusammenhang mit Muskeltonusveränderungen zu bringen ist. Schließlich kommt es zu zunehmendem Parkinsonismus mit Akinesie mit Rigor, seltener mit Tremor.

Unter feinmotorischer Kontrolle (Handschrifttest) ist das Auftreten der subjektiv störenden, grobmotorischen extrapyramidalen Symptomatik erheblich zu verringern. Nur in rd. 10% der Fälle ist eine Dauerzugabe von Antiparkinson-Mitteln erforderlich, da bei diesen die neuroleptischen Schwellendosierungen zu eng geknüpft sind an das gleichzeitige Auftreten grobmotorischer extrapyramidaler subjektiv störender Symptomatik.

Eine Dauerzugabe von Antiparkinsonmitteln sollte auf keinen Fall prophylaktisch erfolgen, da auf diesem Wege die Kombinationspräparate mit Antiparkinsonmitteln, wie z. B. Vesitan und Phaseïn, gezeigt haben, daß es nicht zu einer geringeren Rate des Auftretens extrapyramidaler Überdosierungssymptome kommt. Außerdem sind Antiparkinsonmittel nicht nur im Hinblick auf die extrapyramidale Grobmotorik als Antineuroleptika anzusehen, sondern fordern eine höhere Dosis des Neuroleptikums und sind in sehr hoher Dosis sogar in der Lage, den psychischen Effekt des Neuroleptikums aufzuheben.

Hinzu kommt, daß eine Dauerzugabe von Antiparkinsonmitteln die Überlastung des extrapyramidalen Systems kaschiert und das Auftreten hyperkinetischer extrapyramidaler Symptomatik, die bis zu choreiformer Bewegungsunruhe führen kann, bei längerdauernder Behandlung fördert.

4. Disposition zur neuroleptischen Wirkung

Es hat sich erwiesen, daß mit jedem Kurzzeitneuroleptikum eine durchschnittliche 15fache unterschiedliche interindividuelle Disposition zur neuroleptischen Schwellendosierung besteht. Das bedeutet, daß mit durchschnittlichen neuroleptischen Schwellendosierungen in mindestens $^1/_4$ der Fälle unterschwellig dosiert wird, während in mindestens einem weiteren Viertel der Fälle bereits überdosiert wird. Eine individuelle Dosierung unter Berücksichtigung der Feinmotorik wäre dringend erforderlich, wird aber leider noch viel zu selten durchgeführt. Ständige Untersuchungen der extrapyramidalen Feinmotorik (s. S. 207 ff) sind unbedingt zu fordern. Mindestens so wichtig wie die Kontrolle des Lithiumspiegels bei der Lithiumbehandlung ist die Kontrolle der Feinmotorik bei der Behandlung mit Neuroleptika. Sie ist um so wichtiger, als wir bei der Lithiumtherapie nur etwa zweifache unterschiedliche interindividuelle Dispositionen finden, während wir bei den Neuroleptika, wie erwähnt, 15fache unterschiedliche Dispositionen finden. Die Disposition zur neuroleptischen Schwelle ist, wie unsere Untersuchungen bei Patienten bis zu 60 Jahren gezeigt haben, unabhängig von Körpergröße, Gewicht, Alter, Geschlecht, Insulintoleranz und Alkoholtoleranz.

Langzeitneuroleptika

Wir konnten in unserem Arbeitskreis in einem Zeitraum von 4 Jahren in einer von mir geleiteten Schizophrenenambulanz mit 5 verschiedenen Langzeitneuroleptika unter Beachtung der Feinmotorik folgendes im wesentlichen feststellen:

1. Es ist nicht nur die Zahl der Wiedererkrankungen, insbesondere auch der Wiederaufnahmen Schizophrener mit Hilfe der Langzeitneuroleptika, sofern diese optimal dosiert werden, erheblich zu verringern.

2. Nach Erkrankung an einer schizophrenen Psychose mit Plus-Symptomatik sollte im Durchschnitt ein Jahr lang eine Behandlung oberhalb der neuroleptischen Schwelle mit Langzeitneuroleptika durchgeführt werden.

3. Bei vollremittierten Schizophrenen kann das Applikationsintervall um eine Woche gestreckt werden, indem eine Woche, die unterhalb der neuroleptischen Schwelle dosiert ist, in Kauf genommen werden kann.

4. Chronisch Schizophrene mit Plus-Symptomatik bedürfen einer ständigen Behandlung oberhalb der neuroleptischen Schwelle.

5. Bei 10–20% der Patienten treten nach stationärer neuroleptischer Kompensation einer schizophrenen Psychose mit Plus-Symptomatik in den Monaten danach depressiv psychotische Erkrankungen auf, die einer Kombinationsbehandlung von Langzeitneuroleptika mit nichtagitierenden Antidepressiva bedürfen, zumal eine erhebliche Selbstgefährdung der Patienten besteht.

Weiteres zu den Langzeitneuroleptika s. S. 239 ff.
Antidepressiva s. S. 158 ff

Psychopharmaka bei körperlichen Beschwerden und körperlichen Erkrankungen

Es bedeutet eine erhebliche Erschwerung der Ausübung des ärztlichen Berufes, daß es kaum eine Klage über körperliche Beschwerden gibt, die nicht sowohl vorwiegend organisch, als auch vorwiegend psychogen, d.h. bei neurotischen oder psychotischen Störungen auftreten kann. Die Doppelgesichtigkeit der Symptome zwingt nicht nur dazu, jeden offensichtlich neurotisch oder psychotisch Kranken organisch durchzuuntersuchen, sondern auch zur psychodiagnostischen Untersuchung jedes offensichtlich organisch Erkrankten, um sich ein möglichst vollständiges Bild über seine äußere und innere Lebensgeschichte, sowie über seine gegenwärtige Situation zu machen; ob der Patient ganz allgemein z.B. über Ermüdbarkeit, Schwäche, Nachlassen der Leistungsfähigkeit, Gewichtsänderung, Schlafstörungen oder mehr lokalisiert über Schmerzen oder Mißempfinden in bestimmten Körperbereichen oder über Funktionsstörungen im Bereich der verschiedensten Organsysteme klagt – es gibt kaum ein Einzelsymptom, das nicht in diesem Sinne doppeldeutig sein kann –. Eine Krankheit mag darüber hinaus noch so eindeutig organisch determiniert sein, stets lohnt es sich, nicht nur zu fragen, „was ist erkrankt"?, sondern „wer ist erkrankt"? Obwohl wir in unserer übermäßig naturwissenschaftlich orientierten Medizin viel lernen über die Lehre vom kranken Körper, aber wenig lernen über die Lehre vom kranken Menschen, weist uns die Tatsache, daß Psychopharmaka in sämtlichen Disziplinen der Medizin bei den verschiedensten körperlichen Beschwerden und körperlichen Erkrankungen mit Erfolg verordnet werden, mit aller Nachdrücklichkeit darauf hin, daß wir in Diagnostik und Therapie uns nicht nur auf erkrankte Organe einstellen sollten, sondern auf kranke Menschen.

Werden dem Patienten, der mit körperlichen Beschwerden oder körperlichen Erkrankungen zum Arzt kommt, Psychopharmaka verabreicht, die ihm über affektiv entspannende und evtl. sedierende, d.h. tranquilisierende oder auch antidepressive Wirkungen helfen, so sollte man stets die Vorentscheidung vor der Verordnung von Psychopharmaka treffen, ob ein Patient auf eine körperliche Erkrankung seelisch reagiert und deshalb leidet, oder ob er unmittelbar seelisch erkrankt ist und deshalb körperliche Beschwerden hat, oder deshalb körperlich erkrankte.

Wichtig ist eine klare Gliederung ärztlichen Denkens, denn die Verordnung von Psychopharmaka am falschen Platze bringt die Gefahr mit sich, daß in manchen Fällen seelische Fehlhaltungen medikamentös zugedeckt, statt psychotherapeutisch an ihren Ursachen behandelt werden, oder daß auch organische Erkrankungen, die dringend einer rein organisch-medizinischen Therapie bedürfen, verschleiert und übersehen werden. Die Verordnung von Psychopharmaka bei körperlichen Beschwerden und körperlichen Erkrankungen wollen wir daher nach 4 Gesichtspunkten gliedern:

1. Somatogen-psychoreaktives Verhalten

Dem zunächst äußeren Schicksal bei einer körperlichen Erkrankung steht das innere Schicksal des Erkrankten, dem äußeren Ereignis das Wie der Einordnung in den Lebenslauf gegenüber. Je mehr der Arzt die vielfältigen Hintergründe und Folgen einer Erkrankung untersucht, um so eher wird er Psychotherapie und Psychopharmaka sinnvoll einsetzen. Grundsätzlich ergibt sich die Frage:

Wann wird ein körperlich Empfindender zum Patienten?

Da findet sich zunächst das Reagieren auf Anomalien von Funktionsabläufen, seien sie durch körperliche Erkrankungen oder rein funktionell bedingt. Angesichts der außerordenlichen Regelmäßigkeiten organischer Funktionsabläufe wird reagiert auf subjektiv empfundene Unregelmäßigkeiten. Vielfach sind es Änderungen und Besonderheiten motorischer Funktionsabläufe (Spasmen, Obstipation, Diarrhoe) oder im Herz-Kreislauf-System, Besonderheiten des Blutdruckes (Hypotonie, Hypertonie, Kreislaufregulationsstörungen) oder der Herzfrequenz (Extrasystolen, Tachykardien, Bradykardie), die bewußt werden. Subjektiv empfundene Beeinträchtigungen der Atmung sowie auch Änderungen der regelmäßigen Abläufe des Urogenitaltraktes (Zyklusanomalien, Störungen des Wasserlassens, Oligurie, Polyurie) kann man hier nennen. Hinzu kommen sekretionsbedingte Anomalien an den schleimhautbesetzten Organsystemen (z.B. Asthma bronchiale, Colitis mucosa u. a.) wie an der Haut (Änderungen der Transpiration), die zu subjektiv empfundenen und beachteten Funktionsstörungen führen können. Das Besondere ist in unserem Zusammenhang, daß ein Leidenszustand sich häufig nicht aus der objektiven Funktionsbeeinträchtigung ergibt, sondern aus der Einstellung zum Symptom, das wiederum bei rein vegetativ funktionell bedingten Symptomen durch diese Einstellung evtl. verstärkt wird.

Während der seelisch gesunde, harmonische Mensch vertrauensvoll von seinem Körper weg zentrifugal in die Außenwelt hineinlebt und wirkt, zieht sich der zu ängstlichen oder depressiven Verstimmungen Neigende auf seinen Körper zurück. Damit treten nicht nur funktionelle Anomalien in das Bewußtsein, sondern können auch zum Ansatzpunkt vielfältiger Befürchtungen und Ängste werden. Nicht selten werden diese Befürchtungen gefördert durch eine medikamtentöse Organbehandlung, wo Psychotherapie oder Psychopharmaka zur Korrektur von psychischen Fehleinstellungen am Platze wären. Sofern Psychopharmaka eingesetzt werden, ist jeweils zu prüfen, ob eine affektiv entspannende Tranquilizerwirkung mit Hilfe von reinen Tranquilizern oder Neuroleptika hilfreich eingesetzt werden soll oder ob es sich um eine depressive Psychose bzw. „endomorphe Depression“ (im Sinne des Verf.) handelt, die mit Körpermißempfindungen und veränderten Leibgefühlen einhergeht und dann mit Antidepressiva zu behandeln ist.

2. Somato-psychische Symptomatik = hirnorganische Psychosyndrome

Alle körperlichen Vorgänge, die in irgendeiner Form die Gehirnfunktionen beeinflussen, können psychische Veränderungen zur Folge haben. Dabei können die

Gehirnfunktionen von außen durch Noxen verschiedenster Art wie Intoxikationen, Trauma u. a. beeinträchtigt werden. Im weiteren Sinne indirekt kommt es vom Körper aus zur Beeinflussung der Gehirnfunktionen, wie z.B. beim endokrinen Psychosyndrom mit Änderungen der Antriebsfunktionen und der Gestimmtheit, sehr auffällig beim Morbus Basedow, beim Myxödem oder Morbus Addison, oder auch deutlich bei den verschiedensten endokrinen Störungen, z.B. in der Gravidität, bei hypophysären Erkrankungen u. a. Vom Körper ausgehend können auch Intoxikationen z.B. bei Nierenerkrankungen, beim Ileus, bei Lebererkrankungen die Gehirnfunktionen beeinträchtigen, wie auch z.B. fieberhafte Infekte. Schließlich kann das Gehirn selbst durch Entwicklungshemmung, Mißbildung, Tumor, Gefäßleiden usw. primär getroffen sein, wodurch die verschiedensten psychophysischen Syndrome ausgelöst werden können.

Ganz allgemein wird man sagen können, daß Psychopharmaka und im weiteren Sinne psychotrope Medikamente bei den somato-psychischen Symptomen, die unmittelbare Folge einer Veränderung der Gehirnfunktionen sind, in möglichst vorsichtiger Dosierung angewendet werden sollten, da diese psychotropen Medikamente enzephalotrop sind.

3. Leiblich-seelisches Erleben

Von besonderer Bedeutung zur Frage des Einsatzes von Psychopharmaka bei psychisch bedingten körperlichen Beschwerden ist das so vielfältige leibliche Erleben psychischer Störungen, das nicht nur bei Psychosen (besonders bei endomorphen Depressionen) beobachtet wird, sondern auch fast stets bei Neurosen. Von Mensch zu Mensch findet sich eine unterschiedliche Fähigkeit, Seelisches in Körperliches zu transformieren, wie z.B. aus den Übungen des autogenen Trainings (Auslösung von Schwereempfindungen in den Armen usw.) bekannt ist. Bei ängstlichen und depressiven Verstimmungen, seien sie psychotisch oder neurotisch bedingt, drückt sich die Verstimmung mehr oder weniger leiblich aus. So wird etwa ängstliche Beengung als kloßiges Gefühl im Hals oder Beklemmung in der Brust, so werden psychische Unsicherheiten als Schwäche in den Beinen oder Schwindelgefühl beim Gehen erlebt, so äußern sich etwa Ablehnung und Widerstand gegen eine Situation als Völlegefühl im Magen, Appetitlosigkeit, Übelkeit, Erbrechen usw. Es will scheinen, daß der Körper in der ängstlichen und depressiven Verstimmung seine Selbstverständlichkeit und Unmerklichkeit verliert. War er in der Gesundheit dienendes Werkzeug und Gehäuse, so wird er beim ängstlichen und depressiven Rückzug der aggressiven Strebungen mehr oder weniger beherrschender Mittelpunkt. Die säuberliche sprachliche Trennung in Körper und Seele schafft künstliche Abstraktionen, die bei der Einbuße der menschlichen Freiheit in Neurosen und Psychosen zu Verständnisschwierigkeiten führen, wenn das Erleben auch Körperliches umgreift. Man kommt dieser Einbeziehung des Körpers näher, wenn man sich zurückbesinnt an die bildhafte, anschauliche Sprache des Erlebens.

Sie wird nicht nur deutlich im Traum, nicht nur in der Ausdruckskunde, sondern auch plastisch in der Weise, wie Neurosen und Psychosen vielfach leiblich erlebt werden. Die Organe verlieren ihre rein materielle Zweckbestimmung, wenn sich

Appetitlosigkeit oder Übelkeit nicht primär auf Nahrungsmittel, sondern auf eine widerwärtige Situation beziehen, wenn sich etwa Enge und Beklemmung nicht auf Luftmangel, sondern auf eine beengende Situation zurückführen lassen. Das Körperliche ist Teilausdruck der psychischen Störung, wenn beispielsweise Lebensangst als Herzangst oder z.B. abnorm gesteigerter Durst als Ersatz für versagten Lebens- und Liebesdurst auftreten oder abnorm gesteigerter Hunger als Ersatz für mangelnde Befriedigung (Sättigung) in anderen Bereichen des Lebensgenusses. Es ist in diesem Zusammenhang von einer Organsprache, einem symbolischen Aussagewert der Organe die Rede. An die Stelle der distanzierenden Feststellung: Ich habe einen Körper, tritt die Aussage: Ich bin ein Leib. Äußert sich ein neurotischer Konflikt vorwiegend organisch, etwa durch Magen- oder Herzbeschwerden, so wird dementsprechend mit dem Terminus „Organneurose" nur ein äußeres Symptom erfaßt. Dies nur als Hinweis, um deutlich zu machen, wie unbefriedigend es ist, wollte man derartige Beschwerden im Körper vorrangig mit Psychopharmaka behandeln, statt in erster Linie zu helfen, äußere und innere Lebenssituationen zu bereinigen, sofern sie neurotisch bedingt sind. Treten dagegen derartige leib-seelische Symptome bei psychotischen Verstimmungen auf, so hat die Behandlung der Psychose durch Psychopharmaka den Vorrang.

Seelisches wird in diesem Sinne leiblich erlebt, drückt sich leiblich aus. Dabei finden sich fließende Übergänge zu dem, was als Konversionssymptomatik einer besonderen Abgrenzung bedarf.

Die sog. Konversionssymptome werden meist „hysterisch" im Sinne von demonstrativ, rational-planlos, irrational-wunschgeleitet genannt. Bei ihnen tritt ein seelischer Konflikt als körperliches Symptom nach außen in Erscheinung. Hier finden sich Funktionsbeeinträchtigungen meist in Bereichen, die der willkürlichen Innervation (Ausnahme z.B. Stigmata) zugänglich sind, d.h. im Bereich des Bewegungsapparates und der Sinnesleistungen. Die Symptomatik reicht von vorwiegend motorischen Funktionsstörungen (z.B. grobschlägiges Zittern, Kriegszitterer, Schreibkrampf, Sprachstörungen u.a.) über Schwäche in den Bewegungsorganen bis zum völligen Funktionsausfall (besonders psychogene Lähmungen, Hinstürzen im Sinne des Totstellreflexes, psychogene Berührungs- und Schmerzunempfindlichkeit, psychogene Sehunfähigkeit u.a.).

Es leuchtet ein, daß gerade bei diesen sog. Konversionssymptomen die Psychotherapie dem Patienten helfen muß, seine Konflikte zu bewältigen und sich der Realität zu stellen. Eine medikamentös ausgelöste Tranquilizer-Wirkung kann u. U. dazu führen, daß der Patient sich mit dem Problem „die Geister, die ich rief, die werd ich nun nicht los" abfindet und Symptome fixiert werden, die sonst auch bei schwersten Fällen meist reversibel sind.

Ganz besonderer Beachtung bedarf das veränderte leibliche Erleben bei den meisten depressiv-psychotischen Erkrankungen, und nicht selten bei schizophrenen Erkrankungen. Bekanntlich wird die depressive Psychose häufig durch körperlich geäußerte Beschwerden geäußert, die für den Patienten nicht selten eine Art Alibifunktion haben, indem sie ihn zum körperlich Kranken machen und ihm seine Insuffizienz- und Versagensgefühle, die meist schuldhaft erlebt werden, vermindern.

Etwa jeder zweite depressiv psychotisch Erkrankte klagt über Kopfbeschwerden, ein Drittel haben Beschwerden im Brustraum, ein weiteres Drittel im Bauchraum, abgesehen von den vielfältigen anderen Körpermißempfindungen in den Extremitäten und im Bereich der Wirbelsäule. Stets sollte man sich nicht mit den vordergründigen Klagen des Patienten begnügen, sondern die klassischen Fragen stellen nach Schlafstörungen, Tagesschwankungen, Beeinträchtigung der Leistungsfähigkeit, Grübeln, um zu erkennen, ob sich hinter den genannten Körperbeschwerden nicht eine depressive Psychose bzw. endomorphe Depression versteckt, die dann unbedingt einer Behandlung mit ausreichend hoch dosierten Antidepressiva bedarf.

Sofern es im Zusammenhang mit schizophrenen Erkrankungen zu einem veränderten Körpererleben und insbesondere zu körperlichen Beschwerden kommt, die nicht selten hallzuinatorischen Charakter haben, ist eine Behandlung mit Neuroleptika oberhalb der „neuroleptischen Schwelle“ (s. S. 52) meist angezeigt.

4. Psychosomatische Symptome und Erkrankungen

Beim leib-seelischen Erleben eines Konfliktes bzw. einer ängstlichen oder depressiven Verstimmung liegt der Akzent auf dem Subjekt. Ein seelischer Zustand wird leiblich erlebt; will man ihn körperlich objektivieren, bleiben oft greifbare Befunde aus oder sind unbedeutend. Spricht man von psychosomatischer Symptomatik, so wird im allgemeinen in erster Linie ausgesagt, daß körperliche Symptome, seelisch verursacht oder bedingt, objektiv sichtbar sind bzw. sichtbar gemacht werden können. Gemeinsam ist dem leib-seelischen Erleben psychischer Störungen und den psychosomatischen Erkrankungen, daß an die Stelle des Leidens unter einem Konflikt das Leiden unter einer Krankheit getreten ist. Psychisches wird also in irgendeiner Form somatisiert. Bei den psychosomatischen Symptomen ist der Erlebniszusammenhang oft nicht mehr zugänglich bzw. kann nur mühsam erarbeitet werden. Man denke zur Veranschaulichung an das leib-seelische Erleben einer sexuellen Erregung des Mannes. Das begleitende somatische Symptom der Erektion kann sich verselbständigen und statt von sexueller Erregung von Schmerz begleitet sein. In zahlreichen Untersuchungen wurden psychisch verursachte oder bedingte somatische Symptome objektiviert. So finden sich eingehende Studien motorischer Phänomene, wie röntgenologische Untersuchungen des Zwerchfells, der Magen-Darm-Peristaltik, Untersuchungen des Blutdruckes oder peripherer Gefäßreaktionen (die Vasolabilität wurde als Psychobarometer gekennzeichnet), der elektrischen Muskelerregbarkeit (latente Tetanie) bei nervöser Übererregbarkeit, der Pupillenreaktionen u.a. Oder es wurden z.B. sekretorische Phänomene untersucht, voran die Studien *Pawlows* zur Magensekretion beim bedingten Reflex, Untersuchungen des Speichelflusses, des Gallenflusses, der Schweißsekretion (psychogalvanisches Phänomen) usw. Vielfach gesichert wurden körperliche Begleiterscheinungen affektiver Vorgänge. Jedoch wurden diese Zusammenhänge nicht im Sinne eines zeitlichen Nacheinanders, sondern eines Gleichzeitigkeitskorrelates gesehen.

Er ist nicht traurig, weil er weint, sondern indem er weint. Er ist nicht erregt, weil er einen überhöhten Blutdruck hat, sondern indem er erregt ist, kann sein Blutdruck erhöht sein. Nicht weil er sich fürchtet, hat er Herzklopfen, sondern indem er sich fürchtet. Jedoch gibt es auch Furcht ohne Herzklopfen und Freude oder andere Gefühlserregungen mit Herzklopfen. Es gibt jedoch kein psychisch bedingtes Herzklopfen ohne Erregung. Wenn es heißt, daß Freude und Trauer die Galle im Experiment lebhafter fließen lassen und Ärger den Fluß evtl. vermindert, so sieht man hier ähnlich weitergefaßte und wenig spezifische Zuordnungen zwischen Affekten und körperlichem Geschehen wie z. B. beim Kreislauf. Im übrigen erinnern diese Ergebnisse an die Temperamentenlehre der Antike, deren Melancholiker und Choleriker wesentlich von der Art ihres Gallenflusses bestimmt waren. Demgegenüber wissen wir, daß eine Persönlichkeit stets nur multifaktoriell zu erfassen ist und körperliche Bedingtheiten von Verhaltensweisen stets vielfältig determiniert sind. Gesichert ist in diesem Zusammenhang in erster Linie eine Beziehung zwischen der Intensität von Affekten und somatischen Begleiterscheinungen. Das ist in unserem Zusammenhang von Interesse, denn eine unspezifische Herabsetzung affektiver Erregungen durch gewisse psychotherapeutische Maßnahmen (z. B. autogenes Training) oder Psychopharmaka hat erwartungsgemäß auch einen Einfluß auf die somatischen Begleiterscheinungen.

Hinsichtlich der Behandlung psychosomatischer Erkrankungen bedeutet es schon einen Fortschritt, wenn neben einer Organtherapie die Persönlichkeit des Patienten und seine Lebenssituation therapeutisch berücksichtigt werden. Es bedeutet einen Fortschritt, wenn über eine chemisch ausgelöste Tranquilitas eine Distanz zur Konfliktsituation gewonnen wird. Wieweit darüber hinaus körperliche Symptome somatischer und psychosomatischer Erkrankungen durch Psychopharmaka zu beeinflussen sind, kann und soll hier nicht im einzelnen diskutiert werden.

In meinem Buch „Therapie mit Psychopharmaka“ wurden von Vertretern sämtlicher Disziplinen der klinischen Medizin die Indikationen für Psychopharmaka in gesonderten Kapiteln zusammengefaßt.

Die sich daraus ergebenden vielfältigen Indikationen der Psychopharmaka auf den verschiedensten Gebieten der Medizin sprechen ihre eigene Sprache. Dabei handelt es sich naturgemäß meist um eine Begleit- bzw. Nebenbehandlung mit Psychopharmaka, die sich zur Somatotherapie hinzugesellt. Von Interesse sind in diesem Zusammenhang auch Präparate, bei denen Psychopharmaka mit anderen Medikamenten kombiniert wurden und in den entsprechenden Tabellen dieses Buches zusammengestellt wurden.

Greifen wir die vielfältigen Indikationen heraus, bei denen Psychopharmaka auf den verschiedensten Gebieten der Medizin verordnet werden, so sind die muskulär und neurogen geleiteten schmerzhaften Spannungszustände zu nennen, wie z.B. das Zervikalsyndrom, der Bandscheibenvorfall, die Myalgien und Arthropathien der verschiedensten Genese, bei denen die muskelrelaxierende Wirkung, besonders reiner Tranquilizer, wie Valium (d.h. Diazepam) und Tavor (d.h. Lorazepam) u.a. eine besonders günstige ergänzende Wirkung zeigen. Bekannt ist der medikamentöse Einsatz der Tranquilizerwirkung zur Geburtenerleichterung. Als weitere Indikationen werden genannt im Bereich der Haut Herpes-Zoster-Schmerz, schmerzhafte Verletzungen wie auch Verbrennungen und Verbrühungen. In der

Gynäkologie gelten u.a. die Adnexopathie, die Mastopathie, die Reizblase als Indikationen. Bei der Erkrankung der inneren Organe sind vor allem der akute Herzschmerz, die Schmerzen im Zusammenhang mit Dyskinesien und Koliken im Bereich der Gallen- und Harnwege sowie des Magen-Darmkanals besonders zu nennen. In der Neurologie wird der sogenannte lytische Cocktail mit Dolantin, Atosil und Megaphen besonders bei heftigen Neuralgien, speziell im Trigeminusbereich, bei Kausalgien, beim Phantomschmerz verabreicht, dessen medikamentöse Kombination auch z.B. in der Chirurgie bei anhaltenden Schmerzen genutzt wird. Dabei ist zu betonen, daß die medikamentöse Abschirmung vor dem Schmerz nicht auf Kosten der Diagnostik gehen darf. Das gilt ganz besonders für diffuse Mißempfindungen und für den so vielfältig bedingten Kopfschmerz.

Die Psychopharmaka ermöglichen es, bei sinnvoller Anwendung eine Brücke zu schlagen von einer reinen Organtherapie zur Psychotherapie. Wie weit noch neben der Behandlung körperlicher Beschwerden und Symptome psychotherapeutische Maßnahmen ein besonderes Gewicht erhalten, wird von Fall zu Fall zu entscheiden sein. Oft sind nicht nur bei Neurosen, sondern auch bei psychosomatischen Erkrankungen tiefenpsychologische Langstreckenbehandlungen, die den Besonderheiten des Einzelfalles Rechnung tragen, indiziert. Dabei ist es wesentlich, daß eine chemisch ausgelöste Tranquilizer-Wirkung den Weg für eine derartige Psychotherapie bahnt und nicht verschüttet.

Literatur

Haase, H.-J.: Therapie mit Psychopharmaka und anderen, seelisches Befinden beeinflussenden Medikamenten. IV. Auflage. Schattauer Verlag Stuttgart–New York 1977. V. Auflage in Vorbereitung.

Zur Anwendung von Psychopharmaka bei Arbeitsproblemen

Der Ertrag der Erde erhöhte sich durch naturwissenschaftliche Entdeckungen in den vergangenen 150 Jahren derart, daß der Mensch in den weiterentwickelten Ländern die mühsame Kleinarbeit in Haus und Hof innerhalb einer oft vielköpfigen Familie mehr und mehr aufgab. Immer unrentabler wurde Erwerbstätigkeit im Hause, immer lohnender der Verdienst außer Haus. An die Stelle der Arbeit zum Zweck der unmittelbaren Sicherung des Lebensunterhaltes im Haus, trat vielfach außer Haus die Arbeit zur Hebung des Lebensstandards, die Arbeit als Mittel zur Flucht aus Leere und Unausgefülltheit, die Arbeit zum Gewinn von Kontakt mit anderen Menschen, die Arbeit zur Hebung des Selbstbewußtseins.

Noch nie konnten in unserem kulturellen Bereich so viele Menschen mit so wenig Arbeit ihre materiellen Bedürfnisse befriedigen. Noch nie mußte der Durchschnitt der Bevölkerung so wenig arbeiten, und noch nie gab es für die Masse der Bevölkerung so viel Freizeit. Dennoch lautet eines der Modewörter unserer Zeit: Streß.

Es erhebt sich daher die Frage: Wer wird durch Arbeit überlastet bzw. überlastet sich durch Arbeit derart, daß er Psychopharmaka einnimmt, weil er leidet.

Bemerkenswerterweise sind es eher Frauen als Männer, die im Zusammenhang mit Arbeitsüberlastung einer ambulanten oder auch stationären Behandlung bedürfen. Dies ergab sich z.B. aus einer Untersuchung, die Verf. vor einigen Jahren durchführte, indem 8 niedergelassene Nervenärzte in einer Großstadt (Düsseldorf) einen Fragebogen erhielten, in welchem danach gefragt wurde, in welcher geschätzten Häufigkeit Frauen wegen psychischer Störungen in die Sprechstunde kommen, welcher Art diese Störungen seien, ob Frauen häufiger wegen der Folgen beruflicher Belastung in die Sprechstunde kommen als Männer und ob sich bestimmte Häufungen bei den verheirateten oder unverheirateten finden. Darüber hinaus wurden auch die stationären Aufnahmen im psychiatrischen Krankenhaus in diesem Sinne beachtet.

Die Hälfte der Nervenärzte mit ambulanter Praxis gab in ihrem Fragebogen an, daß mindestens jede 4. Frau, die in die Sprechstunde kam, an Erschöpfungszuständen, bzw. depressiven Verstimmungen im Zusammenhang mit beruflicher Belastung litt. Nur in einer, und zwar in vornehmer Villengegend ausgeübten nervenärztlichen Praxis spielten berufliche Belastungen bei den Frauen keine Rolle. Die Mehrzahl der Nervenärzte gab an, daß Frauen häufiger wegen beruflicher Belastungen in die Sprechstunde kämen als Männer. Andererseits ergab eine statistische Erhebung im gleichen Zeitraum in Düsseldorf, daß Frauen nicht nur seltener Suizid begingen, sondern daß gemäß den Ermittlungen des statistischen Landesamtes Düsseldorf Frauen sehr viel seltener im Zusammenhang mit wirtschaftlicher Notlage Suizid begingen als Männer.

Von Interesse ist in diesem Zusammenhang auch eine Erhebung, bei der nur 3 % der Alkoholkranken, die in einem bestimmten Zeitraum in unsere Klinik zur stationären Behandlung aufgenommen wurden, angaben, daß berufliche bzw. Arbeitsüberlastung eine wesentliche ursächliche Rolle für ihren Alkoholismus spielte. Dabei handelte es sich meist um eine selbstgewählte Arbeitsüberlastung, z.B. indem der Betroffene sich in seiner Freizeit ein Haus baute u.a. (weiteres s. S. 104).

Handelt es sich bei der Mehrzahl der Frauen nicht um eine wirtschaftliche Notlage, wie kann es aber dahin kommen, daß diese sich beruflich so belasten, daß sie sich wegen Erschöpfungszuständen und Depressionen in nervenärztliche Behandlung begeben müssen?

Während der Laie, wie auch der oberflächliche Schriftsteller bei der Begründung psychischer Störungen das Gewicht auf das äußere Schicksal wie Armut, Reichtum, Unglücksfälle usw. legt, zeigt die tiefergehende Analyse dem Psychiater, wie Persönlichkeit und Umwelt in mancher Hinsicht nur 2 Seiten eines Ganzen sind. Vielfach entscheidet nicht das äußere Schicksal über Erfüllung oder Zerstörung des Lebens, sondern die seelische Verarbeitung äußerer Ereignisse. Vielfach ist das scheinbar äußere Schicksal, wie etwa Arbeitsplatz, Arbeitsmenge, Arbeitsstil nur das Symptom einer seelischen Entwicklung, die möglicherweise bis auf die frühe Kindheit zurückgeht.

Zum Gesichtspunkt der Arbeit sind einige psychodynamische Aspekte besonders zu beachten:
Eine Persönlichkeit lebt dann harmonisch, wenn Pflicht und Einsatz für andere in einem gesunden Verhältnis stehen zur Wahrung eigener Lebensrechte, eigenen Lebensgenusses. Der Begriff der Arbeit steht dem der Pflicht sehr nahe. Eine Person, die sich dem Ehepartner, den Kindern, den Eltern oder Angehörigen, dem Beruf gegenüber derart verpflichtet fühlt, daß sie ohne Not und Zwang ihre Rechte auf Lebensgenuß aufgibt, ist unfrei und damit in einem gewissen Bereich neurotisch. Gehemmtheiten in der Selbstbehauptung, tiefgehende Minderwertigkeitsgefühle, das Gefühl, nicht anerkannt oder geliebt zu werden, wenn man auch an sich denkt, dies alles kann besonders bei Frauen zu dem Typ führen, der als Opfertyp (*M. Stern, Schultz-Henke* u. a.) bekannt ist. Je mehr bei diesen Personen sich Eigenschaften der Übergenauigkeit, der Übergewissenhaftigkeit, der Pedanterie entwickeln, umso mehr können sie schon allein an den Aufgaben des Haushalts scheitern. Fehlen solche Zwangssymptome oder haben derartige sich aufopfernde Frauen die Kraft, außer Haus einem Erwerb nachzugehen, so können manchmal nicht einmal Alarmzeichen in Form von nervösen Erschöpfungszuständen oder depressiven Verstimmungen ihren Weg aufhalten. Das äußere Angebot an guter Verdienstmöglichkeit zum vermeintlichen Wohle ihrer Mitmenschen bedeutet für sie dann eine Versuchungssituation, der sie im Interesse ihrer Opferhaltung erliegen.

Bedenkt man, daß z. Zt. rd. jede 3. verheiratete Frau auch erwerbstätig ist, kann man sich vorstellen, wie häufig es in diesem Zusammenhang zu psychischen Störungen unter dem Druck einer oft selbst auferlegten Doppelbelastung kommt.

Erkennt man bei den Frauen noch eher den Druck der äußeren Situation, der zur Doppelbelastung durch Arbeit in Haushalt und Familie, sowie durch Arbeit außer Haus zur anhaltenden Überforderung führen kann, so findet man bei Männern häufiger krisenhafte Überforderungen durch Einarbeitungen in neue Arbeitsgebiete, Urlaubsvertretungen, Beförderungsprobleme, vorübergehende Änderungen der geschäftlichen Umsätze u. a. Aber auch alle diese sog. Überlastungssituationen werden meist nur wirksam bei einer entsprechenden Persönlichkeitsstruktur, die im Rahmen einer neurotischen bzw. neurotoiden Fehlentwicklung unfrei ist. Beeinträchtigt durch Selbstunsicherheit, Selbstwertprobleme, aggressive Gehemmtheiten u. a., reagieren sie mit Unlustgefühlen, dysphorischen und depressiven Verstimmungen, Angst, Schlafstörungen, während der seelisch freie Mensch der gleichen äußeren Situation elastisch begegnet. Die Erfahrungen der Kriegszeit und Nachkriegszeit haben gezeigt, daß der seelisch freie und in diesem Sinne gesunde Mensch Verluste von Personen und Besitz, Belastungen durch härteste Wiederaufbauarbeit verkraften kann, ohne daß sich behandlungsbedürftige affektive Spannungen und Verstimmungszustände einstellen. „Zu viel Arbeit" in unserer Zeit ist demnach in erster Linie die Folge einer Persönlichkeitsproblematik, ein Thema des inneren Schicksals, seltener des äußeren Schicksals im Sinne einer existentiellen Belastung, der nur durch ein Übermaß an Arbeit begegnet werden kann.

Häufen sich in diesem Sinne bei Frauen eher im Zusammenhang mit einer anhaltenden Doppelbelastung durch Arbeit innerhalb und außerhalb des Hauses sogenannte Erschöpfungssyndrome, so finden sich bei Männern, wie erwähnt, eher einseitige und vorübergehende Überforderungen durch Arbeit. Ausgenommen sind hier diejenigen, die im Zusammenhang mit überwertigen Einstellungen auf Besitz, Geltung, Macht wiederum Sklaven ihrer Fehleinstellungen sind und sich ständig überfordern. Um so mehr, als sich affektive Spannungen eher belastend auswirken, wenn die Arbeitsleistung in einer zivilisierten und industrialisierten Gesellschaft sich derart abspielt, daß Bewegungsarmut einerseits „unnatürlich" einhergeht mit der „Verarbeitung" ständig wechselnder Eindrücke, wie es so charakteristisch vom Manager gefordert wird. Nicht selten soll hier der Tranquilizer-Effekt des Alkoholkonsums und des Rauchens affektive Anspannungen ausgleichen oder es werden Tranquilizer als Medikamente am Tage oder zur Förderung des Nachtschlafes eingenommen. Eines Nachtschlafes, der im Zusammenhang mit einem Reizhunger oder einer Leistungssucht weitgehend unerwünscht ist und durch Tranquilizer-Effekte aufgezwungen wird oder auch eines Nachtschlafes, der sich infolge anhaltender Übererregung nicht mehr einstellen will, obwohl er dringend benötigt wird. Es versteht sich, daß alle diejenigen, die sich in unserer Zeit über einen längeren Zeitraum durch Arbeit überfordern lassen, auch besonders belastet werden durch erzwungene Arbeitsminderung. Sei es durch Kurzarbeit oder Arbeitslosigkeit, die durch die Lage des Arbeitsmarktes bedingt wurde, sei es durch das Vakuum der Pensionierung, die bekanntlich zum „Pensionierungsbankrott" mit depressiver Verstimmung führen kann.

Wer sich durch Arbeit anhaltend überlasten läßt, ist auch in seiner Genußfähigkeit gestört, indem er die ihm zur Verfügung stehende freie Zeit nicht außerhalb von Leistung genießen kann. So erleben die Überverpflichteten den Feierabend, die

Feiertage, die Urlaube und schließlich den Ruhestand als trostloses Vakuum, mißgestimmt, angespannt, evtl. depressiv und setzen ihr die künstliche affektive Entspannung durch Alkoholkonsum, Rauchen oder Psychopharmaka entgegen.

Wie eine anhaltende Überforderung durch ein Übermaß an Quantität der Arbeit kein Problem der äußeren Arbeitssituation in unserer Zeit ist, sondern vielmehr das Symptom einer Persönlichkeitsfehlhaltung, so suchen wir auch vergeblich nach Arbeitsqualitäten, die unabhängig von bestimmten Persönlichkeitseigenschaften nicht zumutbar sind. Gern wird das Fließband, die Monotonie der Arbeit angeführt. Dennoch geht der Trend von der freien und vielseitigen Arbeit z.B. in der Landwirtschaft hin zur eingeengten Monotonie der Fabrik. Vor die Wahl gestellt, ob besser bezahlte Monotonie der Arbeit und weniger gut bezahlte vielseitige Arbeit, entscheidet sich die Mehrheit für die Gleichförmigkeit. In diesem Sinne bejahte Gleichförmigkeit der Arbeit führt im allgemeinen auch nicht zur seelischen Belastung.

Zur Belastung wird die Monotonie der Arbeit meist erst, wenn sie nicht bejaht werden kann, wenn andere Berufswünsche im Zusammenhang mit Persönlichkeitsfehlhaltungen zurückgestellt werden.

Unterstrichen wird diese Feststellung unter anderem auch durch eine Erhebung bei den Alkoholkranken, die in unserer Klinik aufgenommen wurden. Nur in einzelnen Ausnahmefällen gaben die Patienten an, daß das Klima am Arbeitsplatz, insbesondere Arbeitsüberlastung von ihnen als verantwortlich dafür angesehen wurden, daß es zum Alkoholmißbrauch kam (weiteres hierzu s. S. 104).

Damit wurde deutlich gemacht, daß seelische Belastungen durch Arbeit, sei es durch zuviel oder zu wenig Arbeit, oder auch z.B. durch die so häufige Gleichförmigkeit der Arbeit unserer Zeit beim seelisch gesunden und damit freien Menschen nicht zu behandlungsbedürftigen seelischen Störungen führt. Werden affektive Spannungen, dysphorische und depressive Verstimmungen, Ängste, Schlafstörungen dennoch von dem Betroffenen auf die Arbeitssituation, auf sein äußeres Schicksal zurückgeführt, so wissen wir dennoch, daß sein inneres Schicksal, d.h. seine Einstellung zur Arbeit und damit auch zur Freizeit meist entscheidend sind.

Wenn z.B. bekannt ist, daß die Anzahl der Krankmeldungen des Personals in Betrieben mit ähnlichen Arbeitsaufgaben, wie z.B. Krankenhäusern höher ist, sofern das Betriebsklima unerfreulich und damit belastend ist, wenn berufstätige verheiratete Frauen mit Kindern gemäß Feststellung der Ortskrankenkassen eine höhere Unfallquote am Arbeitsplatz aufweisen, so finden sich damit grobe Signale für Korrekturnotwendigkeiten. Korrekturen, die nicht durch Psychopharmaka zu erreichen sind, sondern evtl. organisatorische Maßnahmen umfassen und sich vor allem dem Einzelnen zuwenden, der sich in seiner Arbeitssituation überlastet fühlt. Beratende Gespräche und ggfs. psychotherapeutische Behandlungen stehen hier ganz im Vordergrund. Arbeitsplatzwechsel, Arbeitsentlastungen sind nicht selten nur oberflächliche äußere Hilfen gegenüber den Möglichkeiten, die sich eröffnen, wenn es gelingt, die evtl. Fehleinstellung zur Arbeit beratend und ggfs. psychotherapeutisch behandelnd zu beeinflussen. Die Verordnung von Psychopharmaka und anderen, seelisches Befinden beeinflussenden Medikamenten kommt demnach im Einzelfall nur ausnahmsweise und vorübergehend in Betracht, wenn der Leidensdruck sehr ausgeprägt ist. Dabei versteht es sich von selbst, daß antriebs- und erregungssteigernde Medikamente, wie besonders Weckamine in jedem Fall fehl am Platze sind, wenn über Antriebsarmut, Schwunglosigkeit und Lustlosigkeit bei der Arbeit geklagt wird.

Schon eher kommt eine vorübergehende Förderung affektiver Entspannungen durch die Verordnung von Medikamenten, die Tranquilizer-Effekte aufweisen, in Betracht.

In erster Linie wird es sinnvoll sein, eine evtl. bestehende Schlafstörung durch abendliche Verordnung schwach potenter Neuroleptika oder durch reine, besonders schlafanstoßende Tranquilizer medikamentös zu beeinflussen, um ein Schlafdefizit und damit eine weitere Zuspitzung der belastenden Situation möglichst aufzufangen.

Wirken sich affektive Spannungen bereits am Tage während der Arbeit aus, so stehen wiederum die Verordnungen von Psychopharmaka an letzter Stelle gegenüber allen Maßnahmen der Beratung und evtl. psychotherapeutischen Behandlung. Schwach potente Neuroleptika und reine Tranquilizer fördern Müdigkeit und Schlafbereitschaft am Tage derart, daß sie nur in sehr niedrigen Dosierungen verordnet werden sollten. Affektive Entspannungen ohne Müdigkeit lassen sich medikamentös dagegen durch stark potente Neuroleptika in entsprechenden Dosierungen unterhalb der neuroleptischen Schwelle erzielen. Wichtig ist dabei selbstverständlich, daß nicht versehentlich neuroleptische Schwellendosierungen erreicht werden, die dann u. U. subjektiv störende, grobmotorische, extrapyramidale Symptome wie dyskinetische Reaktionen mit Schiefhalsbildung u. a. mit sich führen (Einzelheiten über die Dosierungen s. S. 56).

Der einzige Bereich, bei dem Psychopharmaka oft unentbehrlich sind, um Arbeitsstörungen zu kompensieren oder zu vermeiden, sind die psychotischen Erkrankungen.

Bei den Erkrankungen des schizophrenen Formenkreises sind wir bei optimaler Dosierung in der erfreulichen Lage, psychotische Zustände mit Plussymptomen wie Wahnideen, Halluzinationen, hochgradigen affektiven Erregungszuständen nicht nur zu kompensieren, sondern in vielen Fällen auch besonders mit Hilfe von Langzeitneuroleptika die Rückfallsgefahr erheblich zu verringern, ohne daß die Arbeitsfähigkeit beeinträchtigt wird. Hierzu ist noch zu wenig bekannt, daß die Langzeitneuroleptika in den meisten Fällen derart dosiert werden können, daß zwar, wie bei bestehender Bereitschaft zur psychotischen Plussymptomatik notwendig, die neuroleptische Schwelle (s. S. 52) mit Auslösung feinmotorischer extrapyramidaler Handschriftsymptome überschritten wird, doch weder begleitende Müdigkeit noch subjektiv störende grobmotorische, extrapyramidale Symptome auftreten, so daß die Arbeitsfähigkeit nicht beeinträchtigt wird. Sogar die Zugabe von Antiparkinsonmitteln ist bei optimaler Dosierung unter feinmotorischer Kontrolle nur in rd. 10% der Fälle am ersten bzw. zweiten Tag nach der Applikation des Langzeitneuroleptikums erforderlich, während Dauerzugaben von Antiparkinsonmitteln grundsätzlich bei optimaler Dosierung nicht erforderlich sind. Bei dieser Art der Dosierung unter feinmotorischer Kontrolle (Vergleiche der Handschrift gemäß Handschrifttest des Verf. vor der Behandlung, sowie jeweils am Tage vor und am Tage nach der Applikation des Langzeitneuroleptikums) ist besonders auch auf die Gefahr der Überdosierung durch Kumulation nach wiederholten Applikationen zu achten, der durch frühzeitige Dosisreduzierung (z.B. bei zunehmender Schriftverkleinerung trotz gleichbleibender Dosis) zu begegnen ist, so daß Beeinträchtigungen der Arbeitsfähigkeit vermieden werden können.

Abschließend kommen wir auf das wichtige Thema der depressiven Psychosen, die stets eine Beeinträchtigung der Arbeitsfähigkeit mit sich führen und in schweren Fällen nicht nur die Arbeitsfähigkeit, sondern jegliche Form der Selbstverwirklichung unmöglich machen.

Das Achsensyndrom depressiver Psychosen ist das „Weniger- oder auch Nicht-mehr-leisten-Können trotz Wollens". Meist begleitet von Körperbeschwerden, Schlafstörungen, Tagesschwankungen mit abendlicher Besserung u. a. Wir haben diese depressiven Psychosen mit dem Sammelbegriff endomorphe Depressionen (s. Monographien des Verf.: „Depressionen", sowie „Depressive Verstimmungen") zusammengefaßt und die nicht psychotischen, d. h. verständlichen exomorphen Depressionen, die im allgemeinen nicht zu einer Beeinträchtigung der potentiellen Arbeitsfähigkeit führen, gegenübergestellt.

Oberste Gebote der Behandlung depressiver Psychosen, d.h. endomorpher Depressionen sind einerseits die „Entpflichtung" der Betroffenen von der Arbeit, die unter dem quälenden Gefühl des Nicht-so-arbeiten-Könnens wie sie wollen leiden, sowie die Verordnungen von Antidepressiva. Bei innerer Unruhe und Schlafstörungen, die meist den Zustand begleiten, sind die entsprechenden Zusatzverordnungen durch Neuroleptika und Tranquilizer oft erforderlich.

Mit Besserung des Zustandes gilt die Devise, daß der Betroffene nur die Arbeit verrichten darf, die ihm Freude macht, dagegen nicht arbeiten soll, um noch bestehende Insuffizienzgefühle, Versagens- und Schuldgefühle zu überwinden. So lange Dosisreduzierungen oder Absetzen der Antidepressiva noch erkennen lassen, daß die depressive Psychose, bzw. endomorphe Depression noch nicht völlig abgeklungen ist, sollte der Patient mit allen Mitteln vor jeglicher Überlastung durch Arbeit wegen der erheblichen Rückfallsgefahr bewahrt werden. Dies um so mehr, als Bereitschaft zur depressiv-psychotischen Dekompensation im Sinne der endomorphen Depression einhergeht mit der Bereitschaft zur Überverpflichtung gegenüber anderen Menschen und Aufgaben. Bei der Behandlung und Nachbehandlung endomorpher Depressionen durch Psychopharmaka nimmt daher die Vermeidung von Arbeitsüberlastungen einen wichtigen Stellenwert ein.

Ist die endomorphe Depression vollends abgeklungen, d.h. fühlt sich der Patient auch ohne Einnahme von Psychopharmaka, insbesondere Antidepressiva voll leistungsfähig und schläft er sogar wieder nachts ohne Tranquilizer bzw. schwach potente Neuroleptika, so kommt zur Prophylaxe die wichtige und wirkungsvolle

Verordnung von Lithiumsalzen in Betracht. Dabei ist von Interesse, daß die Lithiumsalze nicht nur erheblich die Rückfallsgefahr vermindern, sondern bei ca. 80–90% der Fälle in Analogie zu den Langzeitneuroleptika derart verträglich sind, daß sie die Arbeitsfähigkeit nicht beeinträchtigen.

Literatur

1. *Haase, H.-J.*: Psychiatrische Erfahrungen mit der Belastung der berufstätigen Frau unter besonderer Beachtung des Familienstandes. Bundesarbeitsblatt. S. 121, 15. Jahrg., Nr. 4, 1964

2. *Haase, H.-J.*: Therapie mit Psychopharmaka und anderen, seelisches Befinden beeinflussenden Medikamenten. IV Auflg. Schattauer, Stuttgart, New York, 1977. V. Auflg. in Vorbereitung.

3. *Haase, H.-J.*: Depressionen. Entstehung, Erscheinung, Behandlung. Schattauer-Verlag, Stuttgart 1976.

4. *Haase, H.-J.*: Depressive Verstimmungen. Schattauer-Verlag, Stuttgart 1980.

5. *Schultz-Hencke, H.*: Der gehemmte Mensch. Thieme, Stuttgart 1947

6. *Stern, E.*: Die Unverheirateten. Geschlechtsleben und Gesellschaft. Beiträge zur Sexualpädagogik, Heft 7, Ferdinand-Enke-Verlag, Stuttgart 1957

Reihenfolge therapeutischer Maßnahmen bei psychischen Erkrankungen in der Praxis

Wenn man sagt, daß in der Medizin vor aller Therapie die Diagnose stehen solle, so nimmt die Psychiatrie hier eine gewisse Sonderstellung ein: Die Ermittlung der Diagnose durch ein ausführliches Gespräch mit dem Patienten ist bei denjenigen, die unter psychischen Konflikten leiden, in vielen Fällen bereits auch Therapie. Zunächst kommt es zwar darauf an, das äußere Schicksal zu ermitteln, d. h. festzustellen, „was" der Patient erlebt hatte, unter welchen Lebensbedingungen er aufwuchs, welchen Beruf er erlernte und ausübte und mit welchen äußeren Ereignissen und Situationen er sich auseinandersetzen mußte. Doch wissen wir, daß es im Leben weniger entscheidend ist, „was" man erlebt, welche äußeren Ereignisse auf den Menschen zukommen, sondern „wie" etwas erlebt wird. Das innere Schicksal, das Wie des Erlebens ist letztlich entscheidend, ob wir froh und zufrieden sind, oder ob wir psychisch leiden oder auch psychisch erkranken. Dementsprechend wird man bei der Erhebung der Vorgeschichte z. B. nicht nur fragen, welchen Beruf der Vater hatte, sondern wie der Vater erlebt wurde, wie man seine Familienmitglieder in der Kindheit und wie seine Partner und Mitarbeiter und nächsten Angehörigen im späteren Leben erlebte. Bei derartigen Fragen ist es dem Fachkundigen unter Umständen möglich, schon mit wenigen Stunden durch eine ausdifferenzierte Erhebung der Vorgeschichte sich nicht nur ein Bild von der Persönlichkeitsstruktur des Patienten und seiner Fehlhaltungen zu machen, und damit eine Diagnose zu stellen, sondern damit auch schon dem Patienten zu helfen, einen gewissen Abstand zu diesen Fehlhaltungen zu gewinnen. Da uns die Psychoanalyse gezeigt hat, daß viele seelische Fehlhaltungen unbewußt sind, ist schließlich bei den psychoanalytischen Aufdeckungen von Antriebsgehemmtheiten bei einer psychoanalytischen Langstreckenbehandlung die ständige Ausdifferenzierung der Diagnose von der Behandlung nicht mehr zu trennen. Indem z. B. eine Mutter- oder Vaterfixierung durch die analytischen Sitzungen deutlich werden, dient dies nicht nur dem Therapeuten zur Diagnose, sondern auch dem Patienten zur Behandlung.

Auch in der Erhebung der Vorgeschichte bei psychotischen Erkrankungen wird man bereits, wenn auch auf anderer Ebene, die ersten therapeutischen Ansätze einstreuen. Ein Depressiv-Psychotischer, der darunter leidet, daß er nicht mehr arbeiten kann, obwohl er etwas leisten will und sich dabei als Versager fühlt, wird in vielen Fällen sich dadurch entlastet fühlen, wenn man ihm unmittelbar daraufhin klar macht, daß er unter den Folgen einer Hirnstoffwechselstörung leidet, daß er kein Versager sei und daß er bis auf weiteres nicht oder nur sehr wenig arbeiten soll. Da die meisten depressiv-psychotisch Kranken unter Lebensüberdrußideen leiden, wird es eine erste therapeutische Maßnahme sein, daß man den Betreffenden nicht nur darauf anspricht, sondern ihn im Sinne eines Behandlungspakts mit Handschlag und Ehrenwort verpflichtet, daß man sich auf ihn verlassen könne und daß er nicht den Kopf verliere, um sich etwas anzutun. Ich beginne seit vielen Jahren weder eine ambulante Behandlung, noch eine stationäre Behandlung auf einer offenen, unkontrollierten Station, ohne mit dem Patienten diesen Pakt abzuschließen. Ist er dazu nicht in der Lage und muß man einen Suizid befürchten, so kommt nur eine Aufnahme auf einer kontrollierten, d.h. geschlossenen Station in Betracht, was allerdings bei depressiven Psychosen relativ selten ist.

Auch ein paranoid, mit Wahnideen und Stimmenhören erkrankter Patient wird in manchen Fällen schon erstmals aufhorchen, wenn man ihn daran erinnert, daß er eventuell schon einmal eine derartige Krankheit hatte, in der er auch fest von diesem seinem Wahn überzeugt war und dann alles abklang wie ein Traum. Überhaupt wird der Vergleich auf die Sinnestäuschungen in Träumen, die wir alle nachts haben, oft entlastend wirken, indem man sagt, daß man nachts auch etwas sehen oder hören würde, obwohl es in Wirklichkeit gar nicht existiere und nur das Gehirn diese Erlebnisse produziere. So könne man auch sich verfolgt fühlen und Stimmen hören, obwohl es nur aus einem gestörten Hirnstoffwechsel entstehe und nicht aus der Außenwelt. Viele Patienten werden sich derartiges zunächst nur anhören und in ihrem Wahnerleben nicht glauben. Nicht wenige jedoch fühlen sich durch diese Gespräche, die an sich zunächst der Diagnose dienen, schon etwas entlastet, wobei diese Entlastung mit zunehmender Behandlungsdauer zunimmt, bis schließlich in wenigen Wochen in der Mehrzahl der Fälle die psychotisch bedingten Erlebnisse zunächst abklingen und die Patienten schließlich auch erkennen: Die psychotisch bedingten wahnhaften Erlebnisse hatten genau so wenig mit der Wirklichkeit zu tun wie die Erlebnisse eines Traums.

Wichtig ist selbstverständlich als eine der ersten Maßnahmen auch ein Gespräch mit den Angehörigen, soweit irgend möglich in Gegenwart des Patienten und nur in Ausnahmefällen und möglichst mit seiner Zustimmung in seiner Abwesenheit. Auch diese Gespräche dienen nicht nur der Erhebung der Diagnose, sondern bereits der Therapie, wenn es darum geht, den Angehörigen klar zu machen, daß eine psychotische Depression grundsätzlich etwas anderes ist als eine verständliche traurige Erlebnis-Reaktion, die jeder im Leben durchmacht. Weitere wichtige Informationen sind gerade bei psychotischen Erkrankungen vor aller Behandlung und praktisch als erste Behandlungsmaßnahme sowohl für Patienten, wie auch Angehörige notwendig, da die psychotischen Erkrankungen sich dadurch auszeichnen, daß sie weder dem Patienten, noch der Umgebung verständlich sind. Das Merkmal der Psychose heißt: Verändertes Erleben, das sich aus dem bisherigen Erleben nicht verständlich ableiten läßt. Ich gebe daher den Patienten und den Angehörigen seit einer Reihe von Jahren Merkblätter mit auf den Weg, auf denen das wichtigste dargestellt ist, was sie über psychotische Erkrankungen wissen sollten. Diese Merkblätter wurden von verschiedenen Firmen vervielfältigt und stehen Ärzten auf Anforderung zur Verfügung. Da gibt es ein Merkblatt für depressive Psychosen, auf dem unter anderem folgende Fragen angeschnitten sind: Wer wird krank? Warum werden sie krank? Welche Beschwerden haben die Kranken? Ist die Krankheit gefährlich? Welche Fehler der Behandlung ergeben sich am häufigsten? Worauf soll man besonders achten? Wie verhält es sich mit dem Absetzen der Medikamente? Wie verhält es sich mit der Arbeit? Wie lange dauern depressive Psychosen? Welche Verpflichtungen hat der Kranke? Kommt die Krankheit wieder?

Was kann man für die Zukunft tun? Wie sieht eine eventuell erneut auftretende, krankhafte, d.h. nicht verständliche, psychotische Depression aus?

Für die Patienten mit paranoiden Erlebnissen, die sich meist verfolgt fühlen und häufig Stimmen hören, und die wir in der Mehrzahl der Fälle zum schizophrenen Formenkreis rechnen, wurde ebenfalls ein Merkblatt mit folgender Überschrift zusammengestellt: Merkblatt für Patienten und Angehörige: betrifft krankhafte Beeinflussungserlebnisse, Sinnestäuschungen, übersteigertes Mißtrauen, hochgradige seelische Erregung und anderes. Das Wort Schizophrenie ist in diesem Merkblatt vermieden worden, wie wir es auch sonst bei unseren Gesprächen weitgehend vermeiden, da es inzwischen zum Schimpfwort degradiert wurde, indem nicht selten politische Abgeordnete sich sogar im Bundestag schizophrenes Denken vorwerfen. Es sind darin ebenfalls Fragen angeschnitten: Wie häufig ist die Krankheit? Wie tritt die Kranheit in Erscheinung? Was ist die Folge der krankhaften Beeinflussungserlebnisse? Warum werden sie krank? Welche äußeren Veranlassungen fördern das Auftreten krankhafter Beeinflussungsergebnisse? Wodurch wird krankhaftes Mißtrauen gefördert? Was kann man tun? Welche Medikamente helfen? Welches sind die häufigsten Nebenwirkungen dieser Medikamente, d.h. der Neuroleptika? Welche Medikamentennebenwirkungen müssen nicht in Kauf genommen werden? Wie lange dauert die Behandlung? Welches ist der häufigste Fehler, der bei der Nachbehandlung gemacht wird? Ist es notwendig, die Neuroleptika täglich einzunehmen?

Ganz besonders bei den depressiven Psychosen, aber nicht selten auch bei den paranoiden Psychosen hat sich die Übergabe dieser Merkblätter an Angehörige und Patienten als erste Behandlungsmaßnahme vielfach bewährt. Jeder Behandlungsmaßnahme, die nicht vorweg die Information setzt und den Patienten, wie den Angehörigen hilft, Krankheitseinsicht für ein an sich unverständliches seelisches Erleben zu gewinnen, fehlen wichtige Voraussetzungen: Voraussetzung für Toleranz, Voraussetzung dafür, daß die entsprechenden Psychopharmaka entsprechend eingenommen werden, Voraussetzung, daß die Selbstgefährdung, die so häufig ausgeprägt ist, verringert oder auch aufgehoben wird, Voraussetzung, daß geklärt wird, ob ambulante oder stationäre Behandlung durchgeführt wird usw.

Im folgenden wollen wir die weiteren Schritte der Behandlung zunächst bei den psychotischen Erkrankungen, dann aber auch bei den neurotischen Erkrankungen und schließlich auch des krankhaften Alkoholismus in aller Kürze behandeln.

Beginnen wir mit den depressiven Psychosen: Nachdem die Diagnose gestellt wurde und damit der Patient und die Angehörigen auch die ersten Informationen im Sinne erster therapeutischer Maßnahmen über seine Krankheit erfuhren, ergibt sich die Frage: Soll der Patient stationär oder ambulant behandelt werden? Wie verhält es sich mit seiner Arbeit? Wie geht man mit den entsprechenden Psychopharmaka um? Was wird am häufigsten verkehrt gemacht?

Wir müssen uns nochmals deutlich machen, daß die psychotische Depression, an der eine halbe Million bis eine Million Menschen in der Bundesrepublik in ihrem Leben meist mehrmals mehrere Monate oder manchmal auch über Jahre erkranken, sich grundsätzlich unterscheidet von der normalen Traurigkeit und auch von verständlichen depressiv-neurotischen Fehlhaltungen. Die normale Traurigkeit gehört zum Leben, wie die Freude, und die depressiv-neurotischen Fehlhaltungen unterscheiden sich grundsätzlich von den depressiven Psychosen dadurch, daß hier die Patienten zwar beeinträchtigt sind in ihrer Lebensfreude und im allgemeinen auch Selbstwertprobleme haben, doch grundsätzlich in der Lage bleiben, sich zu verwirklichen und somit auch mehr oder weniger lustlos einer Tätigkeit nachgehen zu können.

Die depressive Psychose beginnt, ganz gleich, ob sie durch einen äußeren seelisch belastenden Anlaß ausgelöst wurde, oder unmittelbar aus der Anlage heraus auftritt, in den meisten Fällen mit Schlafstörungen, sowie mit dem Erleben, daß man nicht mehr so viel leisten kann, wie man möchte. Eventuell nur als Schwunglosigkeit von dem Patienten erlebt, jedoch bei zunehmender Schwere mit Konzentrationsstörungen und schließlich mit der Unfähigkeit, irgend etwas zu tun, obwohl der Betreffende ständig das Gefühl hat, er müsse etwas tun. Rund 90% der Patienten haben Körperbeschwerden, jeder zweite hat Kopfbeschwerden. In den meisten Fällen ist bekanntlich die Stimmung und der Antrieb abends besser oder sogar in manchen Fällen normal. Betroffen sind vor allem Menschen, die sich gegenüber anderen Menschen und Aufgaben überverpflichtet fühlen, und die daher oft besonders ordentlich, gewissenhaft oder zumindest in manchen Bereichen überdurchschnittlich strebsam sind. Dementsprechend sind die ersten therapeutischen Maßnahmen die Informationen des Patienten und der Angehörigen über die Krankhaftigkeit der Depression, die sich von der normalen, allen bekannten Traurigkeit, wie erwähnt, grundsätzlich unterscheidet. Das bedeutet, daß alle Appelle, daß der Patient sich zusammennehmen müsse, fehl am Platze sind und die Selbstgefährdung des Patienten erhöhen. Es kommt also darauf an, ihn nicht nur zu informieren, sondern zu entpflichten und ihm zu sagen, daß er nur arbeiten solle, sofern er überhaupt noch arbeiten kann, um zu beweisen, daß er kein Versager sei. Man wird sich sogleich der Behandlung der Schlafstörungen zuwenden mit schwach potenten Neuroleptika, wie z. B. Neurocil, von dem man 10 bis 50 Tropfen (1 Tropfen ≙ 1 mg Levopromazin-HCl) oder auch in Tablettenform 100 mg abends bei Beachtung der blutdrucksenkenden Wirkung gibt.

Auch andere schwach potente Neuroleptika, wie Truxal, Melleril, Dipiperon oder auch reine Tranquilizer, wie Valium (bis zu 10 mg), Tavor (bis zu 2,5 mg) kommen in Betracht. Bei älteren Patienten mit psychoorganischen Syndromen wird man zurückhaltender sein mit den Dosierungen der Antidepressiva, wie auch der Schlafmittel und eventuell Kurzschlafmittel geben, wobei sich abends ein bis zwei Dragees Distraneurin, die in der Nacht nochmals gegeben werden können, eventuell in Ergänzung mit vorsichtig dosierten schwach potenten Neuroleptika und Tranquilizern, bewähren. Als Schlafmittel ist in diesem Falle auch Chloralhydrat mit gutem Erfolg im Gebrauch. Erinnert sei auch daran, daß Schlafstörungen bei älteren Patienten mit psychoorganischen Syndromen auch unabhängig von begleitenden depressiven Psychosen sich durch eine Behandlung von Herz- und Kreislaufschwächen bessern lassen.

Die Behandlung beginnt darüber hinaus, wie erwähnt, mit dem Pakt, den man mit dem Patienten abschließt, daß man sich auf ihn verlassen könne und er sich nichts antun werde. Sodann wird mit einschleichender Dosierung ein Antidepressivum verordnet.

Da die große Gruppe der trizyklischen Antidepressiva mit Ausnahme des Gamonil und einiger anderer Antidepressiva mit meist weniger deutlichen antidepressiven Wirkungen (s. S. 158) auf das Herz negativ inotrop wirken und die Reizleitung verschlechtern, sollte vorher geklärt werden, ob der Patient herzkrank ist. Zumindest sollte zunächst nur mit vorsichtigen Dosierungen begonnen werden. Da die meisten Patienten über innere Unruhe klagen, empfehlen sich im allgemeinen sedierend und beruhigend wirkende Antidepressiva (s. S. 158). Es ist dem Patienten zu berichten, daß er einige Nebenwirkungen in Kauf nehmen muß, da die Dosis sonst im allgemeinen zu niedrig gehalten werden muß, um gegen den gestörten Hirnstoffwechsel wirksam anzukommen. Es ist ihm außerdem zu berichten, daß die Wirkung im allgemeinen zwar in der ersten Woche schon häufig gewisse Erleichterungen schafft, jedoch die antidepressive Wirkung sich erst bei den meisten Antidepressiva ab der zweiten Woche zunehmend entfaltet.

Ist der Patient sehr gequält und hat er keine oder verständnisarme Angehörige, kommt man mit der peroralen ambulanten Behandlung nicht zurecht und fürchtet man vor allem auch die Selbstgefährdung des Patienten, so sollte man ihn unbedingt für eine stationäre Behandlung gewinnen. Die stationäre Behandlung gewährleistet nicht nur höhere Dosierungen, sondern auch intravenöse Applikationen, wie z. B. durch Anafranil, Ludiomil oder Noveril, die oft wirkungsvoller sind als die perorale Applikation. Darüber hinaus kann man die Dosierung täglich kontrollieren wie auch die anticholinergen Nebenwirkungen. Schließlich ist der Patient auf der Station gänzlich entpflichtet und damit von seinem Gefühl, ein Versager zu sein, oft wesentlich mehr entlastet.

Bei leichten depressiven Psychosen und geringer oder fehlender innerer Unruhe kommen auch anregend wirkende Antidepressiva besonders bei ambulanter Behandlung in Betracht, die jedoch sehr vorsichtig zu handhaben sind, da die anregende Wirkung nicht selten zu erregenden Wirkung wird und damit die Suizidgefahr des Patienten steigert. Zu nennen sind Alival, Pertofran, Nortrilen, Agedal oder das Monoaminooxydasehemmerpräparat Parnate bzw. mit Zusatz eines Neuroleptikum = Jatrosom, bei dem die entsprechenden Kontraindikationen, wie Unverträglichkeiten mit Käse u. a. zu beachten sind. Besonders Alival und die Monoaminooxydasehemmerpräparate Parnate bzw. Jatrosom wirken derart anregend, daß sie auch bei neurotisch-depressiven Verstimmungen, bei denen die Patienten im Grenzgebiet zur vitalisierten Depression an Schwunglosigkeit leiden, als Begleitbehandlung zur Psychotherapie in Betracht kommen. Sie entfalten ihre Wirkungen häufig bereits in der ersten Woche. Bei den Monoaminooxydasehemmerpräparaten Parnate bzw. Jatrosom kann man sogar davon ausgehen, daß man die Medikamente absetzen kann, wenn sie nicht spätestens nach einer Woche, im Ausnahmefall nach zwei Wochen, deutlich antidepressive Wirkungen gezeigt haben. Andererseits kommen diese zuletzt genannten Präparate zur Behandlung schwerer depressiver und agitierter Psychosen kaum in Betracht. Zu erwähnen ist in diesem Zusammenhang, daß die Monoaminooxydasehemmerpräparate Parnate bzw. Jatrosom eine nahezu spezifische entängstigende Wirkung bei vielen Angstneurotikern aufweisen und in diesem Fall als medikamentöse Basisbehandlung für die durchzuführende Psychotherapie von besonderem Interesse sind.

Bei innerer Unruhe kommt eine Kombination mit „reinen" Tranquilizern bei Beachtung der Halbwertzeiten (s. S. 42/43) in Betracht. Bei Tranquilizern mit Halbwertzeiten über 6 Stunden ist bei kontinuierlicher Verordnung mit Kumulation zu rechnen, sofern Dosierungen gewählt werden, die unmittelbar schlafbahnend wirken. Oder man kombiniert mit schwach potenten Neuroleptika, wie Truxal, Melleril, Dipiperon, Eunerpan, Neurocil u. a.. Bei hochgradiger innerer Unruhe kommen jedoch auch Dosierungen dieser Präparate bis zu 200–400 mg täglich bei dann stationär durchgeführter Behandlung in Betracht.

Ist die depressive Psychose kompensiert worden, so sollte man die Antidepressiva zunächst noch in niedrigerer Dosis einige Monate weitergeben und dann erst absetzen, wenn der Patient ohne Schlafmittel wieder normal schläft, sofern die depressive Psychose mit Schlafstörungen einherging. Sobald die depressive Psychose weitgehend oder gänzlich abgeklungen ist, sollte man zumindest nach der zweiten Erkrankung einer depressiven Psychose mit der vorbeugenden Behandlung mit Lithiumsalzen mit Präparaten wie Hypnorex, Quilonum retard und anderen unter Kontrolle des Lithiumspiegels einsetzen und dem Patienten vorher erklären, daß von drei Patienten, die Lithiumsalze erhalten, ein Patient nicht mehr an derartigen Depressionen erkrankt, der zweite seltener und schwächer erkrankt, und nur bei dem dritten Patienten diese vorbeugende Behandlung nicht anspricht. Außerdem sollte man ihm sagen, daß von 10 Patienten bis zu 8 Patienten die Lithiumsalze vertragen und nur bei 1–2 Patienten wegen Nebenwirkungen insbesondere Tremor der Hände und Magen-Darmbeschwerden diese Präparate nicht vertragen werden.

Bei den Psychosen des schizophrenen Formenkreises, an denen in der Bundesrepublik rund eine halbe Million meist mehrmals in ihrem Leben für einige Monate oder auch für Jahre erkranken, müssen wir unterscheiden die Plussymptome mit psychotischen Erlebnisproduktionen, wie Wahnideen, Halluzinationen und anderen Erlebnissen des sich von außen verfolgt und beeinflußt Fühlens, von den sogenannten Minussymptomen. Die Minussymptome bestehen darin, daß der Patient weniger kontaktbereit wird nach einer Erkrankung und weniger Initiative hat. Dies gilt vor allem für diejenigen, die im jüngeren Lebensalter, insbesondere in den Entwicklungsjahren, erkranken. Man spricht auch vom psychischen Defekt. Bei dieser Minussymptomatik nützen Psychopharmaka wenig oder nichts. Nur wenn Inaktivität dadurch vorgetäuscht wird, daß der Patient nur innerlich gespannt ist, sind die Neuroleptika wirksam. Im wesentlichen kommt es darauf an, einen Kompromiß zu finden und einen Berufsweg zu finden, der dem neuen krankheitsbedingten, verminderten energetischen Niveau des Patienten entspricht. Dies ist in manchen Fällen nur über Behindertenwerkstätten möglich. Leider befinden sich viele schizophren Erkrankte infolge ihrer Minussymptomatik außerhalb des Arbeitsprozesses und damit nicht selten auch außerhalb eines erfüllten Lebens, obwohl man durchaus einen Weg beruflicher Neuorientierung finden könnte. Haben bei der Minussymptomatik soziale Maßnahmen den Vorrang, indem man zu verhindern versucht, daß der Patient Außenseiter der Gesellschaft wird, und ihm menschliche Kontakte, wie auch berufliche Tätigkeiten vermittelt, so steht bei den Plussymptomen die Behandlung mit Psychopharmaka, insbesondere Neuroleptika, ganz im Vordergrund.

Unter den Plussymptomen stehen die psychotischen Erlebnisse des sich beeinflußt und verfolgt Fühlens ganz im Vordergrund, abgesehen von psychotisch bedingten Erregungs- und Spannungszuständen. Man beginnt wiederum mit Informationen über die Krankheit gegenüber den Angehörigen und auch mit Informationsversuchen gegenüber dem Patienten. Ist die Psychose weniger akut, kann man durchaus mit einer ambulanten einschleichenden Behandlung mit Neuroleptika beginnen, wobei es ideal ist, wenn man die Handschrift des Patienten berücksichtigt und darauf achtet, wann und bei welcher Dosierung in der Handschrift eine extrapyramidale Bewegungshemmung zu beobachten ist. Dies ist die Mindestdosis, um gegen Wahnideen und andere psychotische Erlebnisse neuroleptisch anzukommen. Außerdem vermeidet man bei Beachtung der Feinmotorik sehr viel häufiger extrapyramidale grobmotorische Unterdosierungssymptome. Sobald wie möglich sollte man die Neuroleptika auf Langzeitneuroleptika, die in Intervallen von ein bis vier Wochen pro Applikation zu verabreichen sind, umstellen, damit eine regelmäßige Dosierung gewährleistet ist. Ist der Patient gänzlich krankheitsuneinsichtig, oder auch hochgradig erregt, erfolgt die stationäre Einweisung, notfalls auch gegen seinen Willen. Hier gibt es folgende Möglichkeiten, die unser Mitarbeiter *Mühlig* wie folgt zusammenstellte:

„Der niedergelassene Arzt, also nicht nur der Nervenarzt, sieht sich mit folgenden Situationen konfrontiert:

1. Der Patient ist schon längere Zeit krank und muß bald, aber nicht sofort eingewiesen werden:
Der Arzt bescheinigt das Vorliegen einer Krankheit aus den obengenannten Gruppen und die Art der bestehenden Gefahr. Die nächsten Angehörigen beantragen mit diesem Attest bei der Kreisverwaltung oder in kreisfreien Städten beim Ordnungsamt die Unterbringung des Kranken. Die Verwaltungsbehörde stellt den Antrag auf Unterbringung schriftlich beim zuständigen Amtsgericht, das die einstweilige Unterbringung für 6 Wochen anordnen kann. Wenn für die Entscheidung der endgültigen Unterbringung ausreichende Zeit zur Verfügung steht, soll die Verwaltungsbehörde ein Gutachten des zuständigen Gesundheitsamtes oder eines beamteten Facharztes für Psychiatrie dem Antrag beifügen.

2. Die Krankheit verlangt als Notfall die sofortige Unterbringung des Patienten in einer Nervenklinik ohne jeden Aufschub:
Der Arzt bestätigt auf dem üblichen Krankenhauseinweisungsantrag Notfall und Krankheit, veranlaßt zweckmäßigerweise selbst den Transport in einem Sanitätskraftwagen mit einer Begleitperson, und der Aufnahmearzt in der Klinik stellt den Antrag auf Unterbringung.

2.1 Der Arzt wird zu einem unruhigen psychotischen Patienten gerufen und steht vor einer verschlossenen Wohnung:
Dieser Fall der Gefahr verpflichtet Polizei oder Gendarmerie zur Hilfeleistung, so daß der Arzt den Patienten untersuchen und transportbereit machen kann.

3. Der Arzt sieht sich in der Sprechstunde oder bei einem Hausbesuch einer der obengenannten Krankheiten gegenüber, Angehörige sind nicht vorhanden und Gefahr ist im Verzuge:
Der Arzt sollte sich wie bei 2. verhalten.

3.1. Der Kranke hat keine Angehörigen, und besondere Eile ist geboten, die Unterbringung aber erforderlich:
Der Arzt verständigt das zuständige Gesundheitsamt oder Kreisverwaltung oder das Ordnungsamt.

4. Steht die unterzubringende Person unter elterlicher Gewalt oder unter Vormundschaft, oder ist wegen geistiger Gebrechen ein Pfleger bestellt, so ist der Wille desjenigen maßgebend, dem die gesetzliche Vertretung in persönlichen Angelegenheiten oder in der Aufenthaltsbestimmung zusteht.

Diese Faustregeln sollen die rasche Entscheidung des Arztes erleichtern und nicht alle Einzelheiten, die das Unterbringungsgesetz vorsieht, wiedergeben."

In der Klinik wird man entweder einschleichend dosieren oder wiederum bei hochgradiger Erregung zunächst hoch dosieren, vor allen Dingen bei intravenöser Applikation. Sobald die psychotische Erkrankung einigermaßen kompensiert ist, d.h. meist spätestens nach der dritten Behandlungswoche, wird, wie auch bei den depressiv-psychotischen Patienten ein Freizeit- und Beschäftigungsprogramm entwickelt, damit der Patient wieder Kontakt zur Realität erhält.

Bei allen psychisch Kranken, die stationär in einer Klinik behandelt wurden, ist zu klären, ob sie nach der Entlassung die Hilfe durch andere teilnehmende Menschen, d. h. durch Laienhelfer oder besonders bei Alkoholkranken durch Selbsthilfeorganisationen (Anonyme Alkoholiker u.a.) wünschen (weiteres s. S. 110, 234 ff).

Es ist wichtig, daß der Patient nach der Kompensation seiner Psychose mindestens ein Jahr in ärztlicher Kontrolle bleibt und daß ihm darüber hinaus seelisch belastende Erlebnisse möglichst erspart bleiben, da auch auf diesem Wege die Rückfallgefahr erhöht wird. Die Neuroleptika sollte man nach Kompensation einer akuten schizophrenen bzw. paranoiden Erkrankung nicht vor Ablauf eines Jahres absetzen und bei chronisch wahnkranken Schizophrenen über mehrere Jahre verabreichen, wie auch bei denjenigen, die bereits in kurzer Zeit mehrere psychotische Erkrankungen hatten.

Gegenüber den psychotischen Erkrankungen des schizophrenen Formenkreises und manisch-depressiven Formenkreises spielen bei der Behandlung der verständlichen seelischen Fehlentwicklungen, insbesondere der Neurosen die Behandlung mit Psychopharmaka keine oder nur eine sehr geringe Rolle. Es kommt sogar darauf an, den Patienten möglichst davon abzuhalten, Psychopharmaka einzunehmen, damit er unter dem Leidensdruck psychotherapiefähig bleibt und man mit ihm seine Konflikte bearbeiten kann. Nur bei hohem Leidensdruck ist die Verordnung von Tranquilizern angezeigt, insbesondere bei Angstneurosen eine begleitende Behandlung mit dem Monoaminooxydasehemmerpräparat Parnate bzw. Jatrosom, in Ergänzung zur tiefenpsychologisch orientierten Psychotherapie oder insbesondere auch zur Verhaltenstherapie. Ein Sondergebiet sind ferner die erwähnten neurotisch-depressiven Verstimmungen, die sich im Grenzgebiet zu vitalisierten Depressionen bzw. depressiven Psychosen befinden und in Ergänzung zur Psychotherapie in manchen Fällen auf eine Begleitbehandlung mit anregenden Antidepressiva, wie insbesondere Alival oder die Monoaminooxydasehemmerpräparate Parnate bzw. Jatrosom, ansprechen.

Es kommt darauf an, dem Patienten die seelische Bedingtheit seiner psychischen, wie auch leiblichen Beschwerden durch längere Gespräche zunächst deutlich zu machen und ihn zu motivieren, sich einer psychotherapeutischen Behandlung zu unterziehen. Oft gelingt dies erst im Rahmen einer psychotherapeutischen Behandlung. Wichtig ist jedoch, daß Patienten, die in Bequemlichkeit oder Verwahrlosung ausweichen, für eine länger dauernde, vor allem tiefenpsychologisch orientierte Psychotherapie nicht in Betracht kommen. Der Patient muß bereit sein, an sich zu arbeiten, denn die Psychotherapie leistet nur das, was der Patient für sich tun kann. Ist der Patient zur Behandlung motiviert, sollte er in Psychotherapie genommen werden, und seine Beschwerden nicht durch Psychopharmaka zugedeckt werden.

Während für den Gesunden sein Körper ein Gehäuse ist, aus dem er in die Umwelt hineinlebt, ohne daß er die Körperempfindungen nennenswert registriert, zieht sich der ängstlich oder depressiv Erkrankte auf seinen Körper zurück und wendet sich häufig mit seinen besorgt registrierten leiblichen Erlebnissen an einen Arzt. Der Arzt, der bis auf den heutigen Tag auf dem Gebiet der Neurosen leider relativ wenig Ausbildung im Studium erfährt, sollte spätestens dann, wenn die körperlichen Untersuchungen normale Befunde ergaben, daran denken, daß der Patient neurotisch oder auch psychotisch erkrankt ist, damit die entsprechenden psychotherapeutischen, soziotherapeutischen, und bei den Psychosen vor allem auch psychopharmakotherapeutische Maßnahmen eingeleitet werden.

Bei unklaren Körperbeschwerden kann es dem auf dem Gebiet der Psychotherapie unerfahrenen Arzt sehr nützlich sein, wenn er durch ein gründliches und geduldiges Gespräch ermittelt, wann und unter welchen Bedingungen die Beschwerden erstmals auftraten. Die Erkennung einer auslösenden Situation, die zu abnormen Erlebnisreaktionen führte, bzw. eine depressive, zwangsneurotische, angstneurotische oder hysterisch-neurotische Symptomatik auslöste, ist von großer Bedeutung, sowohl für die Diagnose, wie für die Therapie. Häufig werden die Patienten die auslösende Situation verdrängen, so daß man geduldig nach den Lebensumständen und insbesondere auch nach dem Zeitpunkt des Auftretens der Symptomatik fragen muß. Auch dieses Gespräch dient bereits nicht nur der Diagnose, sondern der Therapie, indem psychische Verdrängungen angegangen werden. Während bei akuten psychotischen Erkrankungen bzw. psychotischen Erkrankungen mit deutlicher Selbstgefährdung stationäre Einweisung eher noch zu selten durchgeführt wird, und dies gilt ganz besonders auch für die depressiv-psychotischen Erkrankungen, sollten jedoch die Patienten mit neurotischen Fehlhaltungen und abnormen Erlebnisreaktionen möglichst ambulant behandelt werden. Nur unter dem Druck der äußeren und aktuellen Situation bringt der Patient das geeignetste Erlebnismaterial mit in die Psychotherapiestunde, dessen psychotherapeutische Bearbeitung ihm helfen soll, neue Einstellungen gegenüber den Mitmenschen und damit gegenüber sich selbst zu finden. Also möglichst ambulante Behandlung der Patienten mit abnormen Erlebnisreaktionen und neurotischen Fehlentwicklungen. Wurde im Zusammenhang mit einem Selbstmordversuch, insbesondere mit Intoxikation ein Krankenhausaufenthalt zur Entgiftung erforderlich, so sollten allerdings die Tage nach dem Aufwachen, in denen die Patienten erfahrungsgemäß relativ aussprachebereit sind, für eine, wenigstens kurze, Psychotherapie im Sinne einer Krisenintervention genutzt werden. Auf keinen Fall sollte man nur den Körper des Patienten entgiften und ihn dann wieder, ohne sich eingehend um die Gründe des Suizidversuches zu kümmern, entlassen. Kriseninterventionsstationen, in denen daher Patienten aus den verschiedensten Gründen bis zu maximal 2 Wochen stationär aufgenommen werden können, sind daher als Vorschaltstationen zu den psychiatrischen Krankenhäusern im Bereich der Allgemeinkrankenhäuser dringend zu fordern. Wichtig wäre, daß diese Kriseninterventionsstationen als Satellitenstationen zum psychiatrischen Krankenhaus mit gemeinsamem Personalbestand geführt werden, damit sich nicht im Vorfeld des psychiatrischen Krankenhauses eine Minipsychiatrie entwickelt und eine Zweiklassenpsychiatrie im Einzugsgebiet des psychiatrischen Krankenhauses gefördert wird. Derartige Kriseninterventionen, die im Einzugsgebiet unserer Pfalzklinik Landeck unbedingt in Kaiserslautern und im Raum Ludwigshafen zu fordern sind, benötigen nicht mehr als 20 bis maximal 40 Betten und sollten mit einer ausgedehnten Ambulanz für psychisch Kranke, insbesondere auch für Alkoholkranke verbunden sein.

Ein besonderes Kapitel in unserer Zeit sind die Suchtkranken, insbesondere in der Praxis der niedergelassenen Ärzte die Alkoholkranken. Auch hier ist zunächst zu klären, um welche Form des Alkoholismus es sich handelt. Wir unterscheiden die Trinker, die im Zusammenhang mit psychischen Konflikten und Depressionen sekundär zu Alkoholabhängigen werden. Es ist also grundsätzlich durch eine entsprechende Vorgeschichte zu erheben, ob der Patient primär psychische Konflikte hatte, eventuell neurotische Symptome oder auch ein depressiv-psychotisches Syndrom hatte und deshalb alkoholabhängig wurde. In diesem Fall ist die Behandlung der primären Ursache, d.h. etwa einer Neurose durch psychotherapeutische Maßnahmen oder vor allem auch einer depressiven Psychose durch Antidepressiva durchaus erfolgversprechend. Wiederum ist es wichtig, den Patienten über die Folgen des Alkoholismus zu informieren und ihn damit für eine stationäre oder zumindest ambulante Behandlung zu motivieren. Bei der ambulanten Behandlung sollte, wie z.B. in Dänemark seit mehr als 10 Jahren mit viel Erfolg praktiziert, der begleitenden Antabusbehandlung durchaus mehr Aufmerksamkeit gewidmet werden. Es gibt in allen großen Städten, z.B. in Dänemark Alkoholikerambulanzen, in denen mehrere hundert Patienten ambulant unter Einstellung auf täglich rund 200 mg Antabus behandelt und betreut werden. Diese Antabusprothese verringert offensichtlich die Zahl stationärer Einweisungen, beruhigt die Angehörigen und schreckt den Patienten ab. Ganz besonders, wenn er trotz Antabus getrunken hat und die Unverträglichkeitsreaktion erfährt. Diese Unverträglichkeitsreaktionen werden bei dieser Dosierung nach Erfahrung in Dänemark durchaus vertragen und lassen keine vitalen Gefahren befürchten. Sie werden im Sinne eines bedingten Reflexes wirksam und lösen Furcht und Ekel vor dem Alkohol aus. Nur bei schweren Herz- und Kreislaufdekompensationen sind nach Auffassungen dänischer Autoren die

Antabusverabreichungen nicht angezeigt. Auch bei chronisch Schizophrenen und anderen Personen, die in jedem Fall auch mit Antabus trinken, wird das Antabus nicht gegeben. Bei allen anderen Fällen sollte man Antabus mit Aufklärung des Patienten in der Ambulanz verabreichen. Da viele Alkoholiker wegen Magenbeschwerden oder neuritischer Beschwerden zum Arzt kommen, ist es eine nicht genutzte Chance, wenn man sie bei dieser Gelegenheit nicht dazu bringt, wenigstens Antabus unter Kontrolle einzunehmen und sich einer Suchtberatungsstelle zuzuwenden. Es sei in diesem Zusammenhang darauf hingewiesen, daß wir in der Pfalz mit rund einem Dutzend Suchtberatungsstellen, die sowohl von der evangelischen, wie von der katholischen Kirche getragen werden, ein ungewöhnlich gutes Mitarbeiterpotential haben, das in jedem Falle eingeschaltet werden sollte. Dies gilt auch vor der Einweisung in die stationäre psychiatrische Behandlung, damit die Nachbetreuung bereits vor der Einweisung über die Suchtberatungsstelle gewährleistet ist.

Selbstverständlich sollte man den Alkoholkranken für eine stationäre Behandlung motivieren, sofern er die Kontrolle gänzlich verloren hat und sich in einer Situation befindet, die ambulant nicht mehr bewältigt werden kann. Doch sollte man gerade bei Alkoholkranken unter Berücksichtigung der Erfahrungen in Dänemark der ambulanten Behandlung und Betreuung besondere Aufmerksamkeit zuwenden.

Ein besonders tragisches Kapitel, das zwar die Psychiatrie angeht, in der aber der Psychiater oft zu spät kommt, wie mancher Chirurg bei einem inoperablen Karzinom, sind die drogenabhängigen Jugendlichen, sofern sie von harten Drogen, z. Zt. besonders von Heroin, abhängig sind.

Vielfach aus gestörten Familienverhältnissen kommend mit einem Identifikationsmangel für Elternfiguren, Religion, Staat und andere Werte und Ziele, für die es sich zu leben lohnt, sind die meisten nicht bereit, ihr Leben einer Scheinwelt im Rahmen der Sucht für ein Leben, das sie nicht bejahen wollen und können, auszutauschen. Aufklärung über die Gefahren der Sucht, die besagen, daß Heroinabhängigkeit in 5 bis 10 Jahren im allgemeinen zum Tode führt, ist ein Thema, an dem auch der Psychiater mitwirken kann, wenn er, wie einer unserer Mitarbeiter, mit Drogenabhängigen zur Information in die Schulen geht. Motivierung für ein sinnvolles Leben ist ein langer Prozeß und sollte mindestens in einem Zeitraum von $^1/_2$ bis 2 Jahren im Rahmen einer Entwöhnungsinstitution durchgeführt werden. Davor steht die Entgiftung, für die oft die psychiatrische Klinik oder auch eine Intensivstation einer Inneren Klinik zuständig ist, und die innerhalb 2 bis 3 Wochen abgeschlossen sein sollte.

In unsere Klinik kommen z. Zt. rd. 175 Heroinabhängige pro Jahr, von denen nach unseren Schätzungen ca. 20 bereit sind, sich entwöhnen zu lassen. Die Entwöhnungsabteilung sollte zweckmäßigerweise eine eigene Institution außerhalb einer psychiatrischen Klinik sein, zumal die Drogenabhängigen die Alkoholkranken und darüber hinaus die psychisch Kranken ablehnen und umgekehrt, und auch aus anderen Gründen die Integration der Drogenabhängigen für eine Entwöhnung innerhalb einer psychiatrischen Klinik für vorwiegend Akutkranke vielfach nicht gelingt. Zur Zeit gibt es ein nur geringes Angebot an derartigen Entwöhnungsinstitutionen, die im Zusammenhang mit einem ausreichenden Arbeitstherapieangebot und entsprechendem erzieherisch orientiertem Personal bereit und in der Lage sind, den Entwöhnungswilligen zu helfen. Es fehlt nicht nur an Entwöhnungsplätzen, die offen oder oft teilweise geschlossen geführt werden innerhalb der Bundesrepublik, sondern es ist sogar die Kostenregelung für die Entwöhnung nach der Entgiftungsphase in der Klinik vielfach noch unzureichend geregelt, so daß bedenkliche zeitliche Verzögerungen für die Entwöhnungswilligen nach der Entgiftungsphase sich ergeben. Wie schwierig die Situation ist, kann man z.B. daraus entnehmen, daß viele Heroinabhängige weder das Angebot der Drogenberatungsstellen, noch beratender Telefondienste, die im Sinne der Telefonseelsorge tätig werden, nutzen. Geht man aber von der Tatsache aus, daß es in diesem Zusammenhang für die Betroffenen nur ein Sein oder Nichtsein gibt, daß die Folgen nicht nur den Drogenabhängigen selbst, sondern in mancher Beziehung seine Angehörigen und über die eventuelle Beschaffungskriminalität die weitere Umgebung betreffen, und daß praktisch jede einzelne gelungene Entwöhnung ein gerettetes Menschenleben bedeutet, so sollte jeder, der mit Drogenabhängigen in Kontakt ist, alles tun, um eine Entgiftung und Entwöhnung einzuleiten. Im Unterschied zu den Alkoholkranken besteht jedoch kein Zweifel, daß dies nur im Zusammenhang mit stationären Aufenthalten in den meisten Fällen sinnvoll möglich ist. Die ambulante Verordnung von Ersatzpräparaten ist umstritten und gehört zumindest nicht in die Hand des praktischen Arztes.

Von nervenfachärztlicher Seite (*Ladewig* und *Kielholz*) wird die Entziehung bei Opiatabhängigen mit Methadon empfohlen und berichtet, daß sich die Einstellung auf einen Opiatantagonisten vom Typ Cyclazocin oder Naloxon bewährt habe. So wurde berichtet, daß mit Hilfe dieser Antagonisten von 10 Patienten, die vorher ein Morphiumpräparat eingenommen hatten, 7 Patienten für 1 Jahr rückfallfrei blieben.

Es wurde ferner vermutet, daß neben den Opiatantagonisten Substanzen, die entweder die Synthese von Katecholaminen verhindern, wie das Alpha-Methyl-P-Tyrosin oder Neuroleptika, die den Katecholaminrezeptor blockieren, bei der Behandlung von Amphetaminabhängigen erfolgsversprechend sind. Die Erfahrungen auf dem Gebiet des Einsatzes von Antagonisten zu Suchtstoffen sind noch ganz unzureichend. Gesichert ist jedoch, daß jede Verordnung eines Suchtmittels zugunsten eines anderen Suchtmittels in der Praxis, sei es aus gutem Willen oder Bequemlichkeit, abzulehnen ist, da dies die geringe Chance für eine Entwöhnung noch verringert.

Literatur

1. *Haase, H.-J.*: Therapie mit Psychopharmaka und anderen, seelisches Befinden beeinflussenden Medikamenten. IV. Auflg. Schattauer Verlag, Stuttgart–New York 1977

2. *Haase, H.-J.*: Depressive Verstimmungen. Entstehung, Erscheinung, Behandlung. Schattauer Verlag Stuttgart, New York 1980

Zur Diagnostik und Behandlung Alkoholkranker

Zumal wir wissen, daß zur Zeit in der Bundesrepublik pro Jahr mehr als 30 Milliarden DM für alkoholische Getränke ausgegeben werden, und daß nur etwa 5 % der erwachsenen Bevölkerung total abstinent lebt (20), kann man annehmen, daß es kaum ein Thema gibt, das so viele Bundesbürger täglich in irgendeiner Form beschäftigt. Sei es, daß man sich zu denjenigen rechnet, die total abstinent leben (5 %), oder zu denjenigen, die als „Gesinnungsabstinente" (20 %) nur unter sozialem Druck Alkohol konsumieren und sich damit immer wieder mehr oder weniger abwehrend und entschuldigend mit den trinkenden Mitbürgern auseinandersetzen muß, sei es, daß man zur großen Gruppe der Genußtrinker zählt, die nur zu leicht der Versuchung erliegen, die Dosis zu übersteigern, sei es, daß man täglich Alkoholmengen trinkt, die zumindest die Gefahr toxischer Schädigungen mit sich führen (5 %) oder sicher den Organismus und die Persönlichkeit schädigen.

Wird zur Zeit die Zahl der Alkoholkranken in der Bundesrepublik mit bis zu 1,8 Millionen Menschen angegeben, so sollte darüber hinaus nicht vergessen werden, daß mindestens 20–30 % aller strafbaren Handlungen unter dem sicher häufig enthemmenden Einfluß von Alkohol entstehen, daß täglich in der Bundesrepublik mehr als 10 Personen im Straßenverkehr umkommen, die unter Akloholeinfluß stehen, daß sich Alkoholkranke ca. 100 mal so häufig das Leben nehmen, wie die Normalbevölkerung (5) und daß sich die Selbstzerstörung der Alkoholiker auch zahlenmäßig dadurch ablesen läßt, daß mindestens die Hälfte der mindestens 15000 pro Jahr an Leberzirrhose in der Bundesrepublik Verstorbenen Alkoholiker sind.

Gehen wir von der vielfach geschätzten Zahl von bis zu 1,8 Millionen Alkoholkranker der Bundesrepublik aus, so stehen diesen weniger als 5000 Betten in Spezialeinheiten zur stationären Behandlung gegenüber. Während zwar ein Viertel bis mehr als ein Drittel der Aufnahmen der psychiatrischen Krankenhäuser zur Zeit Alkoholiker sind, kommen dennoch höchstens 50000 der Alkoholiker pro Jahr in stationäre Behandlung, von denen mindestens ein Drittel Wiederaufnahmen sind. Auch wenn man die stationären Behandlungen in Allgemeinkrankenhäusern hinzurechnet, kann man schätzen, daß sich die weitaus meisten der behandlungsbedürftigen Alkoholiker jetzt und heute außerhalb einer Klinik befinden.

Während im Unterschied zur Schweiz unser Staat bisher nicht bereit ist, einen nennenswerten Prozentsatz der durch den Alkoholverbrauch eingenommenen Steuer für die Folgen des Alkoholismus auszugeben, und während z.B. 1972 324 Millionen DM (3) für die Werbung zum Alkoholkonsum ausgegeben wurden, stehen auch viele Ärzte dem Thema Alkoholismus bei ihren Patienten ratlos gegenüber.

Grundsätzlich sollte man sich fragen: Wer trinkt wie? Wer trinkt warum?

Nach *Jellinek* werden die Alkoholiker in 5 Typen eingeteilt (13, 14): Der Alpha-Alkoholiker, der im Zusammenhang mit inneren psychischen Konflikten trinkt und damit relativ wenig von der gegenwärtigen Gesellschaftsstruktur abhängig ist. Hier dient der Alkohol als Psychopharmakon, um Gehemmtheiten zu mindern, bzw. um Verstimmungszustände zu bessern. Von hier aus finden sich fließende Übergänge zum gelegentlichen Erleichterungstrinken bei psychischen Belastungen.

Man sollte m. E. bei den Trinkern, die im Zusammenhang mit inneren Konflikten, bzw. neurotischen Fehlhaltungen, bzw. depressiven oder ängstlichen Verstimmungen trinken, von sekundärem Alkoholismus sprechen, um damit den Krankenkassen gegenüber deutlich zu machen, daß hier eine primäre Ursache, nämlich eine psychische Fehlhaltung, bzw. eine Verstimmung einer psychotherapeutischen und besonders bei zugrundeliegenden depressiv-psychotischen Verstimmungen einer psychopharmakotherapeutischen Behandlung bedarf.

Während der Alkoholismus von den Krankenkassen als Krankheit beim Kontrollverlusttrinker, der nach dem Beginn bis zum Vollrausch nicht aufhören kann zu trinken, wie beim Gewohnheitstrinker, der nicht mehr abstinent bleiben kann, anerkannt ist, ergeben sich Schwierigkeiten beim Problem- bzw. Konflikttrinker, solange diese nicht Kontrollverlusttrinker wurden oder der Teufelspakt mit dem Alkohol zur psychischen und physischen Bindung führte.

Um zu erfahren, welche Form des Alkoholismus vorliegt, sollte daher im Gespräch mit dem Patienten und seinen Angehörigen versucht werden zu klären, warum der Betreffende trinkt und wie er trinkt.

Bei den typischen Konflikttrinkern (Alpha-Alkoholiker) können bereits wenige Gespräche von großem Nutzen sein, um dem Betroffenen zur Selbstfindung und Einsicht zu verhelfen. Hiermit dürfte in Zusammenhang stehen, daß über beachtliche therapeutische Erfolge nach flüchtigen (maximal 4 Sitzungen umfassenden), therapeutischen Beziehungen zwischen Arzt und Alkoholiker berichtet wurde (17). Auch bei kurzfristigen, maximal 4 Tage umfassenden stationären Behandlungen im Sinne der Krisenintervention wurde ein Drittel der Patienten nach einem Jahr als wesentlich gebessert bezeichnet (16).

Um einige Probleme von Konflikttrinkern, bzw. sekundären Alkholikern in unserem Sinne zu illustrieren, seien einige Beispiele gebracht. Wir nehmen diese Beispiele aus der Reihe derjenigen Patienten, die als Alkoholiker in unsere Klinik aufgenommen wurden und bereit waren, sich in Wort und Bild mit ihren Problemen auseinanderzusetzen. Während rd. 800 Alkoholiker pro Jahr in unsere Klinik aufgenommen werden, zeigt sich, daß der Anteil der Konflikttrinker im Sinne des sekundären Alkoholismus relativ klein ist, wobei selbstverständlich die meisten der Patienten Konflikte hatten, die sich als Folge des Alkoholismus ergaben. Während die Gewohnheitstrinker (Delta-Trinker) im allgemeinen nicht bereit waren, sich mit den Gründen ihres Alkoholismus auseinanderzusetzen, waren die Konflikttrinker eher bereit, an unserer Malgruppe teilzunehmen und sich dem Gruppenge-

Abb. 7 Für das psychotherapeutische Gespräch ist auch die Bildsprache äußerst aufschlußreich. Ein junger Konflikttrinker malt eine Tür, von der mehrere Wege ausgehen. Am Ende eines Weges steht die mit einem Totenkopf gekennzeichnete Alkoholflasche.

spräch zur Ergründung des Alkoholismus zu stellen. In jeder Woche fand unter Anleitung eines Kunstmalers bzw. eines Lehrers, der die Patienten mit technischen Hilfen ermutigte, sich im gemalten Bild auszudrücken, eine Malstunde statt. Diese Bilder dienten an einem anderen Nachmittag (unter Leitung des Verfassers) dem Gruppen- und anschließenden Einzelgespräch. Die Bildsprache als Einstieg zum psychotherapeutischen Gespräch zeigte, wie wir es von der Bildsprache des Traumes wissen, sehr viel weitere Ausdrucksmöglichkeiten als das gesprochene Wort. In der Bildsprache des Traumes, wie beim gemalten Bild, werden andere Schichten der Persönlichkeit angesprochen. Die bewußte Zensur läßt nach. Das Gemüt kommt eher zum Ausdruck. Gegenüber der Ärmlichkeit von Worten, wobei viele Menschen nur einen Wortschatz von mehreren hundert Worten besitzen, steht die Fülle des Bildes. In Analogie zur Traumbesprechung begann die Gruppenstunde damit, daß der betreffende Patient zunächst seine Einfälle zu dem von ihm gemalten Bild brachte. Anschließend berichtete er über seinen Lebenslauf und seinen Alkoholismus. Im Gruppengespräch und anschließenden Einzelgespräch wurde dann im Laufe der folgenden 2 bis 3 Stunden versucht, die Selbstfindung zu fördern und damit auch neue Ansätze für die Zukunft zu finden. Anwesend waren als Patienten nur diejenigen Alkoholiker, die bereit waren, sich ebenfalls an einem anderen Tag mit Bild und Wort ihrer Problematik zu stellen.

Abb. 8 Durch ein Magengeschwür konnte dieser 31jährige einen Kursus nicht bestehen und kompensierte seinen Ehrgeiz im Alkohol. Er zeichnete seine Abkapselung (Haus und blauer Kreis) und seine Hoffnung, vom Alkohol unabhängig zu werden.

Greifen wir einige Beispiele im Interesse der Illustration heraus und nutzen die Gelegenheit, typische Fehlhaltungen bei Konflikttrinkern, wie aber auch Probleme, die sich aus dem Alkoholismus ergeben, zu charakterisieren:

Zu Abb. 7: Ein 24jähriger Stahlbauschlosser, aus ungeordneten Familienverhältnissen und Vaterkonflikten hervorgehend, ledig, führte in Fortsetzung der Kindheit ein ungeordnetes Leben, wechselte häufig die Arbeitsstelle, fuhr vorübergehend auf See und trinkt seit 3 Jahren. Er malt eine Tür, von der mehrere Wege ausgehen. Am Ende des Weges steht die mit einem Totenkopf gekennzeichnete Alkoholflasche. Der Patient sagt zu dem Bild u. a.:

„Auf meinem Bild sollen die schwarzen Wege den Wiedereintritt des Betreffenden in die Gesellschaft und die rotbraunen Wege den Rückfall zum Alkoholmißbrauch darstellen."

Zu Abb. 8: Selbstwertprobleme nach lieblos erlebter Kindheit bestimmten den Lebensweg eines 31jährigen, verheirateten Feldwebels, dessen Eltern kurz nach der Geburt verstarben, der bei seiner Stiefmutter aufwuchs und sich, nicht zu Unrecht, gegenüber ihrem Sohn ständig zurückgesetzt fühlte. Er entwickelte eine überkompensierte Ehrgeizlinie, erkrankte an einem Magengeschwür und wurde Alkoholiker, als er einen Kursus, der eine Beförderung ermöglichen sollte, wegen Magenbeschwerden nicht durchstehen konnte. Er sagt zu dem Bild unter anderem:

Abb. 9 „Diese Farben sollen das Unruhige in meinem Leben ausdrücken", sagt ein 42 Jahre alter Polizeibeamter, dem trotz lieblos verbrachter Jugend im Waisenhaus der Aufstieg in eine höhere Laufbahn gelang. Er griff zum Alkohol, als seine jahrelang glückliche Ehe gefährdet war.

„Das Haus ist prägnant für mich. Ich habe mich nämlich abgekapselt, zurückgezogen. Rechts sehen Sie einen Berg. Der soll meine Probleme darstellen. Der blaue Kreis mit dem grünen Rand soll ausdrücken, daß ich mich abkapsle. Die grüne Wiesenform soll die Hoffnung andeuten, daß ich vom Alkohol freikommen werde."

Zu Abb. 9: Auch ein 42 Jahre alter, verheirateter Polizeibeamter litt an Selbstwertproblemen durch mangelnde liebevolle Bestätigung in der Kindheit, nachdem er durch frühen Tod der Eltern ins Waisenhaus kam. Er gehörte zu den wenigen, die in die höhere Laufbahn einrücken konnten, baute einen Bungalow, verlebte in seiner Ehe die glücklichste Zeit seines Lebens. Er verlor die Kontrolle, als die Ehe gefährdet wurde. Er malt lebhafte Farben und sagt: „Diese Farben sollen das Unruhige in meinem Leben ausdrücken."

Selbstwertprobleme, die zur Resignation oder zur Überkompensierung im Sinne *Adlers* führten, waren wiederholt von Bedeutung.

Zu Abb. 10: Waren es bei dem soeben beschriebenen Beamten Selbstwertprobleme, die mehr zur Überkompensation führten, so neigte die 51 Jahre alte, ledige Laborantin eher zur Resignation und damit zur neurotischen Depression. Sie litt unter einem sehr heftigen und ängstigenden Vater und der unglücklichen Ehe der Eltern, sie litt ferner unter einer Schielstellung der Augen. Sie wagte nie Forderungen zu stellen, gab ihren Freund nach einem 7 Jahre dauernden Verhältnis frei-

Abb. 10 Diese 51 Jahre alte Laborantin neigte im Gegensatz zu den vorherigen Beispielen mit Selbstwertproblemen nicht zur Überkompensation sondern zur Resignation mit depressiver Verstimmung, die sie mit Alkohol zu überwinden und zu kompensieren versuchte. Zu ihrem Bild meint sie unter anderem: „Berge bedeuten Höhen und Tiefen der Vergangenheit. Ein Grat drückt aus, daß ich eine regelrechte Gratwanderung gemacht habe und dabei jeden Augenblick abstürzen konnte. Die Mauer hinter dem dunklen Wald muß noch überwunden werden, sie hat aber bereits einen Durchbruch. Dahinter liegt eine freundlich grüne Wiese."

willig auf, nachdem dessen frühere Freundin nach siebenjähriger kriegsbedingter Gefangenschaft überraschend zurückkehrte. Sie leidet unter dem Alleinsein. Zur Überwindung immer stärker auftretender depressiver Verstimmungen dekompensiert sie im Alkoholismus. Zu ihrem Bild sagt die Patientin: „Die Wolken sind immer noch da, dunkle Wolken. Die Berge bedeuten Höhen und Tiefen der Vergangenheit. Ein Berg mit einem Grat drückt aus, daß ich eine regelrechte Gratwanderung gemacht habe, und jeden Augenblick abstürzen konnte. Durch einen dunklen Wald kommt man zu einer Mauer, die noch überwunden werden muß, die aber (rechts im Bild) schon einen Durchbruch hat. Letzte Trümmer bestehen, die noch weggeräumt werden müssen, um dann auf eine freundliche, lichte Wiese zu gelangen."

Zu Abb. 11: Eine 46 Jahre alte, ledige Buchhalterin blieb gleichsam im Sinne Siegmund Freuds in einer prae-ödipalen Situation, indem sie an ihre ehrgeizige Mutter fixiert blieb, nie intime Beziehungen mit einem Mann hatte und die Ehrgeiz- und Leistungslinie der Mutter fortsetzte. Obwohl sie als geschätzte Buchhalterin 2600 DM monatlich verdiente, besuchte sie nach dem 40. Lebensjahr einen Kursus für Verwaltungsleiter. Als sie trotz des absolvierten Kurses nicht befördert

Abb. 11 Auch bei dieser 46 Jahre alten Buchhalterin ist der Alkoholismus wahrscheinlich die Folge einer ungünstigen Kindheitssituation. Durch die Fixation an ihre ehrgeizige Mutter blieb sie in einer prä-ödipalen Situation, hatte nie intime Beziehungen mit einem Mann und setzte die Ehrgeiz- und Leistungslinie der Mutter fort. Ihr Kommentar lautet: „Das Bild wirkt so verkrampft wie ich mich selber fühle.“

wurde, dekompensierte sie vor 2 Jahren und wurde Alkoholikerin. Sie sagt zu dem Tulpenbild: „Das Bild wirkt so verkrampft, wie ich mich selber fühle."

Die bisherigen Fälle werfen die Frage auf, wie weit Alkoholismus die Folge einer ungünstigen Kindheitssituation ist. Anerkannt ist die Häufung von Alkoholikern in der Familie, insbesondere die Bedeutung des negativen Leitbildes eines trinkenden Vaters oder auch einer trinkenden Mutter. Festgestellt wurde ferner, daß Alkoholiker relativ häufig die Letztgeborenen einer Geschwisterreihe sind (5). *Feuerlein* betont hierzu die Wahrscheinlichkeit der Annahme, daß die Schlußstellung in der Geschwisterreihe ein besonderes Abhängigkeitsverhältnis von den Eltern mit sich bringt, indem diese jüngsten Kinder der stärksten Verwöhnung und Bevormundung ausgesetzt seien.

Wenden wir der Herkunftsfamilie unser besonderes Augenmerk zu, so versteht sich, daß wir damit den Akzent auf die sogenannten Konflikttrinker, bzw. Problemtrinker setzen, deren Alkoholismus die Folge einer psychischen Fehlentwicklung ist. Je früher diese psychische Fehlentwicklung erkannt wird, um so mehr Aussicht besteht, durch entsprechende beratende Gespräche oder länger dauernde psychotherapeutische Behandlungen kausal einzugreifen und das Stadium der psychischen Abhängigkeit, wie auch eventuell des Kontrollverlusttrinkens zu vermeiden.

Während man bei den sogenannten Gewohnheitstrinkern (Delta-Trinker) den Akzent auf die gegenwärtige gesellschaftliche Situation legt und in diesem Bereich weitgehend primär abnorme psychische Fehlentwicklungen vermißt, häufen sich bei den typischen Konflikttrinkern Konflikte, die Folge einer ungünstigen Kindheitskonstellation sind, besonders Selbstwertprobleme, eventuell mit Neigung zu depressiver Verstimmung, vermehrter Angstbereitschaft, entsprechender Überkompensation u.a.

Wenn manche Alkoholiker als übermäßig empfindlich, weniger belastbar, unsicher und weich gekennzeichnet werden, wenn in diesem Zusammenhang von Ich-Schwäche, von Passivität und der Neigung, dem geringsten Widerstand zu folgen, gesprochen wird, so wird man durch eine gründliche Erhebung der Vorgeschichte festzustellen suchen, wie weit es sich bei diesen Eigenschaften um die Folgen eines bestehenden Alkoholismus handelte oder ob diese sog. Ich-Schwäche praemorbid zum Alkoholismus führte. Steht die Ich-Schwäche im Zusammenhang mit Selbstwertproblemen als Folge mangelnder Bestätigung und Geborgenheit in der Kindheit, läßt sich eher ein psychotherapeutischer Ansatz finden, als wenn sie die Folge von Riesenerwartungen nach Verwöhnung in der Kindheit ist. Gegenüber Patienten mit einer Persönlichkeitsfehlbildung mit zu hohem Ich-Ideal nach zu strenger Erziehung oder im Zusammenhang mit der Überkompensation von Minderwertigkeitsgefühlen kamen nur einzelne Patienten in unsere Gruppe, die in der Kindheit durch Überbehütung und Überbeschützung zu wenig gefordert wurden, bzw. verwöhnt wurden. Man könnte hier eine gewisse Parallele andeuten zu der Tatsache, daß es nicht nur einen Notstandsalkoholismus gibt (bei uns vor dem 1. Weltkrieg, einer Zeit, in der z.B. in den Jahren 1911 bis 1913 immerhin 57225 Alkoholiker im Deutschen Reich zur stationären Behandlung aufgenommen wurden)

Abb. 12 Überbehütung und Überbeschützung können ebenfalls zu unrealistischen Fehlerwartungen und dadurch zum Wohlstandsalkoholismus führen. Das Bild eines jungen 34 Jahre alten ledigen Gärtners, der im Hause seines Großvaters erzogen und verwöhnt wurde, drückt seine Trinkwünsche aus: „Es gab ein Jagdhäuschen, in dem wir früher getrunken und gefeiert haben. Hinterher ging man im Wald spazieren. Das Trinken in der Einsamkeit fiel nicht so sehr auf."

(15), bei dem Überforderungen wesentlich sind, sondern daß wir auch einen Wohlstandsalkoholismus kennen, der aus unrealistischen Fehlerwartungen hervorgeht und jetzt so bedeutend ist.

Zu Abb. 12: Jagdhäuschen mit Wiese und Tannen: Der Vater war im Krieg, als dieser 34 Jahre alte, ledige Gärtner als einziges Kind von den Großeltern in den ersten 6 Lebensjahren und dann nach der Rückkehr des Vaters verwöhnt wurde. In der Gastwirtschaft des Großvaters konnte er sich z.B. jederzeit Bonbons oder Limonade nehmen, so viel er wollte. Als Brillenträger sollte er allen Sport, aber auch allen Auseinandersetzungen mit anderen Jungen aus dem Wege gehen. Nach der Gärtnerlehre und dem Militärdienst begann er, als Aushilfsfahrer auf verschiedenen Baustellen zu helfen. Es begann gleichzeitig der Alkoholismus. Er wechselte ständig die Arbeitstelle, wurde 5 Mal wegen Alkohol am Steuer bestraft. Bereits während der stationären Behandlung im vergangenen Jahr, kurz nach der Entlassung wurde er rückfällig. Er nahm nur an einem Nachmittag an unseren Gruppensitzungen teil und flüchtete sich in Trinkwünsche, indem er zu dem Bild sagt: „Es gab ein Jagdhäuschen, in dem wir früher getrunken und gefeiert haben. Hinterher ging man dann im Wald spazieren. Das Trinken in der Einsamkeit fiel nicht so auf."

Zu Abb. 13: Ein vergleichbarer Fall ist der 41 Jahre alte, geschiedene Sohn eines Dentisten. Er wurde in der Kindheit von seinen Eltern behütet und beschützt,

Abb. 13 Eine flüchtig hingemalte Wiese mit einigen Sträuchern kennzeichnet die Haltung eines als Kind nicht auf Leistung erzogenen und nicht auf den Lebenskampf vorbereiteten Mannes mit niedrig ausgebildeten Ich-Ideal, der nur seinen Wünschen entsprechend leben will.

nachdem die beiden älteren Brüder ertrunken waren. Aus einem Privatgymnasium nahm ihn der Vater auf seine Bitte wieder heraus. Seine Ehe wurde nach 4 Jahren wegen Alkholismus geschieden. Er wechselte als Industriearbeiter etwa 20 Mal die Arbeitsstelle, wurde bestraft wegen Alkohol am Steuer. Schon als Kind nicht auf Leistung und Leitlinien erzogen, abgeschirmt von der Vorbereitung auf den Lebenskampf, erlebte er seinen Wünschen entsprechend, wie sich im Bild (flüchtig hingemalte Wiese mit einigen Sträuchern) und den dazugehörigen Einfällen zeigte, indem er sagt: „Die Weite der Landschaft und der Berg in der Nähe und das Häuschen vermittelt mir nach Ruhe, zu gleicher Zeit die Möglichkeit, die Natur zu betrachten und zu genießen. Möglichst in Zweisamkeit mit einer Freundin oder Bekannten. Bei dem Häuschen denke ich daran, daß man darin ein Wochenende gemeinsam verleben könnte, eventuell vielleicht mit Angeln, Spazierengehen, Beobachtungen der Natur."

Mit den zuletzt genannten Fällen, die mit niedrig ausgebildetem Ich-Ideal der Sofortbefriedigung leben, dem Lustprinzip mehr verfallen als auf das Realitätsprinzip ausgerichtet sind, kamen wir an die Persönlichkeitsfehlentwicklungen, bei denen alle psychotherapeutischen und psychiatrischen Behandlungen ihre Grenzen haben. Hier leidet oft die Umgebung des Gestörten mehr als der Betroffene. Der Leidensdruck, Voraussetzung jeder erfolgreichen Psychotherapie, tritt hier nur als Folge der Komplikationen ein, die sich durch den Alkoholismus ergeben. Geht bei diesen Personen der Alkoholismus aus einer in der Kindheit erworbenen Fehlhaltung mit unrealistischen Erwartungen hervor, so führen hier nicht primäre psy-

Abb. 14 Alkoholismus wird häufig bei Persönlichkeitsstrukturen mit depressiven Charaktereigenschaften angetroffen, Personen, die nicht fordern und nicht gut nein sagen können. Ihr Mangel an Ichfülle braucht eine Zusatzaufgabe. Dementsprechend werden sie besonders durch Verlustsituationen belastet. Dieser 36jährige Chemielaborant verlor in Verbindung mit der Scheidung sein Haus und kurz danach auch seinen Vater. Das Bild zeigt sein Verlangen nach familiärer, häuslicher Harmonie.

chische Konflikte zum Alkoholismus, sondern Probleme und Konflikte ergeben sich aus den Folgen des Alkoholismus.

Ein besonders wichtiger Gesichtspunkt ist der Zusammenhang zwischen Alkoholismus und Depressionen, wobei kein Zweifel besteht, daß depressive Verstimmungen bzw. depressive Persönlichkeitseigenschaften häufig der Anlaß zum Alkoholismus werden. Mit depressiven Persönlichkeitseigenschaften sind im Sinne von *Schultz-Hencke* Personen gemeint, die übermäßig bereit sind, sich für andere Personen und Aufgaben einzusetzen, die nicht fordern können, im Sinne von *Schultz-Hencke* oral-kaptativ bzw. oral-aggressiv gehemmt sind, nicht gut nein sagen können, wenn man etwas von ihnen verlangt. Sie haben, wie der Verf. es nannte, einen Mangel an „Ich-Fülle". Sie bedürfen der Zusatzaufgabe, um „Ich" zu sein. Dementsprechend werden sie besonders durch Verlustsituationen, wie Verlust von Partnern und Aufgaben belastet. Sie neigen zur Dekompensation mit Depression und Alkoholismus.

Zu Abb. 14: Ein 36 Jahre alter Chemielaborant verlor im gleichen Jahr seine Frau, die einen Spanier kennengelernt hatte, im Zusammenhang mit der Scheidung das Haus, das er erworben hatte und altersbedingt einen Fußballvertrag. Er begann als Alleinstehender zu trinken, besonders als er kurz danach auch noch seinen Vater verlor. Der Patient sagt zu dem Bild: „Er habe schon als Kind von 10 Jahren

Abb. 15 **Auch dieses Beispiel zeigt eine typisch depressive Persönlichkeitsstruktur. Über seine Farbphantasien sagt der 49jährige Chemiearbeiter: „Das Bild drückt so die verschiedenen Stimmungen in mir aus. Manches stelle ich mir schlimm vor, anderes freundlicher."**

Abb. 16 „Auf dieser Wiese und unter den Bäumen haben wir als Kinder Kampfspiele durchgeführt." – die Flucht in die Phantasien der Kindheit ist eine häufige Reaktion auf die scheinbar nicht zu bewältigenden Probleme des Alltags.

den Wunsch gehabt, ein eigenes Haus zu besitzen und ein harmonisches Ehe- und Familienleben zu führen."

Zu Abb. 15: In tragisch typischer Weise besteht bei einem anderen, 49 Jahre alten Chemiearbeiter eine derart depressive Persönlichkeitsstruktur nach einer Kindheit mit unzureichender Geborgenheit und Selbstbestätigung. Der Patient sagt zu dem Bild mit Farbphantasien: „Das Bild drückt so die verschiedenen Stimmungen in mir aus. Manches stelle ich mir schlimm vor, anderes freundlicher."

Wegen Untreue der Ehefrau wurden die 4 Kinder ihm zugesprochen. Während der unglücklichen Ehe begann der Alkoholmißbrauch. Neben seiner Tätigkeit als Chemiearbeiter versorgte er nicht nur die 4 Kinder allein, sondern wollte ein „Bombenvater" sein. Er verwöhnte die Kinder unb blieb 7 Jahre trocken, bis die Kinder in den Entwicklungsjahren ihm über den Kopf wuchsen und es zu Entgleisungen der Kinder kam. Er wurde daraufhin erneut Alkoholiker und es kam zu 3 Suicidversuchen, wobei beim letzten Versuch ernste Lebensgefahr bestanden hat.

Zu Abb. 16: Wiese mit 2 Bäumen und kleinen Häuschen: Ein vergleichbarer Patient mit depressiver Persönlichkeitsstruktur ist dieser 39 Jahre alte, geschiedene Hauptwachtmeister der Polizei, der das mühselig erworbene Haus und 2 Söhne der geschiedenen Frau übergab, nachdem sie sich von ihm gegen seinen Wunsch scheiden lassen wollte. Er habe zu allem ja gesagt. Erst nach der Scheidung habe er erfahren, daß die Frau schon vor der Scheidung ein Verhältnis mit einem anderen Mann

Abb. 17 Durch den Verlust ihres Mannes ist diese Frau in eine depressive Psychose geraten. Sie malt schwarze Spinnen, die über Farbfelder kriechen, und sagt dazu: „An sich bin ich lebensfroh. Plötzlich wird einem alles zu viel und zu schwer, man kommt nicht mehr weiter. Die eigenen schwarzen Gedanken verfolgen einen...“

hatte. Nach der Scheidung habe er dann getrunken. Im Beruf konnte er es schon nicht verkraften, wenn er schwere Verkehrsunfälle, besonders von Kindern, zu registrieren hatte. Immer schon gutmütig und fürsorglich für die Familie eingestellt, besucht er regelmäßig die Kinder und sagte u. a.: „Wenn er sich von den Kindern nach dem Besuch verabschiede, sei es, als wenn ein Stück von ihm weggehe.“ Der Patient leidet unter dem Alleinsein, sucht bisher vergeblich eine andere Partnerin. Er flüchtet sich in Phantasien in die Kindheit und sagt zu dem Bild: „Auf dieser Wiese und unter den Bäumen haben wir in der Kindheit Kampfspiele durchgeführt.

Zu Abb. 17: eine 42jährige Patientin, die nach dem Tod ihres Mannes die Kontrolle über den Alkohol verlor, nachdem sie ihren Mann 2$^{1}/_{2}$ Jahre gepflegt hatte und gleichzeitig in der Schuhfabrik arbeitete, um für ihre Kinder finanziell zu sorgen. Malt ansprechende Farbfelder, über die schwarze Spinnen kriechen, und sagt dazu: „An sich bin ich lebensfroh. Plötzlich wird einem alles zu viel und zu schwer, man kommt nicht mehr weiter. Die eigenen schwarzen Gedanken verfolgen einen. Die Spinnen, die die dunklen Gedanken sind, laufen über das Bild aus dem Bild heraus.“

Diese letzte Patientin war durch die Verlustsituation in eine depressive Psychose geraten, die vorübergehend einer Behandlung mit antidepressiv wirkenden Psycho-

Abb. 18 Angst und Alkohol sind oft eng miteinander verbunden. Eine überstrenge moralisierende Erziehung führte hier zum Beispiel zu sexual-neurotischen Problemen. Der Patient malt Ungeheuer, einen Abgrund, in den sich ein Mensch stürzt, und rechts oben einen Frauenkopf. Er leidet unter dem Alleinsein, ist Frauen gegenüber gehemmt und fürchtet immer, einen Korb zu kriegen.

pharmaka bedurfte. Während anerkannt ist, daß schwere depressive Psychosen keine süchtige Fehlhaltung mehr ermöglichen, ist es doch wichtig zu wissen, daß leichte depressive psychotische Phasen nicht selten zum Alkoholismus führen. Es ist die Meinung des Verfassers, daß ein nicht geringer Teil der sog. Quartalstrinker bzw. der Trinker, die *Jellinek* als Epsilon-Trinker in eine besondere 5. Gruppe einordnete, oft derartige phasenhaft depressiv psychotisch erkrankte Personen sind. Eine genaue Anamnese mit dem Beginn des sog. phasenhaften Trinkens ist wichtig. Es ist möglich, daß sich die depressiv psychotische Verstimmung nur einige oder wenige Tage vorher kurzfristig zu erkennen gab. Die Diagnostizierung derartiger Fälle ist außerordentlich wichtig, da eine vorbeugende Behandlung mit Lithiumsalzen (Hypnorex, Quilonum retard u.a.) hier von besonderem Nutzen sein kann. Neuerdings wird darüber diskutiert, bei Alkoholkranken, die zu wiederholten, neurotisch depressiven oder auch psychotisch depressiven Verstimmungen neigen, Lithiumsalze prophylaktisch einzusetzen, um damit die Ursachen des Alkoholismus bei diesen Fällen anzugehen.

Die Psychoanalyse bringt die selbstzerstörerischen Tendenzen des Alkoholikers, wie die relativ häufigen Neigungen zu Depressionen und Selbstwertproblemen im Vorfeld des Alkoholismus zum Anlaß, eine Theorie aufzustellen, die die Entstehung von Sucht und Depression einander annähert. Danach fühlen sich diese Alkoholiker, um die es hier geht, als Kind von den Eltern verraten und abgelehnt, bzw.

schlecht behandelt. Der daraus resultierende Wunsch, die Eltern zu schädigen, werde abgewehrt (5) und wende sich statt gegen die Eltern gegen die Betreffenden selbst. Die Fremdagressionen werden damit zu Selbstagressionen in Form von Schuldgefühlen, Minderwertigkeitsgefühlen, Verlangen nach Selbstbestrafung und Selbstzerstörung. An die hundertfach höhere Suizidrate der Alkoholiker, wie die relative Häufigkeit depressiver Persönlichkeitseigenschaften vor dem Beginn des Alkoholismus sei in diesem Zusammenhang erinnert. Nach Meinung des Verf. bedarf es jedoch nicht unbedingt der Hypothese der Umwandlung von Fremdaggressionen in Selbstaggressionen. Ein Kind, das sich von den Eltern abgelehnt fühlt, nicht geliebt fühlt, hält sich nicht für liebenswert und ist in besonderem Maße beeinträchtigt, ein gesundes Selbstwerterleben zu entwickeln.

Zu Abb. 18: Ein 33jähriger, lediger Malergeselle wird im Zusammenhang mit sexual-neurotischer Problematik nach überstrenger moralisierender Erziehung als Einzelkind alkoholkrank. Er malt ein Bild mit Ungeheuern und einem Abgrund, in den ein Mensch stürzt. Rechts oben sieht man einen Frauenkopf. Der Patient bringt als Einfall zu dem Bild u. a.: „Er erinnere sich zu diesem Bild an Alpträume aus seiner nassen Zeit. Als Wunschtraum eine Partnerin zu finden, habe er einen Frauenkopf rechts oben hingezeichnet. Er leide unter dem Alleinsein und sei gehemmt, sich Frauen gegenüber zu nähern. Er fürchte immer, einen Korb zu kriegen. Zu dem Ungeheuer falle ihm ein, daß er gefürchtet habe, wenn er jemand geärgert habe, daß dieser ihm etwas tun könne. Die Spinne unten erinnere ihn daran, daß er damals keinen Ausweg mehr gefunden habe. Wenn er allein war, habe er wiederholt den Gedanken gehabt, sich vom Felsen herunterzustürzen.

Angst

Die Angst kann viele Inhalte haben. In der Kindheit häufen sich einerseits Erlebnisse von ängstigender Willkür und verunsicherndem Verhalten von Erziehungspersonen, wie aber auch ängstlich überbehütende und damit verunsichernde Erziehung. Ein Sonderthema der Angst ist die Isolierung:

Zu Abb. 19: Eine 18jährige Gymnasiastin, die seit dem 14. Lebensjahr Alkoholikerin ist, leidet unter Kontaktschwierigkeiten, bes. gegenüber dem anderen Geschlecht. Die Patientin, die selbst wie in einer Glaskugel lebt, malt einen durchsichtigen Raum und sagt zu dem Bild: „Der Raum sieht aus wie eine Glaskugel, die von außen her von Rouge durchzogen wird. Die hellgrünen Flecken könnten lebendige Wesen sein, die im Innern der Kugel schwimmen. Durch die Verbindung mit der Erde ist die Existenz des Lebendigen bewahrt."

Zu Abb. 20: Erschreckend und nackte Angst ausdrückend – das Bild einer 28jährigen geschiedenen kaufmännischen Angestellten, die seit 6 Jahren trinkt und bereits im vergangenen Jahr unmittelbar nach einer stationären Behandlung wieder rückfällig wurde. Die Patientin sagt zu dem Bild mit dem ängstlichen Gesicht, nach dem drei wie Flammen aussehende Hände greifen: „Der Mensch ist völlig allein und ist von den Flammenhänden bedroht. Nicht nur das, sie berühren ihn auch. Die Berührung ist nicht schmerzhaft, aber unangenehm. Der Mensch

Abb. 19 Isolierung ist ein Sonderthema der Angst. Eine 18jährige Gymnasiastin leidet unter Kontaktschwierigkeiten, besonders dem anderen Geschlecht gegenüber, und ist seit dem 14. Lebensjahr alkoholkrank. Sie, die selbst wie in einer Glaskugel lebt, stellt ihre Isolation durch einen kugelähnlichen durchsichtigen Raum dar.

Abb. 20 Nackte Angst zeigt das Bild einer 28jährigen geschiedenen Angestellten. „Der Mensch ist völlig, von Flammenhänden bedroht ... sie berühren ihn auch ... der Mensch gerät in Panik und kann sie nicht abwehren ... Das Graue ist die Isolation, die nicht durchbrochen wird ...“

gerät in Panik und kann sie nicht abwehren. Das Graue ist die Isolation. Sie wird nicht durchbrochen. Es ist von keiner Seite Hilfe möglich, es ist nichts da. Der Gesichtsausdruck ist angstvoll. Durch die Isolation ist der Mensch hilflos und sieht kein Entrinnen.“

Angst im Zusammenhang mit Alkoholismus muß nicht nur praemorbid neurotisch bedingt sein, sondern wird verständlicherweise auch gefördert durch die Isolation, die zum Untergang des Alkoholkranken führt. Gerade er ist grundsätzlich auf die Hilfe von Partnern bzw. Gruppen angewiesen, die ihn in seiner Ich-Schwäche stützen oder ihm bei seiner mangelnden Ich-Fülle Erfüllung ermöglichen.

Innere Dauerkonflikte und aktuelle äußere Probleme

Wenn sich auch häufig aktuelle äußere Probleme als Folge einer inneren Konfliktsituation ergeben, wird man doch in einer Reihe von Fällen zur Entstehung des Alkoholismus den Akzent entweder auf den neurotischen Dauerkonflikt oder die aktuelle, belastende Problematik setzen können.

Diejenigen Alkoholiker, die sich in ein psychiatrisches Krankenhaus einweisen lassen, können nur einen Ausschnitt der vielfältigen Thematik des Alkoholismus widerspiegeln. Die folgenden Zahlen beleuchten daher nur Teilaspekte des Alkoholismus und können darüber hinaus keiner weitergehenden Analyse dienen, da Kontrollgruppen von Nicht-Alkoholikern nicht untersucht wurden. Dennoch wird interessieren, was diejenigen männlichen Alkoholiker, die in den vergangenen 3 Monaten vor Zusammenstellung dieses Manuskripts auf der Hauptaufnahmestation für männliche Alkoholiker in unserer Klinik aufgenommen wurden, für Angaben machten. Es handelte sich um 133 Alkoholiker (71 Erstaufnahmen, 62 Wiederaufnahmen), die in den Monaten April, Mai, Juni 1977 aufgenommen wurden und einheitlich befragt wurden. Diese männlichen Patienten befanden sich im Alter von 20 bis 64 Jahren (ab 65 Jahren werden Patienten auf unseren gerontopsychiatrischen Stationen aufgenommen). Der Altersdurchschnitt lag zwischen 38 bis 45 Jahren, bei den Wiederaufnahmen 1 bis 4 Jahre höher. Rund $^{3}/_{4}$ dieser männlichen Patienten waren Arbeiter, zum Teil ungelernte Arbeiter.

Während rund 90 % ehelich geboren waren, gab jedoch nur rund die Hälfte gute Beziehungen zu beiden Eltern in der Kindheit an. Jeder 8. Patient hatte vor dem 10. Lebensjahr einen Elternteil (meist den Vater) verloren. Jeder 5. Patient berichtete, daß die Ehe der Eltern schlecht oder getrennt, bzw. geschieden gewesen sei.

Über materielle Notsituationen in der frühen Kindheit wurde nur in 4,5 % der Fälle berichtet.

Als Gründe des Trinkens gaben 20 % Probleme mit dem Ehepartner an, wobei hier nicht entschieden werden soll, wie weit diese und andere Gründe die Folge des Alkoholismus oder die auslösende Vorbedingung waren. Während jeder 5. Patient Probleme mit dem Ehepartner als Grund des Trinkens angab, waren bei jedem 3. bis 4. Patient Arbeitsprobleme als Grundangaben dabei. Bei jedem 9. Patient Arbeitslosigkeit. Jeder 8. Patient gab Depressionen als Grund des Trinkens an und 3,5 % nannten in diesem Zusammenhang die Angst.

Bemerkenswert ist, daß bei der relativen Häufigkeit der Angabe von Arbeitsproblemen als Grund des Trinkens nur bei 3 % der Fälle Überarbeitung angegeben wurde.

Es fiel auf, daß bei den Angaben zur Erziehung nur 7 % berichteten, daß sie verwöhnt worden seien (doppelt so häufig von der Mutter wie vom Vater) und 46 % berichteten, daß sie autoritär erzogen wurden (vom Vater etwas häufiger als von der Mutter). Die letzteren Zahlen unterstreichen Mitteilungen aus der Literatur, wonach sowohl übermäßige Mutterliebe, wie aber auch überstrenge autoritäre Erziehung bei Alkoholikern anscheinend häufiger zu finden sind als in der Normalbevölkerung.

Diese mitgeteilten konkreten Angaben unserer Patienten sollen nur deutlich machen, wie schwierig es sein kann, im Einzelfall zu unterscheiden, wie weit der Alkoholismus die Folge einer seit der Kindheit bestehenden, inneren psychischen Problematik ist und wie weit er mehr die Folge der gegenwärtigen aktuellen Situation ist.

Zur Bedeutung der gegenwärtigen Situation

Mit dem bisher Gesagten wurde vor allem derjenige Teil der Alkoholiker angesprochen, bei dem das Schwergewicht bei der Entstehung des Alkoholismus auf die Besonderheiten der Kindheit des Betreffenden zu legen ist. Von *Jellinek* wurden sie, wie berichtet, in der Gruppe der Alpha-Trinker eingeordnet. Ein nicht geringer Teil von diesen wird alkoholkrank, sofern nicht rechtzeitig Hilfe und Behandlung einsetzt. Dabei wird nicht nur Übergang von der psychischen Abhängigkeit in die physische Abhängigkeit beobachtet, sondern vor allem auch der Übergang zum Kontrollverlusttrinken, bei dem grundsätzlich bis zum Vollrausch getrunken wird.
Wir gehen damit zu den, für eine große Zahl von Alkoholikern bedeutenderen, gesellschaftlichen Entstehungsbedingungen des Alkoholismus über. Bereits der erwähnte Übergang vom reinen Erleichterungstrinken, Konflikttrinken, bzw. Problemtrinken zum Kontrollverlusttrinken wird von manchen Kulturen gefördert. *Feuerlein* berichtet in einer umfassenden Literaturübersicht (5), wonach je nach Kulturkreis rituelles Trinken, z.B. bei den orthodoxen Juden mit auffallend wenig Alkoholikern, unterschieden wird vom konvivialen Trinken, bei dem Alkohol nur zu den Mahlzeiten konsumiert wird und meistens in Form von Wein. Auch hier findet man relativ niedrige Alkoholismusraten. Dem steht das utilitaristische Trinken gegenüber, wo Alkohol aus persönlichen Gründen zur Spannungsminderung, Angstlösung oder Machtbefriedigung konsumiert wird. Beim utilitaristischen Trinken steht demnach nicht der Genuß, sondern der Zweck über die psychische Wirkung im Vordergrund. Dementsprechend wird eher der Alkoholrausch unmittelbar gesucht, wie besonders in einigen skandinavischen und osteuropäischen Bereichen beschrieben. In Deutschland wird ein Mischzustand von konvivialem und utilitaristischem Trinken angenommen.

Damit wird deutlich, daß der Übergang zum Kontrollverlusttrinken gesellschaftlich gefördert wird. Die Bedeutung der gesellschaftlichen Bedingungen sei in diesem Zusammenhang auch durch den Hinweis auf die Abstinenzkulturen mit Verbot jeglichen Alkoholgenusses, wozu die islamische und hinduistische Kultur rechnen, unterstrichen.

Wie bedeutend die gesellschaftlichen Einflüsse für die Entstehung des Alkoholismus sind, wird auch durch die wiederholt in der Literatur berichtete Mitteilung deutlich, wonach die Mehrzahl der Alkoholiker vor dem Beginn des Alkoholismus psychisch unauffällig seien. Diese Zahl wird zwar geringer, wenn man eine sehr genaue Vorgeschichte erhebt, doch gilt dies vornehmlich für diejenigen, die *Jellinek* als Beta-Trinker kennzeichnet, bei denen weder Kontrollverlust, noch sichere Abhängigkeit besteht und die von außen ausgelöste Verführung von besonderer Wichtigkeit ist, so daß man auch vom Gelegenheits- bzw. Verführungstrinker spricht (5). Hinzu kommt die große Gruppe der Delta-Alkoholiker, bei denen gesellschaftliche Bedingungen eine Hauptrolle spielen. Die Delta-Alkoholiker nehmen gleichmäßig große Mengen von Alkohol auf und sind unfähig, sich des Trinkens zu enthalten, während die Kontrolle über den Alkoholkonsum noch recht lange aufrecht erhalten werden kann.

Die Bedingungen des Gewohnheitstrinkens aufzuzählen bedeutet demnach die Nachteile unserer stark industrialisierten vereinzelten Wohlstandsgemeinschaft zu nennen. Die Mechanisierung und Automatisierung der Arbeit und nicht zuletzt das Fließband werden hier häufig gern an den Anfang gesetzt. Bemerkenswerter Weise wird jedoch weit mehr in der Laienpresse als von unseren Patienten über den Stumpfsinn und die Monotonie der Arbeit, die zum Job wird, geklagt. In einer 40-Stunden-Woche fallen das Vakuum und die Leere der Freizeit, die mangelnden menschlichen Beziehungen, die sich aus dem weitgehenden Verfall der Großfamilie ergeben, die Versuchungen einer vornehmlichen Augenblicksbefriedigung durch den Konsum offensichtlich weit mehr ins Gewicht. Besonders tragisch spitzt sich diese Situation in der erzwungenen Arbeitslosigkeit zu.

Als besonders nachteilige Situation kommt hinzu, wenn die berufliche Tätigkeit wie beim Brauereigewerbe oder insbesonders bei den Maurern bereits vom Alkoholkonsum begleitet wird. Für die Gruppe der Gelegenheits- und Verführungstrinker (Beta-Trinker), die nicht selten Wochenendtrinker sind, ist in unserer Zeit nicht zuletzt der Konsum von Alkohol bei dem Besuch von Sportveranstaltungen zu nennen.

Wer trinkt wie?

Für jede Form der Therapie von Alkoholikern ist nicht nur die Vorentscheidung wichtig, warum jemand trinkt, sondern, wie er trinkt. Es ist wesentlich zu wissen, ob er sich bereits im Prodromalstadium der Alkoholkrankheit im Sinne der beginnenden Abhängigkeit befindet. Wichtig sind daher die Fragen nach: heimlichem Trinken, nach dauerndem Denken an Alkohol, nach gierigem Trinken der ersten Gläser. Wichtig ist für die Prodromalphase, ob bereits Schuldgefühle bestehen und der Betreffende seine Schuldgefühle auf andere zur eigenen Entlastung projiziert. *Jellinek* beschreibt ferner in dieser Phase bereits Räusche mit Erinnerungslücken.

Bereits in der Prodromalphase werden wir von Alkoholkrankheit im engeren Sinne des Begriffes sprechen. In der kritischen Phase kommt es nach *Jellinek* zum Verlust der Kontrolle nach dem Beginn des Trinkens. Perioden mit völliger Abstinenz, mit ständigen Niederlagen können eingeschaltet sein. Das Verhalten konzentriert sich auf den Alkohol. Der Arbeitsplatz und Freunde werden mehr oder weniger aufgegeben. Das Familienleben wird beeinträchtigt. Die sexuelle Potenz wird vermindert, woraus nicht selten abnorme Eifersucht resultiert. Regelmäßig kommt es bereits zum morgendlichen Trinken.

In dieser kritischen Phase kommt es vor allem wegen körperlicher alkoholischer Beschwerden eventuell zur Einweisung in ein Krankenhaus.

In der chronischen Phase kommt es schließlich zu verlängerten und tagelangen Räuschen, zum Abbau der Persönlichkeit mit ausgeprägtem organischen Psychosyndrom, zum Verlust der Alkoholtoleranz. Bemerkenswert ist die Mitteilung von *Jellinek*, daß der Patient in diesem Stadium der Behandlung wieder leichter zugänglich wird, zumal er erkennt, daß seine Erklärungssysteme versagen.

Um wiederum ein konkretes Beispiel zu geben, ist von Interesse, daß rund $^2/_3$ der in unserer Klinik aufgenommenen, oben erwähnten Alkoholiker zugaben, daß sie unkontrolliert tranken, während nur $^1/_3$ angab, daß sie nie ohne Kontrolle trinken. Fast jeder 10. trank allein, $^1/_3$ am Arbeitsplatz und etwas weniger als die Hälfte tranken meist in Gesellschaft. $^1/_3$ berichtete, daß sie bereits morgens trinken. Nur 7,5 % gaben zu, daß sie heimlich tranken, wobei aber verständlicherweise diese und andere Zahlen mit Vorbehalt aufzunehmen sind.

Was kann der niedergelassene Arzt tun?

Der niedergelassene Arzt hat nicht nur die Aufgabe, die körperlichen Beschwerden der Alkoholiker zu behandeln, sondern er hat über die Gleitschiene der Behandlung dieser körperlichen Beschwerden die Chance und Verpflichtung, wesentlich weitergehend therapeutisch einzugreifen. Offensichtlich geschieht dies noch ganz unzureichend, wie z. B. *Feuerlein* zum Thema der ambulanten Behandlung der Alkoholiker (4,5) berichtet. Danach hatten gemäß einer Umfrage bei 185 Münchner niedergelassenen Ärzten (Nervenärzte, Internisten und Ärzte für Allgemeinmedizin) 1970 nur 80 % der Ärzte 5 Alkoholiker oder gar weniger pro Quartal. Auch in den Polikliniken ist der Anteil der Alkoholiker meist sehr gering, sofern sich diese Poliklinik nicht besonders dem Thema der Alkoholbehandlung widmet.

Wesentlich ist, daß der niedergelassene Arzt die folgenden körperlichen Beschwerden und Erkrankungen nicht nur behandelt, sondern jeweils auch daran denkt und die Frage aufwirft, ob es sich hier nicht um die Folge eines Alkoholismus handelt. Die entsprechende Diagnose wird nur durch gezieltes Fragen entsprechend den oben dargestellten Gesichtspunkten, wie durch eventuelle Rücksprache mit Angehörigen zu stellen sein.

Als wichtigste körperliche Erkrankungen und Beschwerden seien im Zusammenhang aufgezählt: Lebererkrankungen (Fettleber, Hepatitis, Zirrhose). Pankreaserkrankungen, wobei die Alkoholiker die zweitgrößte Gruppe bilden sollen (intermittierende Bauchbeschwerden). Tremor. Gastrointestinale Störungen, insbesondere Gastritis. Kardiomypathien, die direkt toxisch bedingt sind, oder als Folge eines durch den Alkoholismus bedingten Thiaminmangels (im Sinne einer Beri-Beri-Erkrankung durch mangelnde Resorption wegen Schleimhautschädigung oder Mangelernährung). Blutveränderungen mit Thrombozytenverminderung bzw. Minderung der Phagozytosefähigkeit der Leukozyten. Potenzprobleme. Hodenatrophien. Myopathien mit unklaren Muskelbeschwerden. Nicht selten im Zusammenhang mit Polyneuropathien, an denen rund 20 % der Alkoholiker leiden, sollen (Mißempfindungen, Kribbelparaesthesien), Taubheitsgefühle, Schmerzen, Muskelkrämpfe) sein. Hinzu kommt selbstverständlich die Vielfalt psychischer Beschwerden, wobei besonders bei Klagen über Gedächtnisstörungen insbesondere Merkleistungsstörungen, Depressionen, Angst, Mißtrauen, insbesondere Eifersucht u.a. an Alkoholismus zu denken ist. Auch beim Auftreten epileptischer Anfälle sollte an Alkoholismus gedacht werden.

Vorentscheidungen

Jeder Arzt sollte sich die Frage stellen: Welche Einstellung habe ich gegenüber dem Alkoholiker bzw. dem Alkoholismus? Sofern sich der Arzt nicht über die Grundlagen des Alkoholismus informiert hat, und er hatte im Medizinstudium meist wenig Gelegenheit hierzu, besteht die Gefahr der folgenden Abwehrreaktionen:

Willensschwäche: „Indem ich in mir Willensschwäche ablehne, lehne ich den Alkoholiker stellvertretend als Willensschwachen ab."

Die Einstellung mag unrealistisch sein gegenüber manchem Mißbrauch- und Gelegenheitstrinker, verkennt jedoch das Problem der krankhaften Abhängigkeit, bei der die Willensfreiheit aufgehoben ist, und übersieht ferner die Möglichkeiten (besonders bei Alpha-Trinkern) psychische Konflikte, depressive und ängstliche Verstimmungen als Anlaß zum Trinken ursächlich zu behandeln bzw. behandeln zu lassen. Nutzloses oder gar schädigendes Glied der Gesellschaft?: „Indem ich mich darum bemühe, ein nützliches Glied der Gesellschaft zu sein, wende ich mich von Alkoholikern ab, die ihre Umwelt belasten, bzw. schädigen."

Abgesehen davon, daß eine derartige Einstellung dem ärztlichen Prinzip zur Hilfe und Behandlung von Erkrankungen widerspricht, ist nicht zuletzt auch aus ökonomischen Gründen die Einschaltung des niedergelassenen Arztes in die Behandlung der Alkoholiker sinnvoll und nützlich. Von Interesse ist hierzu z.B. eine Mitteilung, wonach ein mit 45 Jahren vorzeitig invalidisierter Suchtkranker die Gesellschaft bei Zugrundelegung nur gerade durchschnittlicher Rentenleistung und bei Annahme einer verkürzten Lebenserwartung sicher 350000 bis 400000 DM kostet (5). Auf die besonderen Belastungen der Familien Alkoholkranker, die tödliche Gefahr im Straßenverkehr durch Alkoholismus und die Bedeutung des Alkoholismus bei der Kriminalität sei nochmals hingewiesen, um auch den Arzt und insbesondere den niedergelassenen Arzt zu motivieren, therapeutisch alles zu unternehmen, um die Zukunft des Alkoholikers, der in seine Praxis kommt oder den er als Hausarzt in seiner Wohnung aufsucht, nicht nur im Hinblick auf die körperlichen Folgen des Alkoholismus günstig zu beeinflussen.

Konkrete Möglichkeiten zum weitergehenden therapeutischen Eingreifen durch den niedergelassenen Arzt oder auch durch Krankenhausärzte, sofern sich der Alkoholiker nicht bereits in fachärztlicher psychiatrischer Behandlung befindet:

Wie erwähnt, ist die besondere Chance des Zugangs zum Alkoholkranken durch den Arzt über die Gleitschiene seiner besonders körperlichen, aber auch psychischen Beschwerden gegeben.

Bei jedem Alkoholiker, bzw. Patienten, dessen Beschwerden an Alkoholismus denken lassen, sind daher die Fragen nach dem Warum und Wie des Alkoholismus möglichst unter Einbeziehung von Angehörigen grundsätzlich zu stellen. Dies ist jedem Arzt möglich, sofern er sich etwas Zeit hierfür nimmt. Andernfalls sollte zumindest Überweisung zum Nervenarzt und wenn irgend möglich zur nächsten Suchtberatungsstelle erfolgen.

Diese wichtige diagnostische Klärung wird um so eher vom Arzt durchgeführt, bzw. veranlaßt, sofern er über die übliche Laienfrage positiv für sich beantwortet hat: hat es denn einen Sinn? Kann man einem Alkoholiker überhaupt nennenswert helfen?

Darüber hinaus ergeben sich die Fragen: Kann ich auch als Nicht-Facharzt hier helfen oder muß ich grundsätzlich eine ambulante oder stationäre fachärztliche Behandlung des Alkoholikers oder wenigstens des Alkoholkranken im Sinne des Kontrollverlusttrinkers oder des nicht nur psychisch, sondern auch physisch Abhängigen veranlassen?

Zunächst einiges über Prognosen: Eine Reihe von statistischen Untersuchungen lassen folgendes erkennen: mindestens 10 bis 20% werden unbehandelt abstinent oder bessern sich aus verschiedenen Gründen. Bei stationärer Aufnahme liegen die ungünstigen Ergebnisse vor, wenn eine Zwangseinweisung erfolgte. Bei freiwilliger stationärer Behandlung und günstiger Auswahl werden in $^1/_3$ bis $^2/_3$ der Fälle gute Erfolge gemeldet. Zu den Gebesserten rechnen mehrmalige, kurz dauernde Rückfälle ohne Beeinträchtigung der sozialen Verhältnisse oder der Arbeitsunfähigkeit. Die Rückfallsgefahr nimmt nach stationärer Behandlung ab, je länger der Zeitraum nach der Entlassung ist. Nach *Wieser* sind die besten Erfolge bei einer multidimensionalen Behandlung erzielt worden, die über lange Zeit fortgesetzt wurde.

Als günstige prognostische Faktoren wurden von *Wieser* aufgestellt: Mittleres Lebensalter. Verheiratet. Männlich. Gute wirtschaftliche Verhältnisse. Gute Bildung. Differenzierter Beruf. Keine Vorstrafen. Außensituation sanierbar. Hohe Intelligenz. Keine psychopathische Persönlichkeitsstruktur oder phobisch-anankastisch. Keine Psychosen in der Vorgeschichte. Starke zwischenmenschliche Bindung. Schwache Mutterbindung. Gute Motivation. Die gegenteiligen Faktoren hierzu gelten als prognostisch ungünstige Faktoren, wobei zur Persönlichkeitsstruktur psychopathisch und insbesondere hysterisch als ungünstig angesehen wurde. Sofern Psychosen in der Vorgeschichte sind, wurden schizophrene Psychosen als ungünstiger Faktor angesehen.

Aufgaben der ambulanten Behandlung

1. Erfassung der Patienten, ihre Untersuchung und Diagnosestellung. Die Erfassung schließt eine Kontaktnahme mit den Angehörigen, Betrieben, Behörden, Selbsthilfeorganisationen, Suchtberatungsstellen, vor allen Dingen aber mit den überweisenden Ärzten und Sozialarbeitern ein.

2. Vorbereitung der stationären Behandlung.
Information über Grundbegriffe, über Wesen, Ursachen, Folgen und Therapiemöglichkeiten des Alkoholismus, Weckung der Motivation für die Behandlung.

Versuch, eine vorläufige Abstinenz zu erreichen. Behandlung der körperlichen und psychischen Störungen, soweit ambulant möglich.

3. Alleinige ambulante Behandlung ohne Einschaltung einer stationären Behandlungsphase bei gut motivierten Alkoholikern, die sich in einem mittelmäßigen bis guten körperlichen Zustand befinden und mindestens leidliche sozial Verhältnisse aufweisen (hinsichtlich Wohnung, Arbeitsplatz und partnerschaftlichen Bindungen).

4. Nachgehende Behandlung und Nachsorge nach Entlassung aus der stationären Behandlung. Vertiefung des in stationärer Behandlung Erlernten, insbesondere durch Anwendung auf das praktische Verhalten (5).

Der niedergelassene Arzt: sofern Alkoholiker den niedergelassenen Arzt aufsuchen, tun sie es am häufigsten im Zusammenhang mit ihren körperlichen Beschwerden (s. o.), nicht selten vor oder nach Aufnahme auf einer internistischen Abteilung. Hinzu kommen die vielen Fälle täglicher Kriseninterventíon, die besonders durch Hausärzte bei Alkoholikern in den Wohnungen erforderlich sind. Daher ist der niedergelassene Arzt in ganz besonderer Weise aufgerufen, nicht nur die Diagnose Alkoholismus zu stellen, sondern sich auch möglichst ein erstes Bild darüber zu verschaffen, warum und wie von den Patienten getrunken wird. Sodann ist es wesentlich, den Patienten von der Behandlungsnotwendigkeit seines Alkoholismus zu überzeugen. *Feuerlein* betont mit Recht, daß der niedergelassene Arzt in den meisten Fällen die „Initialzündung" für die Behandlung zu geben hat und diese Motivation gegenüber allen Anfechtungen und Zweifeln der Patienten und seiner Angehörigen aufrecht zu erhalten hat.

Zumal sich der Alkoholiker nur ausnahmsweise durch den niedergelassenen Arzt in eine der rund 30 Fachkliniken für Suchtkranke oder in ein psychiatrisches Krankenhaus einweisen lassen wird, ist die Kontaktaufnahme mit den Selbsthilfeoranisationen zur Bekämpfung des Alkoholismus und anderer Süchte unbedingt erforderlich. Genannt seien hier die großen karitativen Verbände wie Kreuzband, bzw. Caritas von katholischer Seite, Blaues Kreuz, sowie diakonisches Werk von evangelischer Seite, Guttempler-Orden vom Paritätischen Wohlfahrtsverband. Hinzu kommen die Vereinigungen der Anonymen Alkoholiker (AA), die fast ausschließlich von Alkoholikern getragen werden. Wichtig ist, daß der Patient auf diesen Wegen Anschluß an sich regelmäßig treffende Gruppen findet.

Ein weiterer wichtiger Ansatz sind auch für den Nicht-Nervenarzt unbedingt erforderliche Gespräche mit den Angehörigen der Alkoholiker, insbesondere mit den Ehefrauen, die oft nicht nur wichtige Hinweise über warum und wie des Trinkens geben können, sondern die auch für die Behandlung zu gewinnen sind.

Die Lebenspartner werden umso eher zu gewinnen sein, wenn der Patient wenigstens ambulant allen Behandlungsmaßnahmen zustimmt. Das bedeutet, daß er sich nicht nur den entsprechenden Behandlungsgruppen anschließt, sich regelmäßig bei seinem Arzt meldet, sondern auch möglichst bereit sein sollte, einer begleitenden Antabusbehandlung zuzustimmen. Diese begleitende Antabusbehandlung ist in der Bundesrepublik bedauerlicherweise in Mißkredit geraten, da man die eventuellen Komplikationen dieser Behandlung offensichtlich zu sehr fürchtet. Die Erfolge z. B. der dänischen Alkoholikerambulanz in Aarhus sollten uns eines besseren belehren. *Sørensen* teilt hierzu mit: „Damit der Patient nüchtern bleibt und seinem Trinken ein definitives Ende macht, müssen wir ihm die Einnahme von Antabus (Disulfiram) empfehlen. Wie bekannt, ist das ein Mittel, das den Kranken so sensibilisiert, daß er nach Alkoholeinnahme einige Vergiftungssymptome spürt, die er, wenn er sie einmal durchgemacht hat, nicht erneut provozieren will. Das Antabus stört die enzymatisch bedingte Verbrennung des Alkohols, so daß eine Acetaldehydvergiftung hervorgerufen wird. Ein Patient, der 200 mg Antabus täglich eingenommen hat, wird nach wenigen Minuten erkranken, wenn er Alkohol trinkt. Zuerst entsteht eine Rötung der Haut und Konjunktiven, danach u. a. eine Tachykardie, pulsierendes Kopfweh, Nausea und Erbrechen.

Wenn der Patient mit der Antabusbehandlung einverstanden ist, vereinbart man mit ihm, daß er täglich eine Dosis Antabus unter der Kontrolle einer Vertrauensperson, z. B. seinem Vorarbeiter oder seinem Arbeitgeber oder unter der Kontrolle in der Alkoholikerambulanz einnimmt. Wie immer muß man beachten, ob die medikamentöse Behandlung Nebenwirkungen hervorruft (Müdigkeit, Kopfweh, übelriechenden Atem, Potenzstörungen). In den meisten Fällen verschwinden die Nebenwirkungen, wenn die Dosis herabgesetzt wird. In sehr hohen Dosen (800 bis 1000 mg pro die.), kann Antabus eine exogene Psychose verursachen. Die Antabusbehandlung können wir in 83 % der Fälle durchführen.“

Zwar ist der niedergelassene Nervenarzt in besonderer Weise beauftragt, sich der Alkoholiker anzunehmen, doch gerade zu ihm gehen die Patienten zunächst wegen ihrer körperlichen Beschwerden häufig nicht.

Zumal der niedergelassene Arzt sowohl zeitlich, wie auch fachlich meist überfordert sein dürfte, wenn er allein die Behandlung des Alkoholikers übernehmen will, sollte er unbedingt mit der für den Patienten zuständigen Suchtberatungsstelle zusammenarbeiten. Auch stationäre Einweisung des Patienten soll nicht ohne vorherige Kontaktnahme mit der Suchtberatungsstelle erfolgen.

Spezialambulanzen für Alkoholkranke, Nachtkliniken für alleinstehende, alkoholkranke Männer, die tagsüber arbeiten, speziell betreute Wohnheime Alkoholkranker sind zwar wünschenswert, wurden aber in der BRD bisher noch nicht nennenswert realisiert. Dies ist um so bedauerlicher, als beachtliche Erfolge ambulanter Behandlungen gemeldet werden, sofern ein entsprechendes Team zur Verfügung steht. So berichtete uns z. B. *Sørensen* aus der Alkoholikerambulanz der psychiatrischen Universitätsklinik Aarhus auf dem 4. Landeck-Symposion zum Thema Krisenintervention folgendes: Bei einem Einzugsgebiet von 250 000 Einwohnern kommen pro Jahr 200 Alkoholiker in die Ambulanz. Bei einer Auszählung von 457 Patienten der Jahre 1973/74 kamen 11 % als sozialbedingte Gewohnheitstrinker (Delta-Trinker), 29 % kamen wegen symptomatischen Trinkens im Sinne des Konflikttrinkens. 56 % kamen als Kontrollverlusttrinker, von denen ein Teil aus dem Kreis der Konflikttrinker hervorging. Bei 3 % lag komplizierter Alkoholismus, insbesondere durch auftretende Psychosen wie Delirium tremens vor. In dieser dänischen Alkoholikerambulanz sind 4 Sozialfürsorger, 1 Krankenschwester, 3 Ärzte und 3 Sekretärinnen tätig. Bemerkenswerter Weise erhielten 83 % der Patienten eine begleitende Antabusbehandlung. Von 457 ausgezählten Patienten betrug die Behandlungsdauer bei 172 Patienten mehr als 2 Jahre. Von diesen waren 46 (27 %) Totalabstinenzler durch mehr als 2 Jahre. Eine wesentliche Besserung konnte bei 72 Patienten (42 %) festgestellt werden und eine mäßige Besserung bei 31 Patienten (18 %). Diese Behandlungserfolge sind um so beachtlicher, da mehr als die Hälfte der Patienten Kontrollverlusttrinker waren.

Wie *Sørensen* und Mitarbeiter aus dem Arbeitskreis *Strömgren* Verf. bei einer Besichtigung dieser Alkoholikerambulanz in Aarhus mitteilten, kam es bei bisher mehr als 3000 Alkoholikern, die ambulant Disulfiram (Antabus) erhielten, in einem Zeitraum von mehr als 20 Jahren zwar wiederholt zum Trinken trotz der Antabuseinnahme, doch nie zu gefährlichen Zwischenfällen in Verbindung mit der Antabus-Alkoholreaktion. Diese Reaktion äußert sich mit Röte im Gesicht, Herzklopfen, Kopfweh, Erbrechen, Schwindelgefühl. Als Kontraindikationen gelten lediglich eine deutliche Dekompensation von Herz und Kreislauf, sowie manche chronisch Schizophrene, die trotz anscheinender Behandlungswilligkeit kritiklos trinken. Jeder Patient erhält vom ersten ambulanten Behandlungstag an täglich 200 mg Antabus aufgelöst in Wasser. Er kommt zunächst eine Woche täglich in die Ambulanz, dann zwei bis drei Mal wöchentlich. Ein Teil der Patienten erhält statt der täglichen Dosis Antabus zwei Mal wöchentlich 600 mg Antabus. Kam der Patient mit einem Rausch in die Ambulanz, was in jeder Woche mehrmals vorkommt, erhält er zunächst ein Schlafmittel (Diäthylbarbitursäure) und schläft sich in der Ambulanz aus. Anschließend erhält er abends vor dem Nachhausegehen Antabus, sofern der Blutalkoholspiegel dann nicht mehr über 0,2 ‰ liegt. Rd. die Hälfte der Patienten, die übrigens überwiegend nicht verheiratet sind (80 bis 90 % Männer), und die sich dort relativ selten an Antialkoholikerverbände anschließen, kommen von sich aus freiwillig in die Ambulanz, die zur Zeit rund 700 Alkoholiker behandelt. Die anderen Patienten werden durch niedergelassene Ärzte und Krankenhäuser überwiesen.

Nach etwa 2 Jahren im Zusammenhang mit Antabus erzwungener totaler Abstinenz, wobei offensichtlich evtl. Rückfälle durch die Antabus-Alkoholreaktion als bedingter Reflex therapeutisch wirksam werden, wird der größere Teil der Patienten aus der Ambulanz entlassen. Man rechnet damit, daß man mehr als der Hälfte der ausschließlich ambulant behandelten Alkoholiker in diesen 2 Jahren wesentlich geholfen hat, wobei 10 bis 20 % auch nach dieser Zeit total abstinent bleiben und die anderen dann kontrolliert und nicht übermäßig trinken. Nicht selten werden Begleitbehandlungen mit Antidepressiva bzw. Lithiumsalzen (s. u.) wegen depressiver Psychosen und mit Neuroleptika als Tranquilizer in entsprechenden Dosen durchgeführt. Auf gleicher Basis ist seit einer entsprechenden Gesetzgebung in den sechziger Jahren in jeder größeren Stadt Dänemarks eine Alkoholikerambulanz mit recht beachtlichen Erfolgen tätig, so daß auch die Zahl der stationären Einweisungen von Alkoholikern verringert wurde. Bemerkenswert ist, daß aus der Sicht dieser positiven Erfahrungen es begrüßt wird, wenn auch Nicht-Nervenärzte ihren behandlungswilligen Alkoholikern täglich eine Tablette Antabus (Disulfiram) zu 200 mg verordnen, wobei eine Kontaktaufnahme mit der zuständigen

Suchtberatungsstelle zu empfehlen ist, sowie eine konsiliarische Beratung durch einen Nervenarzt, um einen zusätzlich speziell behandlungsbedürftigen Alpha-Alkoholiker (Konflikttrinker, Depressionstrinker u.a.) der entsprechenden Behandlung mit Psychotherapie bzw. Psychopharmaka zuzuführen.

Über eine neue Substanz mit ähnlicher Wirkung wie Disulfiram, aber anderer chemischer Zusammensetzung der Fa. Merck, Darmstadt, hat *Martin* vor kurzem berichtet (16). Dieses Präparat hat den Vorzug, nur ein Mal wöchentlich verabreicht werden zu müssen, geht aber eben erst in die kontrollierte klinische Prüfung.

Zur Totalabstinenz

Die Totalabstinenz ist zwar bei einem wesentlichen Teil der Alkoholiker auf Dauer eine absolute Notwendigkeit und sie ist auch für jeden, für den der Alkohol bereits ein Problem geworden war, wünschenswert. Doch zeigen verschiedene statistische Untersuchungen, daß mindestens 10 % der Alkoholiker zu einem normalen, sozialen und körperlich nicht schädigenden Trinken zurückfinden. Dies gilt jedoch offensichtlich nicht für die Kontrollverlusttrinker (Gamma-Trinker), bei denen noch nach jahrzehntelanger Abstinenz schwerste Rückfälle nach einem Glas Alkohol beschrieben wurden. Eher wird eine Rückkehr zum normalen Trinken denkbar sein, wenn es sich um Alpha-Alkoholiker handelte, bei denen es möglich geworden war, durch therapeutische Maßnahmen innere Konflikte psychotherapeutisch zu behandeln, oder bei denen vorwiegend äußere Probleme bereinigt wurden. Dies mag auch für manche Alpha-Alkoholiker gelten, bei denen es ermöglicht wurde, ängstliche bzw. depressive Verstimmungen und Mißempfindungsbereitschaften durch Psychopharmaka günstig zu beeinflussen. Gemeint sind damit also vor allem die Fälle, die wir als sekundäre Alkoholiker kennzeichneten. Auch bei Gelegenheitstrinkern (Beta-Alkoholiker) und vorwiegend sozial bedingt, kontrolliert ständig große Mengen trinkenden abhängigen Gewohnheitstrinkern (Delta-Alkoholiker) wird Totalabstinenz nicht immer erreicht werden, und in manchen Fällen in einem späteren Zeitraum durch normales soziales Trinken abgelöst werden. Doch sollte man von der Forderung nicht abgehen, daß bei jedem behandlungsbedürftigen Alkoholiker zumindest in den ersten 2 Jahren Totalabstinenz gefordert wird. Anschließend sollte nur in Ausnahmefällen, besonders bei prognostisch günstigen Bedingungen (s. o.) und sofern es sich nicht um Kontrollverlusttrinker handelte, einem Trinken in kleinen Mengen zugestimmt werden.

Weitere Möglichkeiten des niedergelassenen Arztes

Sofern durch den niedergelassenen Arzt erkannt wurde, daß es sich um einen sogenannten Alpha-Trinker, d.h. Konflikttrinker handelt, sollte er selbst lehrend und beratend eingreifen. Dies wird umso eher möglich sein, wenn er als Hausarzt Kontakt mit der Familie hat und sofern aktuelle äußere Probleme im Vordergrund stehen. Handelt es sich um die Folge einer neurotischen inneren Konfliktsituation, sollte der niedergelassene Arzt den Patienten einer psychotherapeutischen Behandlung zuführen.

Von besonderem Interesse sind diejenigen Alkoholiker, die sich durch Affektlabilität abzeichnen und bei denen eine günstige Wirkung von Langzeitneuroleptika, die unterhalb der neuroleptischen Schwelle dosiert wurden (1), beschrieben wurde. So berichtete z.B. der niedergelassene Nervenarzt *Augustin* von günstigen Erfolgen durch die wöchentliche Gabe von Fluspirilen (Imap) mit einer Dosis von rd. 1 mg pro Woche, bei der es also noch nicht zum Auftreten extrapyramidaler Symptome kommen kann, da diese Dosierung unterhalb der neuroleptischen Schwellendosierung (im Sinne des Verf.) liegt. Selbstverständlich können auch alle anderen Langzeitneuroleptika verabreicht werden, sofern sie unterhalb der neuroleptischen Schwelle dosiert werden (1, 11).

Für diejenigen Alkoholiker, die zu wiederholten endomorph-depressiven Verstimmungen neigen, ist unbedingt eine Lithiumprophylaxe z.B. mit Hypnorex, Quilonum retard u.a. (bei einem Lithiumspiegel zwischen 0,8 bis 1,2 mval) bei Beachtung der Kontraindikationen durchzuführen. Bemerkenswert hierzu ist, daß die Lithiumprophylaxe nicht nur rezidivmindernde Wirkungen bei depressiv psychotischen Erkrankungen, sondern auch, wie in der Literatur berichtet wurde, darüber hinaus eine affektiv-stabilisierende Wirkung haben soll.

Selbstverständlich sind diejenigen Alkoholiker, bei denen der Alkoholismus im Zusammenhang mit einer depressiv-psychotischen Erkrankung auftrat, mit antidepressiv wirkenden Psychopharmaka zu behandeln (10).

Damit kommen auf den niedergelassenen Arzt wichtige Aufgaben und Verpflichtungen bei der Behandlung der Alkoholiker zu, denen er um so eher guten Gewissens nachgehen kann, wenn er diese Aufgaben in Zusammenarbeit mit den entsprechenden Fachkräften aufnimmt. Das bedeutet in jedem Falle Kontaktaufnahme mit den Suchtberatungsstellen bzw. Selbsthilfeorganisationen, sowie gegebenenfalls mit Nervenfachärzten, Psychotherapeuten, eventuell psychiatrischen Kliniken und Fachkrankenhäusern. Nur eine kontinuierlich funktionierende Behandlungskette schafft die Möglichkeit, den tragischen Folgen des Alkoholismus wirksam zu begegnen. Der niedergelassene Arzt ist nicht nur aufgerufen, die „Initialzündung“ zu geben, sondern er hat darüber hinaus konkrete Möglichkeit, selbst therapeutisch einzugreifen oder zumindest die therapeutischen Vorschläge von Fachkollegen durchzuführen. Eine Beschränkung der Behandlung der körperlichen Folgen des Alkoholismus durch den niedergelassenen Arzt ist unzureichend und entspricht dem Geist einer rein naturwissenschaftlich orientierten Medizin des 19. Jahrhunderts, die sich vorrangig dem kranken Körper, aber zu wenig dem kranken Menschen zuwendet.

Zur stationären Behandlung

Die meisten Alkoholkranken kommen unfreiwillig-freiwillig zur stationären Behandlung. Das bedeutet, daß sie zwar freiwillig einer Behandlung zustimmen, doch sich in einer Sackgasse befinden, da Partnerprobleme, Berufsprobleme, körperliche Komplikationen als Folge des Alkoholismus sie zu einer stationären Behandlung zwingen. Über die Dauer dieser stationären Behandlung gibt es keine feste Regel. Es sind Erfolge bei einer Behandlungsdauer von nur wenigen Tagen beschrieben, während andererseits 6 bis 12 Monate Entwöhnungsphase gefordert werden. *Cohen* berichtete bei alkoholkranken Frauen über gute Erfolge bei einer stationären Behandlungsdauer von 3 Monaten in Verbindung mit ambulanter Behandlung.

Stationär kommt es nach der Entgiftungsphase, die 2 bis 3 Wochen umfaßt, darauf an, den Patienten zur Entwöhnung zu motivieren bzw. seine Entwöhnungsbereitschaft zu vertiefen. In Gruppen- und Einzelgesprächen erfährt der Patient das wesentliche über den Alkoholismus im allgemeinen, und seinen Alkoholismus im besonderen. In der stationären Behandlungsgemeinschaft mit Patienten, Pflegepersonal, Ärzten, Psychologen und Sozialarbeitern werden alle Probleme des Alkoholismus diskutiert. In Rollenspielen wird das Fehlverhalten korrigierend geübt. Rückfälle dienen als therapeutische Möglichkeit zur Selbsterfahrung, indem sie in Gruppen- und Einzelgesprächen bearbeitet werden. Die Erfahrungen bei Wochenendbelastungsurlauben werden therapeutisch benutzt. Die tägliche Beschäftigungs- und Arbeitstherapie gibt dem Patient erneut Selbstvertrauen und fördert sein Selbstbewußtsein. Der Kontakt mit den Mitarbeitern von Drogenberatungsstellen und den Mitgliedern von Antialkoholikerverbänden (Anonyme Alkoholiker, Blaukreuzler), die bereits während des stationären Aufenthaltes die Patienten aufsuche, bereitet auf die Zeit nach der Entlassung vor. Therapeutische Gespräche mit dem Patienten und den Lebenspartnern sind ein unerläßlicher Bestandteil des therapeutischen Programms.

Aktive Freizeitgestaltung mit Einbeziehung des Sports sind ebenfalls wichtige Bestandteile der stationären Behandlung.

Psychopharmaka sind allenfalls in der Entgiftungsphase von Bedeutung, wobei schwach potente Neuroleptika der affektiven Entspannung dienen können. Ein schwieriges Problem stellt die Auslösung eines Deliriums und von Krampfanfällen durch den plötzlichen Alkoholentzug dar. Eine vorübergehende Verordnung von Distraneurin, reinen Tranquilizern und Neuroleptika kann die Entzugssymptomatik eventuell vermeiden bzw. vermindern, wobei von Bedeutung ist, daß reine Tranquilizer und Distraneurin die Krampfschwelle heraufsetzen, während sie durch die Neuroleptika eventuell herabgesetzt wird. Wegen der Gefahr der Gewöhnung und des Mißbrauchs von Distraneurin und reinen Tranquilizern sollten diese allerdings im Bereich der Entgiftungsphase nicht länger als 1 bis 2 Wochen gegeben werden, während Neuroleptika zur affektiven Stabilisierung längerfristig verabreicht werden können. Auch Langzeitneuroleptika werden unterhalb neuroleptischer Schwellendosierungen (s. S. 52) zur affektiven Stabilisierung in Abständen von 1 Woche (Fluspirilen = Imap) oder 2 Wochen (Fluphenazindecanoat = Dapotum Minor) für die ambulante Behandlung empfohlen.

Da Distraneurin in Verbindung mit stark potenten Neuroleptika, insbesondere Haldol zur Behandlung des Alkoholdeliriums benutzt wird, ist darauf zu achten, daß bei Alkoholdeliranten nach spätestens einer Woche wegen der Gefahr des Mißbrauchs Distraneurin abgesetzt wird.

Literatur

1. *Augustin, F.*: Krisenintervention in der Praxis des niedergelassenen Nervenarztes. Vortrag auf dem 4. Landeck-Symposion S. 12

2. *Engelmeier, M.-P.*:Krisenintervention in einem industriellen Ballungsraum. Vortrag auf dem 4. Landeck-Symposion S. 12

3. *Class, D.*: Nachgehende Behandlung von Alkoholkranken. Vortrag auf dem 1. Landeck-Symposion S. 8

4. *Feuerlein, W.*: Ambulante Behandlung der Alkoholiker. Vortrag auf dem 1. Landeck-Symposion S. 8

5. *Feuerlein, W.*: Alkoholismus – Mißbrauch und Abhängigkeit. G. Thieme, Stuttgart 1975

6. *Feuerlein, W., M. v. Clarmann, A. Fischer, E. Schröder, H. Leppien*: Psychiatrische Notfälle bei akuter Alkoholintoxikation S. 12

7. *Haase, H.-J.*: Amnestische Psychosyndrome im mittleren und höheren Lebensalter. Unter Berücksichtigung von Alkoholkranken. Reihe der Monographien auf dem Gebiete der Psychiatrie und Neurologie. Bd. 89, Springer, Heidelberg 1959

8. *Haase, H.-J.*: Hrsg. Der Alkoholkranke in Klinik und Praxis, Vorträge und Diskussionen des 1. Landeck-Symposion, G. Thieme, Stuttgart 975

9. *Haase, H.-J.*: Die Bildsprache als Einstieg zur psychotherapeutischen Behandlung von Alkoholkranken. Vortrag auf dem 1. Landeck-Symposion S. 8

10. *Haase, H.-J.*: Depressive Verstimmungen. Entstehung – Erscheinung – Behandlung. Schattauer Verlag, Stuttgart–New York 1980

11. *Haase, H.-J.*: Therapie mit Psychopharmaka und anderen, seelisches Befinden beeinflussenden Medikamenten. IV. Auflg. Schattauer Verlag, Stuttgart–New York 1977. V. Auflg. in Vorbereitung

12. *Haase, H.-J.*: Hrsg., Krisenintervention in der Psychiatrie. Vorträge und Diskussionen des 4. Landeck-Symposion, Schattauer Verlag Stuttgart–New York 1978

13. *Jellinek, E. M.*: Alcoholaddiction and chronic alcoholism. Jale University Press, New Haven 942

14. *Jellinek, E. M.*: the disease concept of alcoholism. Jale University Press, New Haven 1960

15. *Kryspin-Exner, K., I. Dremel, A. Springer*: Moderne Wege der stationären Behandlung Alkoholkranker. Vortrag auf dem 1. Landeck-Symposion S. 8

16. *Martin, G.*: Zeitschrift für Allgemeinmedizin, 53. Jahrgang, H. 1, (1977), 57–61

17. *Robson, R. A.*: An evaluation of the effects of treatment on the rehabilitaion of alcoholics. Alcohol Found Brit. Columbia, Vancover 1963

18. *Sørensen, B. F.*: Krisenintervention bei Alkoholkranken. Vortrag auf dem 4. Landeck-Symposion S.12

19. *Sørensen, B. F.*: Persönliche Mitteilungen bei der Besichtigung der Alkoholikerambulanz der psychiatrischen Klinik der Univerität Aarhus, Psychiatrisches Hospital, DK 8240 Risskov

20. *Wieser, S.*: Das Trinkverhalten der Deutschen, eine medizinsoziologische Untersuchung. Nicolai, Herford 1972

21. *Wieser, S.*: Familienstruktur und Rollendynamik von Alkoholikern. Psychiatrie der Gegenwart, Bd. II/2, 2. Auflage, hrsg. von H. W. Gruhle und anderen. Springer, Berlin 1972, 407–432

22. *Wieser, S.*: Psychotherapie und Soziotherapie des Alkoholismus. Psychiatrie der Gegenwart. Bd. II/2, 2. Auflage, hrsg. von H. W. Gruhle und anderen. Springer, Berlin 1972, 433–468

Zusammenfassende Darstellung

Sucht, Drogenabhängigkeit

Psychische und meist mehr oder weniger körperliche (körperliche Entziehungssymptome nach Absetzen s. S. 115 ff.) Abhängigkeit von Stoffen, die auch bei Tieren erzeugt werden kann. Häufig zunächst Gewöhnung im Sinne der Dosierungssteigerung zur Erzielung der angestrebten Wirkung.

An die Stelle angepaßter Bewältigung tritt ein Ausweichen vor der Realität. Gesucht werden Änderungen der Grundstimmung bis zur rauschhaften Euphorie und Bewußtseinsänderungen (Intensivierung oder Verzerrung von Wahrnehmungen, Auslösung traumhafter evtl. (meist visuell) halluzinatorischer Erlebnisse.

Fördernde soziokulturelle Einflüsse:

a) Notstand bzw. Überdruck (Ausweichen aus der Härte des Daseins)
b) Wohlstand bzw. Unterdruck (Ausfüllen von Leere usw.)
c) Mangelnde Identifikationsangebote der Gesellschaft für ideelle Ziele des Lebens
d) Toleranz der Umgebung (z.B. Trinksitten, Prestigegewinn jugendlicher Drogenabhängiger bei Gleichgesinnten u.a.)
e) Versuchung durch zu leicht zu erhaltendes Angebot (mangelnde Kontrolle bzw. unzureichende Gesetzgebung u.a.).

Individuell fördernde Einflüsse:

a) Anspruchshaltung mit passiven Erwartungen nach verwöhnender Erziehung
b) Sinnentleerung der Realität mit fehlenden Werten und Leitlinien nach liebloser bzw. gedankenloser Erziehung oder destruktiven Einflüssen (broken home) in der Kindheit
c) neurotische Gehemmtheiten, Depressionen und Ängste
d) körperliche Beschwerden, evtl. Schmerzen
e) Versuchung durch zu leicht zu erhaltendes Angebot (durch den Beruf, z.B. Ärzte u.a.)
(Weiteres zur Drogenabhängigkeit, insbesondere zur Therapie, s. *Kielholz* und *Ladewig* (S. 84 ff)).

Alkoholismus

Weitaus häufigste Sucht in der Bundesrepublik. Die therapeutischen Möglichkeiten können zur Zeit bei den behandlungsbereiten Alkoholikern mangels entsprechender Institutionen und Personals noch in keiner Weise (wie auch bei Drogenabhängigen) ausreichend genutzt werden. In Betracht kommen stationäre Entziehungskuren mit analytisch orientierten Gruppen, Gesprächen, Rollenspielen, Verhaltenstherapie, Beschäftigungstherapie mit allmählichem Übergang in ambulante Behandlung (Anschluß an Gruppen ehemaliger Trinker Anonyme Alkoholiker u.a.), evtl. tiefenpsychologische Einzeltherapie, sofern vorwiegend zur Überwindung neurotischer Gehemmtheiten getrunken wird. Gegebenenfalls auch Behandlung des Partners.

Ambulante Behandlung bei Alkoholkranken von besonderer Wichtigkeit. Eventuell nur kurze Vorschaltung einer stationären Entgiftungsphase. Einschaltung der Drogenberatungsstelle.

Pharmakotherapeutisch können je nach Wahl sehr nützlich sein:

a) Die eine Zeitlang üblichen Vergällungskuren mit Brechmitteln (Apomorphin u.a.), die im Sinne der Konditionierung die Ausbildung eines Ekelgefühls gegenüber Alkohol zum Ziele hatten, sowie die medikamentösen Kuren mit Disulfiram (Antabus u. a.), das eine künstliche Alkoholintoleranz (toxische Antabusalkoholreaktion) bewirkt, sind in den letzten Jahren weitgehend außer Gebrauch gekommen, während sie in anderen europäischen Ländern wesentlich mehr Anwendung finden. Auf eine entsprechende schriftliche Anfrage teilte z.B. Prof. *Strömgren* (Aarhus, Dänemark) mit: „Mit Rücksicht auf die Antabus-Therapie kann ich mitteilen, daß sie bei uns – und überhaupt in Dänemark – ausgedehnte Verwendung findet. Bei einer großen Anzahl von Alkoholikern ist sie z.B. von sehr großem Nutzen, oft unentbehrlich. Das Problem der Leberschädigungen finden wir unwesentlich. Zwischenfälle sehen wir so gut wie nicht. Außerdem ist es ja so – wie der Erfinder der Antabus-Theorie, Professor *Erik Jacobsen*, treffend gesagt hat –, daß für eine geschwächte Leber der Alkohol doch sehr viel gefährlicher ist als Antabus".

Aus Frankreich wird z.B. über die Erfahrungen bei 22 500 Disulfiram-Behandlungen bei Alkoholikern berichtet. Bei therapeutischen Dosen komme es selten zu schweren Verwirrtheitszuständen. Gelegentliche Überdosierungssymptome, wie morgendliche Müdigkeit, Schwindel, Schlafstörungen, seien nach Dosisreduzierung verschwunden. Nur im Zusammenhang mit Disulfiram-Alkohol-Reaktionen sei es zu vital gefährlichen Zwischenfällen gekommen (*Lereboulle*).

Aus der Tschechoslowakei wird bei 1348 Behandlungsfällen mit Disulfiram in 29 Fällen über psychotische Verwirrtheitszustände berichtet, von denen mehr als die Hälfte auf Alkoholreaktionen zurückgeführt wurden.

Von Interesse sind die in verschiedenen Ländern, z.B. Frankreich, England u.a. durchgeführten Disulfiram-Implantationen in die Haut zur Erreichung einer mehrmonatigen Dauerwirkung. Es wurde berichtet, daß es in diesem Zusammenhang zu längeren Abstinenzphasen ohne ernste Nebenwirkungen kam (*Malcolm u. Madden, Whyte u. O'Brien*).

Im Hinblick auf die Tatsache, daß z.B. in der Bundesrepublik bei mehr als einer halben Million Alkoholkranker nur weniger als 5000 Betten für stationäre Behandlungen zur Verfügung stehen und daß ähnliche Verhältnisse in anderen Ländern vorliegen, besteht kein Zweifel, daß der ambulanten Behandlung der Alkoholkranken allein rein zahlenmäßig die wesentlich größere Bedeutung zukommt.

b) Evtl. Antidepressiva: In nicht seltenen Fällen kommt es in Verbindung mit passageren oder auch chronischen vitalisierten Depressionen (endomorphe Depression) zum Alkoholabusus. Eine entsprechende Behandlung mit Antidepressiva und evtl. Verringerung der Rezidivgefahr durch Lithiumsalze kann hier sehr nützlich sein.

c) Bei ausgeprägter Affektlabilität bzw. Leichterregbarkeit bewährte sich neuerdings die Applikation von Langzeitneuroleptika unterhalb der neuroleptischen Schwelle als Langzeittranquilizer.

Von Dauerbehandlungen mit reinen Tranquilizern bzw. schwach potenten Neuroleptika raten wir wegen der Gefahr potenzierender Wirkungen ab.

Einteilung der Alkoholiker nach Jellinek

Alpha-Alkoholiker: Problem- und Konflikttrinker. Beta-Alkoholiker: Gelegenheits- und Verführungstrinker. Gamma-Alkoholiker: Kontrollverlusttrinker. Delta-Alkoholiker: Gewohnheitstrinker. Epsilon-Alkoholiker: Quartalstrinker (Sondergruppe: eventuell im Zusammenhang mit passageren Verstimmungen, insbesondere endomorphen Depressionen).

Spezielle Störungen, die als Folge von Alkoholismus zur stationären Einweisung führen

Delirium tremens

Fast ausschließlich durch Entziehung oder Verminderung der Zufuhr von Alkohol ausgelöst. Dauer 2–5 Tage. Im Vordergrund der Symptomatik stehen: meist psychomotorische Unruhe (selten stilles Delirium), Tremor, ratlos-ängstliche, evtl. euphorische Verstimmung, situative Desorientierung (wähnt sich oft in früherer Umgebung, z.B. in der Kneipe, am Arbeitsplatz u.a.), Suggestibilität (liest vom weißen Blatt suggerierte Worte ab, faßt nach Fäden, die ihm suggeriert werden), visuelle Halluzinationen (bewegte kleine Tierchen und ganze Szenen).

Therapie: Neben internistischer Behandlung (Herz und Kreislauf, Leber usw.) Kombinationsbehandlung von Distraneurin peroral mit stark potenten Neuroleptika, besonders Haldol i. v. mehrmals täglich 5 bis 10 mg. Von einer intravenösen Distraneurintherapie ist wegen der Gefahr lebensbedrohlicher Atem- und Kreislaufdepressionen dringend abzuraten.

Ein Nachteil der Neuroleptika ist allerdings die Herabsetzung der Krampfschwelle. Es ist noch unzureichend geklärt, wie weit es möglich ist, in der Entziehungsphase die Auslösung eines Delirs bzw. von Krampfanfällen prophylaktisch zu vermeiden. In diesem Zusammenhang wird z.B. auch die vorübergehende Gabe von Benzodiazepinen, wie Dikaliumclorazepat (Tranxilium), die die Krampfschwelle erhöhen, empfohlen.

Alkoholhalluzinose

Auftreten akustischer Sinnestäuschungen bei hellem Bewußtsein, die u.U. über mehrere Monate bestehen können. Stimmen schimpfen und sprechen über den Kranken. Ängstliche Reaktionen, evtl. paranoide Ausgestaltungen. Häufiger Schizophrene in der Verwandtschaft als unter Normalen. Evtl. Übergang in Schizophrenie (Anm.: bei dann anzunehmender schizophrener Veranlagung).

Therapie: Alkoholentzug, Neuroleptika oberhalb der neuroleptischen Schwelle, psychagogische Maßnahmen.

Eifersuchtswahn

Im Zusammenhang mit meist durch den Alkoholabusus bedingten Potenzstörungen und Zurückweisung durch die Ehefrau wahnhafte Eifersucht. (Diagnostisch wesentliche Fragen: „Woran haben Sie es bemerkt, daß Ihre Frau Beziehungen zu einem anderen Mann hat?" o.ä. Der Wahn läßt sich meist aus der Begründung ablesen. Weiteres s. paranoide Entwicklungen und Reaktionen, S. 132).

Therapie: Alkoholentzug, Neuroleptika oberhalb der neuroleptischen Schwelle. Psychotherapeutische und psychagogische Maßnahmen. Evtl. vorübergehend bei einzelnen, besonders älteren Patienten, Keimdrüsenpräparate, wie Proviron, z.B. 1–2 Dragees zu 25 mg.

Pathologischer Rausch

Bewußtseinsstörung mit hochgradiger Erregung und impulsiven, evtl. aggressiven Handlungen. Geht in Schlaf über. Selten Sinnestäuschungen. Hirngeschädigte (bes. mit Anfallsleiden) sowie abnorme Persönlichkeiten sind disponiert.

Therapie: Isolierung und evtl. stationäre Aufnahme, pharmakotherapeutisch empfiehlt sich wegen der Gefahr der Potenzierung der Alkoholwirkung durch Neuroleptika, Tranquilizer sowie Distraneurin besonders Paraldehyd i. m. 5–10 ml (tief-intraglutäal, evtl. wiederholen).

Korsakow-Syndrom

Amnestisches Psychosyndrom (s. S. 281, 288), meist mit Polyneuritis nach chronischem erheblichem Alkoholabsus, besonders in konzentrierter Form.

Therapie: Alkoholentzug.

Drogenmißbrauch

Im Zusammenhang mit Drogenmißbrauch werden folgende weitere Drogen mit (nach *Kielholz* und *Ladewig*) folgenden typischen Intoxikationssymptomen verwandt: Barbiturate = Beruhigung, Bewußtseinstrübung. Antipyretische Analgetika = Beruhigung, Bewußseinstrübung, Anregung. Morphin = Euphorie, Beruhigung. Cocain = Euphorie, Enthemmung. Cannabis = Versenkung, Entspannung. Amphetamin = Antriebssteigerung. Halluzinogene (LSD, Meskalin) = Halluzinationen, Versenkung.

Sofortiger Entzug ist möglich bei den eher anregenden bzw. erregenden Drogen vom Cocaintyp, Amphetamintyp sowie dem Cannabistyp und Halluzinogentyp. Faustregel: Je mehr anregende bzw. erregende psychische Wirkung, umso weniger Abstinenzsymptome.

Sofortiger Entzug ist meist möglich bei Drogen des Morphintyps, bei denen Abstinenzsymptome deutlicher ausgeprägt sind als bei den psychisch erregenden Drogen.

Nur sukzessiver Entzug ist möglich bei Drogen des Barbiturattyps, bei dem häufig Abstinenzsymptome, wie Tremor, Schlafstörungen, Kopfschmerzen, Blutdruckschwankungen, Obstipation, Diarrhoe, innere Unruhe auftreten, wie auch epileptische Anfälle und Entzugsdelirien auftreten können.

Bei den Drogen, bei denen sofortiges Absetzen möglich ist, empfiehlt sich der Einsatz von schwach potenten Neuroleptika, Überwachung der Herz- und Kreislaufsowie Atemtätigkeit.

Therapie: Stationäre Entgiftung mit Hilfe schwach potenter Neuroleptika und Entwöhnung mit mehrjähriger ambulanter Weiterbetreuung mit Einschaltung von Drogenberatungsstellen.

Literatur

1. *Spoerri*: Kompendium der Psychiatrie, 6. Aufl. 1970.

2. *Haase, H.-J.*: Amnestische Psychosyndrome, Springer, Berlin–Göttingen–Heidelberg 1959

3. *Kielholz, P., D. Ladewig*: Die pharmakologische Behandlung Drogenabhängiger, s. *Haase, H.-J.*, Therapie mit Psychopharmaka und anderen, seelisches Befinden beeinflussenden Medikamenten, IV. Aufl. Schattauer Verlag Stuttgart–New York 1977

4. *Haase, H.-J.*: Das Psychotikum „Lysergsäurediathylamid". Fortschritt d. Neur. Psychiat. u. ihrer Grenzgeb. 25, (1957), 546

5. *Haase, H.-J.*: Diagnostik und Behandlung von Alkoholkranken. Der informierte Arzt. Jhrg. 5, (1977), 11, 12

Psychisch abnorme Reaktionen und Fehlentwicklungen außerhalb von Psychosen: Neurosen, abnorme Erlebnisreaktionen, Charakterneurosen – Psychopathien. Sexualanomalien bzw. Sexualneurosen. Paranoide bzw. paranoische Entwicklungen und Reaktionen. Psychosomatische Symptome und Erkrankungen. Leiblich-seelisches Erleben

Neurosen

Definition: Folge einer Störung von Erlebnisverarbeitungen.

Bei entsprechender Disposition (z.B. stärkere Bereitschaft bei ausgeprägter Sensibilität bzw. Empfindsamkeit, Angstbereitschaft u.a.) zunächst entscheidender Einfluß der Umweltprägung in den ersten Lebensjahren. Nicht Einzelerlebnisse, sondern Dauerkonstellationen sind wesentlich, z.B. ständige Härte, Lieblosigkeit, Willkür, Verwöhnung durch die Umwelt in der Kindheit schaffen Gehemmtheiten in den Antriebsbereichen von Geben und Nehmen, der Aggressivität, des Geltungsstrebens, der Liebe und Sexualität. Hinzu kommen die prägenden Einflüsse der männlichen (Vater oder Vaterfigur) und weiblichen (Mutter oder Mutterfigur) Leitlinien. Optimal ist liebevolle gegenseitige Beziehung zwischen Kind und Umwelt (ein Kind, das sich nicht geliebt fühlt, fühlt sich wertlos; häufigste Folgen = Minderwertigkeitsgefühle) mit ausreichender Distanzierung zu den prägenden Umweltpersonen. Nachteilig ist unzureichende Verselbständigung des Kindes mit Fixierung an beide, häufiger an einen Elternteil (bzw. Ersatzpersonen) oder Bindungslosigkeit (z.B. evtl. bei Heimerziehung u.a.) (häufigste Folgen: Partnerprobleme, Anpassungsprobleme an die Gesellschaft).

Abgesehen von dieser sicher wesentlichen Bedeutung der ersten Lebensjahre sollte der Einfluß der späteren Kindheit, insbesondere der Pubertät, für eine neurotische Entwicklung nicht unterschätzt werden. Bei den Neurosen können die Gehemmtheiten nicht unterschätzt werden. Bei den Neurosen können die Gehemmtheiten in den verschiedenen Antriebsbereichen im Vordergrund stehen oder sekundäre Verarbeitungen, wie Überkompensation oder Haltung (i. S. von *Schultz/Hencke*), d.h. Wirkungen von Antriebssprengstücken, wie z.B. zu starke Gehemmtheiten im freien Nehmen bzw. Fordern bei übergroßen Erwartungen gegenüber der Gebebereitschaft der anderen. In diesem Sinne illusionäre Fehlerwartungen, Riesenansprüche u.a.

Ganz allgemein ist psychodynamisch wichtig, daß gewisse Situationen Antriebsbereiche mobilisieren, über deren Bewältigung der durch unbewußte Angst oder Schuldreflexe gefesselte neurotische Mensch nicht frei entscheiden kann. Bedeutet eine Situation eine Versuchung (Versuchungssituation) oder Versagung (Versagungssituation) für bestimmte Antriebsbereiche, z. B. Aggressivität, Sexualität usw., so kann der neurotische Mensch nicht freientscheidend den Umgang mit dieser Situation bejahen oder verneinen; denn es werden die entsprechenden Impulse statt dessen angstvoll oder schuldhaft abgewehrt. Der Neurotiker ist unfrei. Die psychoanalytische Methodik soll dem Patienten helfen, Einsicht in unbewußte Vorgänge zu gewinnen. Zur analytischen Therapie: Dauer im Durchschnitt 150–200 Sitzungen zu je 45–50 Minuten (evtl. Doppelsitzung). Meist 2–5 Sitzungen pro Woche. Frei aufsteigende Einfälle (am besten entspannt auf der Couch) kommen lassen, d. h. der Patient soll alles aussprechen, auch das vermeintlich Unwichtige, Unsinnige oder Peinliche. Die Einfälle kommen zu Gegenwarts- oder Vergangenheitserlebnissen frei aufsteigend oder anknüpfend an Details von Träumen und werden bei möglichster Zurückhaltung des (hinter dem Patienten sitzenden) Therapeuten analysiert. Die Einfälle beziehen sich auch auf den Therapeuten, auf den in der Kindheit entwickelte Einstellungen übertragen werden. Diese Einstellungen werden besprochen und bearbeitet (Übertragungsanalyse).

Die Verhaltenstherapie setzt am Symptom an und versucht im wesentlichen, sich gegen die oft automatisierten Angst- und Schuldreflexe u. a. Fehleinstellungen zu wenden, indem neue, positiv bedingte Reflexe bzw. neue Verhaltensweisen in erster Linie durch subjektiv angenehme Eindrücke gebahnt bzw. verstärkt werden (Belobigungen und Belohnungen, Entspannungsübungen z. B. im Sinne des autogenen Trainings (nach *J. H. Schultz*) mit Vorstellungen der belastenden Situationen = Desensibilisierung usw.). Eine Kombination beider therapeutischer Ansätze, besonders der Verhaltenstherapie nach analytischer Behandlung, erscheint z. Zt. durchaus diskutabel (weiteres s. die entsprechenden Lehrbücher).

Zur Frage: Zustimmung oder Kritik zur Psychoanalyse

Beachtet man den Zeitgeist, aus dem die Psychoanalyse am Beginn unseres Jahrhunderts begründet wurde, so finden wie eine betont patriarchalisch orientierte Gesellschaftsordnung, eine Jugend, die eher unter den Prinzipien einer „Übererziehung" litt, ganz besonders unter dem Einfluß der Tabuierung der Sexualität und einer entsprechenden Mutter-Vater-Kind-Problematik. Als Gegengewicht stellte *Freud* seinerzeit eine Persönlichkeitstheorie gegenüber, die die Nachteile dieses Zeitgeistes für die Entwicklung des einzelnen in den Mittelpunkt stellte. Seine Behandlungsrichtlinien zielten auf den Abbau gehemmter Triebe und mißglückter Verdrängungen und wollten sich nicht mit der Beseitigung psychisch krankhafter Symptome begnügen, sondern die Persönlichkeit dementsprechend umwandeln. Die psychoanalytische Behandlung setzte einen deutlichen Leidensdruck des Betreffenden voraus sowie ein gewisses Maß an Intelligenz und Ich-Stärke, um entsprechend dem Angebot der Psychoanalyse – letzten Endes mit Unterstützung des Psychotherapeuten – „sich selbst zu helfen". Die Indikationen psychoanalytischer

Psychotherapie sind dementsprechend bis auf den heutigen Tag begrenzt und klammern Bequemlichkeits- und Verwahrlosungshaltungen, geistige Minderbegabung bzw. unzureichende Einsichtsfähigkeit aus. Vorgeworfen wird ihr neben einer relativ engen Indikationsbegrenzung mangelnde Ökonomie mit sehr großem finanziellem und zeitlichem Aufwand für die Behandlung und mangelnde Wissenschaftlichkeit, sofern der Wissenschaftsbegriff mit dem der Naturwissenschaft gleichgesetzt wird.

Die Kritik kommt in erster Linie aus dem Bereich der Verhaltenstherapie, die rund ein halbes Jahrhundert später aus einer weitgehend veränderten Gesellschaftsstruktur heraus entstand, in der die Familienstruktur als eher vaterlos und mutterarm gekennzeichnet wurde, in der die Jugend eher durch „Untererziehung" benachteiligt wurde, in der an die Stelle einer Überidentifikation mit Erziehungspersonen und Werten, die das Leben prägen (wie z.B. Vaterland, Kirche u. a.), Identifikationsmangel, Isolierung, Leere getreten waren mit den Konsequenzen des Ausweichens aus der Realität, mit Bequemlichkeits- und Verwahrlosungshaltungen, Sucht, Suizidalität oder auch Wendung gegen die Gesellschaft mit antisozialem kriminellen Verhalten.

Hier bietet die Verhaltenstherapie ebenfalls ein Gegengewicht, indem sie ihre therapeutischen Prinzipien und Methoden den Ergebnissen der Psychologie des Lernens entlehnt. Durch Verstärkung, Abschwächung und Löschung soll nachgelernt werden, was nicht anerzogen wurde, dies ist folglich verhaltenstherapeutisches Ziel.

Sieht man die Geschichte im Sinne von *Hegel* als Ablauf von These – Antithese und Synthese, so wird man sich nicht damit begnügen, die Thesen der Psychoanalyse den Antithesen der Verhaltenstherapie entsprechend dem antithetischen Zeitgeist, aus dem sie entstanden sind, gegenüberzustellen, sondern man wird Synthesen erwarten und suchen.

Synthese findet sich in der Tat, indem durch die Verhaltenstherapie vorrangig und bisher am überzeugendsten erfolgreich Psychotherapie bei den Indikationen angeboten wird, bei denen sich die psychoanalytischen Therapeuten zurückziehen, besonders bei Fehlverhalten von geistig und Lernbehinderten, bei asozialen und antisozialen Verhaltensweisen, einschließlich der Alkohol- und Suchterkrankungen.

Synthese im Sinne der Bereicherung der Psychotherapieformen bei der Behandlung von Patienten, deren Behandlungswiderstand trotz langfristiger psychoanalytischer Behandlung in manchen Fällen nicht oder nicht ausreichend überwunden werden kann, wie besonders bei schweren Fällen von Zwangsneurosen, Angstneurosen und Phobien u. a.

Synthese auch insofern, als bei einer Verhaltensanalyse, sofern sie gewissenhaft durchgeführt wird, das Verhalten nicht nur im gegenwärtigen Querschnitt, sondern unter Berücksichtigung der Erkenntnisse der Psychoanalyse auch im Längsschnitt der persönlichen Lebensgeschichte analysiert wird oder analysiert werden sollte, um dem Patienten verständnisvoller begegnen zu können.

Synthese schließlich auch, indem sich Psychoanalytiker eingestehen werden, daß sie ohnehin in den analytischen Sitzungen auch vielfach verhaltenstherapeutische Regeln befolgen, indem sie im Sinne „Operanten Konditionierens" Verstärkungen fördern durch bestätigende und ermutigende Äußerungen, wie z. B. „Mir fällt auf, daß Sie jetzt schweigen", „Sie sind jetzt ärgerlich" usw., und daß somit in vielen psychoanalytischen Sitzungen trotz des Prinzips der Längsschnittanalyse des Nicht-Eingreifens, des Nicht-Beratens, des nicht-direktiven Verhaltens Verhaltensbeeinflussungen des gegenwärtigen Verhaltens eingehen, mitschwingen oder auch zeitweise im Vordergrund stehen.

Die Synthese wäre vollzogen, wenn sich die Therapeuten beider Richtungen bewußt würden, wo die Möglichkeiten und Grenzen ihrer Behandlungsverfahren liegen, wo diese sich ergänzen können und wieweit der Psychoanalytiker auch Verhaltenstherapie betreiben muß und umgekehrt.

Die Synthese wäre vollends erreicht, wenn künftige Psychotherapeuten sowohl psychoanalytisch als auch verhaltenstherapeutisch ausgebildet würden und je nach Indikation oder auch Verlauf der Behandlung diese Ausbildung nutzen würden.

Die Antwort auf die gestellte Frage „Psychoanalyse: Zustimmung oder Kritik" sollte daher meines Erachtens lauten: Psychoanalyse: Zustimmung und Kritik.

Zur Einteilung der Neurosen

Psychoneurosen (somatische Symptome treten zurück). Depressive Neurosen (s. S. 191 ff.). Zur Behandlung der depressiven Neurosen-Psychotherapie. Bei stärkerer Ausprägung mit sekundärer Vitalisierung im Sinne endomorpher Depression = Antidepressiva, Tranquilizer, evtl. ES-Behandlung.

Angstneurosen

Meist weniger diffuse Ängstlichkeit als Angst in bestimmten Situationen, die Versuchungs- oder Versagungssituationen darstellen, z.B. unbewußte Angst auf der Straße (Fortlaufen = Wegläufertendenz); vor sexuell unkontrolliertem Verhalten (Dirnenproblematik u.a.) = Straßenangst; vor Kontrollverlust gegenüber anderen Personen oder vor Kontrollverlust der anderen = Angst bei Menschenansammlungen z.B. im Kaufhaus, Theater, in der Straßenbahn u.a. Angst gegenüber unkontrolliertem und willkürlichem Verhalten des eigenen Organismus, z.B. Herzphobie u.a. Zur Psychotherapie s. o. Vorsicht mit Tranquilizern, da durch evtl. Scheinlösung unbewußter Konflikte der Patient die Bereitschaft zur Psychotherapie verliert und tranquilizerabhängig wird. Wegen der oft psychisch unmittelbar aktivierenden und damit selbstsicherheitsfördernden Wirkung hat sich und als Begleitbehandlung zur Psychotherapie das Antidepressivum Jatrosom bzw. Parnate im Sinne der Minderung der Angstbereitschaft unter Beachtung der Kontraindikationen wiederholt bewährt.

Zwangsneurosen

Im Zusammenhang mit krankhaft übersteigerter Gewissensbildung und Selbstkontrolle (Pedanterie, Geiz, Störungen der Genußfähigkeit mit oft sexueller Symptomatik, wie Frigidität u. a.) bei meist bestehender Selbstunsicherheit drängen sich zwangshaft wiederholend und quälend Gedanken oder Vorstellungen auf, die den Patienten befürchten lassen, er könne etwas Verbotenes oder Gefährliches tun. Der ganze Mensch kann zwangshaft eingeengt sein und andauernd oder zeitweise an Wiederholungszwängen leiden. Er kann aber auch partiell zwangshaft sein neben willkürlichen ganz ungeordneten Verhaltensweisen. Oder Willkürhandlungen können das Zwangshafte sporadisch durchbrechen. Es fehlt in jedem Fall weitgehend die gute Mitte der freien, abwägenden realistisch angepaßten Willensentscheidung im Hinblick auf Pflichten und Rechte. Während der Patient z. B. weiß, daß er in der Kirche nie etwas Unanständiges rufen, nie einen anderen mit dem Messer verletzen würde usw., kommt er von dem Wiederholungszwang nicht los, er könne es tun. Der Zwangsgedanke bzw. die Zwangsvorstellungen führen naturgemäß nie zu Handlungen. Der Patient wird nie tun, was er zwangshaft befürchtet. Zwangshandlungen dienen der Überkontrolle, z. B. Waschzwang zur Abwehr des Zwangsgedanken, man könne durch Unreinheit andere oder sich gefährden.

Der Drang findet ein Ziel (z. B. dranghaftes Fortlaufen der Jugendlichen, dranghaft aggressive Handlungen bei manchen Hirngeschädigten, besonders bei Anfallskranken in Verstimmungszuständen), der Trieb sucht sein Ziel (z. B. Nahrungstrieb, Sexualtrieb usw.), der Wille setzt sich ein Ziel (*Thiele*) (mit dem subjektiven Erlebnis der Willensfreiheit). Im Zwang fürchtet der Betreffende ein ihm aufgezwungenes Ziel (Zwangsgedanke, Zwangsvorstellung, z. B man könnte etwas Verbotenes, Gefährliches usw. tun oder Zwangshandlung zur Abwehr von Zwangsgedanken, besonders Waschzwang, Kontrollzwänge) mit dem quälenden Erlebnis der Unsinnigkeit und Unfreiheit. Es sind sowohl Erfolge der analytischen Psychotherapie wie der Verhaltenstherapie beschrieben. Im Hinblick auf die Psychopharmaka ist wichtig, daß Zwangsgedanken nicht selten durch endomorph depressive Verstimmungen verstärkt oder auch evtl. erstmals auftreten, zumal diese Depressionen larviert auftreten können und die Zwangsgedanken (bei stets prämorbiden, eher überkontrollierten Personen) ganz im Vordergrund stehen können. Es sollte daher bei begründetem Verdacht auf Phasenhaftigkeit ein therapeutischer Versuch mit Antidepressiva evtl. auch mit ES-Behandlung gemacht werden. Zu den hysterischen Neurosen (s. S. 135). Zu den sogenannten Somatoneurosen (s. S. 133).

Abnorme Erlebnisreaktionen

Im Unterschied zu den Neurosen und den durch Erlebnisse ausgelösten Psychosen meint man mit dem Begriff abnorme Erlebnisreaktion relativ kurzdauernde (Dauer meist Stunden, Tage bis Wochen) Reaktionen, bei denen (abgesehen von den hysterischen Reaktionen) unbewußte innere Konfliktsituationen zurücktreten und bewußten aktuellen Konflikten Platz machen, die aber nach Intensität und Symptomatik in einem Mißverhältnis zum auslösenden Ereignis stehen und jenseits des den gegenwärtigen Sitten und Gebräuchen entsprechenden Verhaltens stehen. Die abnorme Erlebnisreaktion ist entweder inadäquat (*Gruhle*) im Hinblick auf den Anlaß und/oder die vergleichbaren soziokulturell bedingten Erlebnisreaktionen anderer Personen. Eine abnorme Erlebnisreaktion setzt nicht unbedingt eine abnorme Persönlichkeitsstruktur voraus, denn viele Menschen haben eine Toleranzgrenze gegenüber belastenden Erlebnissen. Erst wenn die Symptomatik der Erlebnisreaktion nicht nach einigen Wochen (spätestens einigen Monaten) abgeklungen ist, wird man auf neurotische Erlebnisverarbeitungen in Verbindung mit einer entsprechend abnormen Persönlichkeitsstruktur schließen können.

a) Alle heftigen Gemütsbewegungen können zur abnormen Erlebnisreaktion führen, wie bes. Ärger, Zorn, Wut, Schreck, Verzweiflung.

b) Bei den abnormen reaktiven Erlebnisreaktionen kann es im Zusammenhang mit einer gegen sich selbst gerichteten Aggressivität zum Suizidversuch oder Suizid kommen. Nicht selten stellt der Suizidversuch eine Kurzschluß- oder wenig vorbereitete Handlung mit Appellcharakter an die Umgebung dar (Arrangement der Suizidversuchshandlung – meist Schlaftabletten – oft mit der evtl. Möglichkeit, durch andere Personen aufgefunden zu werden; s. hierzu *Linden*). Ist die Aggressivität vorwiegend nach außen gerichtet, spricht man von aggressiver Verzweiflung.

c) Die Primitivreaktionen können vorwiegend durch eine unzureichende psychische Verarbeitung bedingt sein und häufen sich bei minderbegabten Personen (wie auch bei anthropoiden Affen z. B. kann es zur Abreaktion mit Tobsucht kommen). Dienen die Symptome mehr oder weniger unbewußten Wunschtendenzen, so ordnet man sie den hysterischen Reaktionen bzw. Verhaltensweisen zu (s. S. 133, 135).

d) Treten im Anschluß an Unfälle oder erlittene Schädigungen bzw. von außen erzwungene psychischen Belastungen mehr oder weniger anhaltende psychische Störungen auf, die nicht hirnorganisch bedingt sind, so gibt es verschiedene Möglichkeiten: a) abnorme Erlebnisreaktionen nach heftiger Gemütsbewegung (s. o.), b) Dekompensation einer neurotischen Persönlichkeitsstruktur, c) irrationale Wunschtendenzen, d. h. hysterische Reaktionen können neue Symptome schaffen oder Symptome einer abnormen Erlebnisreaktion bzw. einer neurotischen Dekompensation verstärken oder aufrechterhalten. Bei den Wunschtendenzen können Rentenwünsche (Rentenneurose), Wünsche „sein Recht zu bekommen“ (Rechtsneurose), Wünsche nach Vermeidung einer erzwungenen Wiederholung der Situation (z.B. Kriegszitterer nach dem 1. Weltkrieg) und überhaupt alle Wunschtendenzen, die bei seelischen Reaktionen und Neurosen eine Rolle spielen, von Bedeutung sein.

e) Bei der nervösen Erschöpfung handelt es sich stets um die Folge länger dauernder Belastungen. Bei diesen Belastungen sind unlustbetonte Einstellungen z. B. zur Arbeit bzw. zu den Ereignissen und eventueller Schlafmangel entscheidend. Also nicht die Quantität der Arbeit oder der Ereignisse sind wesentlich (sofern sie nicht zum deutlichen Schlafdefizit führen), sondern die lust- oder unlustbetonte Einstellung dazu, wenn es zur nervösen Erschöpfung kommt. Auch andauernder Lärm kann (sofern er nicht ein ungewöhnliches Ausmaß erreicht und evtl. auch den

Nachtschlaf beeinträchtigt) erst über eine entsprechende Einstellung dazu zur Belästigung werden und dann eine nervöse Erschöpfung auslösen. Stets wird man fragen müssen, wieweit der Akzent auf der von außen erzwungenen Überlastung liegt (z.B. Urlaubsvertretung). Meist kommt es zu nervösen Erschöpfungen bei Personen, die sich überfordern lassen oder sich im Hinblick auf zu hoch gestellte Ziele selbst überfordern, die im Sinne depressiver oder zwangshafter Persönlichkeitsstrukturen schlecht „nein" sagen können, ihr Recht nicht gut fordern können, es mit den Aufträgen zu genau nehmen.

Im Vordergrund der Symptomatik stehen „reizbare Schwäche" im Sinne der Neurasthenie mit leichter Erregbarkeit, Konzentrationsstörungen, rasche Ermüdbarkeit u.a. und evtl. vegetativer Symptomatik, wie wir sie durchaus vergleichbar von der „Hirnleistungsschwäche" (s. S. 284) kennen. Evtl. kommt es zur depressiven Färbung des Zustandes, der in eine vitalisierte, d.h. sich verselbständigende endomorphe Depression münden kann (Erschöpfungsdepression nach *Kielholz*).

f) Zu enge und zu intensive mitmenschliche Beziehungen können wie auch fehlende oder mangelnde mitmenschliche Beziehungen abnorme Erlebnisreaktionen auslösen. Daher kann es natürlich auch entsprechend den Ergebnissen der Soziopsychiatrie je nach individueller Veranlagung und Reaktionsbereitschaft auch zur Auslösung oder Verschlimmerung von besonders endogenen Psychosen, Neurosen und Sucht durch einen Überdruck oder Unterdruck im Rahmen mitmenschlicher Beziehungen kommen. Zu intensive Beziehungen können beim Miteinanderleben in zu großer Gemeinschaft, bes. in Gefangenenlagern (Stacheldrahtkrankheit) wie auch in bestimmten Wohngemeinschaften, belastend sein. Heftige Reaktionen mit zumindest sprachlichem oder tätlichem Aufeinanderlosgehen können die Folgen sein. Umgekehrt kann die Isolierung von den Mitmenschen bei Alleinstehenden (s. hierzu *Haase*: Soziopsychiatrische Untersuchungen an alleinstehenden Frauen), in sprachfremder Umgebung, in der Einzelhaft („Haftknall") u.a. zu ängstlichem und evtl. paranoidem bzw. paranoischem Syndrom führen.

Zur Therapie der abnormen Erlebnisreaktionen

Trotz der Vielfält der Möglichkeiten haben psychotherapeutische Maßnahmen grundsätzlich den Vorrang. Lediglich bei sehr heftigen, anfallsähnlich auftretenden abnormen Erlebnisreaktionen kommt zunächst eine medikamentöse Ruhigstellung in Betracht, bei der vor Einführung der Psychopharmaka oft 0,5–1 mg Hyoscini (= Scopolamini) verwandt wurden, während heute am ehesten reine Tranquilizer (z.B. Tavor, Valium u.a.) oder schwach potente Neuroleptika (z.B. 50–100 mg Neurocil peroral oder i.m. in Kombination mit Kreislaufmitteln und Beachtung der evtl. Kreislaufkollapsgefahr) evtl. mit Wiederholung nach einigen Stunden gegeben werden.

Charakterneurosen – Psychopathien

Ist ein Mensch in seiner Charakterstruktur, d.h. in den Bereichen des Gemüts- und Willenlebens, derart abnorm, daß er und/oder andere darunter leiden, so taucht die Frage auf, ob milieubedingt erworben oder angeboren. Im Zuge einer Abwehrhaltung wurden besonders von der älteren Psychiatrie oft diejenigen, unter denen die Umwelt leidet, eher als abnorm veranlagt und damit weniger beeinflußbar gekennzeichnet. Bisher stehen jedoch die Beweise dafür aus, daß die charakteristischsten Persönlichkeitstypen dieser Richtung, wie Querulanten, Fanatiker, Gemütskalte, Geltungssüchtige, Haltlose, in diesem komplexen Sinne veranlagt sind. Vielmehr findet man hier meist ungünstige Familienkonstellationen in der Kindheit. Diejenigen, die an sich selbst leiden und damit auch eher zum Therapeuten gehen, wie Selbstunsichere, Kontaktgestörte evtl. Schizoide, Depressive, die früher als veranlagt im Sinne von psychopathisch abgestempelt wurden, sind inzwischen in die Einteilungsschemata der Neuroselehren eingeordnet. Aber auch bei den Eigenschaften des Temperaments, d.h. der persönlichen affektiven Schwingungskurve, die man weitgehend auf Veranlagung zurückführt (man denke an die traditionelle 4-Säfte-Lehre der Antike), sind äußere Faktoren wesentlich dafür, ob der Betreffende oder die Umgebung unter einem hyperthymen, sanguinischen, leicht erregbaren, schwerblütigen u.a. Temperament leidet. Der Leidensbegriff und die Behandlungsbereitschaft des Patienten jedoch sind entscheidend für unser Thema, nicht die Frage, inwieweit abnormes Verhalten angeboren oder erworben bedingt ist.

Es ist selbstverständlich, daß psychotherapeutische und psychagogische Maßnahmen bei der Behandlung neurotischer bzw. psychopathischer Fehlentwicklungen im Vordergrund stehen. Psychopharmaka können nützlich sein bei der Stabilisierung affektlabiler, leicht erregbarer, leicht verstimmter Personen. Abgesehen von der evtl. Verordnung von reinen Tranquilizern im Bedarfsfall kann nach neueren Erfahrungen die laufende Applikation von Langzeitneuroleptika unterhalb der neuroleptischen Schwelle als Langzeittranquilizer nützlich sein. Auch eine affektiv-stabilisierende Wirkung von Lithiumsalzen wurde (außerhalb des manisch-depressiven Formenkreises) beschrieben.

Sexualanomalien bzw. Sexualneurosen

Außerhalb von Perversionen kommt es zu Sexualanomalien, z.B. im Zusammenhang mit sexueller Fehlerziehung, bei der die Sexualität nur als verboten, evtl. schmutzig hingestellt wurde, oder zumindest als geheimnisvoll verschwiegen wurde. Häufigste Folge: Onanieskrupel (besonders bei Männern, die normalerweise in der Pubertät ausnahmslos onanieren) mit Störungen des Selbstbewußtseins („ich bin schwach", „ich bin schmutzig"). Diese Einstellung zu sich selbst kann sich nach der Pubertät verselbständigen, auch wenn die Onanie keine Rolle mehr spielt. Weitere Folgen: Beeinträchtigung des sexuellen Genusses. Bei Überverpflichteten, besonders Pedantischen, besteht meist eine tiefgehende Beeinträchtigung der Genußfähigkeit, die auch zur Herabsetzung der sexuellen Genußbereitschaft bzw. Genußfähigkeit führt. Häufigste Folge: bei Frauen Frigidität mit fehlendem oder seltenem Orgasmus, bei Männern relativ seltener, evtl. kurzdauernder oder wenig variierter Geschlechtsverkehr.

Bei den Potenzstörungen kann allgemeine Selbstunsicherheit von Bedeutung sein, die z.B. Erwartungsängste mit Überregbarkeit bedingt und zur Ejaculatio praecox führen kann. Es kann aber auch die Unsicherheit gegenüber nur einer bestimmten, als überlegen empfundenen Partnerin dazu führen, daß z. B. die Erektion zu kurze Zeit anhält. Der Volksmund sagt, „er ist ein Schlappschwanz, steht nicht seinen Mann“. Der Betroffene wird seine Unsicherheit um so eher bei der männlich sexuellen Aggression zeigen, je fordernder die Partnerin ist. Setzt man das männlich sexuelle Verhalten eher in Beziehung zur Aggressivität und die weibliche Sexualkraft eher in Beziehung zur Hingabe, so gibt es doch viele Überschneidungen. Mangelnde Hingabebereitschaft des Mannes kann, abgesehen von ausbleibenden Zärtlichkeitsimpulsen, sowohl die Erektion beeinträchtigen als auch zur (unbewußten) Zurückhaltung der Ejakulation führen. Dahinter können z. B. Ängste gegenüber dem Partner, Ängste gegenüber der künftigen Verantwortung für evtl. Nachwuchs, Fixierungen an den gegengeschlechtlichen Elternteil usw. stehen. Umgekehrt können Frauen nicht nur eine mehr oder weniger bewußte fehlende Bereitschaft zur Bejahung der Frauenrolle (Anorexia nervosa), zur sexuellen Hingabe (Vaginismus, ausbleibender Orgasmus u. a.) haben, sondern sie können ihre Sexualität einem männlichen aggressiven, auf Leistung eingestellten Verhalten unterordnen. Der Mann wird bei diesem (phallischen) Typ der Frau zum Rivalen.

Ein anderer Gesichtspunkt ist die mangelnde Bindungsfähigkeit, die relativ häufig zu sexuellen Problemen führt. Die mangelnde Bindungsfähigkeit kann im Zusammenhang mit Fixierung an einen Elternteil bestehen. Sie kann aber z. B. auch im Zusammenhang mit negativ getönten Eindrücken in der Kindheit im Hinblick auf Bindung verständlich werden oder z. B. bei unausgereifter, oft im Selbstwertgefühl beeinträchtigter Persönlichkeit dazu führen, daß ständig neue Partnereroberungen zur Selbstbestätigung gebraucht werden, so daß es zum Don-Juanismus bei Männern bzw. zur Nymphomanie bei Frauen mit ständigem Partnerwechsel und Unfähigkeit zur sexuellen Dauerbefriedigung bei einem Partner kommen kann.

Damit sollen nur andeutungsweise einige besonders wichtige Gesichtspunkte zur Genese von Sexualanomalien gebracht werden. Jeweils wird im Einzelfall zu analysieren sein, welche (meist unbewußten) Motive die Anomalien genetisch verständlich machen.

Perversionen werden diejenigen Sexualanomalien genannt, bei denen es zur sexuellen Befriedigung außerhalb des heterosexuellen Verkehrs kommt. Es werden unterschieden: Exhibitionismus, Sadismus-Masochismus, Nekrophilie, Pädophilie, Sodomie, Fetischismus, Transvestismus, Homosexualität.

Zur Therapie: Die Sexualanomalien sind am ehesten im Gegensatz zu den Perversionen einer Psychotherapie (psychoanalytische Einzelbehandlung, Gruppenbehandlung, besonders Ehepaarbehandlungen, Verhaltenstherapie) zugänglich. Psychopharmaka können mit Hilfe der Tranquilizer-Wirkung Erwartungsängste, bzw. die für die Sexualität nachteiligen affektiven Spannungen herabsetzen, können aber auch im Hinblick auf die bei höheren Dosierungen zu beobachtende Minderung von Libido und Potenz nachteilige Wirkungen haben. Wiederholt bewährten sich zur Herabsetzung der Erregbarkeit schwach potente Neuroleptika (neben der Psychotherapie) bei der Ejaculatio praecox. Ebenfalls ist eine Minderung der sexuellen Erregbarkeit durch eine vorübergehend niedrig dosierte Verordnung von Cyproteronacetat (Androcur) in Betracht zu ziehen.

Bei nicht oder weniger durch psychische Fehleinstellungen bedingter hormonal geleiteter, meist mit fortschreitendem Alter auftretender, subjektiv belastender Herabsetzung der sexuellen Triebstärke können wiederholte mehrwöchige Kuren mit Keimdrüsenpräparaten nützlich sein (s. S. 280).

Bei den Perversionen kommt es durch die perverse Handlung zur Befriedigung. Es besteht daher in diesem Zusammenhang kein unmittelbarer Leidensdruck, so daß psychotherapeutische Maßnahmen wenig Ansätze und Aussichten haben, es sei denn, es handelt sich um die psychotherapeutische Bearbeitung ungünstiger Folgezustände der Perversion. Kommt es infolge der Perversion zu kriminellen sexuellen Delikten, so besteht naturgemäß sehr ernste Wiederholungsgefahr. Im Interesse einer Vermeidung dieser Gefahren ist daher die Frage einer chemischen (Cyproteronacetat = Androcur) oder operativen Ausschaltung der Sexualität in jedem Falle zu überprüfen. Andererseits ist eine Dauerinternierung oft unumgänglich. Von besonderem Interesse ist in diesem Zusammenhang das jetzt zur Verfügung stehende parenterale Cyproteron-Depot-Präparat (= Androcur-Depot), das in Abständen von 10–14 Tagen i.m. zu applizieren ist (s. hierzu S. 273).

Paranoide bzw. paranoische Entwicklungen und Reaktionen

Ein besonderes diagnostisches und therapeutisches Problem stellen die paranoiden Entwicklungen und Reaktionen dar. Mit ihnen befinden wir uns im Grenzgebiet. Psychodynamisch handelt es sich oft um die Folge einer Störung von Erlebnisverarbeitungen im Sinne neurotischer Entwicklungen. Im Hinblick auf die Symptomatik steht ein qualitativ neuartiges, formal nicht verständliches und damit psychotisches Erleben vor uns. Es ist wichtig zu wissen, daß tiefgehende Beeinträchtigungen der Selbstsicherheit und des Selbstbewußtseins dazu führen können, daß an die Stelle des Erlebens: „Ich bin unsicher", „Ich bin schwach", „Ich fühle mich minderwertig" nach außen in die Umwelt projiziert wird: „Die anderen sind sicher, stark, mir überlegen, sind gegen mich, wollen mir etwas antun". Diese Beeinträchtigungen der Selbstsicherheit und des Selbstbewußtseins können den Boden für paranoide Erlebnisse bereiten, sofern wir darunter Eigenbeziehungen mit (äußerem oder innerem) Anlaß verstehen.

Es lassen sich Gemeinsamkeiten finden für paranoides Erleben sowohl auf der Grundlage von neurotischen Fehlentwicklungen, wie auch bei hirnorganisch Geschädigten und endogen psychotisch Erkrankten. Bei hirnorganisch bedingtem Absinken der Leistungsfähigkeit, besonders bei Bewußtseinsstörungen und bei amnestischen Psychosyndromen, dürfte es eher die Einbuße der Selbstsicherheit sein, die z. B. den Vergeßlichen zum Paranoiden werden läßt. Es dürfte auch eher von Einbrüchen in die Selbstsicherheit her zu verstehen sein, wenn es bei Störungen der „sichernden" Verständigung mit anderen, wie bei Schwerhörigen oder in sprachfremder Umgebung, zu paranoiden Syndromen kommt. Bedenkt man, wie eng das Erleben der Selbstsicherheit und das Selbstwertgefühl aneinander geknüpft sind, so wird klar, daß es sich nicht um grundsätzliche Unterschiede handelt, sondern daß die Störungen des Selbstgefühls, welche abnorme Eigenbeziehungen mit Anlaß auslösen, auf einen gemeinsamen Nenner zu bringen sind. Dabei sind es nur Akzentverschiebungen, wenn „wahnhafte“ paranoide Syndrome in der Haft bei dem einen eher durch die Beeinträchtigung des Selbstwerterlebens durch Selbstvorwürfe, bei dem anderen mehr durch den Verlust des sichernden Kontaktes infolge Isolierung (z. B. auch paranoide Psychosen bei alleinstehenden Frauen, s. *Haase*) ausgelöst werden. Auch bei der Impotenz wird man beide Gesichtspunkte anführen können. Erst bei dem Syndrom, das letztlich durch das Erlebnis „beschämender Insuffizienz“ ausgelöst wurde, d. h. beim sensitiven Beziehungswahn *E. Kretschmers*, wird man den Akzent eher auf die Beeinträchtigung des Selbstwerterlebens setzen, auch bei den äußerlich Entstellten, auf deren häufige sensitiv-paranoide Reaktionen *Panse* hinwies. Will man ein derartiges paranoides Syndrom verstehen, wird man jeweils die Beziehungen der Trias: Erlebnis – Milieu – Charakter, zueinander berücksichtigen, wie *E. Kretschmer* es uns beim sensitiven Beziehungswahn zeigte.

Psychosomatische Symptome und Erkrankungen

Der Begriff „psychosomatische Symptomatik“ umfaßt körperliche Symptome, die seelisch verursacht oder bedingt objektiv sichtbar sind bzw. sichtbar gemacht werden können. Dabei ist der Erlebniszusammenhang oft nicht mehr zugänglich bzw. kann nur mühsam erarbeitet werden. In zahlreichen Untersuchungen wurde eine Beziehung zwischen der Intensität von Affekten und somatischen Begleiterscheinungen (besonders motorischer und sekretorischer Phänomene), dagegen weniger überzeugend zwischen spezifischen Affekten (z. B. Wut, Trauer usw.) und somatischen Begleiterscheinungen nachgewiesen.

Gesichtspunkte zur Frage des Betroffenseins bestimmter Organe bzw. Organsysteme bei psychischen Vorgängen:

a) Funktionseinheiten: z. B. vegetatives System mit Einbau in Leistungsvollzüge, ergotropes System = Leistungsentfaltung, trophotropes System = Aufbau = Ruhe.

b) Orte verminderter Widerstandskraft (locus minoris resistentiae, z. B. psychogene Armlähmung nach früherer organisch bedingter Bewegungsbeeinträchtigung des Armes u. a.).

c) Orte überhöhter funktioneller Beanspruchung (z. B. Kopfschmerz bei geistiger Beanspruchung: „Das Problem macht mir Kopfschmerzen“).

d) Körperliches läuft nicht nur biologisch zweckvoll ab, sondern kann auch als Ausdruck für psychisches Geschehen dienen (z. B. die Kontraktionen der Muskeln im Bereich der Augen können sowohl der Abschirmung von Licht dienen, als auch als Ausdruckssymptom bei Konzentration auf einen „Blickpunkt“ auftreten.).
Spezifische Situationen gibt es nur im Hinblick auf besondere Persönlichkeitsstrukturen. Nicht, was erlebt wird, sondern wie erlebt wird, ist entscheidend. So kann ein Verlust einer Person je nach Persönlichkeitsstruktur und Veranlagung z. B. eine exomorphe oder endomorphe Depression, eine Manie, eine Herzphobie, eine Sucht, eine schizophrene Psychose u. a. auslösen.

Ergiebiger ist die Suche nach besonderen Persönlichkeitsmerkmalen, bei denen besonders psychosomatische Erkrankungen auftreten können (nicht auftreten müssen).

Die folgende Übersicht, die besonders dem amerikanischen Schrifttum entnommen wurde, bedarf erheblicher Ergänzungen wie auch Korrekturen und kann nur einen oberflächlichen und unzureichenden Eindruck über die komplizierten Beziehungen zwischen Persönlichkeitsmerkmalen und psychosomatischen Erkrankungen vermitteln.

Migräne:	ungewöhnlich ehrgeizig, sehr genau
Heuschnupfen	zusätzlich zu diesen Zügen verschlossen und überempfindlich
Asthma, Prurigo:	innerliche emotionale Unsicherheit, übermäßig abhängig, narzistisch, äußerlich sehr aktiv, rastlos, übermäßig ehrgeizig
Hoher Blutdruck:	gutartig, anpassungfähig, gesellig, fleißig, aber Angst vor verantwortungsvollen Positionen
Koronararterienverschluß:	fleißig, lieben verantwortungsvolle Positionen
Magengeschwür:	gespannt, ängstlich, stecken sich hohe Ziele und legen großen Wert auf Unabhängigkeit
Chronische Verstopfung und Colitis:	übermäßig ordentlich, übermäßig sauber, Tendenz zum Sparen und Horten
Rheumatische Arthritis:	Märtyrer
Gehäufte Frakturen:	verantwortungslos, Mangel an Voraussicht, Mangel an Fähigkeit und Planung
Dysmenorrhoe:	lehnen ihre weibliche Rolle ab oder möchten die kindliche Abhängigkeit von den Eltern nicht aufgeben

Entscheidend wichtig ist zum Verständnis psychosomatischer Symptome und Erkrankungen eine Zusammenstellung multikonditionaler Faktoren, die das Ineinander von besonders gearteter Persönlichkeitsstruktur und auslösender Situation und insbesondere die Zweckfunktion des betreffenden Organbereiches berücksichtigt (z.B. die Muskulatur im Bereich der Augen dient dem Zweck des Sehens, Herz und Kreislauf dienen zweckvoll den Leistungsvollzügen usw.). So können z.B. Zurückhaltetendenzen bzw. Nichtabgeben, Nichthingebenkönnen, sich somatisch in den entsprechenden Organbereichen äußern: Obstipation bei Sparsamen, Impotenz, Frigidität bei Hingabegestörten usw. Diese Gesichtspunkte lassen sich in erster Linie bei psychosomatischen Erkrankungen im Bereich des Magendarmtraktes, des Kreislaufs und der Atmung anwenden, lassen sich aber auch auf zahlreiche andere Organfunktionen übertragen.

Der wirkungsvolle Einsatz von Psychopharmaka bei den verschiedensten „Organbeschwerden“ unterstreicht eindrucksvoll die Berechtigung und Notwendigkeit, eine oft einseitige Krankheitslehre zur Lehre vom Kranken zu erweitern.

Leiblich-seelisches Erleben

„Ich habe einen Körper. Ich bin ein Leib“ (nach *Zutt* u. a.). Es besteht eine (individuell sehr unterschiedliche) Fähigkeit, Seelisches in Körperliches zu transformieren. Bei der Einbuße der menschlichen Freiheit in Neurosen und Psychosen verliert der Körper oft seine Selbstverständlichkeit und wird zum subjektiv störend erlebten Leib. Körperliches bzw. Organisches verliert seine rein materielle Zweckbestimmung und wird ausdrucksvoll in das Erleben einbezogen. So kann sich z.B. Übelkeit nicht auf Nahrungsmittel, sondern auf eine widerwärtige (nicht schmekkende) Situation beziehen usw. Seelisches wird somit leiblich erlebt, drückt sich leiblich aus. (Der Terminus „Organneurose“ ist mißverständlich und zielt nur auf ein Symptom).

Es finden sich von hier aus fließende Übergänge zur „Konversionssymptomatik“, meist „hysterisch“. Der Begriff „Hysterie“ meint ein rational planloses, irrational wunschgeleitetes und oft demonstratives Erleben und Verhalten. Hysterische Verhaltensweisen können instinktivem Verhalten bei Tieren nahestehen, wie besonders der „Totstellreflex“, der „Bewegungssturm“. Irrational geleitete Mechanismen können außerhalb des Einflusses von Willen und Verstand (= hypobulische und hypnotische Mechanismen) das Zustandsbild beherrschen (s. hierzu *E. Kretschmer* = Hysterie, Instinkt und Reflex).

Bei der Konversionssymptomatik tritt ein seelischer Konflikt als körperliches Symptom nach außen in Erscheinung, meist in Bereichen, die der willkürlichen Innervation zugänglich sind (d.h. Bewegungsapparat, Sinnesleistungen).

Bei leiblichem Erleben der Psychosen (bes. endomorphe Depressionen werden weitgehend leiblich erlebt) hat die Therapie mit Psychopharmaka den Vorrang vor der Psychotherapie. Bei leiblichem Erleben der Neurosen geht es in erster Linie darum, psychotherapeutisch Konfliktsituationen zu bereinigen. Psychopharmaka können nur helfen, den Leidensdruck zu mindern. Muskelrelaxierende und spasmolytische Effekte der Tranquilizer-Wirkung können nützlich sein, wenn das leiblich-seelische Erleben von entsprechenden funktionellen und sich verselbständigenden körperlichen Vorgängen begleitet wird.

Depressionen

Entstehung – Erscheinung – Behandlung

Was geschah in der Vergangenheit mit dem Thema der Depression, oder wie sie im Schrifttum vielfach hieß, der Melancholie?

Der Satz, daß mit Begriffen die Welt ergriffen und begriffen wird, macht manche Blickrichtung gegenüber den Depressionen verständlich. So leitete der in der Antike aus der Humoralpathologie kommende Begriff der Melancholie bis zum 18. Jahrhundert die Sicht eingleisig auf körperliche Ursachen. Noch in der Renaissance bei *Paracelsus* war der Körper eine Art Alchimistenküche (*Ackerknecht*), in der ätzende Dämpfe aufstiegen und Geisteskrankheiten verursachten. So schreibt *Paracelsus* u.a.: „... im Salz, Schwefel und Quecksilber liegen die Uranfänge aller Krankheiten: Durch Hitze wird das Quecksilber sublimiert, destilliert oder präcipitiert. Die Sublimation verursacht den Wahnsinn, die Präcipitation die Gicht und die Destillation die Lähmungen und die Melancholie.“

Als es dann gestattet wurde, menschliche Körper zu sezieren, verlegte sich das Interesse von den Körpersäften der alten Temperamentenlehre und den chemischen Vorgängen auf die sichtbaren Organe, so daß es z.B. im 17. Jahrhundert bei *Theophil Bonnet* heißt: „... eine ganze Familie war der Melancholie unterworfen, aus welcher einige plötzlich starben. Man konnte von ihrer Krankheit keine andere Ursache finden, als auffallende Kleinheit der Milz.“

Dabei umfaßte die Melancholie, in der griechisch-römischen Psychiatrie von *Aretaus* als ruhige Form der Verrücktheit der aufgebrachten Form der Manie gegenübergestellt, ein breites Spektrum psychotischer Störungen.

Es spiegelt eine schreckliche Härte mitmenschlicher Auseinandersetzung wider, wenn einerseits einseitig das Thema der Depression im Abendland seit der Antike unter der Blickrichtung der Melancholie auf körperliche Ursachen untersucht wird, während wir über die menschliche Zuwendung nur in Form von Aberglauben und religiösem Fanatismus erfahren, so daß z.B. im 16. Jahrhundert ein mutiger Arzt schreiben konnte (*Weyer*): „Im Falle der Hexenverbrennungen handelte es sich vorwiegend um melancholische Geisteskranke.“ Wo blieb die Auseinandersetzung mit der großen Anzahl der Schwermütigen, die über verständliche Anlässe oder auch ohne erkennbaren Grund in hoffnungslose Lebensverneinung und Selbstverneinung geraten waren? Brachten sie sich um, verdammte sie die Kirche. Verfielen sie in krankhafte Schwermut mit unverständlichen Selbstanklagen, standen ihnen eine rein somatische Therapie oder intoleranter Aberglaube gegenüber. Kamen sie mit ihrem Schicksal nicht zurecht, wurden depressiv, apathisch, litten an mangelnder Selbstachtung, fühlten sich anderen unterlegen oder gar schuldig, so verschloß sich die medizinische Wissenschaft, die letztlich erst in unserem Jahrhundert zu lernen begann, sich nicht nur für die Erforschung von Krankheiten, sondern auch des kranken Menschen zu interessieren. Die christliche Religion wiederum konnte ihnen Trost anbieten, aber auch Belastung mit einem Gedankengut, in dem das Leben in Schuld und die drohende Strafe einen großen Raum einnahmen; eine Religion, deren Gläubige in ihr Tagesgebet einschlossen: „und vergib uns unsere Schuld", und die einem reuigen Sünder eher Heil in Aussicht stellte als 99 Gerechten.

Erst im 18. Jahrhundert engte in der französischen Schule *Pinel* nicht nur den Melancholiebegriff ein, der sich „auf eine Idee konzentriert habe, die entweder trauriger oder größenwahnsinniger Natur sei", sondern er beschrieb auch psychologische Ursachen, wie Schreck, Liebeskummer, Verlust des Vermögens, häusliche Schwierigkeiten, übertriebene Frömmigkeit. Die französische Schule beschrieb bereits 1854 mit *J. Baillarger* das zirkuläre Irresein (später bei uns durch *Kraepelin* als manisch-depressives Irresein abgegrenzt). Sie trennte weniger streng die körperliche oder seelische Betrachtungsweise seelisch-geistiger Erkrankungen voneinander, während in Deutschland sich Somatiker und Psychiker seit dem 19. Jahrhundert bis auf den heutigen Tag oft in einer Weise gegenüberstehen, die einer lebensnahen Psychiatrie hinderlich ist. Gefördert wurde dies durch den unglücklichen und mißverständlichen Begriff der „endogenen" Psychosen, der die Blickrichtung ablenkte von der Person, die an Melancholie erkrankt, wie ggfs. von den Bedingungen, unter denen die Erkrankung auftritt.

So sah die Psychiatrie in erster Linie die kranken Zustände und hatte wenig Raum für ihre Entstehung. Mit dem Begriff „endogen" war das Kausalitätsbedürfnis weitgehend verschoben auf eine Hereditätsforschung. Angesichts jedoch der Tatsache, daß hereditär bedingte Krankheiten weder ätiologische noch therapeutisch orientierte Forschungen ausschließen, wie z. B. der hereditär bedingte Diabetes mellitus zur Entdeckung des Insulins führte, erhielt die somatisch orientierte Forschung zunächst durch die Erfolge der Krampfbehandlungen wie der Behandlung mit Antidepressiva sowie ganz besonders der vorbeugenden Wirkung der Lithiumsalze neue Impulse. So bestanden bereits Hypothesen, wonach Lithium regulierende Wirkungen auf Vorgänge im zentralen Nervensystem hat, die den Gemütsstörungen zugrunde liegen und die möglicherweise in engem Zusammenhang mit der Menge der an den zentralen Synapsen als Überträgersubstanz zur Verfügung stehenden Katecholamine wie mit der Elektrolytverteilung im zentralen Nervensystem stehen.

Die nicht psychotischen Depressionen fanden ihr Unterkommen in den Begriffen der wiederum eingeborenen depressiven Psychopathie oder des Temperaments (*Kretschmer*), bestenfalls der abnormen depressiven Erlebnisreaktionen und Persönlichkeitsentwicklungen (*K. Schneider*).

Wurde bei dieser vorwiegend am psychischen Querschnitt orientierten Psychiatrie die Kindheit des Patienten mit seinen Entwicklungsbedingungen offensichtlich vernachlässigt zugunsten der Untersuchung des gegenwärtigen Zustandes, geschah das genau Umgekehrte bei der Psychoanalyse. Hier fanden sich mit *S. Freud* am Beginn unseres Jahrhunderts mächtige Ansätze, die den Entstehungsbedingungen seelischer Störungen nachspürten. Dabei kam es sehr bald zu Denkmodellen und Begriffen, die einerseits sehr subtile Beobachtungen an seelisch Kranken einfingen, indem z.B. die seelische Fehlleistung, wie das Versprechen u.a., der Traum und viele neurotische Symptome dem Verständnis zugänglich wurden. Andererseits kam es in der psychoanalytischen Forschung vielfach zu einer unrealistischen Gleichschaltung von psychopathologischem Zustand der depressiven Psychosen und psychischen Entstehungsbedingungen. Alle psychotischen Symptome haben in der konsequent durchgeführten Psychoanalyse einen Sinn, mit dem der „psychische Apparat" etwas erreichen will. So zerbricht auch die depressive Psychose nicht den Sinnzusammenhang des Lebens, ihre Symptome verweisen vielmehr auf die Entstehung der melancholischen Erkrankung. In diesem Sinne sind z.B. die in der Psychose evtl. auftretenden Selbstanklagen nicht unverständlich, sondern richten sich zunächst gegen die Person, von der sich der Kranke im Stich gelassen fühlt. Der Kranke habe eine Wut über diesen Verlust, habe aber Angst, deshalb bestraft zu werden, und richte die Wut, d.h. die Aggression, nicht gegen die ihn enttäuschende bzw. ihn verlassende Person, sondern gegen sich selbst. Er hat den anderen introjiziert, d.h. gleichsam einverleibt, und wiederholt den gleichen Vorgang, der sich nach Meinung dieser Psychoanalytiker (*M. Klein* u. a.) am Ende des 1. Lebensjahres abgespielt hat, als die Mutter ihn zu abrupt abstillte. Es sei damals nicht nur zur Introjektion der guten, spendenden Mutter, sondern auch der bösen, die Mutterbrust versagenden Mutter gekommen. Die Mutter habe das Kind, das später depressiv wird, entweder pflichtbewußt ganz besonders im Hinblick auf Nahrungs- und Liebesangebot abhängig gehalten, oder das Kind sei von der Anlage her besonders gierig auf ständige Zufuhr angewiesen. Das plötzliche Abstillen, das zu rasche Verlangen, daß das Kind nunmehr pflichtbewußt, wie die Mutter, gebefreudig werden solle, führe zu einer schweren Frustration und falle in eine Zeit, in der das Kind noch nicht ausreichend zwischen sich und der Mutter unterscheide. Mit Schreien, Strampeln, den Kopf hin- und herwerfend, wende es sich wütend gegen die versagende Mutter und habe dabei Angst, die Mutter gänzlich zu verlieren. Daher wende das Kind die Wut gegen sich, also gegen den introjizierten bösen, d.h. versagenden Mutteranteil. Dieser Vorgang könne zum festen Charakterzug werden, indem Ersatzobjekte für die Mutter gesucht werden, die dem Ideal der Mutter nahe stehen, denen der Betreffende mit gleichen symbiotischen Abhängigkeitswünschen gegenüberstehe, und deren Verlust oder enttäuschende Versagung wiederum zu Depressionen mit Verzweiflung und (statt Fremdanklage) zur Selbstanklage führe.

Nimmt man, um eine kurze Abschweifung zu gestatten, hinzu, daß auch die spätere Entstehung von Schizophrenien von der Mutter-Kind-Beziehung im 1. Lebensjahr abhängig sein soll, so wird hier die Mutter-Kind-Beziehung zu einer derart magischen Macht, wie wir sie auf anderer Ebene in religiösen Glaubensrichtungen (z.B. im Marienkult) wiederfinden.

Zu diesen Ansätzen, die sich bei *M. Klein* besonders verdichten, aber auch sonst die psychoanalytische Literatur durchziehen, ist im wesentlichen festzuhalten:

Eine intakte Mutter-Kind-Beziehung in den ersten Lebensjahren ist für die psychische Entwicklung des Kleinkindes sicher von Bedeutung. So sind z. B. in Waisenhäusern unter Umständen nicht nur mangelndes körperliches Gedeihen, sondern auch Apathie, Lustlosigkeit, Interessenlosigkeit, mangelnde Zuwendung des Säuglings zu Personen und Dingen bekannt, wenn kontinuierlich liebevoll sich zuwendende Bezugspersonen fehlen. *R. Spitz* sprach in diesem Zusammenhang von anaklitischen (Anklammerungs-) Depressionen. Es ist darüber hinaus bekannt, daß Kinder, die in einem Milieu mit unzureichender liebevoller Zuwendung und damit unzureichender Bejahung und Selbstbestätigung aufwachsen, häufig Selbstwertprobleme entwickeln und damit besonders depressionsgefährdet sind.

Jedoch fehlen Beobachtungen über Mutter- bzw. Mutterfigur-Kind-Beziehungen in den ersten Lebensjahren bei Personen, die später depressiv-psychotisch wurden, im Unterschied zu denen, die an verständlichen, nicht psychotischen, aber behandlungsbedürftigen Depressionen litten.

Die naheliegende besondere Bedeutung von Verlustsituationen für die Auslösung psychischer Störungen sowie deren besondere Häufung vor dem Auftreten von Depressionen können u. E. nicht bezweifelt werden. Verlustreaktionen reichen von der einfühlbaren Trauer über den Verlust einer maßgebenden Person bis zur Auslösung depressiver Neurosen oder Psychosen nach für den Gesunden schwer oder nicht nachfühlbarem Verlust (etwa nach dem Verlust „einer Aufgabe nach der Pensionierung" oder etwa nach dem Tod eines Wellensittichs, der bei einer unserer Patientinnen innerhalb weniger Tage eine 3 Jahre anhaltende Depression auslöste).

Selbstanklagen standen zwar noch in den ersten Jahrzehnten unseres Jahrhunderts im Zusammenhang mit sehr moralischer, besonders sexualmoralischer Erziehung oft im Vordergrund der Klagen bei depressiven Psychosen. Sie sind entsprechend der sachlicheren Einstellung auf Leistung gänzlich zurückgetreten hinter dem quälend empfundenen Gefühl des „Nicht-mehr-(für andere)-etwas-leisten-Könnens, trotz Wollens" bzw. der Beeinträchtigung dieser Leistung. Der kühne Schritt von der depressiv-psychotischen Selbstanklage zur Psychogenese dieser Psychose läßt nicht nur den Stilwandel depressiver Psychosen außer acht, sondern mißachtet auch die Möglichkeit des Ingangkommens depressiver Psychosen ohne Anlässe im allgemeinen überhaupt, wie auch außerhalb von Verlustsituationen im Speziellen. Andererseits hat die Psychoanalyse damit nicht nur auf die evtl. Auslösung depressiver Psychosen, sondern auch auf die prämorbide Persönlichkeit mit ihren Entstehungsbedingungen ihr Augenmerk gerichtet. Sie hat uns zwar durch den Übersprung vom depressiv-psychotischen Zustand auf die Entstehung, wie von der Art der Mutter-Kind-Beziehung im 1. Lebensjahr auf die Entstehung, wie von der Art depressiver Psychosen, d. h. endomorpher Depressionen, nicht überzeugende Spekulationen angeboten, liefert uns aber dennoch Ansätze, zumindest zu den Fragen: Wer wird depressiv? Welche Situationen lösen bei wem abnorme Depressionen aus? Wie gehen wir therapeutisch mit den Erkrankten um?

In ihren extremen Positionen wurde von manchen Psychoanalytikern depressive psychose und depressive Erlebnisreaktion bzw. depressive Neurose praktisch gleichgesetzt, indem letztlich alles verstehbar wurde, von der Auslösung bis zur Symptomatik. Dem gegenüber hatte die klassische Psychiatrie die gänzlich entgegengesetzte Position, indem alles unverständlich war und nicht nur die Psychose selbst ein unverständliches neues Erleben darstellte, sondern auch keine Beziehung bestand zwischen prämorbider Persönlichkeit, evtl. auslösender Situation und Psychose. Die psychiatrische Literatur machte es dem Außenstehenden darüber hinaus nicht leicht, indem sie eine Reihe mißverständlicher Begriffe einführte. So verstehen viele den Begriff der endogenen Depression dahingehend, daß endogen bedeute, eine reaktive Auslösung könne nicht vorgelegen haben oder sei allenfalls als sinnblinder Streß wirksam gewesen. Andere Begriffe, wie Wochenbettdepression, klimakterische Depression, Involutionsdepression, weisen auf den Zeitpunkt des in Gang Kommens von Depressionen, insbesondere depressiver Psychosen hin und lassen vermuten, daß damit sich Unterschiede der Zustände, wie auch Unterschiede der Behandlungen ergeben, doch wurde derartiges nicht bewiesen. Der wichtige Begriff der larvierten Depression rückt in den Mittelpunkt, daß viele Depressionen sich nicht als depressive Gemütsstimmung vordergründig zu erkennen geben, sondern hinter unbestimmten Beschwerden, insbesondere Körperbeschwerden, verstecken.

Gegenüber dieser Vielzahl von Begriffen ist jedoch in allererster Linie wichtig, sich klar zu machen, ob es sich um eine depressive Psychose handelt oder nicht.

Der Begriff der „endogenen" Depression wurde vielfach der reaktiven Depression mißverständlich gegenüber gestellt und bis auf den heutigen Tag eine Situation geschaffen, die nicht selten dazu führt, daß reaktiv ausgelöste Depressionen, auch wenn sie die eindeutige Symptomatik einer Psychose erkennen lassen, fälschlich nicht mit Antidepressiva behandelt werden. Patienten mit neurotischen Depressionen, deren psychogenetische Entstehung nicht grob ersichtlich ist, werden dagegen nicht selten statt mit psychotherapeutischen Maßnahmen mit Antidepressiva behandelt.

Nach den Ergebnissen der modernen Psychiatrie besteht aber kein Zweifel, daß ein sehr hoher Prozentsatz depressiver Psychosen im Unterschied zur Auffassung der älteren Psychiatrie reaktiv ausgelöst werden. Dabei gibt es allerdings keine Korrelation zwischen der reaktiven Auslösung und dem Schweregrad der depressiven Psychose. Das bedeutet, daß eine reaktiv ausgelöste depressive Psychose unter Umständen jahrelang anhalten kann, während eine rein aus der Anlage, d.h. endogen entstehende depressive Psychose, u.U. nach wenigen Wochen abgeklungen sein kann und umgekehrt.

Das bedeutet, daß uns im Zusammenhang mit den Fragen der Therapie zunächst in erster Linie interessiert, ob es sich um eine verständliche und damit dem verstehenden psychotherapeutischen Gespräch zugängliche depressive Verstimmung handelt, oder ob der Betreffende an einer weder ihm noch seiner Umgebung verständlichen und damit psychotischen Depression erkrankt ist.

Ich habe daher zur Vereinfachung der Problematik und der Begriffsbildungen diejenigen Depressionen, die dem Verstehen zugänglich sind und die nicht nur durch äußere Anlässe ausgelöst werden, sondern auch ihren sinnvollen Bezug zur äußeren Situation behalten, als exomorphe Depressionen zusammengefaßt, während die psychotischen Depressionen mit der Kennzeichnung endomorph zusammengefaßt wurden, ganz gleich, ob sie rein endogen aus der Anlage heraus entstanden, oder reaktiv ausgelöst wurden oder auch im Zusammenhang mit hirnorganischen Erkrankungen auftreten.

Die Kennzeichnung exomorph meint somit, daß eine depressive Verstimmung nicht nur von außen (das heißt exo) entstanden oder ausgelöst wurde (exogen), sondern auch ihr Erscheinungsbild (morphe = Gestalt) im Hinblick auf diese äußere Auslösung bzw. äußere situative Belastung geprägt ist.

Der exomorph Depressive bleibt in seinem Erleben in sinnvoller (wenn auch evtl. verdrängter) Einstellung zur äußeren Situation. Er ist behandlungsbedürftig, weil er im Unterschied zur normalen Trauer nicht nur evtl. durch Schuld- und Angstreflexe in der realistischen Bewältigung der gegenwärtigen Situation beeinträchtigt ist, sondern weil die depressive Wertminderung der äußeren Situation Hand in Hand geht mit der Minderung des Selbstwerterlebens. Die Behandlung der exomorphen Depression setzt den Akzent grundsätzlich auf psychotherapeutische Maßnahmen.

Im psychoanalytischen Schrifttum wurde besonders herausgestellt, daß die in unserem Sinne exomorph Depressiven, zu denen der große Kreis der neurotisch Depressiven gehören, bei oberflächlicher Betrachtung oft nicht durch eine deutlich sichtbare depressive Verstimmung gekennzeichnet sind, sondern daß sie sich zunächst durch eine Reihe von Persönlichkeitseigenschaften auszeichnen, die ihre Selbstverwirklichung beeinträchtigen oder verzerren.

Nur unter besonderen Umständen treten deutlich sichtbare und dann dringend behandlungsbedürftige depressive Verstimmungen auf. Im Vordergrund steht die Gehemmtheit, nehmen und fordern zu können, so daß von oralaggressiver Gehemmtheit gesprochen wurde. Gleichsam an die Stelle dieser Gehemmtheit, fordern zu können, die einhergeht mit der geringen Fähigkeit, nein sagen zu können. treten nicht selten unrealistische Erwartungshaltungen (Riesenerwartungen).

Man kann häufig von einem absoluten Mangel an Ich-Fülle sprechen, indem die Betreffenden in ihrer primären passiven Persönlichkeitsstruktur übergefügig, übermäßig verzichtbereit mit mangelndem Selbstvertrauen und beeinträchtigtem Selbstwertgefühl gehemmt und beeinträchtigt sind, sich zugreifend im Leben zu behaupten.

Vor der Behandlung mit Antidepressiva sollte sowohl geklärt werden, ob es sich um eine behandlungsbedürftige Depression handelt, als auch, ob es sich um eine psychotische (endomorphe) Depression im Sinne des Verf. handelt.

Zum Gesichtspunkt der behandlungsbedürftigen Depression gehört zunächst die Abgrenzung der normalen und nicht behandlungsbedürftigen, allenfalls betreuungsbedürftigen Traurigkeit. Die traurige Verstimmung gehört zum Leben wie die

Freude. In der normal traurigen Verstimmung wird die gegenwärtige Situation betrauert, freudlos erlebt. Die erlebte Wertminderung des Daseins bezieht sich auf die äußere Situation, dagegen nicht auf den Betroffenen selbst. Von der traurigen Verstimmung, die jedem widerfährt, bis zur, zwar verständlichen, aber behandlungsbedürftigen Depression finden sich fließende Übergänge. Was jeder bei sich erleben kann, sollte jeder auch beim anderen verstehen können. So ist es verständlich, wenn sich der depressiv Verstimmte mit der Enttäuschung, mit dem Verlust, grübelnd, in Kummer, Gram oder Verzweiflung beschäftigt. Seine Gefühle sind in diesem Sinne motiviert, nachfühlbar. Seine Verstimmung ist einfühlbare Antwort und ist vielfach nicht nur dem Betroffenen selbst verständlich, sondern auch dem Außenstehenden, handelt es sich um das unmittelbar einsichtige Ineinander, etwa eines schweren Verlustes einer nahestehenden Person oder einer Lebensstellung.

Der Betroffene verneint die gegenwärtige Lebenssituation, er kann ihr sogar mit Hilfe von Alkohol und Narkotika entfliehen, er kann sich im Gram zurückziehen, kann sogar die vitalen Bedürfnisse des täglichen Lebens vernachlässigen, doch bleibt er im allgemeinen potentiell leistungsfähig. Er kann seiner Tätigkeit, wenn auch mit vermindertem Interesse, nachgehen. Der Zuspruch ihm Nahestehender, vom Trost bis zum „Nimm-dich-zusammen“ hat hier durchaus seine Möglichkeiten, denn die Fähigkeit, sich zu verwirklichen, ist nicht im Kern getroffen.

Die Behandlungsbedürftigkeit und damit der Übergang von der normalen traurigen Verstimmung zur nicht mehr hilfsbedürftigen, sondern behandlungsbedürftigen exomorphen Depression beginnt, wenn nicht nur die äußere Situation wertgemindert erlebt wird, sondern sich der Betroffene selbst im Wert gemindert fühlt. Wenn er in seinem Selbstwerterleben beeinträchtigt ist und nicht nur die gegenwärtige Situation, sondern sich selbst depressiv verneint. Der Mangel an Ich-Fülle, an gesundem Selbstvertrauen und Selbstwerterleben mag dem Betroffenen nicht bewußt sein, doch hindern ihn seine Gehemmtheiten, mit der gegenwärtigen Situation realistisch umzugehen. Nicht selten kommt es stattdessen zu unrealistischen passiven Erwartungshaltungen und Ausweichen aus der Realität. Hier hat die psychotherapeutische Behandlung ihren Ansatz.

Finden wir vielfältige fließende Übergänge von der normalen traurigen Verstimmung zu behandlungsbedürftigen verständlichen Depressionen, so läßt sich die psychotische, d. h. endomorphe Depression im wesentlichen dadurch abgrenzen, daß das endomorph-depressive Erleben weder dem Betroffenen, noch seiner Umgebung, verständlich ist. Die endomorphe Depression hat mit der exomorphen Depression gemeinsam das spiegelbildliche Zusammengehen von gestörtem Wert erleben der gegenwärtigen Situation wie des Selbst. Die Abgrenzung zur exomorphen Depression setzt ein mit dem Verlust der Sinnkontinuität verständlichen Erlebens, das nicht nur der Umgebung, sondern auch dem Betroffenen unverständlich bleibt. Die Selbstverwirklichungsmöglichkeit und damit die Leistungsfähigkeit ist grundsätzlich beeinträchtigt und bei ausgeprägter endomorpher Depression aufgehoben, wobei der Betroffene im Zusammenhang mit der Sinnlosigkeit seines psychotisch verzerrten Erlebens darunter leidet, daß er weniger oder nichts mehr kann, obwohl er will.

Die relativ seltenen Grenzfälle, bei denen die Frage besteht, ob diese Depression noch exomorph oder schon endomorph ist, klären sich durch eine subtile Analyse des gegenwärtigen Erlebens, wie im Ausnahmefall ex juvantibus, d.h. durch die Art des Ansprechens auf die therapeutischen Maßnahmen. Dabei zeigt sich, ob dieses Erleben exomorph-depressiv verständlich und damit psychotherapeutisch zugänglich ist oder ob sich die endomorphe Depression durch das Reagieren auf körperliche Behandlungsverfahren zu erkennen gibt.

Die nicht verständliche, d.h. endomorphe Depression wird in den Lehrbüchern der Psychiatrie auch mit folgenden Begriffen beschrieben und gekennzeichnet: endogene Depression, depressive Psychose, Melancholie, Zyklothymie, vitale Depression, larvierte Depression, endoreaktive Depression. Häufig gemeint sind dabei Wochenbettdepressionen, klimakterische Depression, Involutionsdepression u. a.

Gegenüber der exomorphen, der verständlichen Depression mit ihrer Fülle verschiedener Symptommöglichkeiten schrumpft die Symptomatik bei der nicht verständlichen, d.h. endomorphen Depression derart zusammen, daß es für den Geübten meist möglich ist, in wenigen Minuten durch einige gezielte Fragen die Krankheit zu erkennen. Wie es z.B. wegen der vitalen Gefahr wichtig ist, eine akute Baucherkrankung rasch zu erkennen, so ist es auch wichtig, daß nicht nur Nervenärzte, nicht nur praktische Ärzte und Ärzte aller Fachrichtungen, sondern sogar auch Laien über die nicht verständliche Depression informiert sind, denn die Lebensbedrohung ist groß. Schätzungsweise nehmen sich allein in der Bundesrepublik täglich ca. sechs Personen wegen nicht verständlicher Depressionen das Leben, und zwar oft Personen, die beim Arzt oder gegenüber ihren Angehörigen ein Einzelsymptom geschildert haben, meist eine körperlich Beschwerde, bei denen aber nicht die nötigen Zusatzfragen gestellt wurden, um die Krankheit zu erkennen und der entsprechenden medikamentösen Behandlung zuzuführen.

Welches sind nun die Beschwerden und welche Fragen sind zu stellen? Kommt ein Patient in die Sprechstunde, etwa mit uncharakteristischen Körperbeschwerden oder nicht durchschaubarem Nachlassen der Leistungsfähigkeit oder etwa plötzlichem Einsetzen einer Schlafstörung, so sollte man die folgenden, für die Erkrankung äußerst wichtigen Fragen stellen. Ihre Kenntnis ist um so wichtiger, als man meist vergebens darauf warten wird, daß der Patient primär über ein Nachlassen der Lebensfreude klagt.

Im Wesen der Krankheit liegt, daß Personen von ihr befallen werden, die sehr viel von sich verlangen, und meist betont pflichtbewußt sind; sie leiden sehr unter der Beeinträchtigung ihres Könnens oder gar unter dem Nicht-mehr-Können trotz eines Wollens. Der Gedanke, daß dies „nur" wegen einer Depression sei, ist ihnen oft unerträglich. Sie fühlen sich als vermeintlich körperlich Kranke gegenüber der Beeinträchtigung ihrer Selbstverwirklichung oft entlastet.

Hier kommen ihnen ihre Körperbeschwerden entgegen. Aus diesem Grunde werden sie oft beim ersten Auftreten der Erkrankung gehindert, zum Nervenarzt zu gehen und sind nicht nur bereit, alle möglichen körperlichen Untersuchungen über sich ergehen zu lassen, sondern sogar auch operative Eingriffe und andere; jedenfalls sofern sie erstmals erkranken, oder sofern sie nicht durch entsprechende Information ausreichende Sachkenntnis über ihre Erkrankung erworben haben. Während es nun kein Einzelsymptom gibt, keine Einzelbeschwerde, deren Klagen bereits zur Erkennung der Erkrankung ausreicht, genügt es doch, wenn die folgenden sechs Fragen überzeugend bejahend beantwortet werden, um die endomorphe Depression zu erkennen. Ich möchte daher von einem diagnostischen Syndrom ersten Ranges sprechen, das den diagnostischen Einzelsymtomen ersten Ranges (im Sinne von *K. Schneider*), wie die Erlebnisse des Gemacht-Werdens u.a. bei schizophrenen Psychosen, gegenüberzustellen ist.

Die sechs Fragen lauten:

Frage 1: Fällt es Ihnen schwer, sich zu beschäftigen?

Diese Frage wird meist bejaht. Zumindestens sagen die Patienten, daß sie weniger Schwung haben, daß sie sich mehr überwinden müssen, um eine Tätigkeit zu beginnen, oder bei schwereren Formen der Krankheit kommt es schließlich zu einem völligen Nicht-mehr-Können trotz Wollens, das nicht nur alle Tätigkeiten durchzieht, sondern sogar jegliches Erleben, so daß die Klagen vom Nicht-mehr-arbeiten-Können, bis zum Nicht-mehr-essen-Können, Nicht-mehr-schlafen-Können, Nicht-mehr-lesen- oder fernsehen-Könnens bis zum Nicht-traurig-Sein-, Nicht-weinen-Können reichen.

Frage 2: Spüren Sie etwas in Ihrem Körper, oder welche weiteren Körperbeschwerden haben Sie?

Rd. 90% der Erkrankten empfinden die endomorphe Depression körperlich. Von Interesse ist, daß wir bei der Untersuchung von 298 psychotisch-Depressiven bei jedem 2. Fall Klagen über Kopfbeschwerden hörten, während rd. $^1/_3$ Beschwerden im Brustraum und ein weiteres Drittel Beschwerden im Bauchraum äußerten. Darüber hinaus klagte praktisch jeder 3. Patient außerdem über Schwere und Mißempfindungen in Armen und Beinen.

Frage 3: Fühlen sie sich morgens schlechter als abends?

Die weit überwiegende Anzahl von Kranken fühlt sich abends nicht nur freier, weniger gehemmt, insgesamt besser gestimmt als morgens, sondern hat dann meist auch weniger Körperbeschwerden.

Frage 4: Wie schlafen Sie?

Schlafstörungen wurden als Achsensyndrom der depressiven Psychosen gekennzeichnet. In vielen Fällen beginnt die endomorphe Depression mit einer Schlafstörung und endet mit ihr.

Frage 5: Wie ist die Lebensfreude?
oder: Hat sich an der Lebensfreude etwas geändert?

Viele Kranke wollen oder können sich nicht eingestehen, daß sie an einer Gemütskrankheit leiden. Sie bejahen zwar meist die Frage und sprechen von einem Nachlassen der Lebensfreude, bringen aber gleichzeitig oft Begründungen, indem sie die nachlassende Lebensfreude auf körperliche Beschwerden oder Schlafstörungen zurückführen.

Die im allgemeinen überaus pflichtbewußten Patienten leiden derart unter ihrem Nicht-Können, daß die Annahme, sie seien „nur" gemütskrank, bzw. depressiv, die Patienten belastet. Sie suchen daher nach Gründen, Erklärungen, Entschuldigungen für ihr Weniger- oder Nicht-mehr-leisten-Können.

Dem kommt das oben beschriebene körperliche bzw. leibliche Erleben der endomorphen Depression entgegen.

Praktisch wichtig ist wegen der sehr häufig bestehenden Suizidgefahr die Frage nach der Lebensbejahung:

Haben sie daran gedacht, daß Sie nicht mehr leben wollen?
Falls dies bejaht wird: **Haben Sie sich dazu etwas Bestimmtes vorgestellt?**

Wenn auch diese Frage ebenfalls bejaht oder nicht verneint wird, ist höchste Vorsicht geboten. Statistische Mitteilungen aus der Schweiz und Österreich zeigen, daß 6–10% der wegen einer depressiven Psychose stationär Aufgenommenen innerhalb von 10 Jahren nach dem ersten Klinikaufenthalt Suizid begangen hatten.

Frage 6: Grübeln Sie?

Sofern vom Patienten diese Frage bejaht wird, betont er meist, daß seine Grübeleien stereotyp sind, die gleichen Inhalte haben. In den meisten Fällen steht bei diesem Grübeln einer der drei vitalen Interessenbereiche im Vordergrund (*Kurt Schneider*):

a) das leibliche Heil

hypochondrische Befürchtungen, Angst vor vermeintlichen unheilbaren Krankheiten (Krebsfurcht), nicht selten auch vor Geisteskrankheit werden geäußert.

b) das seelische Heil

Selbstvorwürfe und Schuldgefühle werden häufig geäußert und können auf minimale, unbedeutende und unter Umständen Jahrzehnte zurückliegende Verfehlungen zurückgehen. Sie beziehen sich aber auch fast stets auf das gegenwärtige, so häufig als schuldhaft empfundene Nicht-Können. Es ist weitgehend ein Symptomwandel der endomorphen Depression dahingehend zu beobachten, daß die Schuldmoral vergangener Zeiten, für die das Verhalten im Bereich der Sexualität, gegenüber Anstand und Sitte, was man als anständiger, ehrenhafter Mensch zu tun hat, den Vorrang hatte, sich verlagert hat auf die Leistungsmoral unserer Zeit. Wie man im Alltagsleben Begriffe wie Anstand, Ehre, Treue in ihrer Bedeutung zurücktreten läßt gegenüber Sachlichkeit, Leistung, Einkommen, Erfolg, so schlägt sich dieser Wandel auch im Grübeln bei der endomorphen Depression nieder.

c) das existentielle Heil

Sorgen um die Existenz bis zur Verarmungsangst um die Familie.

Zusätzliche Fragen über körperliche Begleiterscheinungen

Folgende Fragen über körperliche Begleiterscheinungen können diagnostisch wichtig sein und werden sehr oft von den Kranken bejaht:

— Haben Sie an Gewicht abgenommen?
— Wie ist es mit dem Appetit, ist er geringer geworden?
— Wie ist es mit der Verdauung, haben Sie damit Schwierigkeiten?
— Wie ist es mit der Sexualität?

Die meisten Kranken nehmen während der endomorphen Depression an Gewicht ab und nehmen mit beginnender Besserung an Gewicht zu. Innere Unruhe bis zur Agitiertheit, Schlafstörungen, nicht selten auch Störungen des Appetits, sind an den Gewichtsabnahmen während der endomorphen Depression wesentlich beteiligt.

Die Frage nach der Sexualität ist eher von differential-diagnostischem Interesse gegenüber exomorphen Depressionen. Der endomorph-depressiv Erkrankte berichtet zwar regelmäßig, daß die Libido, der Wunsch nach sexuellem Verkehr, geringer geworden sei und daß er auch seltener zu intimen Beziehungen mit seinem Partner komme, doch kennzeichnet sein Verpflichtungsgefühl seinen engen Partnerbezug, so daß es meist erst zur völligen Aufgabe sexueller Beziehungen kommt, wenn ein ausgeprägter Schweregrad der endomorphen Depression besteht, d.h. jegliche Selbstverwirklichung aufgehoben ist. Stehen dagegen Klagen über sexuelle Thematik im Vordergrund, handelt es sich eher um exomorph-depressiv Verstimmte, bzw. war eine Sexualthematik auslösender Anlaß einer evtl. endomorph-depressiven Verstimmung.

Die Fragen werden hier als Zusatzfragen erwähnt, weil die Fragen 1 bis 6 sich darauf beziehen, wie der Kranke die endomorphe Depression unmittelbar erlebt.

Als körperliche Begleiterscheinung ist auch die Neigung zur Obstipation zu erwähnen. Die Frage danach wird von den Kranken oft besorgt bejaht.

Ergiebig kann auch die Frage sein, ob der Patient bereits ähnliche Beschwerden in seinem früheren Leben gehabt hat. Häufig bestanden bereits nicht erkannte frühere depressive Phasen, evtl. auch gegenteilige hypo-manische oder auch manische Verstimmungszustände. Zu der Frage, ob auch Gegenschwankungen im Sinne von hypo-manischen oder manischen Verstimmungen auftreten, ist zu betonen, daß die weit überwiegende Mehrzahl der Patienten unipolar, d.h. nur depressiv-psychotisch, wiederholt erkrankt. Manche haben unmittelbar im Anschluß an die endomorphe Depression eine kurzdauernde hypo-manische Gegenschwankung mit gesteigerter Leistungsfähigkeit und erhöhter Vitalität und sehr geringem Schlafbedürfnis (sehr frühes Erwachen nach wenigen Stunden Schlaf mit dem Gefühl des Ausgeruhtseins und des Tatendranges ist hier besonders charakteristisch).

Von besonderer Wichtigkeit ist es, daß sowohl die Patienten, wie die Angehörigen über die Krankheit informiert werden.

Zur prämorbiden Persönlichkeit und den Entstehungsbedingungen der depressiv-psychotischen, d.h. endomorph depressiven Erkrankung

Die Psychiatrie stand viele Jahre unter dem Einfluß der Konstitutionslehre *Kretschmers*. So stellte *Kretschmer* z.B. bei $^2/_3$ der Patienten, die an depressiven und manischen Psychosen erkrankt waren, einen pyknischen Körperbau fest, dagegen nur bei rd. $^1/_5$ einen leptosomen Körperbau und bei rd. weiteren 10% einen uncharakteristischen Körperbau. Er ging davon aus, daß zu jedem Körperbautypus nicht nur ein Temperament, sondern je ein Kontrastpaar von gegensätzlichen Temperamentsfarben, bei den Zyklothymikern vorwiegend zwischen heiter und traurig, bei den Schizoiden, Schizothymikern vorwiegend zwischen empfindlich und kühl, bestehe. Neuere Untersuchungen durch *von Zerssen* u.a. besagen, daß allenfalls grobe Entsprechungen bestehen zwischen pyknischem Körperbau, psychischer Vitalität und Extraversion wie zierlichem Körperbau, geringer psychischer Vitalität und Itroversion.

Noch wichtiger als die nur sehr lockeren Beziehungen zum Körperbau sind die Erkenntnisse zur prämorbiden Persönlichkeit, die aus den Kreisen der Psychoanalyse schon vor Jahrzehnten wiederholt zur Sprache kamen, dann im japanischen Schrifttum publiziert wurden, im deutschen Schrifttum vor allem durch *Tellenbach*, wobei ich mich auch um statistische Untersuchungen hierzu bemüht und diese in meinem erwähnten Buch publiziert habe. Danach kann man davon ausgehen, daß der zu depressiven Psychosen Veranlagte im wesentlichen nicht nach außen gewendet ist im Sinne einer unverbindlichen Öffnung auf andere Personen, sondern er ist eher nach außen verhaftet, indem er sich überdurchschnittlich anderen Menschen und Aufgaben gegenüber verpflichtet fühlt. Er lebt gleichsam in einem überstarken Bezug auf die Umgebung, hat besonders andere Personen in einem besonderen Maße notwendig, um sich verwirklichen zu können. Die konstitutionelle Temperamentenlehre vernachlässigte die besondere Über-Ich-Beziehung der zu behandlungsbedürftigen Depressionen Neigenden. Auch die Erbforschung bedarf mehr und mehr einer Revision. Es wurde festgestellt, daß 60–70% der eineiigen

Zwillinge konkordant manisch bzw. depressiv erkranken. Dabei wird der Anlagefaktor dadurch unterstrichen, daß eineiige Zwillinge 3,5fach häufiger in diesem Sinne psychotisch erkranken als zweieiige Zwillinge. Doch haben wir in der psychodynamischen modernen Psychiatrie immer mehr erkannt, daß der individuelle Lebenslauf entscheidet, wer wann an einer sog. endogenen Psychose erkrankt. Das gilt für die Schizophrenen in gleicher Weise, wie für die Psychosen des manisch-depressiven Formenkreises.

Verf. konnte einige statistische Ergebnisse unter Berücksichtigung der Aufnahmen, die wegen depressiver Psychosen in einer psychiatrischen Klinik aufgenommen wurden, mitteilen, und damit die Konzeption unterstreichen, daß die Überverpflichtung eine wesentliche Voraussetzung ist, um depressiv-psychotisch zu erkranken. Eine Überverpflichtung, die sich häufig in einem sehr ausgeprägten Ordnungssinn, evtl. auch bis zur Pedanterie hin äußert, in ausgeprägter Strebsamkeit und sehr deutlicher Fürsorgebereitschaft für die Umgebung, die sich aber auch in ausgeprägtem Ehrgeiz äußern kann. So konnten Verf. feststellen, daß z. B. Arbeiter am seltensten mit der Diagnose „Depression" zur Aufnahme kamen und daß außerdem bei den Arbeitern die nicht psychotischen, d. h. die exomorphen Depressionen gegenüber den endomorphen Depressionen bei den Aufnahmen überwogen. Ferner zeigte sich eindeutig, daß Beamte und Selbständige beiderlei Geschlechts prozentual zur Wohnbevölkerung am häufigsten wegen depressiver Verstimmungen aufgenommen wurden und daß bei ihnen die endomorphen Depressionen, d. h. die depressiven Psychosen häufiger bei stationärer Aufnahme diagnostiziert wurden als die exomorphen Depressionen.

Von Interesse ist auch das bemerkenswerte Ergebnis, daß prozentual zur Wohnbevölkerung mehr Verheiratete mit der Diagnose Depression zur stationären Behandlung kamen als Unverheiratete, insbesondere Ledige, während andererseits bei allen anderen Patienten, die wegen psychischer Erkrankung in die Klinik kamen, Unverheiratete, insbesondere Ledige, eindeutig häufiger zur stationären Aufnahme kamen als Verheiratete. Wir wollen dieses Ergebnis jetzt nicht im einzelnen interpretieren, möchten aber darauf hinweisen, daß die so häufig ausgeprägte Partnerbeziehung der zur depressiven Psychose Veranlagten sich darin äußert, daß im Unterschied zur Normalbevölkerung ein größerer Prozentsatz von ihnen verheiratet sind, ganz im Unterschied zu den eher einzelgängerischen Schizophrenen. Im Bezug auf das Lebensalter zeigte sich, daß vom 30. Lebensjahr an die Aufnahmen mit depressiven Psychosen anstiegen. Zu der bekannten zunehmenden Häufigkeit des Auftretens depressiver Psychosen (abgesehen von den noch nicht geklärten biochemischen Gesichtspunkten), die für die Zunahme im Alter von Bedeutung sind, ist folgendes zu sagen:

Das Nachlassen der Möglichkeiten der Selbstverwirklichung für andere Personen wie für Aufgaben in zunehmendem Alter ist offensichtlich von Bedeutung, bis es schließlich zum völligen Verlust durch Wegfall der Bezugspersonen bzw. der Aufgaben kommen kann. Die zunehmende Vereinsamung im Hinblick auf das Schrumpfen mitmenschlicher Beziehungen, der nachlassende Aufforderungscharakter der Arbeitswelt führen immer mehr zu einem Mißverhältnis zwischen den Forderungen des Über-Ichs, dem Sog des Ich-Ideals und dem Möglichen.

Dieses Mögliche verringert sich nicht nur in Bezug auf die Außenwelt, indem die Selbstverwirklichungsmöglichkeit durch Minderung sachlicher oder persönlicher Bezüge weniger gefördert wird; dieses Mögliche wird auch geringer, gleichsam von innen heraus. Die vitalen psychischen Kräfte vermindern sich, halten unter Umständen nicht mehr stand dem „Du sollst, Du mußt". Kommt ein einschneidendes Ereignis dazu, eine körperliche Erkrankung, ein Verlust irgendeiner Beziehung, eine zusätzliche Minderung der Kräfte von innen oder eine zusätzliche Minderung der Aufgaben von außen, so ist depressive Erkrankung nicht selten die Folge.

Immer wieder geht es um Selbstverwirklichungsmöglichkeiten, die beeinträchtigt werden, wenn etwa für die Frau im Klimakterium das Frau-Sein, das Mutter-Sein oder etwa für den Mann das Beruflich-Leistender-Sein bei der Pensionierung aufhört, wie auch der ausbleibende berufliche Erfolg oder etwa das Nicht-mehr-Partner-sein-Können in besonderem Maße diejenigen belastet, die unter dem entsprechenden Druck ihres Über-Ichs stehen. Unter dieser Sicht wird einsichtig, daß sich mit zunehmendem Alter endomorphe Depressionen häufen, seien sie auch noch so verständlich ausgelöst. Das Entweder-Oder, die endomorph-depressiv beeinträchtigte oder aufgehobene Selbstverwirklichung, steht im Vordergrund, so daß Begriffe wie klimakterische Depression, Involutionsdepression, Pensionierungsbankrott fast stets endomorphe Depressionen meinen und selten exomorph-depressive Verstimmungen kennzeichnen.

Beachtet man die kurz angedeuteten besonderen Persönlichkeitseigenschaften des nach außen Verhaftet-Seins und Überverpflichtet-Seins, so wird deutlich, daß es in diesem Zusammenhang Situationen gibt, die relativ spezifisch sind und depressive Psychosen auslösen können, wie insbesondere Verlustsituationen jeglicher Art. Das heißt, ein Verlust von Personen oder Aufgaben, für die der Betroffene sich engagiert hat, kann zur Vakuumsituation führen, kann zum depressiv-psychotischen Pensionierungsbankrott führen.

Ebenfalls kann eine Störung des Ordnungsgefüges, z. B. durch eine körperliche Erkrankung, durch berufliche Veränderungen, durch einen Umzug, zur psychotischen depressiven Dekompensation führen und schließlich ganz allgemein ein Mißverhältnis zwischen Selbstverpflichtung und Fähigkeit, sich zu verwirklichen. Zum Beispiel durch Überarbeitung bei Urlaubsvertretung, durch körperliche Schwäche, im Alter bei psychoorganischem Syndrom u.a. Es versteht sich, daß wir einen Anlagefaktor jeweils unterstellen, und wir wissen, daß damit die Grenzen psychodynamischen Verstehens zwischen prämorbider Persönlichkeit, auslösender Situation und depressiv-psychotischer Dekompensation gegeben sind. Wie weit die Bedeutung der prämorbiden Persönlichkeitseigenschaften reichen, konnten wir daran feststellen, daß auch Schizophrene, die nach stationärer neuroleptischer Behandlung depressiv-psychotisch erkrankten, signifikant häufiger die Eigenschaften der Überverpflichtung, häufig der besonderen Ordnungsliebe, zeigten im Unterschied zu einer Kontrollgruppe. Dies zeigte sich in unserer Schizophrenenambulanz, bei der wir 24 Patienten, die depressiv-psychotisch erkrankten, mit einer Kontrollgruppe verglichen.

Es bedürfte eines eigenen Kapitels, um die biochemischen neuen Aspekte aufzuzeigen, die uns bisher zur Verfügung stehen, um sowohl die Wirkung der Antidepressiva, wie auch die prophylaktische Wirkung der Lithiumsalze deutlich zu machen, ganz davon abgesehen, daß ich mich als Kliniker nicht kompetent fühle, hier eine kritische Sichtung durchzuführen. Daher wird auf eine detaillierte Darstellung verzichtet und eine Zusammenfassung der jetzigen Ergebnisse gebracht, die unser Mitarbeiter *S. Kaumeier*, der selbst auf diesem Gebiet mehrere Jahre experimentell tätig war, mit folgenden Worten zusammengestellt hat:

„Sowohl bei end. depressiven als auch manischen Patienten ist die Ausscheidung der 5-Hydroxyindolessigsäure im Harn (= Endpunkt des Serotoninstoffwechsels) geringer als bei gesunden Probanden. Daraus läßt sich schließen, daß ein Mangel an Serotonin vorliegt, der jedoch von den einzelnen Phasen unabhängig ist, ob es sich nun um eine depressive oder eine manische Phase handelt. Bis heute ist allerdings noch nicht in befriedigendem Maße geklärt, wie Antidepressiva auf das Serotonin-Defizit im Gehirn wirken.

Ferner wurden Hinweise dafür gefunden, daß in einer end. depressiven Phase der Umsatz der Katecholamine, besonders aber des Noradrenalin, vermindert war. Daher spricht man heute nicht mehr so sehr von der Katecholamin-Hypothese der end. Depression, sondern vielmehr von der Noradrenalin-Hypothese. Demgegenüber ist der Umsatz an Katecholaminen bei der Manie erhöht. Einen deutlichen Hinweis für die Beziehung der Katecholamine zur Manie bringen Untersuchungen, daß mittels Dopa manische Phasen provoziert werden können. Demgegenüber scheint ein Dopaminmangel als Ursache der end. Depression so gut wie ausgeschlossen zu sein.

Schließlich ist in der Kette der auslösenden Parameter einer end. Depression an periphere Faktoren wie Hormone und gewisse Enzymsysteme zu denken, allerdings ist ein ursächlicher Zusammenhang mit der end. Depression bis heute noch nicht nachgewiesen."

Das Ziel weiterer Forschung wird sein, daß die Ergebnisse der transkulturellen Psychiatrie, der Psychodynamik, der Zwillings- und Familienforschung, wie der Biochemie zusammengefaßt werden, um ein z.Zt. noch bruchstückhaftes und inhaltsarmes psycho-biologisches Konzept zur Genese und Auslösung depressiver Psychosen mit weiteren Inhalten zu füllen. Bisher kann zum Gesichtspunkt der Auslösung lediglich angenommen werden, daß als ätiologisches Zwischenglied zwischen Persönlichkeit und depressiver Psychose eine Störung des Katecholaminstoffwechsels anzunehmen ist, die als somatisch ätiologisches Zwischenglied in einer Kausalkette zur depressiven Psychose anzusehen wäre, die aber auch autochthon, d.h. endogen, ohne äußeren somatisch bzw. psychisch bedingten Anlaß depressive Psychosen bei entsprechenden Persönlichkeiten bewirken kann.

Zur Behandlung der depressiven Psychosen = endomorphen Depressionen

Der niedergelassene Arzt sieht sich in der Praxis zum Thema depressiver Psychosen vor allem mit folgenden Problemen konfrontiert:

1. Zur Diagnose

Es wurde ausführlich dargestellt, daß bei Kenntnis der wesentlichen Symptomatik (s.o.) es relativ leicht ist, durch eine Reihe gezielter Fragen in oft wenigen Minuten die Diagnose zu stellen, obwohl der Patient diese Diagnose mit Schilderung seiner Beschwerden oft nicht nur nicht anbietet, sondern im Zusammenhang mit seinen Insuffizienz- und Schuldgefühlen Teilbeschwerden, wie Körperbeschwerden, Schlafstörungen u.a. ganz in den Vordergrund stellt und der Diagnose „Depression" oft mit aller Macht ausweicht.

2. Zur stationären Einweisung

Es wurde statistisch festgestellt, daß mehr als 95 % des Umsatzes der antidepressiv wirkenden Medikamente außerhalb psychiatrischer Kliniken verordnet werden. Dies hängt z.T. damit zusammen, daß sich die weit überwiegende Mehrzahl wegen ihrer starken Bindung an Familie und nahestehende Personen, die bei den depressiv Psychotischen oft überdurchschnittlich ausgeprägt ist, besonders ungern für einen Klinikaufenthalt entscheidet. Hinzu kommen die bekannten Vorurteile gegenüber den psychiatrischen Institutionen, die immer noch vielfach hinderlich sind. Hinzu kommen ferner der Wunsch des Patienten, zu Hause wenn möglich doch noch irgendwie nützlich zu sein. Dem steht bei der stationären Aufnahme der Vorteil der gründlichen Entpflichtung des Patienten gegenüber, sowie einer nicht nur differenzierten Dosierung, sondern schließlich besonders auch der parenteralen Applikation, die sich nicht selten der peroralen Applikation der Antidepressiva überlegen zeigt.

Schließlich kommt bei den Fällen, die auf die Therapie mit Psychopharmaka, insbesondere Antidepressiva, auch stationär nicht ausreichend ansprechen, noch in Einzelfällen die Möglichkeit der Elektrobehandlung hinzu, die dann allerdings grundsätzlich gemeinsam mit einem Anästhesisten durchgeführt werden sollte.

Den Begriff Elektrokrampfbehandlung kann man durch Elektrobehandlung bzw. elektrische Neurotransmitterstimulation ersetzen, sofern diese Elektrobehandlung gemeinsam mit einem Anästhesisten durchgeführt wird, der schlafauslösende wie muskelrelaxierende Medikamente verabreicht, so daß es nicht mehr zu „Muskelkrämpfen" kommt und sich das Gesamtrisiko der Behandlung bei insgesamt max. 10 Behandlungen (2–3 Behandlungen pro Woche) auf das Risiko einer Narkose reduziert. Es gilt biochemisch als erwiesen, daß diese Elektrobehandlung die Neurotransmitter im Gehirn ähnlich, jedoch rascher und intensiver beeinflußt als die Antidepressiva.

Bei Patienten, die nicht nur allgemeine Lebensüberdrußideen haben, sondern ganz konkrete Vorstellungen, wie sie sich etwas antun wollen, oder es gar schon versucht haben, sollte die stationäre Behandlung unbedingt den Vorzug haben. Die Information der Patienten und Angehörigen ist bei diesem Krankheitsbild von besonderer Wichtigkeit, da jeder Mensch normal traurige Stimmungen erlebt und von hier aus diejenigen mit psychotischen krankhaften Depressionen nicht oder nur schwer verstehen kann, da er seine eigenen Erlebnisse im Rahmen einer normal traurig-depressiven Verstimmung fälschlich vergleicht mit dem letztlich nicht mehr verständlichen depressiv-psychotischen Erleben. Es hat sich daher die Übergabe eines Merkblattes (s. u.) zur Information über dieses Krankheitsbild an Patienten und Angehörige seit Jahren bewährt.

Das Merkblatt hat folgenden Wortlaut und kann von verschiedenen Firmen durch Ärzte angefordert werden:

Merkblatt für Patienten und Angehörige zur Behandlung krankhafter, nicht verständlicher Depressionen

(Fachausdruck = endomorphe Depressionen bzw. depressive Psychosen).

Was sollte man über die krankhaften, nicht verstehbaren (endomorphen) Depressionen wissen?

Mindestens 500000 Personen in der Bundesrepublik Deutschland (BRD) erkranken mindestens einmal in ihrem Leben an einer sogenannten endomorphen, nicht verständlichen Depression. Sie dauert im Durchschnitt 6–9 Monate. Man nimmt an, daß in aller Welt im Durchschnitt z. Zt. 0,5–1 % der Bevölkerung in diesem Sinne depressiv erkranken.

Wer wird krank?

Meist Personen mit einem überdurchschnittlichen Pflichtgefühl, meist sehr ordnungsliebende Personen, die sich außerordentlich für etwas (Familie, Beruf) einsetzen.

Sie waren meist Jahrzehnte sehr leistungsfähig, bis sie erkrankten, und sind nach der Krankheit wieder sehr leistungsfähig.

Warum werden sie krank?

Voraussetzung ist eine Veranlagung zur Krankheit, wie es z. B. auch eine Veranlagung zur Zuckerkrankheit gibt. Mindestens eine von 200 Personen hat diese Veranlagung. Man nimmt an, daß bei typischen Fällen bis zu 20–30 % der Nachkommen ebenfalls an nicht verständlichen (endomorphen) Depressionen erkranken. Nicht selten fehlen aber in der Familie weitere Erkrankungsfälle. Die Krankheit kann mit oder ohne äußere seelische oder körperliche Veranlassung beginnen. Sofern ein äußerer Anlaß am Beginn vorlag, verselbständigt sich die krankhafte Depression und verliert die Beziehung zum Anlaß. Man muß annehmen, daß eine vorübergehende „Nervenstoffwechselstörung" im Gehirn die Krankheit bedingt.

Welche Beschwerden haben die Kranken?

Meist Schlafstörungen, körperliche Beschwerden, wie besonders Druck oder Mißempfinden im Kopf, Brust- oder Bauchraum, Schwunglosigkeit, Lustlosigkeit, innere Unruhe, Konzentrationsstörungen, z. B. bei der Arbeit, beim Lesen, evtl. Nachlassen des Appetits, Gewichtsabnahme, Stuhlverstopfung. Die Beschwerden sind oft abends weniger stark als morgens. Die meisten Kranken können nicht oder weniger arbeiten trotz eines Wollens.

Wichtig ist, daß einzelne der genannten Beschwerden noch nicht die Krankheit ausmachen, sondern die Mehrzahl der genannten Beschwerden zusammenkommen muß, damit man von einer krankhaften, nicht verständlichen Depression in unserem Sinne sprechen kann. Nur wenige Patienten erkranken zeitweise auch an dem Gegenteil, d. h. an einer manisch gehobenen Stimmung mit überdurchschnittlicher Leistungsfähigkeit, die aber auch krankhafte Formen annehmen kann und gewöhnlich wieder abklingt.

Ist die Krankheit harmlos?

Ja, denn jeder richtig mit allen Vorsichtsmaßregeln Behandelte wird wieder gesund.

Ist die Krankheit gefährlich?

Ja, denn es besteht erhöhte Selbstmordgefahr, wenn die Krankheit nicht erkannt oder unzureichend behandelt wird. Wenn weder der Kranke noch die Angehörigen die Krankheit kennen, kann der Kranke infolge eines tragischen Irrtums, infolge einer krankhaft bedingten Fehlbeurteilung der Lage, Selbstmord begehen. Man kann annehmen, daß täglich (!) mehrere dieser Kranken in der Bundesrepublik Deutschland und viele in aller Welt Selbstmord begehen, obwohl sie meist in kürzester Zeit gesund werden könnten.

Die häufigsten Fehler bei der Behandlung ergeben sich:

Weil viele Patienten sich nicht für krank halten und sich wegen des „Nicht-mehr-Könnens“ als Versager fühlen. Weil viele Patienten sich wegen fast stets vorhandener Körperbeschwerden für nur körperlich krank (Kopf, Brust, Bauch) halten und die ärztliche Feststellung einer krankhaften Depression ablehnen. Weil die Angehörigen das „Nicht-Können“ des Patienten fälschlich für Willensschwäche halten, ihn ermahnen, sich zusammenzunehmen, oder sogar ungeduldig werden. Damit steigt die Selbstmordgefahr, denn der Kranke will arbeiten, aber er kann nicht oder ist zumindest in seiner Leistungsfähigkeit beeinträchtigt.

Weil der Arzt nicht aufgesucht wird oder ihm nur von Körperbeschwerden berichtet wird oder ihm die richtige Diagnose „krankhafte Depression“ nicht geglaubt wird.

Weil die verordneten Medikamente, die in $^2/_3$ der Fälle innerhalb weniger Wochen zur Beschwerdefreiheit führen, nicht regelmäßig oder nicht ausreichend dosiert oder nicht lange genug eingenommen werden.

Weil der Patient nicht ausreichend oder lange genug von Verpflichtungen befreit wird bzw. sich nicht zur Entpflichtung entschließen kann (Hierzu gehört nicht zuletzt auch die Haushaltsarbeit). Weil sich bei einer schweren krankhaften Depression der Patient oder die Angehörigen nicht zu der oft notwendigen stationären Behandlung entschließen können. Diese stationäre Behandlung ist notwendig zur Ermöglichung einer höheren Dosierung von Medikamenten, zur Entlastung (Entpflichtung) des Patienten und in Einzelfällen zur eventuellen Elektroschockbehandlung.

Weil zu wenig über die Wirkung und Nebenwirkung der Medikamente bekannt ist.

Die Antidepressiva

sind Medikamente, die beim Gesunden mit wenigen Ausnahmen keinen Einfluß auf die Stimmung haben, jedoch bei $^2/_3$ der Patienten mit krankhaften, nicht verständlichen (endomorphen) Depressionen innerhalb weniger Wochen die Stimmung normalisieren. Die Mehrzahl der antidepressiven Medikamente normalisiert zunehmend die krankhaft depressive Stimmung nach der 1.–2. Behandlungswoche.

Die Antidepressiva wirken im Gehirn auf den „Nervenstoffwechsel". Es gibt Milliarden von Zellen im Gehirn, und es ist möglich, nur auf diejenigen Zellen zu wirken, auf die es im Interesse der Gesundung ankommt.

Das bedeutet:

Neben- und Begleitwirkungen müssen in Kauf genommen werden. Außerdem ist jeder Mensch unterschiedlich empfindlich gegenüber diesen Medikamenten.

Das bedeutet:

Die Dosierung muß vorsichtig dem einzelnen angepaßt werden.

Vorsicht

besonders in den ersten Tagen der Behandlung. Die häufigste Komplikation tritt infolge medikamentös verursachter Kreislaufbelastung mit Schwindelgefühl, Herzklopfen und evtl. Ohnmacht, besonders beim Aufstehen oder Gehen, auf. Müdigkeit und Schläfrigkeit führen zur Leistungsbeeinträchtigung bei der Arbeit und im Straßenverkehr. Relativ häufig treten je nach Medikament ferner Zittern in den Händen, Mundtrockenheit, Schwitzen, Sehbeschwerden beim Lesen, Schweregefühl in den Beinen, Störungen beim Wasserlassen u. a. vorübergehend und dosisabhängig auf.

Sofern die in manchen Fällen besonders rasch und intensiv wirksamen Medikamente der Gruppe der sogenannten Monoaminooxydasehemmer (in der BRD besonders Jatrosom) verordnet werden, ist wichtig, daß diese Medikamentengruppe bei bestehender Herzschädigung zwar oft verträglicher ist, aber andererseits Unverträglichkeiten mit Käse, Alkohol und bestimmten anderen Medikamenten bestehen. Eine Nichtbeachtung der entsprechenden Anweisungen des Arztes kann gefährliche Folgen haben. Über die weiteren Nebenwirkungen der einzelnen Medikamente ist in den Prospekten nachzulesen.

Achtung!

Da meist innere Unruhe und Schlafstörungen bestehen, ist fast stets die zusätzliche Verordnung von beruhigenden und schlaffördernden Tranquilizern bzw. Neuroleptika erforderlich.

Diese Kombinationen mit anderen Medikamenten sind zwar meist notwendig, aber nur gemäß ärztlicher Verordnung durchzuführen, da es sonst evtl. zu Unverträglichkeiten kommen kann. Alkohol ist wegen der Gefahr der Unverträglichkeit zu meiden.

Wichtig!

Schwere endomorphe Depressionen sollten stationär behandelt werden. Entschließt man sich zu einer ambulanten Behandlung, so ist den ärztlichen Verordnungen unbedingt Folge zu leisten. Bei Behandlungsbeginn mehrmals wöchentlicher Kontakt mit dem Arzt, evtl. telefonisch. Sind Hausbesuche nicht erforderlich, so erhält der Patient meist feste Termine für die ärztliche Sprechstunde.

Der Patient sollte den Arzt ermächtigen, bei ihm zu Hause nachzufragen, bzw. nachfragen zu lassen, falls er zu einem verabredeten Termin ohne Begründung nicht erscheint.

Absetzen der Medikamente

Nach völliger Beschwerdefreiheit besteht meist noch mehrere Monate Rückfallgefahr. Daher nur vorsichtiges, allmähliches Absetzen unter ständiger ärztlicher Kontrolle. (Jede Woche im Durchschnitt eine ärztliche Beratung). Eine Erhaltungsdosis ist meist mindestens mehrere Monate erforderlich.

Als Faustregel bewährt sich oft, nach Beschwerdefreiheit die Mittel zu reduzieren und am Tage erst dann ganz abzusetzen, wenn trotz Arbeitsbelastung nicht nur mehrere Wochen Beschwerdefreiheit bestand, sondern der Patient auch mindestens 2–3 Wochen ohne Nachtschlafmedikamente wieder normal schläft. Die Sondergruppe der Monoaminooxydasehemmer (in der BRD bes. Jatrosom) wirkt auch außerhalb endomorpher Depressionen in manchen Fällen stimmungshebend und wird daher besonders bei angstneurotischen Pat. u. a. in Ergänzung zur Psychotherapie langfristig gegeben.

Wie ist es mit der Arbeit?

Patienten mit schweren und mittelschweren krankhaften, nicht verständlichen Depressionen sollten von jeder Arbeit befreit werden. Handelt es sich um leichte bzw. abklingende Depressionen dieser Art, ist die Konzentration nicht sehr gestört, quält die Langeweile, so ist dem Patienten das Arbeitspensum, das ihm etwas Ablenkung und Freude verschafft und ihn nicht belastet, versuchsweise gestattet.

Wie ist es mit lang dauernden (endomorphen) Depressionen?

Die krankhafte, nicht verständliche (endomorphe) Depression kann nur wenige Wochen dauern, aber auch 1–2 Jahre, im Durchschnitt 6–9 Monate. Der Patient muß lernen, in dieser Zeit mit der Depression zu leben, das Beste daraus zu machen. Er muß wissen, daß er nicht schuld ist, kein Versager ist und mit Sicherheit wieder gesund wird, wenn man ihm auch nicht sagen kann, wann er wieder gesund wird.

Welche Verpflichtungen hat der Kranke?

1. Fest auf die ärztliche Zusage vertrauen, daß die Krankheit heilbar ist.

2. Auch bei nur noch leichten Beschwerden gewissenhaft und regelmäßig die verordneten Medikamente einnehmen und alle weiteren ärztlichen Anordnungen befolgen.

3. Auf keinen Fall den Kopf hängen lassen! Ein Selbstmord ist nie eine Entlastung, sondern stets eine schwere Belastung für Familie und Umgebung des Kranken. Oder wollen Sie, daß Ihre Angehörigen und Ihr Arzt sich fragen müssen: „Was habe ich falsch gemacht?“

Kommt die Krankheit wieder?

Die Mehrzahl der Patienten hat nicht nur eine solche Depression im Leben. Ein ernstes, aber nicht tragisches Problem. Denn eine spätere derartige Depression läßt sich genauso gut behandeln und klingt ebenso folgenlos ab wie die erste Erkrankung. Der Zwischenraum zwischen einzelnen Phasen kann Jahrzehnte betragen.

Was kann man für die Zukunft tun?

Während der Krankheit sollten Zukunftsentscheidungen möglichst zurückgestellt werden, da während der Depression nicht nur die Gegenwart, sondern auch die Zukunft meist zu pessimistisch beurteilt werden. Wenn irgend möglich, sollten also wichtige Entscheidungen erst nach Abklingen der Depression gefällt werden.

Es ist wichtig, sich zu fragen, mit dem Arzt durchzusprechen, ob nicht eine evtl. lang dauernde Psychotherapie nach Abklingen der Krankheit die Gefahr des Auftretens weiterer depressiver Sackgassen verringern kann. Sofern gesichert ist, daß die Krankheit nicht nur von innen heraus (rein endogen = ausschließlich anlagebedingt) auftrat, sondern durch einen Anlaß ausgelöst wurde, erst recht, wenn dies evtl. schon wiederholt vorkam, sollte die Frage einer Psychotherapie nach der Krankheit ernsthaft geprüft werden.

Bei häufig auftretenden nicht verständlichen Depressionen sollte die Frage einer medikamentösen Dauerbehandlung (also auch in gesunden Zeiten) geprüft werden, um die Gefahr des Wiederauftretens von Depressionen zu verringern. Als geradezu sensationeller Fortschritt ist die rückfallsmindernde Wirkung der Lithiumsalze anzusehen. Von 3 Patienten, die nach wiederholtem Auftreten endomorpher Depressionen (und evtl. manischer Erkrankungen) ständig Lithiumsalze in der richtigen Dosis (Kontrolle der Dosis nach Blutentnahmen, sowie im Hinblick auf die Verträglichkeit) verordnet erhalten, wird ein Patient überhaupt nicht mehr rückfällig, ein zweiter Patient wird nur noch seltener und leichter erkranken und nur der dritte Patient spricht auf diese vorbeugende Behandlung nicht an. Einzelheiten im Hinblick auf die Einstellung der Dosis, sowie auf die Nebenwirkungen sind mit dem Arzt zu besprechen und den Prospekten der entsprechenden Medikamente zu entnehmen.

Wie sieht eine evtl. erneut auftretende krankhafte, nicht verständliche Depression aus?

Es ist wichtig zu wissen, daß die Krankheit, falls sie sich wiederholt, meist mit den völlig gleichen Symptomen sich ankündigt und mit den völlig gleichen Symptomen verläuft. Begann sie also mit Schlafstörungen oder etwa mit Kopfdruck oder innerer Unruhe, die im Leib gefühlt wurde, oder vorwiegend mit Schwunglosigkeit oder Grübeln, setzt die Krankheit mit den völlig gleichen Beschwerden ein. Der Patient sucht konsequenterweise bei Wiederauftreten dieser Beschwerden am besten sogleich den Arzt auf, um sofort wieder die entsprechende Behandlung einleiten zu lassen.

Auch diese Krankheit wird wieder völlig abklingen und läßt sich mindestens so gut behandeln wie die vorige Krankheit. Vielleicht sind inzwischen sogar noch rascher und sicherer wirkende Medikamente entwickelt worden, da die Forschung auf diesem Gebiet ständige Fortschritte macht.

Ende des Merkblatts

3. Zum Suizidproblem

Fast jeder Patient trägt sich zumindest mit Lebensüberdrußideen. Es ist falsch, wenn man den Patienten nicht darauf anspricht, weil man fürchtet, daß man ihn dann auf suizidale Gedanken bringt. Grundsätzlich sollte dieses Thema zur Sprache gebracht werden und der Patient zu einem Paktabschluß gebracht werden, wenn er außerhalb einer Klinik bzw. auf einer offenen Station behandelt werden möchte, bei dem der Patient mit Handschlag und Ehrenwort verspricht, daß man sich auf ihn verlassen könne und er sich nichts antun werde. Andernfalls ist die stationäre Behandlung dringend vorzuziehen, notfalls auf einer kontrollierten, d.h. geschlossenen Station.

4. Zur Anwendung von Psychopharmaka, insbesondere Antidepressiva

Die häufigsten unzweckmäßigen, oder auch fehlerhaften Anwendungen der Antidepressiva in der Praxis ergeben sich nicht nur daraus, daß entweder eine depressive Psychose, d.h. endomorphe Depression nicht erkannt wird oder eine neurotische, bzw. exomorphe Depression mit Antidepressiva behandelt statt psychotherapeutisch angegangen wird, sondern auch aus unzureichender Dosierung, aus mangelnder Berücksichtigung der begleitenden psychischen und körperlichen Wirkungen der Medikamente, aus unzureichender Kenntnis über die Möglichkeit des Auswechselns von Antidepressiva bei mangelnder therapeutischer Ansprechbarkeit.

Zählen wir zunächst diejenigen sog. Antidepressiva auf, denen man eine eher deutlichere begleitende dämpfende, sedierende und damit z.T. auch stärker anxiolytische Begleitwirkung zuschreibt als dem Tofranil® (Imipramin).

Es handelt sich um:

Anafranil® (Clomipramin),
Aponal®, Sinquan® (Doxepin),
Equilibrin® (Amitriptylin-Oxyd),
Insidon® (Opipramol),
Istonil® (Dimetacrin),
Laroxyl®, Saroten®, Tryptizol® (Amitriptylin),
Limbatril® (Amitriptylin + Chlordiazepoxid = Wirkstoff von Librium®),
Ludiomil® (Maprotilin),
Noveril® (Dibenzepin),
Samontil®, Stangyl® (Trimipramin),
Thombran® (Trazodon),
Tolvin® (Mianserin),
L-Tryptophan®

Diese begleitende dämpfende Wirkung ist jedoch interindividuell unterschiedlich. Immer wieder ist darauf zu achten, ob es nicht bei manchen Patienten stattdessen zu innerer Unruhe kommt, da diese in besonderer Weise die Suizidgefahr erhöht. Psychische Anregung bzw. Erregung statt Sedierung sahen wir am seltensten bei Laroxyl, Saroten, Tryptizol (Amitriptylin) bzw. Limbatril (Amitriptylin + Chlordiazepoxid = Wirkstoff des Librium).

Die antidepressive Wirkung wird unterschiedlich beurteilt. In unserer Klinik z.B. gelten als nur schwach antidepressiv wirkend Tolvin (Mianserin), Thombran (Trazodon), Insidon (Opipramol). Zumindest bei schwereren Formen depressiver Psychosen erwiesen sich uns diese Präparate bisher als unzureichend antidepressiv. Am ehesten gesichert ist bei diesen Präparaten ihre tranquilisierende Wirkung. Die Wirkungen vom L-Tryptophan sind noch gänzlich umstritten.

Da die weitaus überwiegende Anzahl der Patienten an begleitender innerer Unruhe leidet, wird der begleitende sedierende Effekt dieser Medikamente oft nützlich sein. Mit Ausnahme geriatrischer Patienten, die therapeutisch oft auch schon auf sehr niedrige Dosierungen ansprechen und darüber hinaus höhere Dosierungen manchmal subjektiv schlecht vertragen, wird es darauf ankommen, unter Berücksichtigung der Verträglichkeit des Patienten die höchste Dosis anzuwenden, die der Patient bei ambulanter Behandlung noch tolerieren kann. Dabei sollte man sich möglichst wenig davon beeinflussen lassen, daß die meisten Patienten bei ihrem überhöhten Pflichtgefühl trotz der medikamentösen Behandlung ihre Arbeiten weiter erledigen wollen und sich beeinträchtigt fühlen, wenn sie durch die sedierende Wirkung der Antidepressiva daran gehindert werden. Die Patienten sollten auf jeden Fall im Interesse einer ausreichenden hohen Dosierung ihre Arbeit weitgehend aufgeben und – wenn irgend möglich – zumindest in der ersten Zeit der Behandlung überhaupt nicht arbeiten und ferner wegen der depressiven Erkrankung wie auch der bei höheren Dosierungen oft deutlichen Neben- und Begleitwirkungen der Psychopharmaka kein Fahrzeug steuern. Ohne Zweifel kann bei stationärer Behandlung nicht nur eine individuell angepaßte Dosierung gefunden werden, sondern auch eine höhere Dosierung durchgeführt und besonders der Vorteil der parenteralen Applikation, auch mit Infusionsbehandlungen, zum Beispiel mit Anafranil®, Noveril® genutzt werden.

Sofern der Patient ausnahmsweise nicht über nennenswerte innere Unruhe klagt, und auch eher bei leichteren endomorph-depressiven Syndromen, sind diejenigen Präparate zu empfehlen, die eine eher anregende Begleitwirkung zeigen. Dabei ist allerdings besonders vorsichtig zu beachten, daß nicht selten die stärkere anregende Wirkung zu einer negativ-erregenden Wirkung führen kann, die dann die Suizidgefahr erhöht. Zu nennen ist hier zunächst das Tofranil® (Imipramin), das allerdings auch sedierende Wirkungen zeigen kann.

Bei den folgenden Präparaten müssen ebenfalls erregungssteigernde Wirkungen nicht immer deutlich sein, doch fehlen sedierende Begleitwirkungen meist:

Acetexa® (Nortriptylin),
Agedal® (Noxiptylin),
Alival® (Nomifensin),
Amoxapin® (noch nicht im Handel),
Gamonil® (Lofepramin),
Jatrosom® (Tranylcypromin + Trifluoperazin),
Maximed® (Protriptylin),
Parnate® (Tranylcypromin),
Pertofran® (Desipramin),
Vivalan ICI® (Viloxacin)

Die antidepressive Wirkung wird unterschiedlich beurteilt und steht mit wenigen Ausnahmen den antidepressiven Wirkungen der erregungsmindernden Antidepressiva (s. o.) nach. Besonders bewährt hat sich uns bisher Parnate bzw. Jatrosom (besonders auch bei depressiven Psychosen im Alter), Gamonil, Amoxapin. Die anderen Präparate kommen am ehesten in Betracht bei leichten depressiven Psychosen bwz. bei Grenzzuständen zwischen endomorphen und exomorphen Depressionen, bei denen außerdem weder quälende innere Unruhe, noch Suizidgefahr bestehen. Ferner kommen diejenigen Patienten, die besonders bei ambulanter Behandlung nicht in der Lage und bereit sind, eine sedierende Begleitwirkung der Antidepressiva zu bejahen, am ehesten für eine Behandlung mit den genannten Präparaten in Betracht, wobei Alival (Nomifensin) zur Zeit relativ häufig verwandt wird. Oft empfiehlt sich dennoch, zumindest bei Behandlungsbeginn, eine Kombination mit reinen Tranquilizern bzw. Neuroleptika. Beim Alival (Nomifensin) wird daher zumindest am Beginn der Behandlung eine Kombination mit dem Tranquilizer Frisium empfohlen, beim Jatrosom wurde zum Tranylcypromin die neuroleptische Substanz Trifluoperazin hinzugegeben.

Bei Herzgeschädigten ist die geringere Kardiotoxizität einiger dieser Präparate (s. u.) von Bedeutung.

Das Alival® (Nomifensin) hebt sich als Tetrahydroisochinolinderivat von den tri- und tetrazyklischen Antidepressiva ab. Die antidepressive Wirkung des Alival® setzt häufiger schon in der ersten Woche ein, während die anderen erwähnten Präparate nicht selten erst ab der zweiten Woche ihre antidepressive Wirkung zeigen, ihre tranquilisierenden Wirkungen aber meist schon in den ersten Tagen der Behandlung als subjektiv entlastend empfunden werden, besonders wenn es sich um mehr sedierende Präparate handelt.

In diesem Zusammenhang sind die Monoaminooxydasehemmerpräparate Jatrosom® (mit neuroleptischem Zusatz = Trifluoperazin) und Parnate® zu nennen, die mit Recht relativ häufig angewendet werden. Auf die besonderen und absoluten, da vital wegen der Gefahr des Auftretens hypertoner Krisen gefährlichen Kontraindikationen im Hinblick auf die Unverträglichkeiten mit Käse, Alkohol, Sympathikomimetika, tri-, tetrazyklischen und anderen Antidepressiva sei besonders hingewiesen. Zu betonen ist aber auch, daß Parnate® und Jatrosom® nicht nur eine relativ rasche Wirkung, evtl. schon am ersten Tag, erkennen lassen und daß man sie absetzen kann, wenn nicht spätestens nach zwei Wochen deutliche therapeutische Erfolge zu beobachten sind, sondern daß sie auch spezielle Indikationsgebiete haben bei Altersdepressionen, vor allem bei angstneurotischen Patienten, bei denen die Verordnung eine begleitende Psychotherapie sehr unterstützen kann.

Nebenwirkungen der Antidepressiva

Zu den Neben- und Begleitwirkungen der Antidepressiva wird immer noch zu wenig beachtet, daß die Gruppe der trizyklischen Antidepressiva meist die Herzfunktion nachteilig beeinflußt – nicht nur die Herzschlagkraft vermindert (negativ inotrope Wirkung), sondern auch die Reizleitung des Herzens kann beeinträchtigt werden. Bei folgenden Präparaten sollen diese negativen Wirkungen auf die Herzwirkungen weniger ausgeprägt sein:

Alival®, Amoxapin® (Handelsname steht noch nicht fest), Equilibrin®, Gamonil®, Istonil®, L-Tryptophan®, Ludiomil®, Thombran®, Tolvin®, Vivalan ICI® sowie Parnate® bzw. Jatrosom®. Am ehesten scheint dies bisher bei Alival® (Nomifensin) sowie dem Gamonil® (Lofepramin) durch Messung des enddiastolischen Drucks bewiesen zu sein. Auch der Monoaminooxydasehemmer Tranylcypromin (Parnate®, Jatrosom®) soll weniger nachteilig für die Herzfunktionen sein als die Gruppe der trizyklischen Antidepressiva.

Die Behandlung mit Antidepressiva wird ferner belastet durch anticholinerge Nebenwirkungen wie: Mundtrockenheit, Blutdrucksenkung, Tachykardie, Akkommodationsstörungen, Mydriasis mit evtl. Erhöhung des Augeninnendrucks (Glaukom), Verminderung des Tonus der glatten Muskulatur (wichtig bei Prostatahypertrophie) sowie Verminderung der Magensäureproduktion, besonders bei oraler Applikation.

Geringere bzw. fehlende anticholinerge Nebenwirkungen werden Alival®, Amoxapin®, Gamonil®, Thombran®, Tolvin®, L-Tryptophan®, Vivalan ICI® zugeschrieben, wobei allerdings in unserem Arbeitskreis bisher nur beim Gamonil deutliche antidepressive Wirkungen bei schwereren depressiven Psychosen beobachtet wurden.

Von besonderem Interesse ist in diesem Zusammenhang auch das jetzt eingeführte Equilibrin®, das sich vom bekannten und antidepressiv sehr wirkungsvollen Amitriptylin (Laroxyl®, Saroten®, Tryptizol®) durch eine N-Oxydgruppe unterscheidet, wodurch nachgewiesenermaßen die Kardiotoxizität des Amitriptylin wesentlich verringert, wenn nicht aufgehoben wurde. Es wird von größtem Interesse sein, ob Equilibrin darüber hinaus sich ferner nicht nur durch geringere anticholinerge Nebenwirkungen, sondern vor allem auch durch dem Amitriptylin (Laroxyl®, Saroten®, Tryptizol® bzw. Limbatril® + Librium®) vergleichbare antidepressive Wirkungen auszeichnet.

Bei unzureichendem therapeutischen Ansprechen sollte erneut die Frage einer stationären Aufnahme erwogen werden. Andernfalls empfiehlt sich nicht nur eine Dosisänderung, sondern auch das Umsetzen auf ein Antidepressivum eines anderen Wirkungsbereiches.

Bei beunruhigender, beängstigender Tachykardie wird eine Zusatzverordnung von Beta-Rezeptoren-Blockern, wie z.B. Dociton bzw. Visken, die zur Minderung der Herzbeschleunigung führen, empfohlen.

Und schließlich sind noch die schwach potenten Neuroleptika zu erwähnen, die eine Pharmakotherapie durch ihre tranquilisierenden Wirkungen bei endomorphen Depressionen unterstützen können. Besonders hervorzuheben ist das Dogmatil® (Sulpirid), das unterhalb der neuroleptischen Schwellendosis (s.S. 52) im

Unterschied zu den anderen schwach potenten Neuroleptika weniger tranquilisierende als besonders antidepressive Wirkungen zeigt.

Wichtig ist es, dem Patienten mitzuteilen, daß abgesehen von einer Erleichterung seiner Beschwerden, insbesondere im Zusammenhang mit den tranquilisierenden Eigenschaften der Antidepressiva, die wesentliche antidepressive Wirkung bei der großen Gruppe der Antidepressiva in der zweiten bzw. spätestens dritten Behandlungswoche einsetzt. Lediglich beim Alival® (Nomifensin) und beim Parnate® bzw. Jatrosom® (Tranylcypromin = Monoaminooxydasehemmer s. o.) setzt, wie erwähnt, die wesentliche antidepressive Wirkung bereits in der ersten Behandlungswoche ein. Bei stationären Behandlungen sollte man die Möglichkeit der parenteralen Behandlung besonders nutzen, da gerade bei den Antidepressiva die Effekte hier häufig deutlicher sind. Bei den ambulanten Behandlungen sollte man nur bei alten Patienten, die im allgemeinen niedrigere Dosierungen benötigen und bei denen bereits bei der Gruppe der trizyklischen Antidepressiva, z. B. beim Tofranil® (Imipramin) u. a., Dosierungen mit 2–3 × 10 mg pro Tag ausreichend sein können, unbedingt höhere Dosierungen geben, sofern keine Kontraindikationen bestehen, Tagesdosierungen von mindestens 75–200 mg pro Tag sind meist durchaus angebracht. Nicht selten kommen zum Nervenarzt Patienten, die von anderen Ärzten schon mit Antidepressiva behandelt, jedoch unterdosiert wurden und deren depressive Psychose durch höhere Dosierung dann rasch gebessert werden kann.

Selbstverständlich ist den fast stets bestehenden Schlafstörungen besondere Aufmerksamkeit zu widmen, wobei allerdings daran erinnert sei, daß die Kombination zwischen trizyklischen oder tetrazyklischen Antidepressiva und Barbituraten die Wirkung der Antidepressiva vermindern kann. Der Schlaf sollte sowohl durch schwach potente Neuroleptika wie durch reine Tranquilizer, wie besonders Tavor® (Lorazepam) und Valium® (Diazepam), sowie Tranxilium® (Dikaliumclorazepat) gefördert werden. Auf die abendliche Verordnung von antidepressiven Retard-Präparaten, wie Saroten® (Amitryptilin) in Dosen von 25–75 mg zur Schlafförderung sowie zur antidepressiven Wirkung sei besonders hingewiesen.

Zur Verminderung der Rückfallsgefahr ist es wichtig, die Patienten nicht zu früh mit ihren Pflichten zu belasten und nur sehr behutsam die Dosierung zu reduzieren. Als Indikator kann die Beachtung der Schlafstörungen nützlich sein. Sofern der Patient sich nicht nur am Tage frei von depressiven Symptomen fühlt, sondern auch nachts bereits ohne Schlafmittel schlafen kann, können die Antidepressiva meist abgesetzt werden.

Bei den relativ seltenen Fällen, bei denen eine endomorphe Depression möglicherweise im Zusammenhang mit der Wirkung der Antidepressiva in eine manische Verstimmung umschlägt, sind die Antidepressiva unverzüglich abzusetzen und Neuroleptika zu verabreichen. Ein Frühsymptom ist nicht nur die gehobene Stimmung des Patienten, sondern auch das Phänomen, daß der Patient nur wenige Stunden Schlaf braucht und früher als gewöhnlich aufwacht, wobei er sich im Unterschied zum morgendlichen Tief der endomorphen Depression nicht nur froh, sondern auch sehr leistungsfähig fühlt.

Zur Prophylaxe mit Lithiumsalzen

Da man rechnet, daß es nur in einem Drittel bis einem Fünftel der Fälle völlige Versager bei der vorbeugenden Verordnung von Lithiumsalzen gibt, sollte man spätestens nach der zweiten Erkrankung an einer endomorphen Depression versuchen, den Patienten für diese wichtige vorbeugende Maßnahme zu gewinnen.

Abgesehen von Alterspatienten, bei denen die Verordnung wegen unzureichender Ausscheidung durch die Nieren häufiger beeinträchtigt ist, kann man davon ausgehen, daß nur bei weniger als 10% bis max. 20% der Patienten Präparate mit Lithiumsalzen nicht verordnet werden können. Entweder, weil eine Kontraindikation besteht, zu denen besonders schwere Herz-, Kreislauf- und insbesondere Nierenerkrankungen rechnen, wie auch Erkrankungen, die zu einer Änderung der Elektrolyt- und Flüssigkeitsverteilung im Körper führen können, oder weil der Patient die Lithiumsalze nicht gut verträgt, da sich wiederholt Magen-Darm-Symptome (Übelkeit, evtl. Durchfall) einstellen oder er sich durch einen Tremor zu sehr behindert fühlt. Bevor man die Lithiumsalze wegen eines Tremors absetzt, sollte man versuchen, mit Beta-Rezeptorenblockern wie Dociton und Visken in niedriger Dosierung den Tremor zu vermindern. Von Interesse ist, daß es keine Intoxikationen gibt, ohne daß der Patient subjektiv Unverträglichkeitsbeschwerden empfindet. Die Kontrolle des Lithiumspiegels, die in den ersten Wochen mehrmals durchgeführt werden sollte, dient daher in erster Linie der Vermeidung von zu niedriger Dosierung und klärt bei Unverträglichkeitssymptomen, ob diese toxisch bedingt sind.

Aus dem Arbeitskreis *M. Schou* mit *P. Vestergaard* u. a. gingen Ergebnisse zum Thema Nierenfunktion und Dosierung von Lithiumsalzen bei langdauernder Behandlung hervor. Es kam im wesentlichen zu folgenden Ergebnissen: Es gibt Hinweise, daß die bisher verabreichten Lithiumsalze die Nierenfunktionen leicht verändern. Es gibt jedoch keinen Hinweis, daß deshalb eine Langzeitverordnung mit Lithiumsalzen nicht möglich sei (berücksichtigt wurden 238 Patienten, die im Durchschnitt 5 Jahre Lithiumsalze zum Zeitpunkt der Untersuchung erhalten hatten).

Es kann jedoch nicht ausgeschlossen werden, daß hohe Lithiumkonzentrationen sich nachteilig auf die Nierenfunktionen auswirken.

Zum Ausschluß nachteiliger bzw. toxischer Wirkungen bei der Langzeitverordnung von Lithiumsalzen kann man unter besonderer Berücksichtigung der Arbeiten im Arbeitskreis *M. Schou* gemäß dem jetzigen Stand des Wissens folgende Empfehlungen für die Verordnung von Lithiumsalzen geben:

1. Eindeutige klinische Indikationen in Absprache mit dem Patienten über mögliche Wirkungen und Nebenwirkungen der Lithiumsalze.

2. Kontraindikationen bei Zuständen, die die Lithiumausscheidung beeinträchtigen, z. B. schwere Herzkreislauferkrankungen, die eine kochsalzarme Diät erfordern, sowie bei Zuständen, die zu einer Änderung der Elektrolyt- und Flüssigkeitsverteilung im Körper führen können, z. B. interkurrente Erkrankung, starker

Schweißverlust, Gravidität, Stoffwechselstörungen, endokrine Erkrankungen (z. B. bei vorgeschädigter Schilddrüse), ferner bei mangelnder Kooperationsfähigkeit des Patienten, z. B. bei Schwachsinn, bei schlechtem Allgemeinzustand, z. B. im hohen Alter, bei (akuten) schweren neurologischen Störungen, z. B. bei Epilepsie bzw. pathologischen EEGs.

3. Kontrolluntersuchungen:

Im 1. Behandlungsmonat jede Woche 1 Mal Kontrolle des Serumlithiumspiegels (Blutentnahme morgens, 12 Stunden nach Einnahme der letzten Lithiumdosis.

Sodann 6 Monate 1 Mal im Monat weitere Kontrollen des Serumlithiumspiegels.

Anschließend in Abständen von 3–6 Monaten Kontrollen des Serumspiegels, sowie jeweils zusätzlich Kontrolle der Nierenfunktion mit Bestimmung des Serum-Kreatiningehalts.

1 Mal jährlich Bestimmung des die Schilddrüse stimulierenden Hormons (TSH).

Im Hinblick auf die Untersuchungen der Nierenfunktion bei Lithiumbehandlung empfiehlt *M. Schou*, von einer generellen Empfehlung, einen Lithiumspiegel von 0,8 mval–1,2 mval/l zu erreichen, abzurücken, und im Durchschnitt eine Einstellung auf 0,6 mval–0,8 mval/l anzustreben.

Es ist möglich, daß manche Patienten eine höhere Einstellung als 0,8 mval/l (bei besonderer Beachtung der Nierenfunktion) benötigen, während nach *M. Schou* einige wenige Fälle evtl. nur eine Einstellung auf 0,4–0,5 mval/l benötigen.

Die folgenden Nebenwirkungen, über die der Patient zu informieren ist, können auftreten und bilden sich in der Mehrzahl der Fälle 1–2 Wochen nach Behandlungsbeginn oder nach kurzfristigem Aussetzen bzw. Reduzierung der Lithiumgaben zurück: Appetitmangel, Übelkeit, Erbrechen, Bauchschmerz, Diarrhoe oder Obstipation. Ferner Müdigkeit, Muskelschwäche, Durst, trockener Mund, Polyurie, Händezittern.

Um Überdosierungen bei Behandlungsbeginn auszuschalten, empfiehlt sich zunächst, eine möglichst niedrige Applikationsform von Lithiumsalzen zu verabreichen, um dann unter Berücksichtigung der Verträglichkeit und des Serumlithiumspiegels die Dosierung angemessen einzustellen.

Die Patienten sollten auf die Gefahren eines Flüssigkeitsmangels bei einer Lithiumbehandlung hingewiesen werden und gegebenenfalls reichlich Flüssigkeit zu sich nehmen, wenn die Möglichkeit eines mangelnden Gleichgewichts ihrer Flüssigkeitsbilanz gegeben ist.

Bei dem genannten Vorgehen sind Lithiumintoxikationen praktisch auszuschließen. Wir sahen z. B. bisher nach mehr als 15jähriger kontinuierlicher Verordnung von Lithiumsalzen keinen Fall mit Lithiumintoxikation.

Für die Praxis ist wichtig, daß es keine akute Intoxikation mit Lithiumsalzen ohne klinische Überdosierungssymptome gibt. Derartige Intoxikationssymptome können sein: Verstärkung der oben beschriebenen Nebenwirkungen, ferner Schläfrigkeit, Verlangsamung, Seh-, Hör- und Schluckstörungen u. a. Im Zweifelsfall entscheidet der Serumlithiumspiegel, ob es sich um bedeutungslose Nebensymptome oder um Intoxikationssymptome handelt, bei denen die Lithiumsalze unverzüglich abzusetzen sind. Schwere Intoxikationen sollten wie Barbituratvergiftungen in Reanimationszentren behandelt werden.

Von Bedeutung zur Möglichkeit von Intoxikationen ist eine Untersuchung von *M. Schou* und *D. F. Schmith*, wonach das von uns bisher nicht verwandte und neu entwickelte Lithiumorotat unter Berücksichtigung der Ergebnisse an Ratten die Nierenfunktion derart nachteilig beeinflußt, daß die Autoren von einer Anwendung von Lithiumorotat abraten.

Es ist mit den entsprechenden Präparaten möglich, die Applikation auf eine abendliche Dosis zu konzentrieren, wie besonders beim Lithiumcarbonat (Quilonum retard, Hypnorex). Außerdem sind von Interesse Neuentwicklungen, bei denen eine größere intrazelluläre Verfügbarkeit möglicherweise dazu führt, daß der therapeutische Wirkspiegel niedriger liegt und dementsprechend eine bessere Verträglichkeit beschrieben wird. So wird bei dem Lithium-Aspartat (Lithium-Salz der Asparaginsäure) angegeben, daß bei einem Wirkspiegel von 0,3–0,4 mval/l die gleiche Wirksamkeit gegeben sei, die bei den anderen bisher bekannten Lithiumsalzen erst bei etwas höherer Dosierung gegeben sei. Dies ist jedoch noch umstritten. Von anderen Autoren wird berichtet, daß sie auch beim Lithium-Aspartat einen Wirkspiegel von mindestens 0,4–0,5 mval/l benötigen. Bei den rd. 10% bis max. 20% der Fälle, die die üblichen bisher bekannten Präparate subjektiv nicht vertragen, kommt nach den bisherigen Mitteilungen die Verordnung von Lithium-Aspartat, bei dem das Auftreten von z. B. Tremor bisher nicht beschrieben wurde, möglicherweise in Betracht.

Insgesamt besteht kein Zweifel, daß bisher die beachtlichen prophylaktischen Möglichkeiten bei der Anwendung von Lithiumsalzen noch nicht ausreichend genutzt werden.

Zur ambulanten Weiterbehandlung psychotisch Kranker des manisch-depressiven Formenkreises

Wurde ein Patient wegen einer depressiven Psychose stationär behandelt, so muß man davon ausgehen, daß die depressive Psychose durch die antidepressiven Psychopharmaka bei einem meist durchschnittlichen Behandlungszeitraum von 6 Wochen bis 3 Monaten zwar in der weit überwiegenden Zahl von Fällen kompensiert wurde, daß jedoch nach der Entlassung nicht selten erhebliche Rückfallsgefahr besteht. Für die Weiterbehandlung und Weiterbetreuung sind folgende Gesichtspunkte von besonderer Wichtigkeit:

1. Zur prämorbiden Persönlichkeit

Die Bereitschaft zur Überverpflichtung, für andere Menschen und Aufgaben etwas zu tun, die so charakteristisch ist für diejenigen, die an depressiven Psychosen erkranken, bringt es mit sich, daß die Betroffenen nach der Rückkehr in ihr Heim bzw. an ihre Arbeit sich eher zu schnell und zu stark damit belasten, daß sie wieder für andere etwas leisten wollen. Es gibt Anhalte dafür, daß die damit in Zusammenhang stehende psychische Anspannung, die durch die Antidepressiva mehr oder weniger kompensierte Hirnstoffwechselstörung erneut zur Dekompensation führen kann; um so mehr, wenn gleichzeitig die Antidepressiva in der Behandlung zu rasch und zu früh reduziert bzw. abgesetzt werden. Auf keinen Fall sollte der Patient arbeiten, um im Zusammenhang mit eventuell noch bestehenden depressiven Selbstwertproblemen sich zu beweisen, daß er wieder nützlich für die anderen ist. Er sollte nur dann arbeiten, wenn er sich voll leistungsfähig fühlt und Freude an der Arbeit hat. Besondere Vorsicht ist geboten, wenn noch depressiv-psychotische Restsymptome bestehen, indem der Patient fühlt, daß er sich mehr zur Arbeit zwingen muß oder indem er besonders morgens noch Reste des morgendlichen Tiefs spürt. Kann der Patient noch nicht ohne schlaffördernde Medikamente normal schlafen und klagt er noch über ähnliche Körperbeschwerden, wenn auch in abgeschwächter Form wie in der depressiven Psychose, wird es erforderlich sein, die Antidepressiva nach der stationären Entlassung nicht nur nicht zu reduzieren, sondern unter Umständen zu erhöhen, und den Patienten weiterhin von der Arbeit zu entlasten bzw. krank zu schreiben. Wir erleben immer wieder, daß trotz gleicher Höhe der Dosierung der Antidepressiva bereits ein Wochenendurlaub, bei dem besonders Hausfrauen zu Hause wieder ihrer Arbeit nachgehen wollten, zur erneuten Dekompensation depressiver Psychosen führen kann.

2. Vakuumsituationen

Die besondere Persönlichkeitsstruktur der an depressiven Psychosen Erkrankenden bringt es mit sich, daß sie in besonderer Weise durch Vakuumsituationen sich belastet fühlen. Werden depressive Psychosen durch äußere Situationen ausgelöst, so sind dies vorrangig Verlustsituationen durch Verlust nahestehender Personen oder durch den Verlust von Aufgaben. Kommt es einerseits darauf an, den Patienten nicht zu früh mit der Arbeit und Aufgaben zu belasten, so ist es andererseits jedoch auch wichtig, darauf zu achten, daß die Patienten sich nicht durch Vakuumsituationen belastet fühlen und ihr Leben als nutzlos und sinnlos empfinden. Sobald sicher ist, daß die depressive Psychose kompensiert ist, sollte daher darauf geachtet werden, daß die Patienten, sofern sie alleinstehend sind, Kontakte zu anderen Personen aufnehmen und auch Tätigkeiten aufnehmen, die ihnen eine Befriedigung geben. Der Anschluß an Frauengemeinschaften, an Vereine, die Aufnahme erneuter beruflicher oder ehrenamtlicher Tätigkeiten können hier von großer Wichtigkeit sein. So wichtig es also ist, diejenigen Patienten, die sich im Kreise ihrer Familie oder ihrer Arbeit eher überfordern, zumindest in den ersten Monaten nach der stationären Entlassung vor ihrer Überverpflichtung zu schützen, so wichtig kann es sein, Vakuumsituationen bei Alleinstehenden behutsam mit Inhalten zu füllen.

3. Die Suizidgefahr

Die Suizidgefahr der depressiv-psychotisch Erkrankten ist das größte Problem, zumal Statistiken vorliegen, wonach bis zu jeder zehnte Patient 10 Jahre nach der depressiv-psychotischen Ersterkrankung Suizid begangen hatte. Die Suizidgefahr läßt sich durch verständnisvollen Umgang mit dem Kranken erheblich verringern. Wurde die depressive Psychose stationär nicht voll kompensiert oder treten erneut depressiv-psychotische Symptome nach der Entlassung auf, so ist die Enttäuschung des Patienten besonders groß. Es kommt darauf an, sowohl beim Behandlungsbeginn wie bei Fortführung der Behandlung einen Pakt mit dem Patienten abzuschließen und an sein Gewissen zu appellieren, daß man sich auf ihn verlassen könne und man sein Ehrenwort habe, daß er sich nichts antun werde. Da wir wissen, daß die depressiv-psychotisch Erkrankten meist besonders im Hinblick auf ihr Gewissen im Zusammenhang mit ihrer Bereitschaft zur Überverpflichtung sehr ansprechbar sind, haben wir mit diesem Pakt eine wichtige Hilfe. Man sollte weder eine stationäre Behandlung auf einer offenen Station, noch gar eine ambulante Behandlung eines depressiv-psychotischen Patienten durchführen, ohne einen derartigen Pakt mit Handschlag und Ehrenwort zu schließen und gegebenenfalls bei Verschlechterung des Zustandes zu erneuern. Der Gedanke, daß man den Patienten erst auf Suizidgedanken bringt, wenn man ihn darauf anspricht, ob er sich etwas antun wolle, kann (s.o.) zurückgewiesen werden. Die meisten Patienten haben in der depressiven Psychose zumindestens Lebensüberdrußideen in dem Sinne, daß sie morgens nicht mehr aufwachen wollen. In der Art, wie der Patient reagiert, wenn man ihn danach fragt, ob er eventuell Gedanken habe, daß er nicht mehr leben wolle, kann man im allgemeinen die Gefahr erkennen. Trägt sich der Patient gar mit Gedanken, sich in einer bestimmten Weise etwas antun zu wollen, ist höchste Gefahr geboten und mit dem Patienten zu besprechen, ob er nicht zu seinem eigenen Schutz erneut einer stationären Behandlung zugeführt werden sollte.

4. Zur medikamentösen Nachbehandlung

In der Ambulanz werden im Zusammenhang mit der medikamentösen Behandlung Depressiver häufig zwei Fehler begangen: Es werden Antidepressiva auch verordnet, wenn es sich nicht um eine depressive Psychose, sondern um eine nicht psychotische Depression handelt. Hier sollten verständnisvolle Aussprachen bzw. längere psychotherapeutische Verfahren dem Patienten helfen. Die Abgrenzung zur depressiven Psychose ist nicht immer leicht, doch hat es sich bewährt, dann von einer depressiven Psychose zu sprechen, wenn der Patient darunter leidet, daß er nicht mehr das leisten kann, was er leisten möchte. Bei schweren depressiven Psychosen leidet er darunter, daß er überhaupt nichts mehr leisten kann, obwohl er möchte. Hinzu kommen dann die üblichen Symptome, wie Tagesschwankungen, Schlafstörungen mit unverständlichem Grübeln, Realitätsverlust mit Grübeln um nicht berechtigte Sorgen um den eigenen Körper, um die eigene Existenz oder um das Seelenheil mit krankhaften Schuldgefühlen. Hinzu kommen die Körperbeschwerden, die rd. 90% der depressiv-psychotisch Erkrankten haben, wobei rd. jeder zweite über Kopfdruck bzw. Kopfbeschwerden klagt, ein Drittel klagen über Beschwerden im Sinne von Druck oder Unruhe im Brustraum und ein weiteres

Drittel im Bauchraum. Hinzu kommen Beschwerden im Sinne von Schwere und Mißempfindungen in Armen und Beinen. Charakteristisch ist, daß diese psychotisch bedingten Körperbeschwerden entsprechend der häufig bestehenden abendlichen Besserung auch abends gebessert sind. Wurde in diesem Sinne eine depressive Psychose diagnostiziert und war eine stationäre Behandlung erforderlich, kommt es darauf an, die Antidepressiva nicht zu niedrig weiter zu dosieren, wenn noch Beschwerden im genannten Sinne bestehen bzw. wieder auftreten sollten. Der zweite Hauptfehler in der Praxis besteht darin, daß Antidepressiva, sofern sie verordnet werden, häufig zu niedrig dosiert werden, da die Nebenwirkungen den Patienten insbesondere im Zusammenhang mit Müdigkeit bei sedierenden Antidepressiva nicht selten behindern.

Die Antidepressiva, die sich in der Klinik bei stationärer Behandlung bewährt haben, sollten im allgemeinen bei gänzlicher Beschwerdefreiheit bei der Entlassung dennoch zunächst in vorsichtiger Dosierung noch zumindest einige Wochen weiter gegeben werden. Wie gesagt, sollten sie erst dann gänzlich abgesetzt werden, wenn der Patient sich völlig frei von seinen Beschwerden fühlt und vor allem auch bereits nachts ohne Medikamente normal schlafen kann. Bestehen jedoch noch leichte depressiv-psychotische Symptome, müssen die Antidepressiva mindestens über mehrere Monate weiter gegeben werden. Besonders bewährt es sich, zur Förderung des Nachtschlafs wie auch zur Erhaltung einer antidepressiven Wirkung abends sedierende Antidepressiva wie Amitriptylin (besonders Saroten retard 25–75 mg) dann zu geben, wenn auch noch leichte Schlafstörungen bestehen.

Jeder Patient mit einer depressiven Psychose sollte zumindest spätestens nach der Zweiterkrankung auf Lithiumsalze zur Prophylaxe eingestellt werden, wobei man den Patienten sagt, daß von 3 Patienten, die Lithiumsalze erhalten, 1 Patient frei bleibt von weiteren depressiven Psychosen, der zweite seltener und schwächer erkrankt und nur bei dem dritten Patienten diese Lithiumsalze den weiteren Verlauf nicht günstig beeinflussen können. Vorteilhaft sind diejenigen Präparate wie Hypnorex und Quilonum retard, die nur einmal abends gegeben werden müssen. Wichtig ist, daß der Lithiumspiegel zwischen 0,8–1,2 mval/l liegt. Sofern der Patient nicht körperlich erneut erkrankt und sofern er nicht an Unverträglichkeitssymptomen wie insbesondere Übelkeit, Durchfall und anderes klagt, ist es ausreichend, wenn die Lithiumspiegelkontrollen in Abständen von mehreren Monaten durchgeführt werden, nachdem der Patient nach mehrmaliger Lithiumspiegelkontrolle auf seine Dosis eingestellt ist. Eine Behandlung mit Lithiumsalzen sollte bei normaler Verträglichkeit über mindestens mehrere Jahre durchgeführt werden. Wird die Behandlung mit Lithiumsalzen durch Auslösung eines Tremors sehr behindert, so sei daran erinnert, daß das Präparat Lithium-Aspartat deutlich weniger bzw. keinen Tremor auslöst und bereits bei einem Lithiumspiegel von 0,3–0,4 mval/l wirksam sein soll. Es stehen allerdings noch längere Erfahrungen aus, ob die Verringerung der Rezidivgefahr durch Lithium-Aspartat in gleicher Weise gewährleistet ist.

In seltenen Fällen kommt es nach Abklingen der depressiv-psychotischen Erkrankung zu einer manischen Nachschwankung. In diesem Falle sind sofort die Antidepressiva abzusetzen und Neuroleptika zu verordnen. Meist ist dann eine erneute stationäre Behandlung erforderlich, da der Patient sich in Zusammenhang mit enthemmtem Verhalten nicht ausreichend unter Kontrolle hat.

Neuerdings wird eine Langzeitverordnung von Antidepressiva nach Abklingen der depressiven Psychose im Interesse einer prophylaktischen Verminderung der Rückfallsgefahr empfohlen, sofern Lithiumsalze zur Prophylaxe nicht vertragen werden. Ob sich ein derartiges Vorgehen bewährt, bleibt abzuwarten. Inzwischen sollte man jedoch auch bei Herzgesunden kardiotoxische Antidepressiva bei Langzeitverordnungen meiden.

Psychotherapie „bei" der endomorphen und „der" exomorphen Depression sowie depressiver Persönlichkeitsstrukturen

Grundsätzlich ist zu unterscheiden, ob ein Patient während einer endomorphen oder exomorphen Depression in Behandlung kommt, ob die Behandlung des gegenwärtigen Zustands im Vordergrund steht oder das Bemühen um Persönlichkeitsänderungen nach abgeklungener bzw. kompensierter depressiver Verstimmung.

Es wurde wiederholt betont, daß es während einer endomorphen Depression, solange der Patient sich nicht in dem Sinne verwirklichen kann, wie er meint, sich verwirklichen zu müssen, nur eine Psychotherapie bei der Depression geben kann, dagegen nicht eine Psychotherapie der endomorphen Depression. Es wurde schon frühzeitig im Freudianischen Arbeitskreis mit *Abraham* u. a. erkannt, daß die Psychotherapie hier ihren Hauptansatz im freien Intervall, das heißt nach abgeklungener Psychose hat.

Die Psychotherapie bei der endomorphen Depression beginnt mit der Information des Patienten und seiner Angehörigen über die Art der Erkrankung. Es wurde die Übergabe eines Merkblattes empfohlen, das zumindest die Angehörigen zunächst lesen sollten, bis der Patient selbst in der Lage ist, den Inhalt aufzufassen.

Die Psychiatrie bei der endomorphen Depression beginnt mit dem Paktabschluß, der den Patienten einerseits im Hinblick auf Leistung völlig entpflichtet, ihn aber gleichzeitig verpflichtet im Hinblick auf das Suizidproblem, wie oben dargestellt. Ist der Patient zum Paktabschluß im Sinne der Leistungsentpflichtung nicht fähig bzw. wird er durch seine Umgebung dennoch leistungsverpflichtet, sollte möglichst eine stationäre Behandlung angestrebt werden. Sollte der Paktabschluß im Hinblick auf die Verpflichtung gegenüber den Angehörigen und dem Therapeuten zur Vermeidung der Selbstmordgefahr nicht überzeugen, so kommt nicht nur die stationäre Behandlung auf einer offenen Abteilung in Betracht, sondern ggf. in der Anfangszeit auch auf einer kontrollierten Station.

Während der Durchführung der körperlichen Behandlungsverfahren (Pharmakotherapie, evtl. Elektrobehandlung) ist es unumgänglich, dem Patienten immer wieder zu versichern, daß er keine Schuld an der Krankheit habe, daß er kein Versager sei und daß er wieder gesund werde.

Ermutigender und entlastender Zuspruch wird um so mehr Wirkungen erzielen, je mehr es gelingt, dem Patienten bei der Gewinnung einer realen Krankheitseinsicht zu helfen. Die völlige Krankheitseinsicht und Krankheitskritik des Erkrankten widerspricht dem Wesen psychotischen Erlebens, das durch seine letztliche Unverständlichkeit charakterisiert ist. Solange die endomorphe Depression nicht voll kompensiert bzw. abgeklungen ist, wird der Erkrankte zumindest im Zweifel sein über das, was ihm über seinen Krankheitszustand informatorisch mitgeteilt wird. Auch um die Gefahr von Fehlentschlüssen zu Fehlverhaltensweisen in der endomorphen Depression zu verringern, ist es wichtig, dem Patienten zu helfen, sich einer angepaßten Krankheitseinsicht zu nähern. Wichtig ist, daß er aus der endomorph-depressiven Gestimmtheit heraus keine grundsätzlichen Entschlüsse, die Folgen für sein künftiges Leben haben oder haben könnten, faßt; ob es sich um die Frage der Einreichung der Pensionierung, einer Scheidung, eines Arbeitsplatzwechsels, eines Umzuges u. a. handelt. Alle diese Fragen sollten, wenn irgend möglich, zurückgestellt werden, bis die endomorphe Depression kompensiert oder abgeklungen ist. Andernfalls sind schwere Fehlentscheidungen zu erwarten, denn auch im Falle einer situativen Auslösung einer endomorphen Depression bleibt abzuwarten, ob der Betroffene nicht in wiedergesundetem Zustand ganz andere Wege künftiger Bewältigung findet als diejenigen, die sich ihm in der Erkrankung anbieten. Es sind Fälle bekannt, die sich selbst wie dem Therapeuten nach abgeklungener endomorpher Depression Vorwürfe über Entscheidungen während der Erkrankung machten.

Die Verhinderung der tragischen Fehlentscheidung zum Suizid wurde wiederholt angesprochen. Es ist einsichtig, daß nicht nur aus dem Achsensyndrom des Nicht-Könnens trotz Wollens, sondern auch aus einzelnen endomorphen depressiven Erlebnisweisen, wie z. B. den hypochondrischen Befürchtungen, den Verarmungsideen, den Schuldgefühlen, den vielfachen Gefühlsstörungen, ein Fehlverhalten resultieren kann, das den Patienten und seine Angehörigen zusätzlich belastet.

Während im Normalfall im Zusammenhang mit den intensiven symbiotischen Tendenzen der depressiv Erkrankten die Partnerbindungen vom Patienten her nicht gefährdet sind, sind aber in Einzelfällen selbst in diesem Bereich Komplikationen möglich, sofern der Patient nicht in der Erkrankung eine angepaßte psychagogische Führung erfährt.

So steht zwar die Verringerung der Suizidgefahr ganz im Vordergrund der psychagogischen Führung der endomorph-depressiv Erkrankten, doch bringt es die endomorph-depressiv bedingte verzerrte Sicht der Realität mit sich, daß die Psychotherapie bei der endomorphen Depression darüber hinaus einen hohen Stellenwert einnimmt.

Nicht nur das Einzelgespräch, sondern ganz besonders auch das stationäre wie ambulante Gruppengespräch gleichsinnig Erkrankter mit einem Austausch der Erfahrungen über Erscheinungsweise, Entstehungsbedingungen und Behandlungsweisen endomorpher Depressionen kann eine Verringerung der Gefahr von Fehlverhaltensweisen der Patienten wie der Angehörigen anbieten.

Darüber hinaus bewährt sich im wöchentlich durchgeführten Gruppengespräch mit anderen endomorph-depressiven Patienten ein Austausch von Erfahrungen. Sobald die Patienten in der Lage sind, sich wenigstens im Ansatz selbst zu verwirklichen, wie es in den meisten Fällen nach der 1.–2. stationären Behandlungswoche der Fall ist, empfahl sich uns die Maltherapie in dem Sinne, daß der Patient das malt, was ihn bewegt.

Es wird dem Patienten offengelassen, ob er das Bild auf Gegenwärtiges bezieht oder ob er Wünsche oder Erinnerungen darstellt. Das Bild wird in Verbindung mit den Einfällen des Patienten zum Thema eines Gruppengespräches gemacht. Ein Verfahren, das sich bei uns in den letzten Jahren sehr bewährt hat und nicht nur dem einzelnen Patienten nützlich war, sondern auch die Atmosphäre der Station, auf der sich vorwiegend depressive Patienten befinden, verbessert. Zahlreiche inzwischen von Patienten gemalte Bilder mit dem dazugehörigen Text ihrer Einfälle schmücken nicht nur die Station, sondern geben dem neu eintretenden Patienten rasch Vertrauen in die neue, stationäre Situation.

Das gesprochene Wort hat seine Grenzen. Die Bildsprache des Traumes wie des gemalten Bildes eröffnet weitere Dimensionen zum Verständnis des Patienten.

Die Auseinandersetzungsmöglichkeit mit den Träumen während der endomorphen Depression wird aus folgenden Gründen erheblich eingeschränkt oder aufgehoben:

Wegen der bestehenden Schlafstörungen werden abends Tranquilizer bzw. Neuroleptika verordnet, die zwar im Unterschied bes. zu Barbituraten die Traumphasen nicht unterdrücken, jedoch eventuell die Traumbereitschaft wie besonders die Rückerinnerungsfähigkeit vermindern.

Es gilt ferner als gesichert, daß zumindest trizyklische Antidepressiva die Traumbereitschaft vermindern, wie u.a. mit dem Rückgang der Augenbewegungsphasen im Schlaf nachgewiesen wurde.

Die Rückerinnerung des Träumers an den Traum wie besonders das Bringen von Einfällen zum Traum überfordert häufig den Kranken in seinem Nicht-Können trotz Wollens und kann u. U. sogar auf diesem Weg die Selbstgefährdung erhöhen.

Wie Verf. bei mehrjährig ambulant psychoanalytisch behandelten Patienten erfuhr, die zeitweise endomorph-depressiv waren oder deren Analysefähigkeit nur dadurch gegeben war, daß eine endomorph-depressive Verstimmung medikamentös kompensiert war, tritt daher bei endomorph Depressiven die Bearbeitungsmöglichkeit von Traummaterial im Unterschied zu exomorph Depressiven wesentlich zurück.

Bei der exomorphen Depression dagegen ermöglicht die Erhaltung der Sinnkontinuität des Erlebens wie der Traum- und Erinnerungsbereitschaft eine fruchtbare psychoanalytisch-psychotherapeutische Bearbeitung der Bildsprache der Träume. Dazu läßt sich ganz generell sagen, daß es typische Träume exomorph Depressiver zwar nicht gibt, dagegen typische Einfälle des Träumers zu seinem Traum, in denen sich die Besonderheiten seiner depressiven Persönlichkeitsstruktur (s.o.) wie auch in seinen Einfällen zu Tageserlebnissen, zu Tagesfantasien, sowie in der Übertragung gegenüber dem Therapeuten zu erkennen geben.

Kehren wir auf die Bildsprache des gemalten Bildes zurück, so wurden vom Verfasser in jeder Woche in zwei getrennten Gruppen Sitzungen durchgeführt, in denen das Bild des Patienten wie besonders auch seine Einfälle zum Bild den Einstieg zur gruppentherapeutischen Bearbeitung seiner Problematik boten.

In der einen Gruppe handelte es sich um Patienten, die vorwiegend wegen endomorpher Depressionen in die stationäre Behandlung gekommen waren. Bei der anderen Gruppe handelte es sich um Alkoholkranke, bei denen jeweils mehrere exomorph-depressiv Strukturierte zu finden waren.

Die Bilder, von denen einige abgebildet wurden (s.o.), sowie die Einfälle der Patienten in den Gruppensitzungen (die weiterhin fortgeführt werden), lassen zwei grundsätzliche Unterschiede erkennen:

Die endomorph Depressiven sind im Stadium gänzlicher Dekompensation, entsprechend ihrer Selbstverwirklichungsunmöglichkeit, wie erwähnt, auch nicht malfähig. Mit zunehmender Besserung drücken sie in der ihrer Persönlichkeitsstruktur oft entsprechenden genauen und ordentlichen Malweise das Bedrohliche der vergangenen oder gegenwärtigen Situation, die Weise der jetzigen Gestimmtheit, Verpflichtungseinstellungen wie vor allem aber Wünsche in bezug auf Familie, Urlaub, Lebensfreude u.a. aus. Unmittelbare Konfliktsituationen, auch bei offensichtlich situativ ausgelöster endomorph-depressiver Erkrankung, treten demgegenüber weitgehend zurück.

Die charakteristisch exomorph-depressiv Strukturierten malen demgegenüber, besonders sofern sie zur Realitätsflucht mit Alkoholismus oder auch z.B. zur wunschgeleiteten hysterischen Realitätsverfremdung neigen, andererseits eher weniger genau und weniger ordentlich, lockerer, evtl. schöpferischer, vor allem aber konfliktbezogener. So wird die Erhaltung der Sinnkontinuität und damit der Konfliktbezogenheit des Erlebens im gemalten Bild wie in den Einfällen der Patienten deutlich und der Psychotherapie nützlich.

Mit zunehmender Besserung des Zustandes kommt es darauf an, in therapeutischen Gesprächen sowohl den Patienten wie seine Angehörigen davon zu überzeugen, daß zur Verminderung der Rückfallsgefahr, die grundsätzlich besteht, folgende Ansatzpunkte gegeben sind:

Zunächst eine ausreichend lange ambulante Weiterbehandlung mit regelmäßiger Einnahme der verordneten Medikamente sowie nur behutsamer, allmählicher Leistungsverpflichtung.

Die ersten Schritte dieser Art sollten bereits vor der Entlassung an Wochenendurlauben allmählich realisiert werden.

Ist die endomorphe Depression vollends und nachhaltig kompensiert, so wird der Einzelfall entscheiden, wieweit bei ihm ganz konkrete Ratschläge für die Zukunft ausreichend erscheinen oder wieweit eine individuelle tiefenpsychologisch orientierte Psychotherapie angezeigt ist.

Da gerade die Patienten mit endomorphen Depressionen oft die „Angepaßten“ sind, diejenigen, die mit Erfolg und Tüchtigkeit in gesunden Zeiten im Leben stehen, da sie eher diejenigen sind, die „nur“ einen relativen Mangel an Ich-Fülle haben, einen Mangel, der erst unter Umständen in besonderen belastenden Situationen zur depressiven Dekompensation führt, stimmen diese Patienten wie auch ihre Umgebung seltener einer psychoanalytischen Langstreckennachbehandlung zu, obwohl sie nicht selten wünschenswert wäre. Wünschenswert, um Überkompensationen, übermäßige Einsatzbereitschaft, Ersatzbefriedigungen und anderes abzubauen. So wird man sie zumindest in therapeutischen Kurzgesprächen auf ihre besonderen Persönlichkeitseigenschaften wie auf die möglichen belastenden Situationen hinweisen. Droht z.B. eine Entordnung im Sinne eines Umzugs oder indem die Handwerker ins Haus kommen, so kann es durchaus sinnvoll sein, durch entsprechende Ratschläge dieser Situation gemeinsam zu begegnen. Drohen oder bestehen Überverpflichtungssituationen, wie z.B. Haushalt und Beruf (besonders bei Frauen) oder Beruf und Hausbau und anderes, so sollte man hier ganz konkret den Patienten und seine Umgebung beraten und gemeinsam besprechen, ob derartige Situationen vermieden werden können oder zumindest ihrem Belastungscharakter mit neuen und anderen Einstellungen begegnet werden kann. Gehen wir also davon aus, daß gerade in erster Linie diejenigen endomorph-depressiv erkranken, die durch ein besonders hohes Soll der Ich-Verwirklichung ausgezeichnet sind, die sich im Alltag vielleicht schon seit Jahrzehnten nicht nur angepaßt verhielten, sondern von ihrer Umgebung wegen ihrer Tüchtigkeit wie auch ihrer Menschlichkeit besonders geschätzt werden, so sollte doch nie aus dem Auge verloren werden, daß hinter diesem Angepaßtsein Persönlichkeitseigenschaften stehen, die zwar synton wirken, deren Eingeordnetsein jedoch seine belastbaren Grenzen haben kann. Grenzen, die durch ihre Rolle der Überverpflichtung mitbedingt sind.

Je deutlicher es wird, daß im Einzelfall Pflichtbewußtsein, Hilfsbereitschaft, Hingabefähigkeit überbetont sind im Sinne einer Überkompensation oder daß sekundäre Verarbeitungsweisen einer depressiven Persönlichkeitsstruktur, wie illusionäre Fehlerwartungen oder Ersatzbefriedigungen (z.B. Bestätigung in Lese- und Wissenshunger, Vorwurfs- und Anspruchshaltungen), die Selbstverwirklichung wie den Umgang mit der Umgebung komplizieren, um so mehr wird die psychotherapeutische Nachbehandlung von Bedeutung sein.

In diesem Sinne hat Verf. eine Reihe von Patienten, die stationär wegen einer endomorphen Depression behandelt worden waren, über mehrere Jahre mit wöchentlich 1–2 Stunden im tiefenpsychologisch orientierten Gespräch weiterbehandelt. Voraussetzung war, daß die endomorphe Depression entweder pharmakotherapeutisch kompensiert war, so daß der Patient sich realistisch mit seinen Erlebnissen auseinandersetzen konnte, oder daß die endomorphe Depression völlig abgeklungen war. Leitlinie dieser Behandlung war, daß die Patienten im Rahmen der Stunde frei ihre Erlebnisse brachten und sich bemühten, die analytische Grundregel einzuhalten, d.h. das auszusprechen, was ihnen peinlich, unwichtig und unsinnig erschien, besonders auch auszusprechen, was sie gegenüber dem Therapeuten erlebten und empfanden. Sie berichteten naturgemäß nicht nur über Alltagserlebnisse und Erinnerungen, sondern ganz besonders auch, soweit möglich, über Träume und brachten ihre Einfälle zu den Träumen (s.o.). Die Patienten lagen jeweils, wie bei dieser Methodik üblich, auf der Couch, während der Therapeut hinter ihnen saß.

Das Ziel war, Überkompensationen wie sekundäre Verarbeitungsweisen von Gehemmtheiten abzubauen. Die Patienten sollten ein Gefühl für ihre Erlebnislücken wie für ihre Fehlverarbeitungen erhalten. Zentrales Thema war immer wieder das Verhältnis von Anbieten- und Fordern-Können, von Selbstbehauptung und Hingabe, von Lebensgenußmöglichkeit und Lebensverpflichtung, von Arbeit und Freizeit, von Ich und Familie bzw. Bekannten, Mitarbeitern und Vorgesetzten, von Angebot und Erwartung. In Bezugnahme auf Alltagserlebnisse der Gegenwart wie der Vergangenheit kamen immer wieder zur Sprache ein „Zuviel" an Angebot, an Hingabe, wie auch ein „Zuviel" an passiver Erwartung, ein „Zuwenig" an Fordern, ein „Zuwenig" an vitalem Egoismus, ein „Zuwenig" an Selbstbehauptung, ein „Zuwenig" an in sich ruhendem Selbstwerterleben.

In ständiger Auseinandersetzung mit den Erlebnissen beim Umgang mit den unmittelbaren Bezugspersonen wie dem Lebenspartner, den Kindern, den Mitarbeitern, den Bekannten und Freunden, ganz konkret erlebt am Umgang mit dem Therapeuten, d.h. in der Übertragung, in der Auseinandersetzung mit den Erlebnissen in Arbeit und Freizeit, gelingt es immer wieder, Persönlichkeitsnachreifungen zu ermöglichen, die dazu führen, daß der ehemals Überangepaßte und Überverpflichtete und evtl. Realitätsfremde seinen relativen Mangel an Ich-Fülle zu seinen Gunsten wie auch letztlich zugunsten seiner Umgebung vermindert.

Es kann kein Zweifel sein, daß selbst bei Patienten, die erstmals im 6. Lebensjahrzehnt endomorph-depressiv dekompensieren, noch positive Persönlichkeitsweiterentwicklungen im genannten Sinne bei entsprechender psychotherapeutischer Nachbehandlung möglich sind. So z.B. bei einem beamteten Juristen, der vor der Erkrankung im perfektionistischen Einsatz seine Pflicht nicht nur erfüllte, sondern seine Mitarbeiter ständig mit schriftlichen Informationen versorgte, die weit über seinen Aufgabenkreis hinausgingen. In einem vergleichbaren Übereinsatz verausgabte er sich auch für seine Familie. Als ihm beruflich eine Aufgabe zugeteilt wurde, bei der eine gewisse Härte anderen gegenüber erforderlich war, da er Schriften und Themen auf ihren sittlichen Gehalt beurteilen sollte, dekompensierte er in eine schwere endomorphe Depression. Die Erkrankung wurde stationär nicht nur bald voll kompensiert, sondern durch die mehr als 1 Jahr dauernde psychotherapeutische Nachbehandlung wurde der Patient im ganzen freier und lebensgenußfähiger, lernte mehr sich selbst leben und verminderte seinen Mangel an Ich-Fülle.

In diesem Sinne ist es durchaus möglich, bei geeigneten Fällen, deren Angepaßtsein-Müssen in ein Mißverhältnis geraten ist zu den eigenen zur Verfügung stehenden Kräften, durch nachgehende individuelle Psychotherapie die Ich-Fülle anzureichern, mehr Lebensgenuß zu ermöglichen und die Gefahr erneuter endomorpher depressiver Dekompensation, evtl. in Ergänzung zur medikamentösen Prophylaxe, zu verringern.

Bemerkenswert ist bei derartigen psychotherapeutischen Langstrecken-Nachbehandlungen nach medikamentöser Kompensation einer endomorphen Depression, wie erneut auftretende endomorph-depressive Schwankungen, die man im Kurzgespräch als „endogen“ hingenommen hätte, bei entsprechender mikropsychologischer, tiefenpsychologisch orientierter Methodik nicht selten ihre äußeren Veranlassungen erkennen lassen. Dabei fällt immer wieder die erhebliche Verdrängungsbereitschaft als Abwehrsymptom dagegen auf, daß der Patient ein vorübergehendes Tief der Selbstverwirklichung mit Situationen in Zusammenhang bringen soll, die für die anderen mit mehr vitalem Egoismus zum normalen Alltag gehören. So sahen wir derartige scheinbar „endogene“ Schwankungen z.B. nach Mikroverlustsituationen, wie der Abreise eines Freundes, einer vorübergehenden leichten Umsatzminderung, der Krankmeldung einer Sprechstundenhilfe usw., konnten aber auch miterleben, daß in anderen Zeiten einschneidende Belastungen spurlos vorüberzogen.

Handelt es sich um eine Persönlichkeit mit einem absoluten Mangel an Ich-Fülle im Sinne einer primären passiven Struktur mit Übergefügigkeit, zu großer Verzichtbereitschaft, mehr oder weniger gedrückter Stimmung ohne Überkompensationslinie, so scheinen die Patienten seltener endomorph-depressiv zu dekompensieren als eher exomorph-depressiv.

Sie kommen daher eher in Behandlung wegen begleitender leiblicher Symptome, wegen Ausweichens in Alkoholismus bzw. Sucht oder wegen eines Suizidversuchs mit Appellcharakter. Der Spannungsbogen zwischen Ich-Soll und Ich-Kann ist bei ihnen weniger weit angelegt. Der Umschlag vom Viel-Leisten, vom Gesund zum Nichts, zum Nicht-mehr-Können in der Selbstverwirklichung tritt bei ihnen, wie oben beschrieben wurde, zurück zugunsten einer eher schmächtigen Selbstverwirklichung, eines Mehr oder Weniger. Abgesehen von der psychotherapeutischen Bearbeitung der aktuellen Probleme, der Ausweichmanöver, wie ganz besonders des Alkoholismus, ist bei ihnen eine psychotherapeutische Nachbehandlung in Einzelsitzungen wie in Gruppenform oft notwendig. Geht man bei diesen Patienten, die bei ihrem absoluten Mangel an Ich-Fülle ganz besonders einer Situation bedürfen, die sie nicht auslaugt und die ihnen Selbstbestätigung ohne Selbstaufgabe ermöglicht, vom wiederholten therapeutischen Kurzgespräch zur tiefenpsychologisch orientierten Langstreckenbehandlung über, so ist gerade bei ihnen die Bearbeitung ihrer Einstellung zum Therapeuten, der Übertragung, von besonderer Bedeutung.

Geht man davon aus, daß sie gerade im besonderen Maße gehemmt sind, nehmen und fordern zu können, oral-aggressiv gehemmt sind, daß sie nicht selten statt dessen zu passiven unrealistischen Erwartungen (Riesenerwartungen) neigen, so fällt gerade ihnen die Einhaltung der Grundregel schwer. Sie können einerseits schweigen und Zuspruch erwarten oder andererseits den Therapeuten als „dämonisiert“ fordernd erleben und ängstlich drauflossprechen, um Erlebnisse anzubieten. Enttäuschung und Ärger im Umgang mit dem sich im analytischen Sinne passiv verhaltenden Therapeuten kann bei behutsamer Führung eine Auflockerung der neurotischen Gehemmtheiten und einen Abbau sekundärer Verarbeitungsweisen wie illusionärer Fehlerwartungen zur Folge haben.

Besonders bei ihnen kommt es für den Therapeuten darauf an, nicht zuviel und nicht zuwenig anzubieten, hat er das Ziel, nicht nur die Folgen der depressiven Persönlichkeitsstruktur, wie evtl. den Alkoholismus, zu behandeln, sondern der Persönlichkeit zur Nachreifung zu verhelfen. *Kühnel* betont, daß man in diesem Sinne zu einer Auseinandersetzung mit den Bildern und Erlebnissen des Familienromans kommen müsse, um eine neue Einstellung zu erarbeiten. Indem man diese tiefsten Quellen nicht eröffnet, würde man bei einer Art von Belehrung und Erziehung bleiben. Gegen die bestehende Minderwertigkeit der Ich-Entwicklung sei bei überwertigem Über-Ich therapeutisch anzugehen. Zunächst komme es darauf an, den Umwandlungsprozeß der Charakterstruktur so einzuleiten, daß dem Patienten zur Entlastung der bedrohlichen inneren Gestautheit sein gestörtes Erleben in der Gegenwart zugänglich wird, während er gleichzeitig aber auch seine Erlebnismöglichkeiten sehen lernt. Das Finden der Erlebnislücken, der Angst- und Schuldgefühle, des neurotischen Verhaltens mit seinen Widerständen sei nach gelungener Kontaktaufnahme ein im allgemeinen erfolgreicher Weg. Beim typisch neurotisch-depressiv, Strukturierten empfiehlt *Kühnel* täglich 2 Stunden psychoanalytischer Behandlung. Entsprechend dem oft bestehenden Mißverhältnis von Nicht-fordern-Können und als Gegengewicht Zuviel-Erwarten werden in dieser Behandlung neurotische Bescheidenheit neben Riesenerwartungen immer wieder deutlich, wie ein Schwanken zwischen planloser Aktivität und Passivität mit Unerfülltheit und Leergefühlen, Gefügigkeit gegenüber dem Therapeuten neben Vorwurfshaltungen und Handeln mit starker Gefühlszwiespältigkeit. Heftige Forderungen, Trotz und Wut können mit selbstquälerischem Agieren abwechseln. Es kommt in diesem Sinne darauf an, bei Bearbeitung der Übertragungserlebnisse auf den Therapeuten, normale menschliche Kontakte aufzubauen. In diesem Sinne können oral einverleibende, gierige, mit Enttäuschungen verbundene Regungen auf den Therapeuten übertragen werden. Regungen, die außerhalb der Analyse, z.B. gegenüber dem Lebenspartner, in gleicher Weise wirksam sein können.

Regungen, die nach psychoanalytischer Lehrmeinung ihre Wurzeln im 1. Lebensjahr haben, in dem, wie wiederholt ausgeführt, die gefühlsmäßigen Bedürfnisse eines Kindes nicht entsprechend befriedigt wurden und evtl. Verlassenheits- und Unerfülltheitserlebnisse mit allen ihren Konsequenzen zurückblieben. Es komme daher darauf an, die Erlebnislücken im aktuellen Erleben, die Angst- und Schuldgefühle gegenüber dem anderen, die mit den Impulsen gekoppelt sind, so aufzudecken, daß der Patient ein Ziel und neue Erlebnismöglichkeiten sehen könne. Seine zwiespältige Gefühlseinstellung, die zwischen Nicht-fordern-Können und unrealistischem Erwarten eingespannt ist, müsse mit all ihren Folgen dem Patienten immer wieder gezeigt werden. Die Anklagen gegen gegenwärtige Personen, die unter dieser Sicht als Wiederholung von Aggressionen gegen die enttäuschenden frühkindlichen Beziehungspersonen aufgefaßt werden, sollen in der Auseinandersetzung mit dem Analytiker wiederholt und abgebaut werden, im Sinne einer sog. Übertragungsanalyse.

Aber auch wenn man diesem orthodox-psychoanalytischen Ansatz nicht folgt, wenn man es mit Patienten zu tun hat, bei denen keine überzeugenden Hinweise für Härte und Enttäuschung oder Verwöhnung in den ersten Lebensjahren bestehen, bei denen der Eindruck entsteht, daß sich depressive Persönlichkeitseigenschaften, etwa nach dem Verlust eines Elternteiles, in Auseinandersetzung mit Geschwistern, im Zusammenhang mit einer auftretenden körperlichen Beeinträchtigung bzw. Entstellung u.a., im Zusammenhang mit einem gestörten Aufbau des Selbstwerterlebens entwickelt haben, wird das therapeutische Ziel sein, den daraus resultierenden Mangel an Ich-Fülle zu verringern, sowohl im Hinblick auf die Gehemmtheiten im Bereich der Selbstbehauptung wie auf unrealistische Erwartungen.

Zentrale Themen werden das Ich-Du-Verhältnis sein, das Ineinander von Selbst- und Welterfahrung, das in der Fähigkeit des Gebens und Nehmens, des Leisten-Müssens und Genießen-Könnens seinen konkreten, in der Behandlung angehbaren Niederschlag findet.

Ein zentrales Thema wird oft eine dahintersteckende Selbstwertproblematik sein, die dem Patienten deutlich werden sollte, deren Abbau aber naturgemäß nur in einem lang dauernden Nachreifungsprozeß möglich ist.

Selbsterfahrungen, die im Gruppengespräch vermittelt werden, können einem in diesem Sinn angepaßteren Selbstverständnis des Patienten dienen.

Erst in den letzten Jahren setzte sich ein neuer Weg der Psychotherapie mehr und mehr durch, die Verhaltenstherapie. Sie entwickelte sich gleichsam als Reaktion auf die Psychoanalyse, obwohl sie in vielen Fällen ihren Stellenwert als ergänzende Behandlung haben kann. Nicht selten wurde sie aus ökonomischen und anderen Gründen sogar zur Methode der Wahl.

Einem Millionenheer von neurotisch Fehlentwickelten stehen selbst in fortgeschrittenen Ländern meist nur einige Hundert voll ausgebildeter Psychoanalytiker gegenüber, die jeweils als Einzeltherapeuten nur einige Dutzend Patienten in jahrelanger Langstreckenbehandlung erfassen können. Hinzu kommt die Begrenzung der Analysefähigkeit vieler Patienten wie der Möglichkeit, diese Behandlungsmethodik für sich zu nutzen, so daß man sich geeinigt hat, beim Behandlungsbeginn den Patienten zu sagen, daß die Hälfte der Patienten die Aussicht hat, nach mindestens 200 Stunden psychoanalytischer Einzelbehandlung eine wesentliche Besserung zu erfahren, sofern sie die Behandlungsmethodik entsprechend für sich nutzen können. Der Behandlungserfolg bei der weiteren Hälfte der Fälle ist zumindest jedoch fraglich, und das, obwohl nicht nur ökonomische, d.h. finanzielle und zeitliche Gesichtspunkte entscheiden, ob der Patient in eine psychoanalytische Behandlung übernommen werden kann, sondern darüber hinaus eine Auswahl getroffen wird, in dem z.T. wenig differenzierte Patienten, vor allem aber solche, die mit ihrer Fehlhaltung zu Ausweichreaktionen, wie besonders Bequemlichkeit und Verwahrlosung einschließlich Alkoholismus und Sucht, neigen, oft nicht in die psychoanalytische Behandlung aufgenommen werden.

Schließlich besteht kein Zweifel, daß auch eine psychoanalytische Behandlung durchaus nicht immer vorwiegend am Längsschnitt der psychischen Fehlentwicklung unter ständiger Einbeziehung der Kindheit orientiert ist, sondern viele Behandlungsstunden oft am gegenwärtigen Zustand, d.h. am Querschnitt, verhaltenstherapeutisch" ansetzen. Verhaltenstherapeutisch, indem mit dem Denkmodell, daß gehemmte Antriebe realistisch zu entfalten sind, der Patient bei seinem freien Assoziieren von Erlebnissen und Gedanken Ermutigungen, d.h. „Verstärkung“, durch den Therapeuten erfährt, auf „Lücken“ und Fehlverhalten hingewiesen wird und am Therapeuten in der Übertragung eine Entfaltung seiner Gehemmtheiten erfährt und „übt“.

Das Konzept, daß Angst- und Schuldreflexe die freie Entfaltung der Antriebe und die Verfügung über sie beim Neurotiker hemmen, verbindet den therapeutischen Ansatz der Psychoanalyse mit der Verhaltenstherapie.

Es dürfte daher in unserem Zusammenhang eine wichtige Zukunftsaufgabe sein, zu überprüfen, wieweit die Verhaltenstherapie in die Behandlung der depressiv strukturierten Personen einbezogen werden kann. Im Einzelfall wird entschieden werden müssen, wieweit eine psychoanalytisch orientierte Behandlung eine verhaltenstherapeutische Ergänzung erfährt oder wieweit der Akzent auf der Verhaltenstherapie liegen kann.

Noch stehen sich die Vertreter der Psychoanalyse und der Verhaltenstherapie fast frontal und oft wenig versöhnlich gegenüber, doch sollte man u.E. damit rechnen, daß sich in Zukunft diese verhaltenstherapeutischen Ansätze mehr und mehr ergänzen werden.

Zum Thema des zu behandlungsbedürftigen exomorphen Depressionen neigenden Personenkreises hat die Verhaltenstherapie mit den Verfahrensweisen des Selbstsicherheitstrainings wie des Selbstbehauptungstrainings bereits ganz konkrete Hinweise gegeben.

Wir haben vielfach darauf hingewiesen, daß nicht erst im exomorph- wie endomorph-depressiven Zustand Selbstwertprobleme von zentraler Bedeutung sind, sondern daß ein Mangel an Ich-Fülle vor der Erkrankung eng mit der Thematik des Selbstwerterlebens verknüpft ist.

Der Selbstwert ist bei den depressiv Strukturierten in besonderem Maße von der Selbstverwirklichung für andere und anderes abhängig. In der depressiven Verstimmung fällt die Behandlungsbedürftigkeit weitgehend mit der (oft verdrängten) Selbstwerteinbuße zusammen.

Das abgewertete bzw. unterschätzte Selbstbild ist daher sowohl während der psychotherapeutischen Behandlung und Betreuung depressiver Zustände oft von wesentlicher Bedeutung wie auch beim psychotherapeutischen Vorgehen zur Beeinflussung der Persönlichkeitseigenschaften, die zur Depression disponieren. Personen mit geringer Selbstwertschätzung können übermäßig Fehlschläge und Zurückweisungen erwarten und durch Gehemmtheiten im Fordern provozieren. Damit kann es zur selbstprovozierten „Verstärkung“ der beeinträchtigten Selbstwertschätzung und somit zum weiteren übermäßigen Angebot an andere wie zum depressiven Rückzug mit weiterer Selbstwerteinbuße kommen.

U. de Muynck und *Forster* gliedern in einer Übersicht über das verhaltenstherapeutische Selbstsicherheitstraining die Selbstunsicherheit auf in a) Einstellung zu sich selbst, b) soziale Angst und Hemmung, c) soziale Fertigkeit.

Soweit oral-aggressive Gehemmtheit in psychoanalytischer Definition begleitet ist von Selbstunsicherheit, von Minderwertigkeitsgefühlen, von einer in diesem Sinn gestörten Einstellung zu sich selbst, bietet die Verhaltenstherapie eine Reihe von Beeinflussungsmöglichkeiten an. Ziel ist, über Förderung von Selbstbestätigungen dauerhaftes selbstsicheres Verhalten herbeizuführen. Verstärkerwirkungen eines idealisierten Selbstbildes sollen dem Patienten bewußt gemacht werden, ebenso wie die negativen und hemmenden Wirkungen sich selbst erfüllender Prophezeiungen, wie z. B. „Es wird mir nicht gelingen".

Die soziale Angst und Hemmung richtet sich vor allem auf die eigenen Fehlschläge und Erwartungen, vor anderen Fehler zu machen.

Wir befinden uns hier zwar mehr im Bereich des angstneurotischen Personenkreises, der bisher vorrangig vom Selbstsicherheitstraining angesprochen wurde, doch werden bei einer von *de Muynck* und *Ullrich* aufgezeigten Faktorenanalyse Erlebnis- und Verhaltensweisen aufgezählt, die bei Personen, die zu exomorphen Depressionen disponiert sind, oft ein besonderes Gewicht haben: 1. allgemeine Unsicherheit, 2. Fehlschlag- und Kritikangst, 3. Nicht-nein-sagen-Können, 4. Kontaktangst, 5. Unfähigkeit zu fordern, 6. Schuldgefühle. 7. Anständigkeit (Abhängigkeit von der Norm).

Sofern diese hier aufgezählten Gehemmtheiten im sozialen Verhalten angstvoll erlebt werden, finden sich die Übergänge zu den Angstneurosen. In diesem Sinne treten besonders Kritikangst und Kontaktangst bei depressiv Strukturierten zurück, während die anderen erwähnten Faktoren, wie allgemeine Unsicherheit, Nicht-nein-sagen-Können, Unfähigkeit zu fordern, Schuldgefühle, Anständigkeit, sich bei den Depressionsbereiten häufen.

Soziale Fertigkeiten, wie z. B. überzeugendes, lautes, spontanes, emotionelles Sprechen, eine entsprechende Mimik und Gestik, werden im Selbstsicherheitstraining gefördert und gelehrt, damit der Patient das „soziale Verstärkungssystem" selbst manipulieren und kontrollieren kann.

Die Fülle der bisher angewandten Methoden eines Selbstsicherheitstrainings wendet sich wie auch die Psychoanalyse an Gehemmtheiten.

Salter, der als Begründer des Selbstsicherheitstrainings angesehen wird, meint, daß therapeutische Prozesse sich mit der Korrektur des Gleichgewichts zwischen Exzitationen und Inhibition befassen sollten. Der exzitatorische Typ sei durch Spontaneität und die Fähigkeit, Emotionen frei auszudrücken, gekennzeichnet. Die Therapie sollte, entsprechend einem zusammenfassenden Bericht von *U. de Muynck* und *Forster*, „konditionierte, inhibitorische, emotionelle Reflexe" beseitigen, um von „überlegten, exzitatorischen, emotionalen Reaktionen" zu „konditionierten, exzitatorischen Reflexen" zu kommen.

Salter, Wolpe u. a. praktizieren eine Reihe von konkreten Übungen mit dem allgemeinen therapeutischen Ziel, Gehemmtheiten abzubauen.

So wird im Training eine Reihe von Verhaltensweisen geübt, die primär das Ziel haben, die Selbstsicherheit im Umgang mit anderen zu trainieren.

Man wird erwarten, daß bei erfolgreicher Therapie nicht nur die Fähigkeit, sich seiner im Umgang mit anderen sicher zu sein, gefördert wird, sondern damit auch die abwertende Stellung zu sich selbst eine positive Beeinflussung erfährt. Sicherer wirken bedeutet, spontaner, freier und damit auch fordernder auftreten zu können. Sicheres Auftreten bewirkt umgekehrt mehr Anerkennung, mehr Selbstbestätigung, mehr Angebote der anderen. Die suggestive Wirkung selbstsicheren Auftretens hat im allgemeinen weit größere Wirkungen auf andere Personen als zaghaft vorgetragene, noch so richtige sachliche Argumentation. Der selbstsicher Wirkende erfährt in der Rückwirkung mehr Verstärkungen, mehr Wertschätzungen, mehr Erfolge bei evtl. geringerem Angebot als der unsicher Wirkende.

In diesem Sinne sind die von der Verhaltenstherapie bisher angegebenen therapeutischen Praktiken u. E. auf ihren weiteren Wert für die Depressionsproblematik zu überprüfen. Um so mehr, als z. B. die depressiv Strukturierten, die zur Reaktionsflucht über Alkoholismus und Sucht neigen, nicht nur primär oft zu einer Selbstwertproblematik neigen, sondern in ihrem Sebstwerterleben meist eine weitere erhebliche Einbuße durch die Folgen der Sucht erfahren.

Bleibt die depressive Dekompensation im verständlich exomorphen Bereich, so wurden bereits während des depressiven Zustandes neben einer psychotherapeutischen Bearbeitung der Konflikte und Gehemmtheiten verhaltenstherapeutische Übungen zur Beeinflussung der Selbstwertproblematik verhaltenstherapeutisch durchgeführt.

In verhaltenstherapeutische Übungen im Sinne eines Selbstsicherheitstrainings wurden durch *Salter* z. B. einbezogen: „Emotionales Sprechen", d. h. das vorsätzliche Äußern spontan empfundener Emotionen, wie z. B. loben, klagen, kritisieren u. a.; „Expressives Sprechen", indem spontan auftretende Gefühle zusätzlich zum gesprochenen Wort in Mimik und Gestik ausgedrückt werden. „Widersprechen und Angreifen" bedeutet, daß man keine Übereinstimmung vortäuschen, sondern die eigene Meinung frei äußern lernen solle. Der „absichtliche Gebrauch des Wortes ‚Ich' " wird in den Übungen beachtet wie der Gesichtspunkt der Zustimmung „bei Lob durch andere". Lob von anderen Personen soll angenommen werden. *U. de Muynck* und *Forster* betonen, daß die verbale Zustimmung zu Lob eine Verstärkungsfunktion für ein positives Selbstwertgefühl haben dürfte. *Salter* spricht von einer Selbstkonditionierung in Richtung auf ein Anwachsen emotionaler Freiheit.

Der Therapeut ermutigt den Patienten, selbstsichere Bemerkungen einzuüben und im Alltagsleben möglichst oft zu wiederholen. Neue, selbstsichere Verhaltensweisen werden im Rollenspiel mit Rollentausch geübt (*Wolpe*). Dabei werden gewisse Situationen nachgeahmt und wiederholt.

Geht es darum, die Bereitschaft zur depressiven Dekompensation psychotherapeutisch zu verringern wie auch den Zustand der exomorphen Depression psychotherapeutisch zu beeinflussen, so sollte in jedem Fall zunächst angestrebt werden, daß der Patient ein Selbstverständnis erhält, das ihm den Weg seiner Persönlichkeitsentwicklung wie seine gegenwärtige Persönlichkeitsstruktur deutlich und bewußt macht. Die psychoanalytische Methodik, die freie Einfälle des Patienten zur Vergangenheit, zur Gegenwart, nicht zuletzt zu seinen Träumen, behutsam berücksichtigt, liefert hierzu das umfangreichste Material. Dabei kann schon eine relativ geringe Zahl tiefenpsychologisch orientierter Sitzungen dem Patienten und dem Therapeuten wesentliche Einblicke ermöglichen.

Die psychotherapeutische Nutzung dieses Erlebnismaterials wird dem Einzelfall, dem Therapeuten wie den Behandlungsbedingungen anzupassen sein.

Davon wird es abhängen, wieweit dem Patienten über eine konsequente psychoanlaytische Einzelbehandlung geholfen wird, wieweit Gruppenstunden therapeutisch genutzt werden, wieweit wiederum Einzel- wie Gruppenbehandlungen vorwiegend analytisch, themenzentriert, verhaltenstherapeutisch orientiert sind, ob der Patient allein oder mit seinen Bezugspersonen behandelt wird. Wieweit die Gestaltung der Arbeits- und Lebensbedingungen in die Behandlung und Betreuung mit einbezogen wird, wird nicht nur eine Frage der den aufgerufenen Therapeuten und Helfern zur Verfügung stehenden Behandlungsmethodiken sein, sondern auch der Aufgeschlossenheit der psychisch Gesunden gegenüber den psychisch Kranken.

Zusammenfassende Darstellung

a) Manisch-depressiver Formenkreis

Mindestens 0,4 % der Bevölkerung hat eine Veranlagung zu manisch-depressiven Psychosen, d. h. sie erkranken meist mehrmals in ihrem Leben an depressiven und/ oder manischen Psychosen.

Die depressiven Psychosen nennt Verf. endomorphe Depressionen, da die bisherige Kennzeichnung endogene Depressionen mißverständlich ist (s. u.). Man kann vermuten, daß besonders in Ländern, in denen der Einzelne sich in besonderer Weise für andere Menschen und Aufgaben verpflichtet fühlt, die Anzahl der mindestens einmal im Leben endomorph depressiv Erkrankenden mindestens ca. 1 % der Bevölkerung beträgt.

Zur Symptomatik: Das Gemeinsame endomorpher Depressionen, ganz gleich ob sie zum manisch-depressiven Formenkreis gehören oder im Verlauf schizophrener Psychosen im Zusammenhang mit organisch-zerebralen Erkrankungen auftraten, oder eine nicht psychotische psychische Fehlentwicklung in einen endomorph depressiven Zustand mündet, ist das auf Seite 188 zusammengefaßte Syndrom der endomorphen Depression. Dieses Syndrom wird außerhalb des manisch-depressiven Formenkreises pathoplastisch von der jeweiligen Krankheit (z. B. durch ein organisches Psychosyndrom u. a.) gefärbt.

b) Manie

Gesteigerter Antrieb mit oft gehobener evtl. gereizter Grundstimmung, evtl. Ideenflucht. Mehr oder weniger gehobenes Selbstbewußtsein. Oft gesteigerte Sexualität bei Bereitschaft zu enthemmtem Verhalten. Oft sehr ausgeprägte Kauflust (besonders bei Frauen). Geringes Schlafbedürfnis mit sehr frühem Erwachen. (Anm.: Die Frage nach der Uhrzeit und dem Gefühlszustand beim morgendlichen Erwachen kann diagnostisch zu frühzeitiger Erkennung einer manischen oder hypomanischen Verstimmung nützlich sein.)

Therapie: Bei endomorphen Depressionen s. S. 183. Bei manischen Syndromen Neuroleptika sowie Lithiumsalze. Bei ausgeprägter Manie sind schwach potente Neuroleptika zu kombinieren mit stärker potenten Neuroleptika (oberhalb der neuroleptischen Schwelle dosiert).

c) Mischzustände und Mischpsychosen

Manische oder depressive Psychosen können, wie erwähnt, im Verlaufe organischer Psychosyndrome oder schizophrener Psychosen auftreten und sich entweder mit deren Symptomatik mischen oder auch (zeitweise) ganz im Vordergrund stehen. Ferner können sich manische Symptome mit depressiven Symptomen mischen.

Therapie: Die Behandlung richtet sich nach den im Vordergrund stehenden Zielsymptomen, z.B. hochgradige Erregung = neuroleptische Wirkung. Bei ausgeprägter innerer Unruhe = sedierende Tranquilizer-Wirkung mit schwächer potenten Neuroleptika oder reinen Tranquilizern. Bei begleitendem organischen Psychosyndrom doppelspurige Behandlung: z.B. antibiotische Behandlung bei progressiver Paralyse, Förderung der Hirndurchblutung bei Gefäßprozessen durch Herz- und Kreislaufbehandlung u.a. Außerdem sind die Psychopharmaka dann wegen oft geringer Verträglichkeit bei organischen Psychosyndromen nur vorsichtig und möglichst niedrig dosiert anzuwenden. Bei endomorph-depressiven Syndromen im Gefolge von Schizophrenien empfiehlt sich ebenfalls meist doppelspurige Behandlung, d.h. Antidepressiva plus Neuroleptika bei Bereitschaft zur Plussymptomatik oberhalb der neuroleptischen Schwelle dosiert. Außerdem sind beim Auftreten endomorpher Depressionen im Zusammenhang mit Schizophrenien unmittelbar agitierende Antidepressiva wegen der Gefahr der Provokation von Plussymptomen zu meiden und mehr sedierende Antidepressiva zu wählen.

Die manische Psychose wie die endomorphe Depression sind in ihrem Erscheinungsbild letztlich unverständlich und entziehen sich dem psychotherapeutischen Gespräch, das nach sinnvollen Motiven sucht. Es gibt daher zwar keine Psychotherapie der manischen bzw. depressiven Psychosen (= endomorphen Depressionen), jedoch ist eine begleitende Psychotherapie bzw. psychagogische Führung der Erkrankten zur Vermeidung der Gefahr von Komplikationen (besonders der Existenzgefährdung bei der Manie, wie besonders der Suizidgefahr bei der endomorphen Depression u.a.) von außerordentlicher Wichtigkeit.

Zur Ätiologie: Voraussetzung, angeborene Anlage bzw. angeborene Bereitschaft zur Übernahme (Introjektion bzw. Internalisierung) gewisser persönlichkeitsprägender Umwelteinflüsse. Bei Erkrankung eines Elternteils erkranken rd. 20–30% der Kinder, sofern es sich um die bipolare Verlaufsform handelt. Bei den anderen Verlaufsformen geringere familiäre Häufung. Es findet sich zwar relativ häufig, besonders bei den bipolaren Verlaufsformen, eine pyknische Konstitution (*E. Kretschmer*), doch finden sich auch besonders bei den endomorphen Depressionen andere Körperkonstitutionen.

Psychosomatisch gesehen, möchten wir gemäß klinischem Eindruck eine Skala aufstellen von Plusvarianten mit häufiger pyknischer Konstitution und positiver Integration in die Umwelt mit sinnvollem nützlichen Ordnungsgefüge und evtl. hohem Sozialstatus bis zu den Minusvarianten mit nicht selten leptosomer Konstitution mit ausgeprägter Bereitschaft zur Überverpflichtung und leistungshemmender Pedanterie. Auslösung sowohl bei depressiven wie bei manischen Phasen häufig durch psychische Belastung (evtl. in Zusammenhang mit körperlichen Erkrankungen) oder rein endogener Beginn. Häufung von Phasen bei Frauen, besonders im Klimakterium. Beginn selten vor dem 20. Lebensjahr. Im Hinblick auf die Beeinflußbarkeit der Psychose durch körperliche Behandlungsverfahren (Antidepressiva, Elektrobehandlung, Lithiumsalze) und die weitgehende Überbeeinflußbarkeit durch Psychotherapie wird auf eine biochemische zerebrale Störung geschlossen. Es dekompensiert aber nie nur ein biochemisches System, sondern stets eine Gesamtpersönlichkeit. Bei unzureichendem Persönlichkeitsaufbau, d.h. bei geistig schwer Behinderten oder bei hochgradigem Persönlichkeitsabbau, d.h. schwerer Demenz besteht keine Erkrankungsmöglichkeit an depressiven oder manischen Phasen.

Zum Verlauf: Die Dauer einzelner Phasen kann von einigen Wochen bis zu vielen Jahren dauern. Es wurde eine Durchschnittsdauer von 6–9 Monaten einzelner Phasen errechnet. Am häufigsten sind unipolare Verläufe, bei denen wiederholt endomorphe Depressionen auftreten, sehr viel seltener sind bipolare Verläufe mit depressiven oder manischen Phasen. Am seltensten sind Verläufe mit unipolaren, nur manischen Phasen. Die Phasen treten entweder als einzelne Phasen auf oder folgen nicht selten einander unmittelbar, z.B. manische Nachschwankungen nach depressiver Phase (Achtung: evtl. rasches Absetzen der Antidepressiva bei Umschlag der Grundstimmung in Verbindung mit frühem morgendlichen hypomanisch gestimmtem Erwachen) oder umgekehrt.

Nach bisherigen statistischen Ergebnissen sollen durch eine prophylaktische Therapie mit Lithiumsalzen ein Drittel bis die Hälfte der Behandelten phasenfrei werden und nur ein Drittel der Behandelten gänzlich unveränderte Verläufe zeigen.

Endomorph besagt, daß eine Veranlagung zwar angenommen wird, die Psychose jedoch nur in einem Teil der Fälle allein aus der Anlage heraus = endogen entsteht, in vielen Fällen aber durch äußere Anlässe ausgelöst wird.

Psychose: Nicht verständliches psychisches Geschehen, das aus dem bisherigen nicht ableitbar ist. Sofern durch äußeren Anlaß ausgelöst, kommt es zur Ablösung vom Anlaß und zur Verselbständigung des Geschehens. Man kann psychoreaktiv hineingeraten (*K. Schneider*), aber nicht psychoreaktiv herausgeraten.

Mit dem Begriff endomorphe Depressionen distanzieren wir uns von einer seit der Antike bis heute bestehenden vorwiegend ätiologisch orientierten Aufteilung depressiver Verstimmungen. Es ist u.E. für die Therapie nicht entscheidend, ob eine Depression z.B. „psychogen“ oder „organisch“ oder „endogen“, ob die Depression etwa im Wochenbett, im Klimakterium oder im Präsenium entstanden ist, sondern ob es sich um den Zustand einer endomorphen, d.h. psychotischen Depression handelt oder nicht.

Die endomorphen Depressionen = depressive Psychosen können sowohl endogen, nur aus der Anlage heraus, in Gang kommen, sie können aber auch durch äußere Anlässe (reaktiv bzw. exogen) ausgelöst werden. Diese äußeren Anlässe können rein psychogen sein, sie können aber auch vorwiegend somatogen (in Wechselwirkung mit der Gesamtpersönlichkeit) sein. Entscheidend für die Therapie ist nicht die Genese (endogen oder reaktiv bzw. exogen), sondern das Zustandsbild. Sofern derartige körperliche Erkrankungen bestehen, ist die Therapie zweispurig gegen das depressive Syndrom und die körperliche Erkrankung gerichtet. Dabei hängt der therapeutische Erfolg meist von den Antidepressiva oder der evtl. durchgeführten Elektrobehandlung (s. S. 151) ab, während bei doppelspuriger Behandlung den zusätzlich verordneten Medikamenten u. E. keine oder nur geringe Bedeutung zukommt.

Charakteristische Persönlichkeitsmerkmale für Patienten mit endomorphen Depressionen = depressive Psychosen

Gewissen: Hohes „Ich-Ideal", überdurchschnittliche Gewissensbildung, überdurchschnittliches Verpflichtungsgefühl (zumindest in bestimmten Bereichen).

Leistung: Sehr ordentlich bis pedantisch, pünktlich, sehr zuverlässig (zumindest in bestimmten Bereichen).

Extraversion: Lebt zentrifugal für andere Personen oder Aufgaben, Mangel an Egoismus, Mangel an Ich-Fülle, an Personen oder Aufgaben „verhaftet", kann sich nicht ohne diese verwirklichen.

Charakteristische äußere Anlässe, die endomorphe Depressionen = depressive Psychosen auslösen können

Störung des Ordnungsgefüges (im Sinne von *Tellenbach*). Z.B.: Körperliche Erkrankung, Umzug, berufliche Veränderung.

Verlustsituation: Verlust von Personen oder Aufgaben, für die der Patient sich sehr engagiert hat (Vakuumsituation, Pensionierungsbankrott).

Mißverhältnis zwischen Selbstverpflichtung und Fähigkeit, sich zu verwirklichen. Erschöpfungsdepression z.B.: Durch Überarbeitung bei Urlaubsvertretung, durch körperliche Schwäche u.a.

Relativer Mangel an Ich-Fülle. Das bedeutet, daß sich erst unter bestimmten Belastungssituationen, besonders Verlustsituationen, ein relativer Mangel an Ich-Fülle dadurch zu erkennen gibt, daß eine endomorph-depressive Erkrankung ausgelöst wird.

Oft über Jahrzehnte voll angepaßt, eher in fester Ordnung lebend, in Familie und Beruf scheinbar unauffällig, „unneurotisch".

Sozialer und beruflicher Erfolg überwiegen.

Prozentuale Häufung eher in gehobenen Berufen; bei Arbeitern meist mindestens Vorarbeiter.

Feste Partnerbeziehungen; selten alleinstehend und prozentual überdurchschnittlich häufig in fester, positiver Ehe lebend. Meist sehr ordentlich, evtl. auch übergenau, zumindest in bestimmten, für den Betreffenden wichtigen Lebensbereichen. Bereitschaft zu überdurchschnittlichen Verpflichtungsgefühlen für andere und anderes mit entsprechend überdurchschnittlichem Einsatz für andere und anderes in Familie wie Beruf. Besondere Empfindlichkeit gegenüber Verlustsituationen, die die Möglichkeit zu eher überbetonten Selbstverpflichtung mindern durch Wegfall von Personen oder Aufgaben.

Fördernde Bedingungen für Persönlichkeitseigenschaften, die Voraussetzung für endomorphe Depressionen sind

Je mehr der Mensch vereinzelt sich entwickelt und im späteren Leben verwirklicht, um so eher besteht die Möglichkeit, in exomorphe wie endomorphe Depression, depressive Lebens- und Selbstverneinung zu entgleiten.

Es findet sich ein Verhältnis von Persönlichkeitseigenschaften, die wir als Voraussetzung zur endomorphen Depression ansehen in Richtung eines „Alles" oder „Nichts". Dem „Alles" einer intensiven überverpflichteten Selbstverwirklichung für andere in Zeiten der Gesundheit tritt das „Nichts" dieser Art der Selbstverwirklichung in der endomorphen Depression gegenüber, das Nicht-mehr-sich-verwirklichen-Können trotz eines Wollens.

Gefördert wird diese Überverpflichtung in der Kindheit und Jugend möglicherweise durch anlagebedingte ausgeprägte Vitalität, die eine Überkompensation depressionsfördernder Einflüsse ermöglicht, so daß sich die verschiedensten Formen der Überverpflichtung für andere mit Ehrgeiz, Strebsamkeit, betonter Ordentlichkeit, hypersozialen Einstellungen und Verhaltensweisen u.a. entwickeln.

Gefördert wird diese Überverpflichtung auch durch nahestehende Bezugspersonen in der Kindheit und Jugend, die derartige Überverpflichtungen unmittelbar vorleben bzw. anerziehen.

Überwiegend bejahende Identifikationen mit den Bezugspersonen der Kindheit und Jugend: „Wir waren eine glückliche Familie." Positive Identifikationen stehen im Vordergrund: „Möchte ähnlich sein wie Mutter, Vater." Auch andere Bezugspersonen der Kindheit und Jugend werden hier genannt.

Zum Gesichtspunkt, welche Gesellschaftseinstellungen in diesem Zusammenhang für den einzelnen von Bedeutung sind, stellten wir folgendes fest:

Je weniger eine Gesellschaft danach handelt, wie es in der Tradition seit Generationen üblich war, je weniger Erwartungen an die Zukunft – wie z.B. die nächste

Ernte, das Lebensglück, die Gesundheit u. a. – durch kultische Handlungen – wie Zeremonien, Gebetsrituale u. a. – befriedigt werden, je mehr die Zukunftsbezogenheit also nicht durch magisches Denken und magische Praktiken abgesichert ist, sondern durch Leistung, die über Befriedigung gegenwartsnaher Bedürfnisse auf Zuwachs, auf Bedürfniserweiterung hinzielt, je mehr der einzelne in diesem Sinne leistungsbezogen lebt, gibt es nicht nur eine Entwicklung, die die Pflicht zur Leistung nahelegt oder fordert, sondern die bei entsprechenden Bedingungen Überverpflichtungen fördert.

Mindern sich bei diesen Überverpflichtungen die Möglichkeiten ihrer Selbstverwirklichung durch Verlustsituationen bzw. Fehlen von Personen und Aufgaben, für die sie sich verpflichtend einsetzen können oder durch Minderung der körperlichen und seelischen Kräfte durch Krankheit oder Alter, so schwinden die Möglichkeiten zur Selbstverwirklichung wie das Ich es wünscht, das Über-Ich und Ich-Ideal es fordern, mehren sich die Möglichkeiten zur Auslösung endomorpher Depression.

So wesentlich diese Persönlichkeitsvoraussetzungen sind: nur ein kleiner Teil der in diesem Sinne Überverpflichteten erkrankt trotz entsprechender Belastungssituation endomorph-depressiv. Hinzu kommt, daß die endomorph-depressiv Erkrankenden u. U. andere noch einschneidendere Belastungssituationen durchstehen können, ohne daß es zur Auslösung einer endomorphen Depression kommt, und daß schließlich bei ihnen auch endomorphe Depressionen gänzlich ohne äußeren Anlaß, d.h. rein „endogen“, entstehen können. Die erwähnten Persönlichkeitseigenschaften sind also bedingende Voraussetzungen, nicht einzige und letzte Ursache endomorpher Depression. Die (anscheinend anlagebedingte) Bereitschaft zu besonderen Hirnstoffwechselstörungen (s.S. 185) ist ein entscheidendes und unentbehrliches Glied in der Ursachenkette, die zur endomorphen Depression führt.

Fehlt jedoch ein Ich-Bewußtsein, wie bei sehr tiefstehenden, nicht sprachfähigen, geistig Schwerstbehinderten, wurde also eine Persönlichkeit mit Ich-Bewußtsein und bewußtem leistungsorientiertem Zukunftsstreben nicht aufgebaut, ging es im Zusammenhang mit schwerster hirnorganischer Erkrankung, besonders im Alter, wieder verloren, entfallen die Voraussetzungen zur Depression mit Selbstwertproblemen und damit ganz besonders zur endomorphen Depression.

Typische Symptomatik endomorpher Depressionen = depressive Psychosen

Diagnostisches Syndrom 1. Ranges: Schlafstörungen, Tagesschwankungen (abends besser), Störung der Leibgefühle (Druck u.a. Mißempfindungen in Kopf, Brust oder Bauchraum, evtl. in Armen und Beinen), Beeinträchtigung der Selbstverwirklichung (Nicht-mehr-Können trotz Wollens), Konzentrationsstörungen, mangelnde Lebensfreude.

Weitere fakultative diagnostische Symptome: Obstipation, Gewichtsverlust, Appetitmangel, Nachlassen von Libido und Potenz, Hemmung, Grübeln in wahnhaft unverständlicher Weise (nach *K. Schneider*) über den Körper (z. B. Angst vor unheilbarer Krankheit), über die materielle Existenz (Verarmungsangst), über die „Seele“ (früher öfter sexuelle moralische Schuldgefühle, heute mehr Schuldgefühle in Richtung Leistungsmoral: „Versager“), Suizidideen.

Ergänzende Hinweise für die Diagnose. Depressive Phasen in der Anamnese.

Behandlungsprinzipien für endomorphe Depressionen = depressive Psychosen

Antidepressiva (Information der Patienten über Nebenwirkungen), Tranquilizer (bei der häufig bestehenden inneren Unruhe), Neuroleptika und Tranquilizer zur Regelung des Nachtschlafs.

Psychotherapie bei der Psychose (nicht: der Psychose) zur Verminderung der Suizidgefahr, Information über die Krankheit (Merkblattübergabe an Patienten und Angehörige s. S. 152).

Elektrobehandlung (nach Ausschluß von Kontraindikation gemeinsam mit einem Anästhesisten), falls mit Psychopharmaka nicht nach etwa 6 Wochen deutliche Besserung erzielt wurde.

Sofern der Patient ernsthafte Suizidgedanken mit konkreten Vorstellungen über die Art des eventuellen Suizids auf Befragen bejaht, stationäre Behandlung, evtl. auf kontrollierter Abteilung.

Zur Prophylaxe:

a) nach wiederholten Phasen Dauerbehandlung mit Lithiumsalzen (nach Richtlinien)

b) bei prämorbid-neurotischen Persönlichkeiten Langstreckenpsychotherapie in Kombination mit Lithiumsalzen (nach Richtlinien)

Es ist für die Therapie außerordentlich wichtig, daß man die endomorphen Depressionen von den Depressionen, die nicht psychotisch sind (exomorphe Depressionen), abgrenzt. Andernfalls läuft man Gefahr, jedem Patienten, der wegen depressiver Symptome in die Praxis kommt, Antidepressiva zu verordnen und bei den geeigneten Fällen die Psychotherapie zu vernachlässigen. Umgekehrt werden die endomorphen Depressionen evtl. ausschließlich psychotherapeutisch statt mit Antidepressiva behandelt, so daß der Patient unnötig leidet und die Selbstgefährdung erheblich steigt.

Exomorphe Depressionen = nichtpsychotische Depressionen

a) Exomorphe Depressionen werden nicht nur durch äußere Anlässe ausgelöst, sondern haben weitgehend auch ihr Gepräge (morphae = die Gestalt) von außen (exo). Der an einer exomorphen Depression Leidende grübelt meist in realem Bezug über den auslösenden Anlaß (sofern der Anlaß nicht neurotisch verdrängt wurde). Wenn er Schlafstörungen hat, so sind diese meist ausgefüllt mit Gedanken um den Anlaß. Im Unterschied zu demjenigen, der im normalen, nicht behandlungsbedürftigen Behandlungsbereich traurig bzw. lustlos verstimmt ist, ist für den exomorph Depressiven nicht nur die äußere Situation geringwertig bzw. als nicht wert, so zu leben, wie es ihm zusteht. Seine Selbstentfaltung ist durch Schuld- und Angstreflexe wie durch Selbstwertprobleme beeinträchtigt. Das gilt auch für die exomorphen Depressionen, deren Psychodynamik überwiegend unbewußt ist und die daher als neurotische Depressionen abgegrenzt werden (s.u.). Nicht selten kommt es zur Flucht in den dann oft übermäßig langdauernden Schlaf. (Der endomorph Depressive hat den sinnvollen Bezug zum evtl. auslösenden Anlaß beim Denken und Grübeln am Tage wie auch nachts verloren.) Der exomorph Depressive bleibt potentiell leistungsfähig und geht seiner Tätigkeit, wenn auch oft weniger dynamisch, nach, sofern er nicht apathisch resigniert. Der exomorph Depressive kann sich also meist verwirklichen, während der endomorph Depressive sich nicht verwirklichen kann, obwohl er will, oder zumindest in seiner Selbstverwirklichung wesentlich beeinträchtigt sein, sich aggressiv fordernd durchzusetzen, doch bleibt er im allgemeinen potentiell leistungsfähig. Läßt er in seiner Leistungsfähigkeit nach, so handelt es sich um ein Nicht-wollen-Können, weil Angst- und Schuldreflexe wie Selbstwertprobleme die Motivation zum Handeln lähmen, bzw. weil er der Realität ausweicht, während der endomorph Depressive darunter leidet, daß er sich, wie erwähnt, weniger oder nicht mehr verwirklichen kann, obwohl er will. Es gibt einzelne Grenzfälle, bei denen erst ex juvantibus entschieden werden kann, ob diese Depression noch exomorph und damit dem verständlichen psychotherapeutischen Gespräch zugänglich ist, oder ob das Ansprechen auf die Verordnung von antidepressiven Medikamenten zu erkennen gibt, daß hier eine nicht mehr verständliche, d.h. endomorphe Depression bestand. Zur stationären Behandlung kommen daher exomorph Depressive nur selten, es sei denn, die äußere Situation bleibt unerträglich oder der Zustand wurde durch sekundäre Verhaltensweisen, wie bes. Suizidversuche oder Mißbrauch von Alkohol oder Drogen, kompliziert. Exomorphe Depressionen können bei entsprechender Disposition und starker Ausprägung in endomorphe Depressionen übergehen und damit sekundär somatisiert werden. Damit geht der Akzent der Therapie von der Psychotherapie (bei exomorphen Depressionen) auf eine Somatotherapie (Psychopharmaka, evtl. Elektroschocks) bei endomorphen Depressionen über. Zum Vergleich denke man etwa an funktionell reversible pektanginöse Anfälle, die schließlich zum Infarkt führen können. Beim Übergang in den Infarkt kommt es nicht nur zu somatisch bedingten neuen Symptomen, sondern zu somatisch bedingter Verselbständigung der Symptomatik, wie sich diese auch bei der endomorphen Depression verselbständigt, wobei allerdings im Unterschied zur organisch-läsionellen Infarkterkrankung meist völlige Wiederherstellung des Ausgangszustandes nach Erkrankung an endomorpher Depression erfolgt.

b) Schema der Genese neurotischer Depressionen (= exomorphe Depressionen mit weitgehend unbewußter Psychodynamik) im Sinne der Schule von *Schultz-Hencke* unter besonderer Berücksichtigung der Konzeption von *Schwidder*.

Erstes Lebensjahr = Hemmung der oralen und frühen oral-aggressiven Impulse durch Verbote der Beziehungsperson. Kind reagiert mit Furcht auf Wunschregungen des Haben-Wollens und Besitzergreifens. Angstreflexe sorgen für Unterdrükkung expansiver Impulse.

a) Direkte Folgen: Lücken des Antriebserlebens

Passivität: Übergefügig, zu große Verzichtbereitschaft, gedrückte Stimmung, u.a. ausgeprägte Passivität.

b) Indirekte Folgen: (eher bei vitalen Kindern)

Überkompensation: Überbetontes Pflichtbewußtsein, zu große Hilfsbereitschaft (hypersozial), eventuell Ersatzbefriedigung wie Wissenshunger, Sammelwut u.a. bei sonst pessimistischer Grundstimmung, u.a.

I. Primäre depressive Struktur

Kind wird nicht nur in frühen oralen und oral-aggressiven Entfaltungsmöglichkeiten gehemmt, sondern stößt auf strikte Ablehnung bei Ersatzbefriedigungen. Bei vitalen Kindern bestenfalls Überkompensation durch Arbeit, Leistung, Ehrgeiz.

II. Depressive Struktur mit sekundären Verarbeitungsweisen, wie illusionäre Fehlerwartungen, Ersatzbefriedigungen

Einengung des Kindes in seinen oralen Entfaltungsmöglichkeiten (Haben-Wollen, Nehmen – Fordern), jedoch Ermutigung durch die Erzieher zu Ersatzbefriedigungen, z.B. Bestätigung in Lese- und Wissenshunger, Förderung der illusionären Erwartungen, Vorwurfs- und Anspruchshaltungen. Es entwickeln sich z.B.:

a) bei Passivität: „vorwurfsvolle Mäkler“, die „unverstandene Frau“

b) bei Überkompensation: (orale) Riesenerwartungen beim Menschen mit übermäßiger Kritikbereitschaft mit „beißender“ Ironie, Gerechtigkeitsfanatiker u.a.

Anmerkung des Verfassers: Dieses Neurosenschema lehnt sich eng an die psychoanalytische Konzeption von der Bedeutung der Befriedigungsmöglichkeit von Einzelantrieben sowie der Hemmung ihrer Entfaltungsmöglichkeit in den ersten Lebensjahren an. Demgegenüber ermöglicht u. E. jedoch erst die Beachtung der Entwicklungsbedingungen der Gesamtpersönlichkeit, die evtl. bis in die Jugendjahre hinein von Bedeutung sind, ein volles Verständnis des depressiv Erkrankenden. Dabei kommt der Art und Weise der Gewissensbildung (Über-Ich, Ich-Ideal), d.h. von Bezugspersonen übernommener (introjizierter, internalistischer) oder evtl. im Protest entwickelter Leitlinien zur Selbstverpflichtung „für andere und anderes" als Wegbereiter zur Erkrankungsmöglichkeit an exomorpher wie auch an endomorpher Depression eine wesentliche Bedeutung zu.

Zusammenfassende Abgrenzungen: normale Trauer – exomorphe Depression – endomorphe Depression

Die Abgrenzung der normalen Trauer von der behandlungsbedürftigen Depression wie der behandlungsbedürftigen exomorphen Depression von der endomorphen Depression ist, wie erwähnt, von besonderer Bedeutung, da sich mit dieser Abgrenzung die Frage beantwortet, ob der depressiv Verstimmte einer Behandlung im engen Sinne des Wortes bedarf und ferner, ob bei dieser Behandlung der Akzent wie bei der endomorphen Depression auf den körperlichen Behandlungsverfahren (besonders Antidepressiva und evtl. Elektrobehandlungen) oder auf psychotherapeutischen Maßnahmen liegt, wie bei der exomorphen Depression.

Zusammenfassend sei daher nochmals betont, daß die Abgrenzung von der normal traurigen, nicht behandlungsbedürftigen Verstimmung zur behandlungsbedürftigen Depression mit folgenden Gesichtspunkten gegeben ist: die exomorphe Depression ist charakterisiert mit der gegenseitigen Bedingung von erlebter Wertminderung der gegenwärtigen Situation wie der vermeintlichen Wertminderung des Selbst, mit dem Hand-in-Hand-Gehen von Weltverneinung und Selbstverneinung, mit der Gehemmtheit, aggressiv-fordernd die gegenwärtige Situation im Sinne vital berechtigter Interessen anzureichern, und zwar im Zusammenhang mit der mangelnden Selbstbejahung, wie mit Angst- und Schuldreflexen. Dabei ist die Sinnkontinuität des Erlebens erhalten, wenn auch evtl. verdrängt. Die Selbstverwirklichungsmöglichkeit und damit die Leistungsfähigkeit ist potentiell erhalten, doch können die Beeinträchtigung des Selbstwerterlebens wie Angst- und Schuldreflexe die Motivationen zum Handeln behindern. Dann ist die Handlungsfähigkeit im Sinne eines psychotherapeutisch zugänglichen Nicht-wollen-Könnens beeinträchtigt.

Die endomorphe Depression hat mit der exomorphen Depression gemeinsam das spiegelbildliche Zusammengehen von gestörtem Werterleben der gegenwärtigen Situation wie des Selbst. Die Abgrenzung zur exomorphen Depression setzt ein mit dem Verlust der Sinnkontinuität verständlichen Erlebens, das nicht nur der Umgebung, sondern auch dem Betroffenen unverständlich bleibt. Die Selbstverwirklichungsmöglichkeit und damit die Leistungsfähigkeit ist grundsätzlich beeinträchtigt und bei ausgeprägter endomorpher Depression aufgehoben, wobei der Betroffene im Zusammenhang mit der Sinnlosigkeit seines psychotisch verzerrten Erlebens darunter leidet, daß er weniger oder nichts mehr kann, obwohl er will.

Die relativ seltenen Grenzfälle, bei denen die Frage besteht, ob diese Depression noch exomorph oder schon endomorph ist, klären sich durch eine subtile Analyse des gegenwärtigen Erlebens, wie im Ausnahmefall ex juvantibus, d.h. durch die

Art des Ansprechens auf die therapeutischen Maßnahmen. Dabei zeigt sich, ob dieses Erleben exomorph-depressiv verständlich und damit psychotherapeutisch zugänglich ist oder ob sich die endomorphe Depression durch das Reagieren auf körperliche Behandlungsverfahren zu erkennen gibt.

Literatur

1. *Haase, H.-J.*: Therapie mit Psychopharmaka und anderen, seelisches Befinden beeinflussenden Medikamenten, IV. Auflg., Schattauer Verlag, Stuttgart–New York 1977. V. Auflg. in Vorbereitung

2. *Haase, H.-J.*: Depressionen. Entstehung–Erscheinung–Behandlung. Schattauer Verlag, Stuttgart–New York 1976

3. *Haase, H.-J.*: Depressive Verstimmungen. Schattauer Verlag, Stuttgart–New York 1980

4. *Harrer, G.*: Ambulante Behandlung mit Antidepressiva. Psycho, August 1980

5. *Schou, M.*: Lithiumbehandlung der manisch-depressiven Krankheit. Information für Arzt und Patient. Thieme Verlag Stuttgart, im Druck für 1980

6. *Smith, D. F., M. Schou*: Kidney funktion and Lithium concentrations of rats given an injection of Lithium orotate or Lithium carbonate. J. Pharm. Pharmacol. 31 (1979), 161

7. *Vestergaard, P., A. Amdisen, H. E. Hansen, M. Schou*: Lithium treatment and Kidney function. Acta psychiat. scand. 60 (1979), 504

8. *Vestergaard, P., A. Amdisen, H. E. Hansen, M. Schou*: Considérations récents sur le traitement au lithium. L'Encéphale V., 633 (1979)

Psychosen des schizophrenen Formenkreises

Entstehung – Erscheinung – Behandlung und Betreuung

Zur Pharmakotherapie

Die Erfolge und Mißerfolge der modernen Pharmakotherapie bei Schizophrenien lassen sich verstehen, wenn man sich die wichtigsten Ergebnisse von drei Forschungsrichtungen vergegenwärtigt:

1. die Erforschung der Psychopathologie der Schizophrenien,
2. die Erforschung der Ätiologie der Schizophrenien,
3. die Erforschung der klinisch-neuroleptischen Wirkung.

1. Zur Psychopathologie der Schizophrenien[1])

Es sei an die heute immer noch grundlegenden Beschreibungen *E. Bleulers* erinnert, der „Grundsymptome", wie besonders Änderungen der Affektivität bei Schizophrenen, den „akzessorischen" Symptomen gegenübergestellt.[2] Als nur akzessorisch" kennzeichnete *E. Bleuler* folgende Symptome: Sinnestäuschungen (Halluzinationen), Wahnideen, die Änderungen der Sprache (gesteigerter Sprechtrieb oder Mutismus) und Schrift und die katatonen Symptome (Katalepsie, Stupor, Hyperkinese, Stereotypien, Manien, Negativismus, Befehlsautomatismus und Echopraxie, Automatismen und Impulsivität). *E. Bleuler* meinte mit dieser Kennzeichnung „akzessorisch" bekanntlich, daß diese Symptome bei Schizophrenien nicht notwendig aufzutreten brauchen und daß sie mittelbar aus der erregten und gespannten schizophrenen Persönlichkeit hervorgehen. Wesentliches Grundsymptom dagegen und unmittelbares Kennzeichen der schizophrenen Psychose ist die ihr eigentümliche Änderung der Affektivität. Charakteristische Verhaltensweisen, wie der Autismus, Willens- und Aufmerksamkeitsstörungen u.a., die sog. schizophrene „Demenz", Minderung der Initiative und der Kontaktfähigkeit (die nicht mit der hirnorganischen Demenz gleichzusetzen ist, so daß man weniger mißverständlich vom schizophrenen „Defekt" spricht), werden von *Bleuler* als „zusam-

---

[1]) Zusammenfassende Darstellung zu Schizophrenien

*) Merkblätter zur Verwendung für Patienten und Angehörige zum Auftreten und zur Behandlung von paranoiden und paranoid-halluzinatorischen Psychosen können durch den behandelnden Arzt von der Firma Janssen GmbH, Düsseldorf, Postfach 10052, mit dem Kennwort „Merkblatt zur Behandlung mit Neuroleptika" mit Angabe der erwünschten Anzahl angefordert werden

mengesetzte" Funktionen von den Grundsymptomen abgegrenzt. Weitere wesentliche Grundsymptome ergeben sich nach *Bleuler* aus den Störungen der „Assoziationen", wobei nach *M. Bleuler* gemäß heutiger Terminologie statt von Störungen der Assoziationen von Störungen des Denkens zu sprechen wäre. In diesem Sinne ist die Denkstörung, die sich als Zerfahrenheit äußert, ein charakteristisches Grundsymptom. Auch heute ist uns die Unterscheidung der schizophrenen „akzessorischen" Symptome von Grundsymptomen zumindest als heuristisches Prinzip nützlich und dient u. E. dem Verständnis der Symptomatologie schizophrener Psychosen.

Werden die typischen Erlebnisse Schizophrener aufgegliedert, so kam *Kurt Schneider* zu folgenden diagnostischen Symptomen ersten Ranges:

Gedankenlautwerden, Hören von Stimmen, die das eigene Tun mit Bemerkungen begleiten, leibliche Beeinflussungserlebnisse, Gedankenentzug und andere Gedankenbeeinflussungen, Gedankenausbreitung, Wahnwahrnehmung sowie alles andere Gemachte und Beeinflußte auf dem Gebiet des Fühlens, Strebens (der Triebe) und des Willens. Auch diese Symptome ersten Ranges, zu denen *Kurt Schneider* sagt: „Wo eine dieser Erlebnisweisen einwandfrei vorliegt und keine körperliche Grundstörung zu finden ist, sprechen wir klinisch in aller Bescheidenheit von Schizophrenie", sind in diesem Sinne als akzessorisch anzusehen.

Wir wissen, daß es uns in erster Linie gelingt, die schizophrenen akzessorischen Symptome therapeutisch anzugehen, und daß auch die Neuroleptika primär auf diese akzessorischen Symptome einwirken. Sie sind produktiv und setzen ein psychoenergetisches Plus voraus. Wenn dagegen Erregung und Spannung ausbleiben, wenn eine akzessorische Symptomatik fehlt, wenn die Persönlichkeit ohne Dynamik der schizophrenen Psychose erliegt, dann sind unsere sämtlichen jetzigen körperlichen wie psychischen Behandlungsverfahren machtlos. Um so mehr können wir dem Schizophrenen helfen, wenn er gespannt oder erregt ist und die oben beschriebenen akzessorischen Symptome ihn gefangenhalten, so daß er abseits von der Realität und der Gesellschaft steht.

2. Zur Ätiologie der Schizophrenien

Nachdem am Beginn dieses Jahrhunderts die progressive Paralyse als eine Geisteskrankheit erkannt worden war, die eine bestimmte Ursache hat (Spirochaeta pallida), einen hirnpathologischen Befund und einen vorauszusehenden Verlauf zeigt, diente dieses Paralyseschema unglücklicherweise vielen Autoren auch zum Verständnis der Ätiologie der Schizophrenien. Als die hirnpathologischen Befunde ausblieben und die Mitwirkung genetischer Faktoren erkannt wurde, kam der Begriff der „endogenen Psychose" auf, der leider vielfach dahingehend mißverstanden wurde, daß eine exogene Auslösung einer schizophrenen Psychose nicht möglich sei. Andere, die eine Auslösung schizophrener Psychosen durch exogene, insbesondere psychische Belastung beobachteten, sprachen demgegenüber nur von „schizophrenic reaction" und übersahen, daß eine Psychose keine Neurose ist, sondern etwas Neues und letztlich Unverständliches.

Erinnern wir uns an die Untersuchungen an eineiigen Zwillingen (*Kallmann* u.a.), so wissen wir, daß ca. 50% dieser Zwillinge gemeinsam an Schizophrenie erkrankten. Diese eineiigen Zwillinge erkranken aber meist bekanntlich nicht zum gleichen Zeitpunkt, sondern manchmal mit einem Abstand von vielen Jahren. Darüber hinaus demonstrieren die ca. 50% eineiiger Zwillinge, bei denen nur ein Zwilling schizophren wird, sehr deutlich, daß neben endogenen Faktoren exogene Faktoren von wichtiger ursächlicher Bedeutung für die Auslösung einer schizophrenen Psychose sein können.

Das Milieu formt nicht nur die Persönlichkeit, sondern die Persönlichkeit bestimmt weitgehend auch ihr Milieu, indem sie auswählt, welche Eindrücke eine affektive Resonanz erhalten und wie sie verarbeitet werden. Man wird also keine spezifischen Umweltkonstellationen erwarten, die eine schizophrene Psychose auslösen können, sondern eher eine eigene Formung von Situationen, die zu einer Sackgasse für den Betreffenden führen und über eine Erregung die Psychose auslösen. So konnte Verf. bei alleinstehenden Frauen, die an einer Spätschizophrenie erkrankten, beobachten, daß bei den einen die Psychose schicksalsmäßig und ohne erkennbare äußere Belastung einbrach, während andere alleinstehende Frauen sich derartige Situationen schufen, die gerade für sie provozierend wirkten und die schizophrenen Psychosen auslösten. Von grundlegender Bedeutung ist, daß weniger die äußere Situation, d.h. das „äußere Schicksal", dafür verantwortlich ist, ob affektive Erregung auftritt oder nicht, als vielmehr die Art und Weise, in der eine Persönlichkeit mit ihrer äußeren Situation fertig wird, d.h. also, das „innere Schicksal". (Verf. fand z.B. bei der Berücksichtigung von 3 Aufnahmejahren keinen signifikanten Unterschied der Häufigkeit schizophrener Psychosen bei verheirateten Frauen gegenüber Witwen (s. *Haase* 1963)).

Ein umfangreiches Schrifttum existiert zur Frage, wie weit die Kindheitskonstellation, insbesondere der Umgang der Eltern mit dem schizophren Erkrankenden für die Entstehung der schizophrenen Psychose von Bedeutung ist. Es wurden zwar hierzu einige Besonderheiten festgestellt, wonach sich bei den später schizophren Erkrankenden häufiger dominierende Mütter sowie insbesondere auch häufiger schwierige Elternkonstellationen finden, doch fehlen Beweisführungen, wonach diese Phänomene vorrangig für die Entstehung der schizophrenen Psychose verantwortlich zu machen sind. *Hirsch* berichtete in einer Übersicht über die einschlägige Literatur, daß insbesondere auch die double-bind-Theorie, wonach eine „zwiespältige" Erziehung für das spätere „Gespaltensein" verantwortlich sein soll, jeglicher Beweisführung entbehrt. In diesem Zusammenhang haben sich bereits sogar Eltern schizophren Erkrankter zusammengetan, um gegen die Unterstellung, wonach ihre Erziehung für die Entstehung der schizophrenen Psychose ihres Kindes voraussichtlich verantwortlich sein soll, zu protestieren.

So problematisch das Ineinander von Persönlichkeit und Umwelt bei schizophrenen Psychosen ist, so scheint es doch sicher zu sein, daß eine hochgradige affektive Erregung eine schizophrene Psychose bei entsprechend veranlagten Personen auslösen kann, und daß umgekehrt eine Normalisierung dieser affektiven Erregung den psychotischen Schub zum Abklingen bringen kann. Dabei kann nicht nur eine psychisch ausgelöste affektive Erregung unter Umständen einen einzelnen schizophrenen Schub auslösen, sondern auch eine körperlich ausgelöste psychische Erregung, wie sie besonders durch Weckamine verursacht werden kann. Hier bestehen möglicherweise Beziehungen zu den Auffassungen von Fish, der „funktionelle Psychosen", zu denen er auch die Schizophrenien rechnet, mit einer Überaktivität im aufsteigenden retikulären System („ascending reticular activating system") in ursächlichen Zusammenhang bringt. Wir erinnern auch in diesem Zusammenhang an unsere Arbeitshypothese (1954, 1955), daß die neuroleptische Wirkung eine Hemmung im retikulär-kortikostriären Funktionskreis bewirke.

Erkennt man also die hochgradige affektive Erregung als ein „ätiologisches Zwischenglied" bei der eventuellen exogenen Auslösung schizophrener Psychosen an, so wird klar, daß äußere Maßnahmen eine derartige Psychose kompensieren können.

Im akuten schizophrenen Geschehen gelingt es bekanntlich selten, ausschließlich durch Psychotherapie die Dynamik der Psychose zu brechen. Ein gänzlicher Situationswechsel, wie die Aufnahme in die Geborgenheit eines psychiatrischen Krankenhauses, kann aber schon eher gemeinsam mit psychotherapeutischen Aussprachen eine so erhebliche Beruhigung der psychotischen Erregung mit sich führen, daß die Psychose rasch abklingt. So konnten wir bei 80 weiblichen Schizophrenen mit akuten Psychosen in den ersten 3 Tagen nach der Neuaufnahme in 5 % der Fälle ohne neuroleptische Behandlung ein gänzliches Abklingen der psychotischen Symptomatik und das Erringen voller Krankheitseinsicht beobachten (gemeinsam mit *Keitel, Mattke, Nöcker, Schönbeck*). Am sichersten gelingt jedoch diese Kompensation schizophrener Psychosen bisher durch die Reduzierung psychophysischer Erregung mit Hilfe der neuroleptischen Wirkung, ganz besonders, wenn sie mit einem Milieuwechsel und psychotherapeutischen Maßnahmen kombiniert wird.

3. Die klinisch-neuroleptische Wirkung und ihre Auswirkung auf die Behandlung Schizophrener

Wir kommen damit zum dritten Gesichtspunkt, der neuroleptischen Wirkung. Das Wesentliche der psychisch-neuroleptischen Wirkung scheint uns zu sein, daß sie, wie erwähnt, bei ausreichend hoher Dosierung hochgradige affektive Erregung und Spannung normalisiert, ohne das Bewußtsein des Patienten oder seine Kritikfähigkeit zu stören und bei reiner Ausprägung seine Wachheit zu beeinträchtigen, so daß er in seiner Gesprächs- und Handlungsfähigkeit nicht behindert wird. So kann der Kranke dem Kreislauf zwischen psychotischer Symptomatik und affektiver Erregung entrinnen und zur Realität zurückfinden. Er normalisiert sein psychomotorisches Verhalten und stellt oft rasch psychotische Erlebnisproduktionen, wie Wahnideen, Halluzinationen u. a., ein, um zu seinen altgewohnten Gedanken und Einstellungen zur Umwelt zurückzufinden.

Unterhalb der neuroleptischen Schwelle kann, wie erwähnt (s. S. 52), mit jedem Neuroleptikum eine Tranquilizer-Wirkung mit affektiver Entspannung und mehr oder weniger begleitender Sedierung ausgelöst werden. Erst nach Überschreiten der neuroleptischen Schwelle ermöglichen die stärker potenten Neuroleptika eine ausreichende Kompensation bzw. Normalisierung hochgradiger affektiver Erregungen und Spannungen und psychotischer Erlebnisproduktionen (Wahnideen, Halluzinationen u.a.) bei hellem Bewußtsein und unabhängig von Sedierungseffekten sowie Erhöhung der Schlafbereitschaft.

In diesem Sinne haben wir bei unseren Untersuchungsreihen mit den verschiedensten Neuroleptika festgestellt, daß durchschnittlich 2/3 der akuten schizophrenen Psychosen, die zur Neuaufnahme kamen, spätestens 6 Wochen nach Überschreiten der neuroleptischen Schwelle voll kompensiert waren. Das heißt, der Zustand dieser Patienten unterschied sich, soweit klinisch erkennbar, nicht mehr von dem Zustand vor Auftreten des jetzt behandelten schizophrenen Schubes. Dabei wurden jeweils Dosierungen gewählt, mit denen die neuroleptische Schwelle durchschnittlich spätestens am 2.–3. Behandlungstag überschritten wurde.

a) Pharmakotherapie und schizophrene Plussymptomatik

Zum besseren Verständnis der neuroleptischen Wirkung, besonders bei chronisch Schizophrenen, sei die schizophrene Symptomatik in Plus- und Minussymptomatik aufgegliedert. Zur Plussymptomatik sind zu rechnen: die gesteigerte affektive Erregung und Spannung, die psychotischen Erlebnisproduktionen, wie Wahnideen, Wahnwahrnehmungen, Halluzinationen, meist akustisch, Erlebnisse des Gemachtwerdens, z.B. Gedankeneingeben, Gedankenabziehen u.a., die weitgehend identisch sind mit den Symptomen ersten Ranges im Sinne von *K. Schneider* und den akzessorischen Symptomen im Sinne von *E. Bleuler*. Die schizophrene Plussymptomatik fordert die Anwendung der neuroleptischen Wirkung. Sie erweist sich als regulierend, sofern ein Spannungsgefälle zwischen normalem und psychotischem Erleben besteht.

Zum Erleben der Kranken ließ sich in verschiedenen Untersuchungsreihen feststellen, daß psychotische Erlebnisse, wie Wahnideen und Halluzinationen, um so weniger durch normales Erleben ersetzt werden, je länger der Kranke in seiner Wahnwelt lebte und je mehr er sich damit identifizierte, das heißt, die neuroleptische Wirkung dämpfte bei diesen chronisch Wahnkranken zwar die gesamte Erlebnisfähigkeit, verhalf aber den Kranken oft nicht mehr zur Realität zurück. Selbstheilungstendenzen, Autoregulationen konnten nicht mehr wirksam werden, wenn das normale Erleben zu fern, zu weit zurücklag (weiteres hierzu s. S. 227).

b) Pharmakotherapie und schizophrene Minussymptomatik

Die schizophrene Minussymptomatik, umschrieben als energetischer Potentialverlust, dynamische Insuffizienz, psychischer Defekt u.a., äußert sich bekanntlich in Minderung der Initiative, der emotionalen Schwingungsfähigkeit, der Kontaktbereitschaft. Die neuroleptische dämpfende Wirkung ist hier naturgemäß nicht indiziert. Allenfalls kommen zeitweise Tranquilizergaben mit „reinen" Tranquilizern oder Neuroleptika, die unterhalb der neuroleptischen Schwelle dosiert werden, in Betracht. Besonders häufig verwandte „reine" Tranquilizer sind z.T.: Meprobamat (Aneural, Cyrpon, Miltaun u.a.), Benzodiazepinderivate (Adumbran bzw.

Praxiten, Librium, Tavor, Demetrin, Valium, Lexotanil, Frisium u.a.). Promethazin (Atosil u.a., s. S. 158). Es gilt die Faustregel, daß beim jetzigen Stand der Therapie Psychopharmaka immer bedeutungsloser werden und soziotherapeutische und psychotherapeutische Maßnahmen in den Vordergrund zu treten haben, je mehr eine schizophrene Plussymptomatik zurücktritt, und wir es mit einer schizophrenen Minussymptomatik zu tun haben. Jeglicher Versuch, mittels Psychostimulantia (Weckamine u.a.) die Adynamie Schizophrener zu aktivieren, ist bedenklich, zumal die Gefahr besteht, daß über das „ätiologische Zwischenglied" einer auf diesem Wege provozierten affektiven Erregung neue schizophrene Schübe hervorgerufen werden.

Praktisch wichtig ist jedoch, daß vielfach eine Minussymptomatik und damit ein sog. Defekt durch den schizophrenen Autismus vorgetäuscht wird und daß sich intrapsychische Spannungen dahinter verbergen, die durchaus positiv durch eine neuroleptische oder auch Tranquilizer-Wirkung zu beeinflussen sind. Oft klärt sich erst ex juvantibus, ob die nach außen so erscheinende Adynamie, das Minus, der Defekt echt sind oder sich dahinter eine pharmakotherapeutisch angehbare energetische Fehlleistung verbirgt.

Kommen wir abschließend nach der Besprechung pharmakotherapeutischer Einflüsse auf die schizophrene Plus- und Minussymptomatik zum eigentlichen Geheimnis der Schizophrenien, dem veränderten affektiven Grundgeschehen.

c) Pharmakotherapie und affektives Grundgeschehen bei Schizophrenen

E. Bleuler unterschied, wie erwähnt, Grundsymptome und akzessorische Symptome. Als Grundsymptomatik sah er im wesentlichen die veränderte Affektivität des Schizophrenen, von den affektiven Voraussetzungen des Wahnerlebens aus über die vielfältigen „verrückt" anmutenden, verschrobenen, affektiven Einstellungen bis zur Minussymptomatik im Sinne des Verlustes affektiver Schwingungsfähigkeit. Die Antwort der Persönlichkeit auf diese durch die schizophrene Psychose veränderte Affektivität, von *E. Bleuler* als akzessorisch oder hier als Plussymptomatik gekennzeichnet, können wir neuroleptisch angehen. Vieles spricht dafür, daß mit einer neuroleptisch bedingten Unterbrechung des psychotisch bedingten Wechselspiels zwischen Frage und Antwort, zwischen schizophrener Grund- und akzessorischer Symptomatik, die Realitätsfindung des Kranken beschleunigt und begünstigt wird. Damit wird indirekt oft auch ein Einfluß auf die Affektivität des Kranken ausgeübt, wenn es ihm durch die neuroleptische Prothese gelingt, psychotische Erlebnisse und Verhaltensweisen aufzugeben und Krankheitseinsicht zu gewinnen. Unmittelbar aber wird die schizophrene Affektivität durch den pharmakotherapeutischen Eingriff nicht beeinflußt, und diejenigen Schizophrenen, die im Kern ihrer Persönlichkeit in der Sprache des Volkes gesagt „verrückt" fühlen, bleiben Schizophrene trotz der neuroleptischen Wirkung. Geht man durch die psychiatrischen Krankenhäuser, so erkennt man trotz evtl. neuroleptisch bedingter Anstaltssozialisierung den einzelnen dieser Kranken als Schizophrenen. Ob es jemals hier eine Pharmakotherapie geben wird, die nicht nur am „ätiologischen Zwischenglied" der affektiven Erregung angreift, wie es u.E. durch die neuroleptische Wirkung geschieht, sondern die mehr kausal in die somatischen

Grundvorgänge der Schizophrenien im Sinne von *Panse* eingreifen kann, ist noch ungeklärt. In zahlreichen Forschungsinstituten wird an diesem Problem gearbeitet. Die therapeutische Beeinflußbarkeit depressiver Psychosen durch Antidepressiva und die Möglichkeit, zyklothyme Psychosen durch Lithium anzugehen, weisen auf die Möglichkeit hin, endogene Psychosen mehr kausal behandeln zu können und nicht nur mit Hilfe eines unspezifischen psychoorganischen Syndroms, wie durch die neuroleptische Wirkung, zu kompensieren. Bis jetzt zeichnen sich derartige Erfolge erst bei den manischen und depressiven Psychosen ab, doch berechtigen sie zu der Hoffnung, daß es möglich sein wird, die neuroleptische Wirkung bei der Therapie der Schizophrenien durch eine mehr kausale Pharmakotherapie abzulösen. Eine Hoffnung, die besonders im Interesse der chronisch und im Persönlichkeitskern andauernd veränderten Schizophrenen ausgesprochen sei.

In wie vielen Fällen es erfolgversprechend ist, durch eine psychotherapeutische, insbesondere tiefenpsychologische Langstreckenbehandlung kausal zu wirken, indem die Persönlichkeitsstruktur des Schizophrenen oder wenigstens des ehemals schizophren Erkrankten zu ändern versucht wird, um wenigstens die Prognose zu verbessern, ist ebenfalls noch unzureichend geklärt.

Psychopharmakologische Gesichtspunkte

Die neuroleptische Wirkung reduziert die Psychodynamik schizophrener Psychosen durch Verminderung des psychoenergetischen Niveaus bei hellem Bewußtsein und Wachheit. Durch diese Reduzierung von Erregung bzw. Spannung wird die schizophrene Psychose kompensiert, der Kranke kann bei optimaler Wirkung rasch zur Realität zurückfinden. Angesichts der hohen Wiederaufnahmezahl muß daran gedacht werden, daß ein schizophrener Schub, der nicht seinem Eigenverlauf überlassen wurde, dessen paranoid-halluzinatorische Erlebnisse der Kranke u. U. schon wenige Tage nach Behandlungsbeginn unter dem Einfluß der neuroleptischen Wirkung aufgab, den Kranken gesünder erscheinen läßt, als er ist. Wieweit hat sich bei dem Kranken die affektive Bereitschaft zum paranoiden Erleben wirklich normalisiert, und wieweit hat er durch die neuroleptische Wirkung nur die Kraft zu derartigen schizophrenen Erlebnissen und zu dem Nach-außen-Projizieren verloren? Wieweit ist eine derartige Zeitraffung schizophrenen Erlebens durch die neuroleptische Wirkung für den Kranken von anhaltendem Vorteil? Wieweit erhöht sie bei erneut herantretender affektiver Belastung, besonders nach der Entlassung (mit unzureichender Dosierung), die Bereitschaft, nachzuholen, durchzuerleben, was nicht durchgestanden wurde, sondern durch einen künstlichen, d. h. neuroleptisch bedingten, Eingriff in die Psychodynamik aufgegeben wurde?

Sichergestellt ist, daß seit Einführung der Neuroleptika schizophren Erkrankende sehr viel häufiger aus stationärer Behandlung entlassen werden können, daß sich aber auch die Zahl der Wiederaufnahmen deutlich erhöht, zum Teil verdreifacht hat.

Sichergestellt ist, daß sich die Zahl depressiv-psychotischer Nachschwankungen nach akuten schizophrenen Psychosen im Zusammenhang mit der neuroleptischen Behandlung wesentlich erhöht hat, so daß es in 10–20 % der Fälle nach der neuroleptischen Kompensation zu depressiv-psychotischen Nachschwankungen kommt.

Sichergestellt ist, daß sich die Zahl der Suizide nach Einführung der Neuroleptika einerseits im Zusammenhang mit den depressiv-psychotischen Nachschwankungen sowie aber auch anscheinend bei Langzeitschizophrenen, die neuroleptisch behandelt werden und mit dem halbgesund und halbkrank nicht fertig werden, erhöht hat.

Sichergestellt ist, daß die Zahl von Todesfällen bei akuten schizophrenen Erkrankungen erheblich abgenommen hat, daß aber bei der sogenannten perniziösen Katatonie die Elektrobehandlung (wenn irgend möglich mit einem Anästhesisten gemeinsam) noch heute nicht selten lebensrettend ist, wenn die neuroleptische Behandlung nicht ausreichend wirksam ist.

Zur Dosierung der Neuroleptika bei schizophren Erkrankten bzw. paranoid-halluzinatorischen Psychosen und Alkoholhalluzinosen

Dosierungsprobleme bei der Behandlung mit Neuroleptika

Wichtig ist es zu wissen, daß Neuroleptika (und auch „reine" Tranquilizer) die Wirkung von Alkohol, Schlafmitteln und Analgetika potenzieren. Auf die evtl. bedenklichen Komplikationen (z.B. im Straßenverkehr) sollte der Patient aufmerksam gemacht werden! Andererseits kann die potenzierende Wirkung auf Schlafmittel und Analgetika therapeutisch genutzt werden. Nicht unwichtig ist es auch zu wissen, daß Neuroleptika (und auch „reine Tranquilizer sowie Antidepressiva) besonders bei höherer Dosierung nicht selten die sexuelle Libido und Potenz herabsetzen, besonders bei schwach bis mittelstark potenten Neuroleptika.

Berücksichtigt man die Besonderheiten der ambulanten Praxis gegenüber den Möglichkeiten stationärer Behandlung, so sollte der Behandlungsbeginn mit Überschreiten der neuroleptischen Schwelle in den meisten Fällen – mit Ausnahme von Notfällen unmittelbar vor der stationären Einweisung (s. u.) – stationär durchgeführt werden. Wichtig ist es dann aber in der ambulanten Praxis bei Fällen, die zu ausgeprägter affektiver Erregung oder Spannung oder zu psychotischen Erlebnisproduktionen (Wahnideen, Halluzinationen) neigen (besonders akut Schizophrene, deren Psychose stationär neuroleptisch kompensiert wurde, oder evtl. chronisch Schizophrene), daß nach der stationären Behandlung oft eine Dosierung über der neuroleptischen Schwelle gehalten wird (s. hierzu S. 52).

a) Behandlungsbeginn bei Indikation zur Dosierung über der neuroleptischen Schwelle

Ein Behandlungsbeginn, bei dem ein Überschreiten der neuroleptischen Schwelle erforderlich ist, sollte in den meisten Fällen stationär durchgeführt werden, um den

Zustand des Patienten wie auch die evtl. sehr störenden Neben- und Begleiterscheinungen unter Kontrolle zu haben. Wird die neuroleptische Schwelle überschritten, so können besonders bei unzweckmäßiger Dosierung ausgeprägte grobmotorische extrapyramidale Symptome auftreten. Beim Behandlungsbeginn sind es in erster Linie dyskinetische Reaktionen mit passagerem Schiefhals, Zungen-Schlund-Dystonien und anderen. (Weiteres zum Problem der dyskinetischen Reaktionen s. u.) Auf 2 Wegen lassen sich diese extrapyramidalen grobmotorischen Symptome in den ersten Behandlungstagen weitgehend vermeiden:

1. Vorsichtig einschleichende Dosierung, die mit Tagesdosierungen unterhalb der neuroleptischen Schwelle beginnt und täglich unter Kontrolle der Feinmotorik (Handschrift s. u.) erhöht wird. Dies wird meist stationär durchgeführt. In der ambulanten Praxis kann dieser Weg besonders bei mehr chronisch verlaufenden Fällen mit paranoid-halluzinatorischer Symptomatik, gut erhaltener Persönlichkeit und günstigen Milieubedingungen beschritten werden.

2. Durch eine hohe neuroleptische Anfangsdosierung, die schon bei der ersten Applikation deutlich oberhalb der neuroleptischen Schwelle liegt, werden oft neben der rein neuroleptischen Wirkung Sedierung und erhöhte Schlafbereitschaft ausgelöst. Grobmotorische, störende extrapyramidale Symptome treten dann besonders selten auf, wenn diese Wirkung rasch einsetzt, also intravenös appliziert wird. Man kann nach unseren Erfahrungen davon ausgehen, daß selbst in psychiatrischen Fachkrankenhäusern mit Aufnahmezwang für jeden Patienten mehr als die Hälfte der aufgenommenen Patienten mit akuten paranoiden Psychosen bzw. Psychosen des schizophrenen Formenkreises einschleichend dosiert werden kann (und unter feinmotorischer Kontrolle s. S. 207 ff dosiert werden sollte). Etwa 1/3 der Akutaufnahmen benötigt wegen affektiver Spannungen für einige Tage statt einschleichender Dosierung ca. 10–15fache neuroleptische Schwellendosierungen mit z.B. 20–60 mg Haldol i.v. In Notfällen hat sich unmittelbar vor der Einweisung in die stationäre Behandlung die intravenöse Applikation von 1 Ampulle zu 5 mg Haldol-Janssen, die innerhalb weniger Stunden wiederholt werden kann, bewährt.

Es sind ferner auch sehr positive Erfahrungen mit Infusionen bzw. intravenösen Verabreichungen stärker potenter Neuroleptika bekannt, bei denen die bis 30fache Tagesdosis der neuroleptischen Schwellendosis, auf 1–3 Infusionen pro Tag verteilt, appliziert wird. (Es wird sogar über relativ gute Verträglichkeit einer ca. 50–100fachen i. v. verabreichten neuroleptischen Schwellendosis berichtet, Haldol-Janssen, Dapotum acutum). Diese Formen sehr hoch dosierter Stoßtherapie mit stärker potenten Neuroleptika sollte Notfällen mit vitaler Indikation bei akut psychotischer Erkrankung oder therapieresistenten chronisch produktiv psychotisch Kranken vorbehalten bleiben. Weiteres hierzu s. S. 57, 213.

Auch auf den geschlossenen Aufnahmestationen psychiatrischer Fachkrankenhäuser kann nach unseren Erfahrungen der überwiegende Teil der Patienten mit akuten Psychosen mit Plussymptomen mit einschleichender neuroleptischer Dosierung unter feinmotorischer Kontrolle behandelt werden, wobei wir bei einer exakten Untersuchung von 328 Neuaufnahmen beobachteten, daß bei diesem Dosierungsverfahren bei rd. 68 % der Fälle innerhalb von rd. 8–12 Behandlungstagen die wesentliche neuroleptische antipsychotische Wirkung auf die Plussymptome erreicht wurde, nachdem die neuroleptische Schwelle im Durchschnitt am zweiten bis dritten Behandlungstag überschritten worden war. Dies galt für alle mittel- bis stark zur neuroleptischen Schwelle disponierten Patienten. Bei den schwach zur neuroleptischen Schwelle disponierten Patienten ist die Dosierung rascher zu steigern, sofern die Disposition zur neuroleptischen Schwelle von früheren Behandlungen her bekannt ist. Es ist meist ein Zeichen von Bequemlichkeit oder Ungeduld und damit des Temperaments des Therapeuten, wenn bei der Mehrzahl seiner Akutaufnahmen mit einer hohen Anfangsdosierung begonnen wird, die, wie nochmals betont wird, für Ausnahmefälle mit vitaler Bedrohung durch Unruhe oder wegen schwierigen aggressiven Verhaltens oder bei Therapieresistenz bei Langzeitbehandlung mit üblichen Dosierungen vorbehalten sein sollte.

Während wir sowohl bei vorsichtig einschleichender wie auch bei hoher intravenös verabreichter Anfangsdosis selbst mit den am stärksten potenten Neuroleptika in maximal 10 % der Fälle extrapyramidale dyskinetische Reaktionen bei Behandlungsbeginn sahen, konnten wir sehr heftige extrapyramidale dyskinetische Reaktionen bei bis zu 70 % der Fälle beobachten, bei denen die Dosis schon am ersten Tag über der neuroleptischen Schwelle lag, aber entweder nicht hoch genug war oder infolge peroraler oder intramuskulärer Applikation nicht rasch genug einsetzte.

Für die Praxis ist es wichtig, daß die von uns bei einschleichender Dosierung (mit stärkstpotenten Neuroleptika bei maximal 10 % der Fälle) beobachteten extrapyramidalen dyskinetischen Reaktionen in den ersten Behandlungstagen nach stationärer Aufnahme bei akuten schizophrenen Psychosen auftraten. Bei diesen mußte die neuroleptische Schwelle durchschnittlich am 2.–3. Behandlungstag überschritten werden. Ermöglicht der Zustand des Patienten ein noch langsameres Einschleichen der Dosierung bis über die neuroleptische Schwelle, so kann mit einem weiteren Rückgang des Prozentsatzes dyskinetischer Reaktionen – auch bei sehr stark potenten Neuroleptika – gerechnet werden.

b) Dauerbehandlung bei Indikation zur Dosierung über der neuroleptischen Schwelle

Mit wenigen Ausnahmen ist es – wie gesagt – Aufgabe der Ärzte auf psychiatrischen Krankenabteilungen und nicht in der ambulanten Praxis, am Beginn einer Behandlung die neuroleptische Schwelle zu überschreiten. Dagegen ist es vielfach Aufgabe der ambulanten Praxis, Schizophrene, die aus stationärer Behandlung entlassen werden, mit Dosierungen über der neuroleptischen Schwelle nachzubehandeln. Hierzu ist es von Interesse, daß die Zahl der Schizophrenen, die 1960/61 zur Wiederaufnahme in die psychiatrischen Krankenhäuser kamen, mehr als 3mal so hoch war wie zu einer Zeit vor Einführung der Neuroleptika – 1950/51 (s. S. 229). Wenn eine Nachbehandlung gewährleistet ist, bei der die Dosierungen über der neuroleptischen Schwelle liegen, kann man unseres Erachtens hoffen, daß wenigstens die Zahl der Wiederaufnahmen, die innerhalb kurzer Zeit erfolgen, verringert wird.

Die Statistik legt also die Annahme nahe, daß nach der Entlassung aus stationärer Behandlung in der ambulanten Praxis die Neuroleptika zu rasch abgesetzt werden oder die Dosis nicht hoch genug gehalten wird, um die Psychose bis zum Abklingen der Bereitschaft zu hochgradiger affektiver Spannung bzw. Erregung und der Bereitschaft zu psychotischen Erlebnisproduktionen (Wahnideen, Halluzinationen) weiterhin zu kompensieren. Ist es hier also bedenklich, zu rasch unterhalb der neuroleptischen Schwelle zu dosieren oder gar abzusetzen, zeigt andererseits die Erfahrung neuerdings, daß einer zu intensiven Dauerbelastung des extrapyramidalen Systems durch die neuroleptische extrapyramidale Hypokinese Grenzen gesetzt sind. So wurden als Gegenregulation zur neuroleptischen Hypokinesie Hyperkinesien besonders im Bereich des Mundes und der Hände bis zur ausgeprägten choreiformen Bewegungsunruhen der Extremitäten und des Rumpfes beobachtet. Diese hyperkinetischen Gegenregulationssymptome wurden bisher bei neuroleptischen Dauerbehandlungen in erster Linie nach Dosisreduzierung oder Absetzen der Neuroleptika beobachtet. Sie häuften sich bei Frauen, mit zunehmendem Lebensalter (ganz besonders bei hirngeschädigten alten Leuten), bei Mitteln mit stärkerer neuroleptischer Potenz und besonders nach länger dauernder neuroleptischer Überdosierung mit Auslösung grobmotorischer parkinsonistischer Symptomatik, besonders auch nach Kaschierung dieser Überdosierungssymptomatik durch Antiparkinsonmittel. Es ist unseres Erachtens in erster Linie auf diese unzweckmäßige, länger dauernde Überdosierung zurückzuführen, wenn von einzelnen Autoren bei 20–25 % ihrer neuroleptisch behandelten Patienten derartige Hyperkinesien nach Dauerbehandlung gesehen wurden, während sie z.B. im Landschaftsverband Rheinland (etwa 11000 psychiatrische Krankenbetten), sowie in der Pfalzklinik Landeck, wo im Zusammenhang mit unserer Arbeitsrichtung neuroleptisch vorsichtig dosiert wird, nur einen sehr geringen Prozentsatz ausmachen und Dauerfälle dort bisher nicht bekannt sind (s. S. 212). Das Problem der Dosierung ist um so wichtiger, als in anderen Krankenhäusern Einzelfälle beschrieben wurden, bei denen diese extrapyramidalen Hyperkinesien mehr als 4 Jahre nach Absetzen der Neuroleptika nicht abgeklungen sind, so daß irreversible Schädigungen der extrapyramidalen Zentren nicht ausgeschlossen werden können.

Eine optimale Dosierung, bei der extrapyramidale grobmotorische Symptome besonders dyskinetische Reaktionen, Akathisie = Sitzunfähigkeit, ausgeprägter Rigor bzw. Akinesie) weitgehend vermieden werden, ist daher aus folgenden Gründen angezeigt:

1. Der Patient fühlt sich nicht selten irritiert und beunruhigt durch diese motorischen Symptome, so daß er erwünschte, psychisch dämpfende neuroleptische Effekt, psychoreaktiv bedingt, aufgehoben werden kann.

2. Eine deutliche Ausprägung grobmotorischer parkinsonistischer Symptome stellt nicht selten eine schwere körperliche Belastung dar und kann besonders über eine Beeinträchtigung der Atmung zu Bronchopneumonien führen.

3. Eine Überlastung der extrapyramidalen Zentren kann zu hyperkinetischen Gegenregulationen führen, wobei – besonders bei Vorschädigungen – Dauerläsionen der extrapyramidalen Zentren in Einzelfällen bisher noch nicht ausgeschlossen werden konnten.

In der ambulanten Praxis ergibt sich also die schwierige Frage, die stationär erzielte, oft rasche neuroleptische Kompensation besonders schizophrener Psychosen oder auch paranoider und halluzinatorischer Syndrome anderer Genese durch eine Dosierung meist über der neuroleptischen Schwelle bis zum Abklingen der Psychose weiterhin aufrechtzuerhalten. Andererseits kann bei Vollremittierten mit nur einzelnen vorhergehenden psychotischen Erkrankungen mit mehrjährigem Intervall zum vorletzten psychotischen Schub etwa 12 Monate nach der Entlassung die neuroleptische Dosis zumindest versuchsweise allmählich abgebaut werden. Dabei ergeben sich zwei Probleme:

a) Das zu plötzliche Absetzen der neuroleptischen Dosis scheint das anschließende Auftreten extrapyramidaler Hyperkinesien wie auch vegetativer Symptome (besonders Schwitzen) zu fördern.

b) Der Patient fühlt sich nach deutlichen Dosisreduzierungen subjektiv zwar zunächst erleichtert, befreit und gesund, doch bedarf sein Zustand für durchschnittlich weitere 6 Wochen einer ständigen Kontrolle, da oft erst dann die neuroleptische Wirkung vollends abgeklungen ist (wie auch unsere Untersuchungen der Feinmotorik erkennen ließen) und sich nicht selten erst jetzt zeigt, ob die Psychose rezidiviert.

Methodik einschleichender Dosierung zum Überschreiten der neuroleptischen Schwelle

Will man (in der ambulanten Praxis besonders bei chronisch verlaufenden paranoiden bzw. paranoid-halluzinatorischen Psychosen und möglichst syntonen Persönlichkeiten) die neuroleptische Schwelle einschleichend überschreiten, so empfiehlt sich, abgesehen von der Aufklärung des Patienten über die Möglichkeit des Auftretens extrapyramidal-grobmotorischer Komplikationen (dyskinetische Reaktion, Akinesie, Rigor, Akathisie, Tremor) folgendes Vorgehen, das mit Hilfe des von uns entwickelten Handschrifttests bereits von einer Reihe von Ärzten auch in der ambulanten Praxis angewandt wird:

Die Patienten schreiben unter stets gleichen Schreibbedingungen (möglichst mit Kugelschreiber, um ein flüssiges Schreiben zu gewährleisten) einen bekannten Text (z.B. 3mal die vierzeilige Strophe „Üb immer Treu und Redlichkeit ...“ oder z.B. „Der Mai ist gekommen ...“) ab. In den Tagen vor der Behandlung werden bis zu 3 derartige Schriftproben abgenommen. Die kleinste Schriftprobe gilt als maßgebend. Vom Tage des Behandlungsbeginns an wird täglich bei vorsichtig einschleichender Dosierung 1mal unter gleichen Bedingungen eine derartige Schriftprobe abgenommen. Sobald die Schrift die ersten Symptome einer extrapyramidalen

Hemmung erkennen läßt, wird die Dosis (in der ambulanten Praxis) bei allen stärker potenten Neuroleptika möglichst nicht weiter erhöht, da es sonst leicht zu grobmotorischen parkinsonistischen Syndromen kommt, die meist den Patienten irritieren und dann als Überdosierungssymptome anzusehen sind. Da die Mehrzahl der stärker potenten Neuroleptika kumulierend wirkt, muß die Dosis sogar vielfach nach Überschreiten der feinmotorisch erkennbaren neuroleptischen Schwelle reduziert werden, besonders, wenn die Schrift trotz gleichbleibender Dosis eine zunehmende extrapyramidale Hemmung erkennen läßt. Klinisch läßt sich eine beginnende parkinsonistische Überdosierung oft zunächst daran erkennen, daß die Patienten eine Akathisie bekommen. Bedingt durch Mißempfindungen, müssen sie die Beine bewegen und laufen dann unter Umständen rastlos umher. Besonders Stillsitzen fällt ihnen schwer. Gleichzeitig oder etwas später werden dann die Mitbewegungen der Arme beim Gehen mehr und mehr eingeengt. Praktisch wichtig ist, daß wir bei 30 verschiedenen Neuroleptika mit rund 50000 Schriftproben vom gleichen Text feststellen konnten, daß bei normaler Schreibfähigkeit in den meisten Fällen eine extrapyramidale Symptomatik bereits in der Handschrift zu erkennen war, wenn der Gang der Patienten noch unauffällig erschien.

Genauere Anweisungen zur Methodik des Handschrifttests

1. Die Handschriftproben müssen immer den gleichen Text enthalten und unter gleichen Bedingungen geschrieben werden.

2. Die Schreibbedingungen sind: gleiche Art und Größe des Papiers, der gleiche Kugelschreiber, der das Schreiben ohne Unterbrechung ermöglicht, eine gleiche Schreibunterlage und genügend Raum auf dem gleichen Schreibtisch.

3. Der Patient soll möglichst über eine normale Schreibfähigkeit verfügen. In einzelnen Fällen kann eine weitgehende Schreibungewandtheit, d.h. wenn der Patient einen vierzeiligen Vers nicht innerhalb von 4 Minuten 3mal abschreiben kann, eine Auswertung der Schriftproben unmöglich machen.

4. Von dem Patienten sollten mindestens 1, möglichst 3 Schriftproben von den letzten Tagen vor der Behandlung vorliegen. In jeder Schriftprobe muß eine dem Patienten möglichst wohlbekannte Strophe jeweils in der gleichen Zeit 3mal hintereinander abgeschrieben werden. (Es bewährte sich z.B. die erste Strophe des Liedes „Üb immer Treu und Redlichkeit..." oder z.B. „Der Mai ist gekommen...".) die kleinste dieser 3 Schriftproben gilt als Leerschrift. Ohne Vergleich mit der Leerschrift können leichte Grade von Schriftveränderungen (s. u.) nicht erkannt werden!

5. Um ein pausenloses Schreiben zu gewährleisten, hat die Schriftabnahme nur in Gegenwart des Untersuchers oder entsprechend informierten Pflegepersonals zu erfolgen. Bei stationärer Behandlung können die Schriftproben von bis zu 4 Patienten gleichzeitig abgenommen werden.

6. Vom 1. Behandlungstag an erfolgt täglich zur möglichst gleichen Tageszeit die Abnahme einer Handschriftprobe bis zum Auftreten feinmotorischer extrapyramidaler Symptomatik. In der Folgezeit ist es meist ausreichend, wenn 1 bis 2 Handschriftproben pro Woche abgenommen werden.

7. Bei stärker potenten Neuroleptika wird die einschleichende Dosierung, wenn es der Zustand erlaubt, nicht weiter erhöht, sobald feinmotorische extrapyramidale Symptome zu beobachten sind. Auf diesem Wege lassen sich grobmotorische, subjektiv störende extrapyramidale Symptome, wie Akinesie, Rigor, Akathisie und Tremor, praktisch vermeiden.

Es erwies sich bei der Auswertung des gleichen, nach obigen Bedingungen abgenommenen Schriftmaterials durch 3 verschiedene, unabhängig voneinander auftretende Untersucher (gemeinsam mit *Keitel* und *Nöcker*), daß die Bewertungen gemäß unseren Richtlinien (s. u.) hochsignifikant übereinstimmen.

Für die Feststellung der neuroleptischen Schwellendosis und die Bewertung der neuroleptischen Handschriftveränderungen nach Schweregraden bewährten sich folgende Kriterien:

Leicht (1) Symptome von Steifheit. Ein wenig engere und kleinere Schrift, oft nur durch Übereinanderlegen der Blätter wahrzunehmen, indem die zu diagnostizierende Schrift auf das Blatt der (kleinsten) Leerschrift gelegt wird und beide gegen das Licht gehalten werden (!). In einigen Fällen leichte Verringerung der Rechtsschrägheit oder Rechtsläufigkeit. Manchmal Zeichen von Tremor.

Mittel (2) Die gleichen Symptome, die wir oben beschrieben haben, gelten in dieser Kategorie, nur sind sie ausgeprägter, z. B. wenn die Handschrift so eng wird, daß eine Zeile nur noch $^2/_3$–$^3/_4$ so lang ist wie vor der Behandlung, oder wenn sie so viel kleiner ist, daß man es sehen kann, ohne die Blätter mit den Schriftproben übereinanderzulegen.

Schwer (3) Hier treffen wieder dieselben Symptome wie oben, nur sind sie noch ausgeprägter. Zum Beispiel sind die Zeilen $^1/_2$–$^2/_3$ so lang wie vor der Behandlung und die einzelnen Buchstaben entsprechend kürzer. Manchmal ist die Handschrift so versteift, daß sie verzerrt und unleserlich ist. In manchen Fällen konnte der Patient nicht mehr als 2–3 Zeilen schreiben, weil sein Arm oder seine Hand sich so versteift hatten, daß er nur noch eine zittrige Linie ziehen konnte.

Bei der Auswertung nach diesen Richtlinien ist zu beachten, daß jedes einzelne der angegebenen Merkmale für sich schon genügt (z. B. kürzere Zeilen und/oder verkürzte Buchstaben). Wenn bei einer Schriftprobe die Zeilen nur noch $^2/_3$ so lang sind wie vor der Behandlung, sonst aber keinerlei Symptome von Versteifung und Zittrigkeit vorhanden sind, wird man sie nicht mit dem Schweregrad 3 bewerten, sondern nur mit 2 (mittelschwer).

Besonders charakteristisch ist eine Zunahme der Schriftverengung von Strophe zu Strophe, die bei typischen Fällen fast an die Form einer umgekehrten Pyramide erinnert.

Hat ein Patient die Angewohnheit, normalerweise verhältnismäßig klein zu beginnen und im Laufe des Schreibens die Zeilen immer länger werden zu lassen, so genügt für die Beurteilung 1 (leicht) schon die Umkehr dieser Gewohnheit, nämlich größer beginnen und fortführen mit immer kleiner, kürzer werdenen Zeilen, selbst wenn die Schrift, durchschnittlich gesehen, nicht kleiner geworden ist und sonst keine Versteifungszeichen vorhanden sind.

Wurde der Patient unter feinmotorischer Kontrolle auf eine neuroleptisch wirksame Erhaltungsdosis eingestellt (in der Ambulanz im Durchschnitt bei normaler Disposition nach 1–2 Wochen), so genügt es zur Vermeidung von Überdosierungen, die Kontrollen nur 1 mal in der Woche durchzuführen.

Typische Beispiele s. S. 53 u. 54.

Die Schriftbeispiele dienen im wesentlichen der Veranschaulichung. Aus den jeweils abgeschriebenen 3 Versen wurden je 2 Zeilen vor der Behandlung und 2 Zeilen des gleichen Verses unter der Behandlung mit einer Tagesdosierung, die je Neuroleptikum bei durchschnittlicher Verträglichkeit rd. 300 mg Megaphen (Chlorpromazin) entsprach, entnommen.

Neue Wege zur Dosierung der Neuroleptika mit Hilfe eines elektronischen neuroleptischen Schwellenindikators (NSI)*

Nachdem wir im vergangenen Jahr gemeinsam mit der Computerfirma General Automation die Vorarbeiten zur elektronischen Registrierung meines Handschrifttests zur Ermittlung der neuroleptischen Schwelle abgewickelt haben, wurde diese Apparatur am 13. Mai 1980 in unserer Klinik offiziell in Betrieb genommen. Diese Apparatur erfaßt auf elektronischem Wege die Handschrift der Patienten und berechnet die neuroleptisch bedingten Handschriftveränderungen im Vergleich zur Leerschrift prozentual.

Bevor ich Ihnen diese Apparatur, die mit aller Wahrscheinlichkeit nicht nur für die Psychiatrie der 80er Jahre neue und exaktere Wege zur Dosierung der Neuroleptika eröffnet, vorstelle, möchte ich begründen, weshalb ich mich zur Entwicklung dieser elektronischen Registrierung entschlossen habe.

Fassen wir kurz zusammen, welche Vorteile uns die Neuroleptika bisher gebracht haben, aber auch, welche Nachteile diesen Vorteilen bisher gegenüberstehen.

* Vortrag am 31. 5. 1980 in Beerse/Belgien. Psychiatrie-Tagung zum Thema „Psychiatrie der 80er Jahre“.

Wir können davon ausgehen, daß in der Bundesrepublik Deutschland 1979 für rd. 1 Milliarde DM psychotrope Medikamente verordnet bzw. eingenommen wurden, sofern Analgetika, Hypnotika und Geriatrika gemeinsam mit den Psychopharmaka im engeren Sinne des Begriffs, d.h. den Neuroleptika, Antidepressiva und Tranquilizern und Kombinationspräparaten, die psychotrope Medikamente enthalten, erfaßt wurden.

Rd. 8,2 %, d.h. rd. 80 Millionen DM wurden für Neuroleptika ausgegeben, von denen rd. 3,7 % auf schwach potente Neuroleptika und rd. 3,9 % auf sehr stark potente Neuroleptika entfielen, während mittelstark potente Neuroleptika mit 0,19 % und stark potente Neuroleptika mit 0,34 % nur eine sehr untergeordnete Rolle spielten.

Bringen wir zunächst das wichtigste zu den Vorteilen der Einführung der Neuroleptika: Mehr als 90 % der zeitweise oder langfristig schizophren erkrankenden Patienten befinden sich selbst in industrialisierten Ländern der westlichen Welt, wie z.B. der Bundesrepublik, heute außerhalb psychiatrischer Krankenhäuser. Weniger als 3 % der zu schizophrenen Erkrankungen veranlagten Personen befinden sich länger als 5 Jahre in einem psychiatrischen Krankenhaus. Diese Zahlen sind zu einem wesentlichen Teil als Erfolgszahlen anzusehen, die in erster Linie durch die Einführung der Neuroleptika ermöglicht wurden. Psychotherapeutische und insbesondere psychoanalytische Behandlungsmethoden, wie sie besonders in den USA vor Einführung der Neuroleptika praktiziert wurden, hatten keine wesentlichen, massenstatistisch nachweisbaren Erfolge gebracht. Psychotherapeutische und insbesondere soziotherapeutische Maßnahmen wurden für den einzelnen Schizophrenen vielmehr erst wirkungsvoll ermöglicht nach der Einführung der Neuroleptika. Die Situation in den psychiatrischen Krankenhäusern wandelte sich grundlegend. Die Entwicklung zu liberalen Institutionen mit allen Möglichkeiten moderner Sozialpsychiatrie wurde ermöglicht durch die im wesentlichen antipsychotischen neuroleptischen Wirkungen. Wir benötigen keine Gitter mehr vor den Fenstern, 90 % der in unserer Klinik aufgenommen Patienten bleiben freiwillig zur Behandlung in der Klinik, d.h. ohne Gerichtsbeschluß. Jeder psychotisch erkrankte Patient nimmt in gleicher Weise wie die nicht psychotischen, d. h. besonders neurotischen Patienten an den Aktivitäten der Beschäftigungstherapie, der Freizeittherapie sowie der Einzelgespräche und der wöchentlich stattfindenden Gruppengespräche auf sämtlichen Stationen unserer Klinik, die 1200 Patienten umfaßt und 1979 4400 Aufnahmen zu verzeichnen hatte, teil. Dabei rechnen wir, daß wir im Jahr bis zu 1000 Patienten mit Erkrankungen des schizophrenen Formenkreises bzw. mit paranoiden Psychosen allein in unserer Klinik aufnehmen. Die neuroleptische Behandlung ermöglichte darüber hinaus, Langzeitschizophrene, die seit Jahren in unserer Klinik insitutionalisiert waren und weder Besuche noch Post erhielten, da sie entweder keine Angehörigen hatten oder häufiger von ihren Angehörigen abgeschrieben waren, in Einzelpatenschaften zu vermitteln. Die Nachbehandlung mit Neuroleptika, insbesondere Langzeitneuroleptika, nach der Klinikentlassung, ermöglichte ferner, jedem schizophren Erkrankten, der sich nach der Entlassung einen ehrenamtlichen Laienhelfer zur Betreuung wünschte, auch Laienhelfer zu vermitteln. All dies wurde möglich durch die Einführung der Neuroleptika.

Wie sieht es nun mit den Nachteilen aus? Welcher Preis wurde gezahlt für die neuroleptische Behandlung?

Auch hier möchte ich mich auf das Wesentliche beschränken.

Besonders erhebt sich die Frage: Wie weit sind eventuelle Nachteile und Grenzen der Behandlung an die Wirkungen der Neuroleptika notwendig gebunden, und wie weit sind sie Folge unzweckmäßiger Dosierungen?

Kommen wir nunmehr zu den Nachteilen der Neuroleptika und fragen uns, ob und wie weit wir ihnen begegnen können.

Während wir durch die Neuroleptika, insbesondere durch den Einsatz der reinen neuroleptischen Wirkung mit Dosierungen oberhalb der feinmotorisch nachweisbaren extrapyramidalen Schwellendosis akute Psychosen mit Wahnideen, Halluzinationen u.a. in mehr als 2/3 der Fälle innerhalb einer Woche wesentlich antipsychotisch beeinflussen und es möglich ist, das Gros dieser akut psychotisch Kranken innerhalb von 6–8 Wochen frei von psychotischen Erlebnissen und normalisiert in ihrem Verhalten nach Hause zu entlassen, stellte sich jedoch heraus, daß 10–20% dieser Patienten in den kommenden Wochen bis Monaten an depressiv psychotischen Nachschwankungen erkrankten, die vor der Einführung der Neuroleptika in dieser Häufigkeit nicht annähernd bekannt waren. Darüber hinaus zeigte sich, daß ein noch weit höherer Prozentsatz der neuroleptisch behandelten Patienen nach der Klinikentlassung eine adyname Nachschwankung mit Lustlosigkeit und Schwunglosigkeit erleben. Die im Hinblick auf die akute psychotische Erkrankung zeitraffende therapeutische neuroleptische Wirkung fördert demnach gleichsam als Gegenschwankung adyname Nachwirkungen und bei entsprechenden Persönlichkeiten, wie wir feststellen konnten, d.h. bei überverpflichteten, prämorbiden Persönlichkeiten und entsprechender Veranlagung das Auslösen echter depressiver Psychosen. Das bedeutet, daß die Zahl der Selbstmorde besonders nach stationärer Behandlung akuter psychotischer Erkrankungen offensichtlich deutlich gestiegen ist. Bei einer von mir durchgeführten Rundfrage bei sämtlichen niedergelassenen Nervenärzten der Bundesrepublik, d.h. bei seinerzeit rd. 1500 Nervenärzten, beantworteten 154 der angeschriebenen Kollegen einen Fragebogen und teilen mir mit, daß jeder 2. von ihnen in den ersten 6 Monaten nach der klinischen Entlassung einen Selbstmord bei einem Schizophrenen zu verzeichnen hatte und jeder dieser Kollegen einen Selbstmordversuch bei seinen entsprechenden Patienten nach der Entlassung. Bleibt es bei diesem Preis, kann man sich fragen, lohnt sich die neuroleptische Zeitraffung der Psychose angesichts der bedenklichen und gefährlichen, in manchen Fällen selbstgefährdenden Nachwirkungen nach der stationären Behandlung?

Die Frage kann uneingeschränkt bejaht werden, denn die depressiv psychotischen Nachschwankungen lassen sich durch Kombination mit nicht agitierenden Antidepressiva, ohne daß ein Absetzen der Neuroleptika erforderlich ist, wie auch andere depressive Psychosen, kompensieren. Den nicht psychotischen adynamen Nachschwankungen ist mit behutsamer psychischer Führung zu begegnen unter Einschaltung aller sozialpsychiatrischen Möglichkeiten bis hin zur Betreuung durch

Laienhelfer u. a. Werden jedoch anhaltende Zustände von Lustlosigkeit und Depressivität im Zusammenhang mit neuroleptischer Langzeitbehandlung beobachtet, handelt es sich um sogenannte pharmakogene Depressionen, die nach unseren Erfahrungen weitgehend in Zusammenhang mit Überdosierungen zu bringen sind, die vor allem durch Auslösung entweder sedierender Wirkung durch schwach potente Neuroleptika oder grobmotorische extraparamidale Symptome durch stärker potente Neuroleptika die Patienten subjektiv belasten.

Wie wir in einer von uns in einem Zeitraum von 4–5 Jahren in Düsseldorf geleiteten Schizophrenenambulanz, in der sich pro Woche rd. 100 entlassene Schizophrene zur Nachbehandlung mit Langzeitneuroleptika einstellten, beobachteten, ist jedoch dem Problem dieser unmittelbar pharmakogen bedingten Adynamie und Lustlosigkeit durch optimale Dosierung unter feinmotorischer Kontrolle weitgehend zu begegnen. Es kommt darauf an, daß jeder Patient möglichst nur mit der „reinen" neuroleptischen Wirkung stärker potenter Neuroleptika, insbesondere mit Langzeitneuroleptika nachbehandelt wird, die nicht von den sedierenden und ermüdenden Major-Tranquilizerwirkungen schwach potenter Neuroleptika begleitet sind. Es kommt ferner darauf an, durch systematische Kontrolle der Feinmotorik Dosierungen zu finden, bei der die Feinmotorik neuroleptisch extrapyramidal verändert ist, jedoch grobmotorische extrapyramidale Symptome nicht auftreten. Dies ist durchaus möglich, so daß wir beobachten konnten, daß nur 10–20% der mit Langzeitneuroleptika behandelten Patienten am 1. bzw. 2. Tage nach der Applikation der Langzeitneuroleptika wegen einer extrapyramidalen Initialreaktion für 1–2 Tage ein Antiparkinsonmittel benötigten, jedoch keiner unserer Patienten eine Dauerzugabe eines Antiparkinsonmittels benötigte, obwohl die Patienten ständig oberhalb der feinmotorisch erkennbaren neuroleptischen Schwelle dosiert waren.

Bei dieser Art der Dosierung waren die Patienten, sofern sie nicht durch die Psychose behindert waren, autofahrfähig und im Sport, z. B. im Tennissport, wie ich persönlich im Spiel mit Patienten beobachten konnte, nicht behindert. Sie waren voll gesprächs- und handlungsfähig und konnten ihren beruflichen Tätigkeiten nachgehen.

Wenn also Patienten nach stationärer Behandlung entweder depressiv psychotisch erkranken und selbstgefährdet sind oder im Zusammenhang mit subjektiv störenden Begleitwirkungen der Neuroleptika sediert werden oder grobmotorisch extrapyramidal sich behindert fühlen, ist dies eine Frage des Umgangs mit den Psychopharmaka und im wesentlichen durch einen sachkundigen Umgang mit den Neuroleptika sowie gegebenenfalls mit Antidepressiva mit Erfolg zu begegnen.

Zur stationären Behandlung

Bei stationärer Behandlung akut psychotisch Kranker des schizophrenen Formenkreises bzw. paranoider Psychosen ergeben sich folgende Probleme: Im Zusammenhang mit der rd. 15fachen interindividuellen Empfindlichkeit zur neuroleptischen Schwelle bedarf es eines besonderen Vorgehens, um die Häufigkeit subjektiv

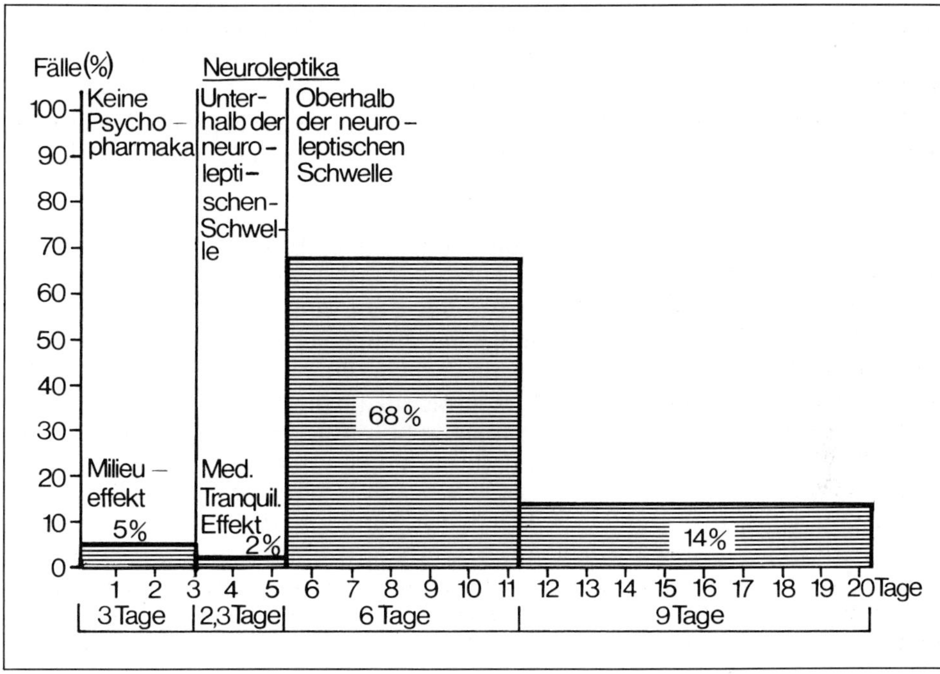

Abb. 21 Reduzierung bzw. Kompensation der Plussymptomatik bei 328 Schizophrenen nach stationärer Aufnahme. 0 = Tag der stationären Aufnahme

störender grobmotorisch extrapyramidaler Überdosierungssymptome so weit wie möglich zu vermeiden.

Sofern der Patient nicht selbst- oder fremdgefährdet ist, ist die Methode der Wahl eine einschleichende Dosierung unter täglicher feinmotorischer Kontrolle; sofern genügend Zeit und Personal zur Verfügung stehen, ist dieses einschleichende Dosierungsverfahren bei der weit überwiegenden Anzahl der akut erkrankten Neuaufnahmen in psychiatrischen Kliniken möglich. Selbst wenn man sämtliche Fälle erfaßt, die bei Aufnahmezwang auch nachts und in besonderen Notfallsituationen zur Akutaufnahme wegen einer Psychose mit Plussymptomatik in die Klinik kommen, konnte mein Mitarbeiter *A. Dreher* bei einer Auszählung in einem Zeitraum von 3 Monaten bei Aufnahmen akut schizophren Erkrankter folgendes feststellen: Bei rd. 50 % der Aufnahmen war eine einschleichende Dosierung möglich. Weitere 10 % kamen im Zusammenhang mit neuroleptischen Überdosierungssymptomen zur Aufnahme. Bei den restlichen 40 % war überwiegend nur in den ersten Behandlungstagen eine Hochdosierung mit 10–20fachen Schwellendosierungen erforderlich (meist 30–60 mg Haldol i.v. in 24 Stunden).

Man kann davon ausgehen, daß bei offenen Aufnahmestationen eine einschleichende Dosierung in den weitaus meisten Fällen möglich ist. Der Patient bleibt bei der einschleichenden Dosierung gesprächs- und handlungsfähig. Wir stellten bei der klinisch experimentellen Untersuchung und Behandlung von 328 Patienten des schizophrenen Formenkreises (s. Abb. 21), die wegen einer akuten Psychose zur Aufnahme kamen, fest, daß es bei mindestens mittlerer Disposition zur neuroleptischen Schwelle möglich war, innerhalb von 2 bis 3 Tagen die neuroleptische Schwelle zu überschreiten und dann innerhalb 6 Tagen in rd. 2/3 der Fälle die wesentlichen antipsychotischen Wirkungen, wie Wahnideen, Halluzinationen und psychotisch bedingte Verhaltensstörungen zu erreichen. Das bedeutete, daß Wahnideen bzw. Halluzinationen entweder gänzlich aufhörten oder wesentlich zurücktraten bzw. Krankheitseinsicht sich einstellte und daß der Patient sich zunehmend der Realität zuwandte. Bei Fortsetzung dieser Behandlung und Umsetzung auf Langzeitneuroleptika zur Vorbereitung auf die Entlassung konnten die Patienten im Durchschnitt nach ca. 6 Wochen dieser Form der Behandlung bei begleitender Gesprächs- und Beschäftigungstherapie die Klinik verlassen. Verlaufsuntersuchungen in unserer Ambulanz ergaben, daß bei konsequenter Fortsetzung der neuroleptischen Behandlung mit Langzeitneuroleptika oberhalb der neuroleptischen Schwelle in einem Zeitraum von 20 Monaten bei Vollremittierten es nach dieser stationären Behandlungen in 3 % der Fälle bei Vollremittierten zu Rezidiven kam, während chronisch produktiv psychotisch Kranke in 20 % der Fälle im gleichen Zeitraum rezidivierten.

Somit kann festgestellt werden, daß die einschleichende Dosierung mit Mindestdosen für das Gros der Fälle die Methode der Wahl ist, sowohl für die Kompensation der Psychose, wie für den Verlauf. Es gibt nicht den geringsten Anhalt dafür, daß eine anfängliche Hochdosierung einen günstigeren Verlauf der psychotischen Erkrankung mit weniger Rezidiven ermöglicht. Die Hochdosierung sollte daher nur für Patienten vorbehalten bleiben, die selbst- oder fremdgefährdet sind bzw. chronisch therapieresistent.

Gänzlich vermieden werden sollte eine mittlere Dosierung bei peroraler Verabreichung, da wir bereits 1960 (gemeinsam mit *Freyhan*) beobachten konnten, daß bei diesem Vorgehen es in bis zu 70 % der Fälle zu extrapyramidalen, subjektiv störenden, grobmotorischen Symptomen kommt, insbesondere zu dyskinetischen Anfangsreaktionen.

Als Alternative zur einschleichenden Dosierung mit Mindestdosierungen bzw. mit Beginn der Dosierung mit neuroleptischen Schwellendosierungen bietet sich bei selbst- und fremdgefährdeten akut psychotisch Kranken die Hochdosierung mit 10 bis 30fachen neuroleptischen Schwellendosierungen an, die möglichst parenteral, d. h. besonders intravenös zu applizieren sind. Auch hier kommt es vergleichsweise zur einschleichenden Dosierung bei rd. 10 % der Fälle und zu dyskinetischen, extrapyramidalen, grobmotorischen unerwünschten Reaktionen. In der Folgezeit treten jedoch häufiger im Zusammenhang auch mit der Schwierigkeit des Ausschleichens der Dosierung subjektiv störende grobmotorische extrapyramidale Symptome auf als bei der einschleichenden Dosierung im Bereich der neuroleptischen Schwelle.

Dosierungen, die grobmotorische extrapyramidale parkinsonistische Symptome auslösen; sind unbedingt zu vermeiden, da sie die Patienten subjektiv belasten und sogar zur Exazerbation psychotischer Symptome führen können. Die Kaschierung grobmotorischer extrapyramidaler Symptome durch Antiparkinsonmittel über längere Zeit führt zu einer Überlastung der Dopamin-Rezeptoren bzw. zur Auslösung extrapyramidaler Späthyperkinesien, die in bis zu 20% der Fälle in diesem Zusammenhang auftreten und über Jahre anhalten können. Diese Hyperkinesien treten bekanntlich besonders nach Dosisreduzierung bzw. Absetzen der Neuroleptika nach langfristiger und kaschierter Überdosierung auf.

Das Überspielen der Problematik durch Verordnung hochdosierter schwach potenter Neuroleptika ist ebenfalls nur Ausnahmefällen vorzubehalten, bei denen hochgradige psychische Erregung, insbesondere Angst eine Verordnung der Major-Tranquilizer-Wirkung schwach potenter Neuroleptika erfordert. Schwach potente Neuroleptika insbesondere in hoher Dosierung erfordern nicht selten Bettruhe, die wiederum die Gefahr von Thrombosen bzw. Embolien fördert. Die begleitende Sedierung und Müdigkeit beeinträchtigt die Gesprächs- und Handlungsfähigkeit der Patienten. Bezüglich der antipsychotischen Effekte schwach potenter Neuroleptika ist im Hinblick auf Plussymptome festzustellen, daß nach unseren Beobachtungen innerhalb eines Zeitraumes von 4 Wochen ausreichende antipsychotische Wirkungen dann zu beobachten waren, wenn die Patienten mindestens durchschnittlich zur neuroleptischen Schwelle disponiert waren und es gelang, die neuroleptische Schwelle in jedem Fall mit den schwach potenten Neuroleptika nicht nur zu erreichen, sondern gegebenenfalls ausreichend hoch zu überschreiten. Dennoch sollte die Verordnung schwach potenter Neuroleptika wegen der oft unerwünschten Sedierung und der damit beeinträchtigten Gesprächs- und Handlungsfähigkeit des Patienten nur Einzelfällen vorbehalten bleiben und insbesondere in Kombination mit stärker potenten Neuroleptika bei hochgradig psychisch erregten und ängstlich psychotisch Kranken durchgeführt werden.

Ich habe damit eine Reihe von Argumenten und Fakten aufgezählt, die deutlich machen, daß es die Methode der Wahl ist, sowohl bei akut psychotisch Kranken, die zur Aufnahme kommen, wie bei der Langzeitbehandlung insbesondere mit Langzeitneuroleptika, die feinmotorische extrapyramidale Symptomatik als Indikator für die notwendige Blockade der Dopamin-Rezeptoren zu registrieren. Es kann als absolut gesichert gelten, daß außerhalb major-tranquilisierender und sedierender Wirkungen mit Hilfe der „reinen" neuroleptischen Wirkung mit allen mindestens mittelstark bis sehr stark potenten Neuroleptika die wesentliche antipsychotische neuroleptische Wirkung nur dann erreicht wird, wenn oberhalb der neuroleptischen Schwelle dosiert wird.

Clozapin (Leponex), dessen grobmotorische extrapyramidale Symptome sowohl im Tierversuch, wie beim Menschen im Zusammenhang mit ausgeprägten anticholinergen Wirkungen kaschiert bzw. modifiziert werden, ändert nichts an dieser Situation, zumal es als schwach potentes Neuroleptikum im wesentlichen im Zusammenhang mit einer Major-Tranquilizerwirkung und bei entsprechender begleitender Sedierung seine wesentlichen Wirkungen entfaltet.

Wie gesagt, in keinem Fall und mit keinem mittelstark potenten Neuroleptikum ist es möglich, nennenswerte antipsychotische Wirkungen auf Plussymptome, wie Wahnideen, Halluzinationen und psychotisch bedingte Erregung unterhalb neuroleptischer Schwellendosierungen zu erreichen.

Umso erfreulicher ist es, daß wir nunmehr im Ausblick auf die 80er Jahre eine elektronische Apparatur vorstellen können, die wir in diesen Wochen nach entsprechenden Entwicklungsarbeiten im vergangenen Jahr gemeinsam mit der Firma Era General Automation in Betrieb genommen haben.*

Zur Durchführung des Handschrifttests: Der Patient erhält zunächst den Auftrag, den vierzeiligen Vers „Der Mai ist gekommen ...“ dreimal ohne Pause abzuschreiben. Er erhält hierfür ein DIN A 4-Blatt, auf dem auf dem Kopf folgender Vers abgedruckt ist sowie eine Erläuterung zu lesen ist, auf der folgendes steht: Die Wirkung der Medikamente, die Sie erhalten, ist bei jedem Menschen verschieden, wird aber in Ihrer Handschrift erkennbar.

Um die gerade für *Sie* richtige Wirkmenge herauszufinden, schreiben Sie bitte den folgenden Vers in normaler Schrift *dreimal ohne Pause* ab:

Der Mai ist gekommen,
die Bäume schlagen aus.
Da bleibe, wer Lust hat,
mit Sorgen zu Haus.

Darüber hinaus wird dem Patienten mündlich erklärt, daß die Untersuchung seiner Handschrift wichtig sei, um zu einer optimalen Dosierung der Neuroleptika kommen zu können. Der Patient schreibt im Interesse einer Kontrastwirkung mit einem schwarzen Kugelschreiber. Wichtig ist der Hinweis, daß er ohne Pause schreiben soll, da die extrapyramidale Hypokinesie sich am stärksten bei anhaltender Bewegungsführung zu erkennen gibt und damit auch am deutlichsten in Erscheinung tritt, wenn der Vers das zweite, und noch deutlicher, wenn er das dritte Mal abgeschrieben wird.

Wünschenswert ist, daß mindestens 1 Leerschrift vor der Behandlung vorliegt, damit diese als Vergleichsschrift benützt werden kann.

Sofern mehrere Patienten neuroleptisch behandelt werden, können bis zu 4 Patienten am gleichen Tisch zur gleichen Zeit schreiben. Stets sollten die gleichen Schreibbedingungen gewählt werden und möglichst auch die gleiche Tageszeit. Eine Krankenschwester bzw. ein Krankenpfleger sollten anwesend sein und darauf achten, daß die Patienten nicht während des Schreibens, wie erwähnt, pausieren.

Auf dem Kopf des Blattes werden Name des Patienten, Datum und Einzelheiten über die Namen des Neuroleptikums und Dosierung angegeben. Die Vergleichsschriften, die vor der Behandlung bzw. bei Behandlungen mit Medikamenten außerhalb und unterhalb neuroleptischer Schwellendosierungen als Leerschriften dienen, haben auf dem Kopf des Blattes die gedruckte Kennzeichnung: Leerschrift.

* Folgenden Mitarbeitern danke ich für ihre Mitwirkung an den Entwicklungsarbeiten: G. Bohl, W. Becht, A. Dreher, O. K. Linde

Abb. 22

Die Patienten schreiben in den ersten Tagen der Behandlung täglich bis zum Erreichen der neuroleptischen Schwellendosis den gleichen Text dreimal ab. Sobald die neuroleptische Schwelle erreicht wurde, die bekanntlich als Mindestdosis für die erwünschte antipsychotische Wirkung gilt, ist zu entscheiden, ob und wie weit die Dosis weiterhin erhöht wird. In jedem Falle ist von nun ab eine vorsichtige Dosiserhöhung angezeigt, da sonst subjektiv störende, grobmotorische, extrapyramidale Symptome auftreten.

Nach Überschreiten der neuroleptischen Schwelle ist bis zum Erreichen der erwünschten antipsychotischen Wirkung weiterhin täglich die Handschrift abzunehmen und zu untersuchen. Im allgemeinen setzt die wesentliche antipsychotische Wirkung, wie oben erwähnt, bei rd. 2/3 der Fälle innerhalb von 6 Tagen nach Überschreiten der neuroleptischen Schwelle ein.

War bei einer früheren stationären Aufnahme bereits die neuroleptische Schwelle bestimmt, so kann direkt mit der neuroleptischen Schwellendosis mit der Behandlung begonnen werden.

Nach Erreichen der erwünschten antipsychotischen Wirkung genügt eine Handschriftenabnahme im Durchschnitt zweimal wöchentlich. Bei der Behandlung mit Langzeitneuroleptika ist eine Handschriftkontrolle jeweils am Tag vor der Applikation sowie am ersten und eventuell zweiten Tag nach der Applikation

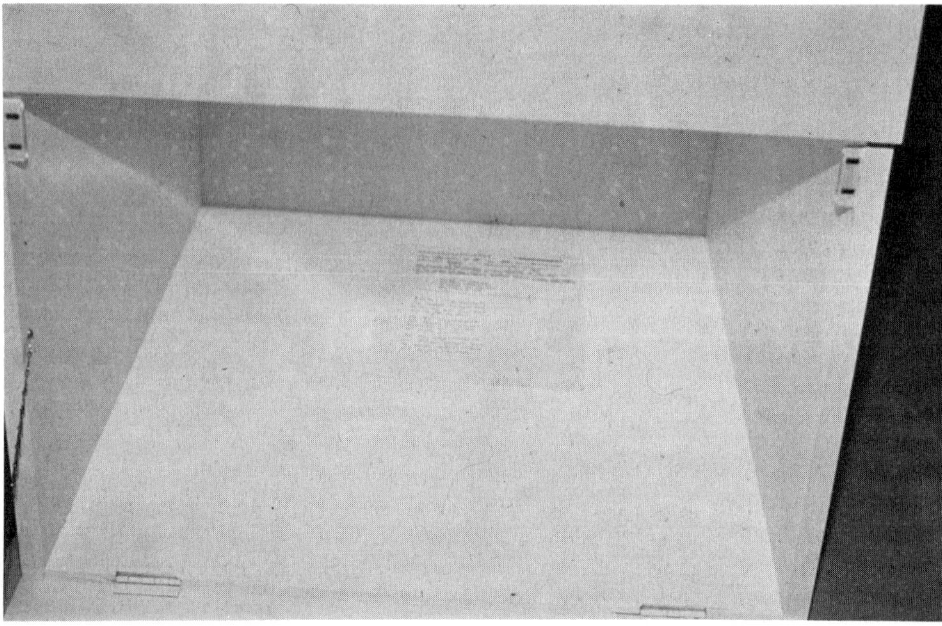

Abb. 23 Box, in der sich die Schwarz-weiß-Fernsehkamera befindet und in die die Handschriften eingelegt werden.

erforderlich, um zu gewährleisten, daß bei erforderlicher Dosierung oberhalb der neuroleptischen Schwelle die neuroleptische Schwellendosis erreicht wurde und vor allem auch, um rechtzeitig eine auftretende Kumulation zu erkennen und durch Dosisreduzierung gegebenenfalls auszugleichen.

Die Handschriften werden durch das Pflegepersonal täglich gesammelt und innerhalb der Klinik in die Zentrale gebracht, in der der elektronische neuroleptische Schwellenindikator steht und von einer Arzthelferin bzw. einer MTA, die z.B. außerdem für das EKG oder andere Tätigkeiten zuständig ist, bedient wird.

Es befindet sich links in einer Box eine Schwarz-weiß-Fernsehkamera, die zunächst die Leerschrift als Testschrift vergleicht. Insbesondere werden die Zeilenlängen der 1. und 4. Zeile jeder Strophe, wie die Fläche der Strophen ausgemessen und elektronisch im rechts außen stehenden Computer gespeichert. Sogleich anschließend druckt der Rechner automatisch die Ergebnisse der einzelnen Parameter aus und faßt das Gesamtergebnis nach prozentualen Abweichungen von der Leerschrift zusammen (s. Abb. 22).

Rechts der Computer, der die Handschriftdaten sowie die Daten der Patienten speichert. Der Computer unserer Klinik speichert auf einer Floppy-Disk die Daten von 250 Patienten. Auf diese Speicherungsmöglichkeit kann mit einer entsprechend kleineren Computeranlage verzichtet werden.

Abb. 24 Ein- und Ausgabeschreibmaschine, in die der Name und andere Daten durch die Mitarbeiterin eingegeben werden und die automatisch die Ergebnisse des Computers anschließend ausdruckt.

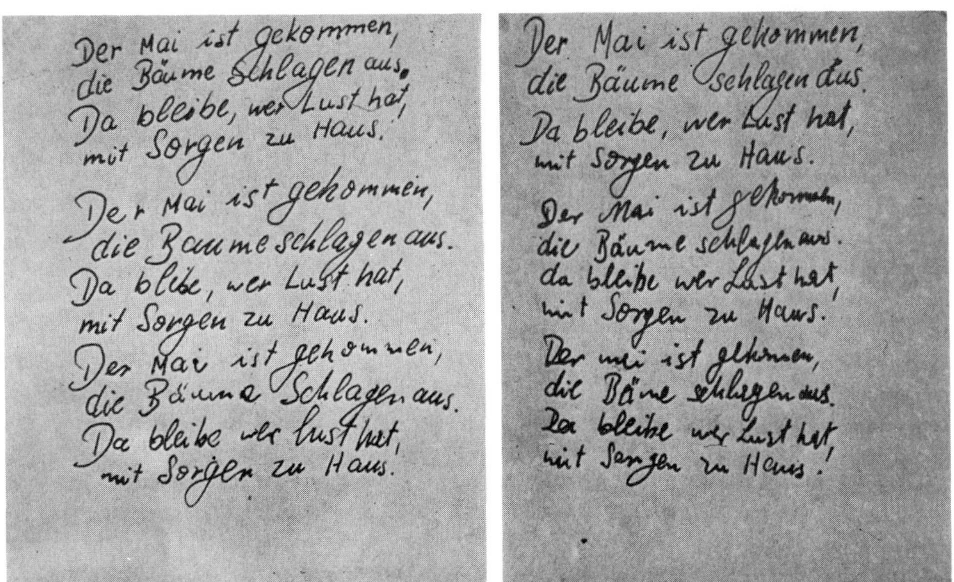

Abb. 25 a

N S I NACH HAASE 16. 5.1980

NAME : FE.
VORNAME :
GEB.-DATUM: 21. 5.1950
GESCHLECHT: MAENNLICH

PAT.-KENN.: 003

	LS	TS1	
STATION	P15	P15	
DATUM	14. 5.80	16. 5. 8	
STUNDE	8	0	
MEDIKAMENT		HALDOL	
DOSIS	0.0	3.0	
MEDIKAMENT		MELLERIL	
DOSIS	0.0	25.0	
MEDIKAMENT		MELLERIL	
DOSIS	0.0	100.0	
BEMERKUNG	LEERSCHRIF		
MW 1	100	2	Länge der 1. Zeile
MW 2	100	-10	" 4. "
MW 3	100	-14	" 5. "
MW 4	100	-2	" 8. "
MW 5	100	-25	" 9. "
MW 6	100	-6	" 12. "
MW 7	100	0	Höhe der 1. Strophe
MW 8	100	0	" 2. "
MW 9	100	0	" 3. "
MW10	100	-3	Gesamthöhe
MW11	100	0	Fläche der 1. Strophe
MW12	100	-23	" 3. "
MW13	100	-14	Gesamtfläche
MITTELWERT	100	-10	

PROTOKOLL-ENDE

Abb. 25 b

Abb. 25 a und 25 b Testschrift vor der Behandlung mit Vergleichsschrift und elektronischer Registrierung. Die mit 0 ausgedruckten Werte in der Tabelle werden zwar gemessen, erscheinen aber aus technischen Gründen mit 0, weil sie bei der Mittelwertermittlung nicht berücksichtigt werden.

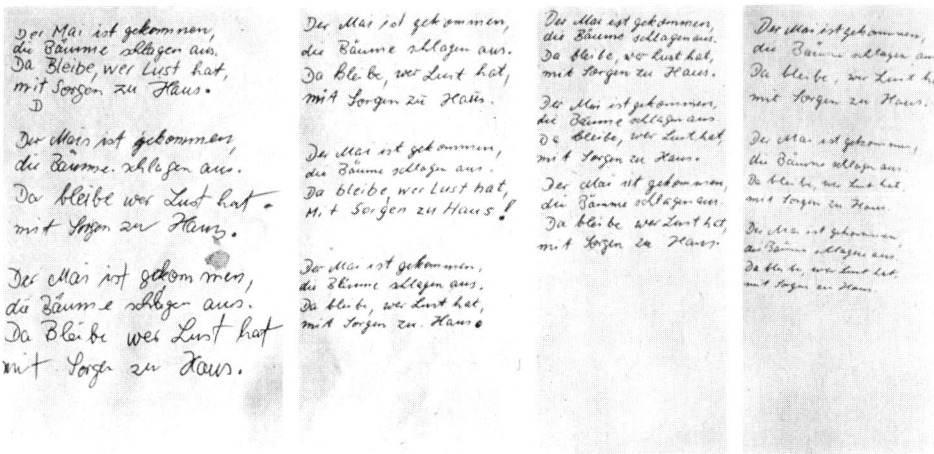

Abb. 26 a und 26 b Beispiel für den Verlauf der neuroleptischen Handschriftveränderung.

Wir haben nach den Vorarbeiten des vergangenen Jahres innerhalb der Klinik erst mit dem Stichtag des 13. Mai konkret mit der Arbeit an unseren Patienten begonnen, so daß wir weitere Verfeinerungen der Programmierung erwarten. Nach unserem bisherigen Eindruck kann man davon ausgehen, daß bei prozentualen Abweichungen ab minus 10% gesichert ist, daß die Handschrift neuroleptisch beeinflußt ist, und daß bei zunehmendem Grad dieser prozentualen Abweichung die Handschrift entsprechend mittelschwer bzw. schwer neuroleptisch verändert ist. Die Zahl der prozentualen Abweichung, also z. B. ab minus 10 wird auf der Fieberkurve an dem entsprechenden Tag eingetragen, so daß an dieser Zahl unmittelbar erkenntlich ist, ob bei dem Patienten die neuroleptische Schwelle erreicht wurde bzw. wie weit die neuroleptische Schwelle überschritten wurde. Wir ermitteln, von welcher prozentualen Abweichung an mit subjektiv störenden grobmotorischen extrapyramidalen Symptomen zu rechnen ist. Das Ziel ist in jedem Fall eine Dosierung, die eine neuroleptische Schwellendosis mit dem prinzip: beeinträchtigte Feinmotorik ja, beeinträchtigte Grobmotorik nein, erreicht.

Die Ein- und Ausgabeschreibmaschine schreibt automatisch die im Computer gespeicherten Daten über den Patienten und den Handschrifttest auf (s. Abb. 24).

Wir gehen davon aus, daß wir in wenigen Monaten die Gewichtung der einzelnen Parameter abgeschlossen haben und insbesondere festlegen werden, welche prozentualen Abweichungen mit leichten bzw. mit mittleren oder mit sehr ausgeprägten neuroleptischen feinmotorischen Veränderungen korrelieren. Schließiich wird ermittelt werden, ab welchem Grad prozentualer Abweichung mit dem Auftreten subjektiv störender grobmotorischer extrapyramidaler Symptome zu rechnen ist.

N S I NACH HAASE 16. 5.1980

NAME : KA.
VORNAME :
GEB.-DATUM: 21.11.1948
GESCHLECHT: MAENNLICH

PAT.-KENN.: 001

	LS	TS1	TS2	TS3	
STATION	P16	P16	P16	P16	
DATUM	2. 5.80	5. 5.80	7. 5.80	13. 5.80	
STUNDE	20	9	8	9	
MEDIKAMENT		HALDOL	HALDOL	HALDOL	
DOSIS	0.0	15.0	15.0	15.0	
MEDIKAMENT		NEUROCIL	NEUROCIL	NEUROCIL	
DOSIS	0.0	300.0	300.0	300.0	
MEDIKAMENT					
DOSIS	0.0	0.0	0.0	0.0	
BEMERKUNG	LEERSCHRIF				
MW 1	100	-5	-19	-17	Länge der 1. Zeile
MW 2	100	-20	-23	-20	" 4. "
MW 3	100	-14	-23	-25	" 5. "
MW 4	100	-8	-30	-39	" 8. "
MW 5	100	-32	-27	-38	" 9. "
MW 6	100	-28	-27	-48	" 12. "
MW 7	100	0	0	0	Höhe der 1.Strophe
MW 8	100	0	0	0	" 2. "
MW 9	100	0	0	0	" 3. "
MW10	100	-13	-36	-26	Gesamthöhe
MW11	100	0	0	0	Fläche der 1.Strophe
MW12	100	-55	-57	-66	" 3. "
MW13	100	-32	-53	-50	Gesamtfläche
MITTELWERT	100	-23	-33	-36	

PROTOKOLL-ENDE

LEER, TEST, ENTL, KALI ? X = ENDE

Abb. 26 b

Wir haben keinen Zweifel, daß der neuroleptische Schwellenindikator jedem Arzt in der Klinik bzw. jedem niedergelassenen Arzt, der Patienten oberhalb der neuroleptischen Schwelle behandelt, zur Verfügung stehen kann und in absehbarer Zeit zur Verfügung stehen sollte.

Weitere Einzelheiten über den elektronischen „Neuroleptischen Schwellenindikator nach Haase (NSI)“ sind zu erfahren bei

Era-General Automation, Elektronische Rechenanlagen,
Erasmusstr. 8, 6200 Wiesbaden.

Zur Pharmakotherapie bei chronisch Schizophrenen

Wenn wir davon ausgehen, daß rd. eine halbe Million Menschen in der BRD zeitweise oder auch chronisch an Schizophrenien erkranken, so sprechen statistische Untersuchungen dafür (13, 15, 19), daß 2–3 % dieser schizophrenen Erkrankenden mehr als 5 Jahre sich in psychiatrischen Krankenhäusern der BRD befinden. Wir wissen, daß sich in Ländern, in denen die ländliche Bevölkerung einen höheren Anteil hat als bei uns und in denen die Großfamilien noch intakt sind, nur ein Bruchteil dieses Prozentsatzes oder überhaupt keine chronisch Schizophrenen in psychiatrischen Krankenhäusern bzw. Wohnheimen befinden. So konnte Verf. z. B. kürzlich im Senegal beobachten, daß es dort bei einer Bevölkerung von 4 Mio. Einwohnern bisher nur rd. 200 psychiatrische Behandlungsplätze in Institutionen gibt. Diese werden weitgehend zur mehrmonatigen stationären Behandlung Schizophrener genutzt, deren Familienbande gelockert sind. Dennoch wird trotz dieser gelockerten Familienbande jeder Schizophrene, wie überhaupt jeder psychisch Kranke, dort nur gemeinsam mit einem Angehörigen, meist Vater, Mutter oder Geschwister, selten mit dem Ehepartner, stationär behandelt. Eine Langzeitunterbringung in einer Institution entfällt, da auch noch die gelockerten Familienbande ausreichen, um den Kranken wieder in die Gemeinschaft aufzunehmen. Gefördert durch den ausgeprägten Gemeinschaftsgeist, der so charakteristisch ist für weniger zivilisierte und damit weniger vereinzelt lebende Gesellschaftsstrukturen, charakteristisch auch für Menschen, die im festen Glauben an eine persönliche Gestaltung ihres Schicksals durch übersinnliche Mächte leben. Gefördert durch die Toleranz primitiver Volksreligionen mit ihrem animistischen Denken, wie aber auch durch die Toleranz des Islam, die den psychotisch Kranken als Träger von Botschaften, bzw. im Islam als von Gott inspiriert ansehen und dementsprechend überwiegend wohlwollend mit ihm umgehen. Durchaus im Unterschied zur zivilisierten Gesellschaft unserer Zeit, die in einer sinnentleerten, materiell orientierten Welt sich vorrangig der Sofortbefriedigung und dem Konsum widmet. Der psychotisch Kranke, insbesondere der Schizophrene, begegnet hier verschiedenen, für ihn tragischen Einstellungen, die ihre Wurzeln in der Vergangenheit wie in der Gegenwart haben. In der Vergangenheit, indem bis in das beginnende 19. Jahrhundert hinein psychotisch Kranke im christlichen Kulturbereich in erster Linie als vom Teufel Besessene angesehen wurden und dementsprechend mit ihnen umgegangen wurde und indem sie im Deutschland der Hitlerzeit als „minderwertiges Volksgut" angesehen wurden. So begegnen wir bekanntlich noch häufig Abwehrhaltungen wie Spott, Mißtrauen, Angst, die ihre Isolierung fördern.

Angesichts dieser Tatsache erhebt sich die Frage: Was heißt chronisch schizophren? Sollte man den Begriff „chronisch" definieren als ständig anstaltsbedürftig angesichts des relativ geringen Prozentsatzes Schizophrener in den Psychiatrischen Krankenhäusern, oder als ständig behandlungsbedürftig angesichts der Tatsache, daß nahezu jeder, der einmal von einer schizophrenen Psychose erfaßt wurde, Gefahr läuft, ein Außenseiter der Gesellschaft zu werden, wenn man ihm nicht entgegenkommt? Soll man chronisch schizophren gleichsetzen mit nicht erwerbsfähig oder erwerbsgemindert angesichts der Tatsache, daß die Erwerbsfähigkeit zu einem hohen Grad von pharmako- und sozio-therapeutischen Maßnahmen abhängig ist?

Soll man chronisch schizophren definieren als dauernde Wesensänderung angesichts der Tatsache, daß nach den statistischen Erfahrungen von *Bleuler* und anderen ca. 80% der schizophren Erkrankten zumindest eine leichte sogenannte defektuöse Persönlichkeitsveränderung mit Nachlassen der Kontaktfähigkeit, der affektiven Schwingungsfähigkeit und der Initiative erfahren? Begnügen wir uns hier mit der Erfahrung, daß die rein organische Sicht eines im Sinne des Paralyseschemas erkrankenden schizophrenen Gehirns nicht mehr befriedigt, sondern daß das Schicksal des einzelnen Schizophrenen in einem hohen Maße von der Aufgeschlossenheit und damit auch Therapiefreundlichkeit der Gesunden abhängt. Chronisch wäre dann zu verstehen als dauernde Aufgabe der anderen, die eine Patenschaft für nahezu eine halbe Million Menschen in Westdeutschland zu übernehmen haben.

Das Stichwort der Patenschaft ist nicht nur im übertragenen Sinn gemeint, indem nicht nur ganz generell eine stärkere Initiative der Gesunden gegenüber den Schizophrenen gefördert wird, sondern indem sich auch ganz persönliche Patenschaften bilden lassen, die einen Ersatz für die zerstörten, bzw. fehlenden Familienbande schaffen können (8).

In diesem Sinne vermittelten wir z. B. in unserer Klinik an die 33 Schizophrenen, die seit Jahren weder Besuch noch Post von Angehörigen erhielten, seit 2 Jahren Einzelpatenschaften. Verlaufsbeobachtungen wurden gemeinsam mit unseren Mitarbeitern *Dohren* und *Mark* durchgeführt. Es ergab sich, daß bei der Hälfte der chronisch schizophrenen Patenpatienten die in die Patenschaft gesetzten Erwartungen und Hoffnungen voll erfüllt und z.T. überschritten wurden. Das Hauptinteresse der Patenpatienten galt mitmenschlichem Kontakt, und nur von untergeordneter Bedeutung waren materielle Wünsche.

Eine derartige Schaffung neuer Partnerbezüge ist um so wichtiger, als gerade bei Langzeitschizophrenen die familiären Bezüge nicht selten hoffnungslos gestört sind. Hierzu besuchte unser Mitarbeiter *Mittelstaedt* von 133 chronisch Schizophrenen, die sich seit mehreren Jahren im psychiatrischen Krankenhaus befanden, die Angehörigen in ihren Wohnungen. Zwei Drittel dieser Angehörigen waren nicht bereit, den Patienten zurückzunehmen, während sie dabei nur z. T. die Krankheit selbst fürchteten, sondern vorwiegend Ausflüchte zur Begründung dieser fehlenden Rücknahmebereitschaften anführten, wie wirtschaftliche Schwierigkeiten, Raummangel u. a.

Wir wissen auch, daß in den seltenen Fällen, in denen es zu aggressiven Handlungen Schizophrener kommt, diese sich häufiger auf Familienmitglieder bzw. Ehepartner beziehen, seltener auf Fremde. Wenn es nach den Untersuchungen von *Häfner* und *Böker* auf 10000 Schizophrene in 6 Fällen zu gefährlich aggressiven Handlungen kam, so liegt diese Rate kaum über derjenigen der Gesunden und sie liegt nach unseren klinischen Erfahrungen *unterhalb* derjenigen der Gesunden, wenn es um aggressive Handlungen gegenüber Fremden geht.

Wir kennen noch die Anstaltsartefakte aus den Zeiten, in denen weder mitmenschliche Zuwendung noch Psychopharmaka dem Patienten Hilfen gaben und in denen sie als Anstaltsartefakte hoffnungslos im Autismus versanken, in ihren eigenen Wahnwelten dahinlebten und als Relikte dieser Zeit z.T. auch heute noch in psychiatrischen Krankenhäusern zu finden sind. Sofern Psychopharmaka behilflich sein sollen, können sie die mitmenschliche Zuwendung erleichtern, indem sie dem schizophren Erkrankten helfen, wenn er sich beunruhigt fühlt, wenn er sich ängstigt, daß er sein Ich nicht der Außenwelt klar abgegrenzt gegenüberstellen kann. Medikamentös erreichte affektive Entspannung, Beruhigung und Entängstigung können hier also von Fall zu Fall behilflich sein und können auch dazu beitragen, daß der Kranke sich mehr der Umwelt zuwendet und ihr weniger mit Angst oder aggressiver Abwehr gegenübertritt. Aber wir wissen auch, daß gerade chronisch Schizophrene mit ausgeprägter Grundsymptomatik uns in vielen Fällen trotz Förderung ihrer Anpassung durch Psychopharmaka mit ihrer Gefühlswelt weiterhin als Schizophrene gegenübertreten. Psychopharmaka helfen im Bereich der Grundsymptomatik, Leiden zu vermindern, wie besonders affektive Spannungen und Ängste. Sie erleichtern dem Kranken den Umgang mit sich und der gesunden Umwelt.

Wir wissen, daß *Eugen Bleuler* die *Grundsymptome* der Schizophrenien den akzessorischen Symptomen gegenüberstellte. Die akzessorischen Symptome wie Wahnideen, Halluzinationen, katatones Verhalten u. a. sind die Folge der Auseinandersetzung des Erkrankten mit seiner Grundsymptomatik. Kern dieser Grundsymptomatik ist eine andere Gefühlswelt, die Schaffung einer Eigenwelt, die von den anderen abrückt, sich von den anderen autistisch distanziert und sich dennoch ständig mit der mitmenschlichen Umwelt auseinandersetzt. *Manfred Bleuler* sprach davon, daß sich immer mehr die Erkenntnis durchsetzte, daß nicht ein einzelnes Symptom, sondern eine Haltung, eine Tendenz, eine Veränderung der Lebensweise, etwas grundlegendes und primäres im Schizophrenen wäre: Der Autismus. Indem der Kranke anders fühlt, gleichsam vorbei fühlt, oder wie der Laie sagt, „verrückt" fühlt, möchte der Schizophrene, wie *Manfred Bleuler* ausführt, „ganz so sein, wie er wirklich ist". Er könne seine innere Widersprüchlichkeit nicht mehr überwinden, indem er sich als konventioneller Mensch unter andere einordnet, wohl aber, indem er sich eine Welt nach seinem Bilde schaffe, und handele, als ob er in dieser Welt wäre. Im Rahmen der schizophrenen Grundsymptomatik kommt es sowohl zum Anders-Fühlen, zum Vorbei-Fühlen, wie auch zum Vorbei-Denken im Sinne der Zerfahrenheit. Wir haben keinen Anhalt dafür, daß es bisher möglich ist, diese Grundsymptomatik, diese veränderte Affektivität durch Psychopharmaka im Kern zu treffen. Es kommt hier vielmehr darauf an, durch soziotherapeutische Maßnahmen, oder nennen wir es schlichter und einfacher durch menschliche Zuwendung, den schizophrenen Erkrankten zu erhalten und ihm ein erfülltes Leben im Kreise der Gesunden zu ermöglichen. Dabei ist stets individuell vorzugehen, denn z.B. nicht einfach eine evtl. Rückführung in seine Familie, um jeden Preis, auch wenn sie ihn ablehnt, kann das Ziel sein, sondern von Fall zu Fall die Schaffung von Ersatzgemeinschaften, von neuen mitmenschlichen Bezügen.

Dem gegenüber verstehen wir unter *Minussymptomatik* die Minderung des psychoenergetischen Potentials, beschrieben auch als dynamische Insuffizienz, als psychischer Defekt, als Minderung des intentionalen Spannungsbogens u. a.

Diese Minussymptomatik deckt sich z.T. mit dem autistischen Rückzug, meint aber vor allem die passive Resignation, wie auch den Persönlichkeitsknick im Lebenslauf mit Anpassung auf neuer, weniger energetisch getragener Ebene. Das frühere berufliche Niveau wird nicht mehr gehalten, die früheren mitmenschlichen Kommunikationen haben sich vermindert. Der Einsatz von Psychopharmaka wird in diesem Bereich der Minussymptomatik immer bedeutungsloser. Immer mehr entscheidet der individuelle mitmenschliche Umgang mit dem Betroffenen. Es kommt nicht mehr darauf an, in jedem Fall das frühere berufliche Niveau oder frühere Partnerbezüge zu erhalten, sondern mit diesem neuen, mit diesem anderen verminderten psycho-energetischen Potential das Beste zu erreichen. Wir wissen, daß das Gros der in diesem Sinne, im Sinne einer Minussymptomatik Veränderten weiterhin berufstätig bleibt und daß selbst in den zivilisierten Ländern die meisten außerhalb psychiatrischer Kliniken leben. Wie weit sie dort ein erfülltes Leben haben, hängt mit Sicherheit nicht von den Psychopharmaka ab, sondern von der Aufgeschlossenheit der Gesunden.

Kommen wir damit zur *Plussymptomatik**, in deren Bereich wir dem Erkrankten mit Hilfe der Psychopharmaka besondere Hilfe zukommen lassen können. Die Plussymptomatik ist weitgehend identisch mit den erwähnten akzessorischen Symptomen *Eugen Bleulers*, wie auch mit den Symptomen ersten Ranges *Kurt Schneiders*. Sie äußert sich in psychotisch bedingter, affektiver, hochgradiger Erregung oder Spannung, sowie in psychotischen Erlebnisproduktionen wie Wahnideen, Halluzinationen u.a. Sie ist gekennzeichnet durch die oft verzweifelte Auseinandersetzung des Erkrankten mit dem Einbruch der Psychose in sein früheres Leben. Sie ist im Rahmen der Erlebnisse des Gemachtwerdens, des sich Beeinflußt- und Verfolgtfühlens besonders gekennzeichnet durch den erlebten Einbruch der Umwelt in das Ich. Psychodynamisch interpretiert und zurückgeführt auf mangelnde Abwehrmechanismen, die intrapsychisches Erleben in die Außenwelt projizieren. Wenige wehren sich, viele flüchten. Bestenfalls gewöhnen sie sich an die Wahnwelt und schließen Kompromisse mit der Realität. Indem die Ich-Umweltgrenzen verschwimmen, indem die Bedrohung in Gestalt von Wahnwahrnehmungen, Erlebnissen des Gemachtwerdens, vorwiegend akustischen Halluzinationen in die Umwelt projiziert wird, entsteht zumindest beim akuten Einbruch der Psychose Beunruhigung, Ratlosigkeit, Angst. In der Behandlung dieser Plussymptomatik geht es darum, den Kranken zur Realitätsfindung zu helfen. Hilfreich ist jegliche Form der Beruhigung und Entängstigung. Hilfreich ist die Dämpfung bzw. Verminderung der psychischen Erregungslage, so daß der Kranke in seiner Ich-Schwäche nicht mehr überflutet wird vom Wahnerleben, so daß den Projektionsmechanismen die Kraft entzogen wird und er zum Alltag und damit zu sich zurückfindet. Wir meinen daher, daß die Reduzierung der psycho-physischen Erregungslage der Ansatzpunkt ist, diese psychotische Plussymptomatik zu reduzieren, bzw. zu kompensieren, wie umgekehrt, die Steigerung der psycho-physischen Erregungslage diese Plussymptomatik auslösen, bzw. verstärken kann.

*Die Bezeichnung Plussymptomatik und Minussymptomatik wurde vom Verf. im Interesse einer vereinfachenden übersichtlichen begrifflichen Darstellung gewählt.

Diese Reduzierung der psycho-physischen Erregungslage wird außerhalb einer sedierenden und entängstigenden Tranquilizer-Wirkung durch die neuroleptische Wirkung erreicht. Die neuroleptische Wirkung wird bei voller Erhaltung der Wachheit und Vigilanz und ohne schlafanstoßende Wirkung in reiner Form ausgelöst durch stärker potente Neuroleptika, die oberhalb der neuroleptischen Schwelle dosiert werden. Weniger deutlich und sicher kann es durch die starke Tranquilizer-Wirkung schwach potenter Neuroleptika unterhalb der neuroleptischen Schwelle zu einer vergleichbaren Wirkung auf die Plussymptomatik der Psychosen kommen, besonders bei Bestehen von Angst und ausgeprägter affektiver Erregung. Auch ein Situationswechsel kann, wenn auch wesentlich seltener, über eine Reduzierung der Erregungslage durch psychische Entlastung zur Kompensation psychotischer Plussymptomatik führen.

Als Gegenstück kann situative Belastung über eine Erregungssteigerung zur psychotischen Dekompensation mit Plussymptomatik führen, wie auch rein somatisch über eine Erregungssteigerung Weckamine bekanntlich eine Plussymptomatik in diesem Sinne auslösen können.

Wir wissen, daß nicht nur die negativen Traditionen unserer Vergangenheit sich dahingehend auswirken, daß die Gefahr der Isolierung bzw. Abschiebung des Kranken besteht. Abgesehen davon, daß der Schizophrene in seiner „Schwäche" bereits seit der Krankheit zum Einzelgängertum neigt und dieser Rückzug von den anderen nach der psychotischen Erkrankung im sog. Defekt meist zunimmt, führt die Vereinzelung des Menschen unserer Zeit dazu, daß ihm in seinem psychotischen Erleben der Mitmensch als Belastung gegenübertritt.

Im magischen Denken dagegen bezieht sich das charakteristisch schizophrene Erlebnis des „Gemacht-Werdens" auf übersinnliche Mächte wie Geister u.a. Der Kranke erlebt in seiner Plussymptomatik einen leibhaftigen Bezug zu diesen Mächten, an die er, wie seine Umgebung, glauben. Sofern es zu einem „Feindbild" kommt, sind es die bösen Mächte, nicht die Nachbarn oder Angehörigen. Indem in seiner Plussymptomatik von anderen Menschen durch Strahlen, Hypnosen usw. etwas mit ihm gemacht wird, distanziert er sich von seiner Umgebung, und distanziert sich seine Umgebung verständnislos von ihm. Wenn schon nicht die nächsten Angehörigen, so doch meist spätestens die Nachbarn.

So überrascht es nicht, wenn wir feststellen konnten, daß bereits innerhalb 3 Tagen nach der Aufnahme in die Geborgenheit einer psychiatrischen Krankenstation ohne medikamentöse Behandlung mindestens 5 % der Patienten mit Plussymptomatik nicht nur aufgeben, sondern sich von ihr mit Krankheitseinsicht distanzieren. Dies gilt für Akutkranke. Lebte jedoch der Patient schon längere Zeit mit seiner Plussymptomatik und wird neuroleptisch behandelt, so ist festzustellen, daß die neuroleptische Wirkung sich dann als regulierend erweist, wenn ein Spannungsgefälle zwischen normalem und psychotischem Erleben besteht.

Zum Erleben der Kranken ließ sich in verschiedenen Untersuchungsreihen feststellen, daß psychotische Erlebnisse wie Wahnideen und Halluzinationen um so weniger durch normales Erleben ersetzt werden, je länger der Kranke in seiner

Wahnwelt lebte und je mehr er sich damit identifizierte, d.h. die neuroleptische Wirkung dämpfte bei diesen chronisch Wahnkranken zwar die gesamte Erlebnisfähigkeit, verhalf aber den Kranken oft nicht mehr zur Realität zurück. Selbstheilungstendenzen, Autoregulationen konnten nicht mehr wirksam werden, wenn das normale Erleben zu fern, zu weit zurücklag. Lediglich die Auseinandersetzung mit der Wahnwelt wird bei diesen im engeren Sinne des Wortes chronisch Schizophrenen gedämpft, katatone Verhaltensweisen treten zurück und zumindest Anstaltssozialisierungen sind nicht selten. Die Gruppe dieser neuroleptisch bedingt adynam chronisch wahnkranken Schizophrenen, die sich relativ bequem und nur in Ausnahmefällen durch vereinzelte psychotische Verhaltensweisen, wie z.B. gelegentliche aggressive Durchbrüche, auffallend, in die psychiatrischen Krankenhäuser einfügen, bildet im wesentlichen den Restbestand der noch anstaltsuntergebrachten schizophrenen Dauerpatienten. Verschiedene statistische Untersuchungen sprechen dafür (10, 11, 15–19), daß durch eine aktive und frühzeitig einsetzende Therapie mit Neuroleptika die Zahl dieser im chronischen Wahn lebenden Schizophrenen geringer wird und es kann als erwiesen gelten, daß zumindest die Entlassungsrate dieser chronisch wahnkranken Schizophrenen seit Einführung der Neuroleptika wesentlich zugenommen hat.

Es war einer (1964) in niedersächsischen Landeskrankenhäusern durchgeführten statistischen Untersuchung (13) zufolge nur noch jeder 4. Anstaltsinsasse ein Schizophrener, der sich seit mehr als 5 Jahren dort befand. Bei einer (1966) im Landeskrankenhaus Düsseldorf angestellten Erhebung war nur noch jeder 10. Patient bei rd. 1550 Betten ein Schizophrener, der sich seit mehr als 5 Jahren dort befand.

In der Pfalzklinik Landeck befanden sich an einem Stichtag im Januar 1980 bei rd. 1000 erwachsenen psychisch Kranken rd. 400 Patienten, die der früheren Diagnose „Schizophrenie“ (s. S. 260) entsprachen, in der Klinik. Davon befanden sich 7,3% 1–2 Jahre in der Klinik, 7,5% 2–5 Jahre und 38,5% länger als 5 Jahre. Es sind also bei derartigen statistischen Erhebungen die örtlichen Gegebenheiten zu berücksichtigen. Insbesondere ist zu berücksichtigen, ob ein psychiatrisches Krankenhaus sich unmittelbar im Bereich einer Großstadt befindet, wie z.B. in Düsseldorf, bei dem der Anteil der Langzeitschizophrenen niedriger war als z.B. in der Pfalzklinik Landeck, die auf dem Land abseits von größeren Städten liegt. Immerhin ist auch in der Pfalzklinik nur noch rd. jeder 7. Patient ein Patient des paranoiden Formenkreises (s. S. 195 ff), der sich dort seit mehr als 5 Jahren befindet.

Man wird schätzen können, daß die Zahl dieser seit mehr als 5 Jahren im psychiatrischen Krankenhaus untergebrachten Schizophrenen in Westdeutschland etwa 15000 bis 20000 Kranke, d.h. nur etwa 3–4% der Schizophrenierate der Bevölkerung, beträgt. Es kann kein Zweifel bestehen, daß sich dieser Prozentsatz im Zusammenhang mit der Reduzierung der Bettenzahlen der psychiatrischen Fachkrankenhäuser noch weiterhin vermindert. Fraglich ist allerdings, ob noch mehr chronisch Schizophrene bei ihren Angehörigen aufgenommen werden können. Sicher ist jedoch, daß eine Reihe von ihnen in Wohnheime oder auch Wohngemeinschaften verlegt werden. Wie weit dies konstruktiv im Sinne einer echten Rehabilitation möglich ist, zeigt das interessante Projekt von *Luxenburger* in Asbach, in dem die Kranken einerseits in Familienhäusern wohnen und gleichzeitig zahlreiche Beschäftigungs- und Arbeitsmöglichkeiten organisiert wurden (12). Es besteht andererseits Gefahr, daß ein Teil der chronisch Schizophrenen innerhalb von psychiatrischen Krankenhäusern und Wohnheimen moderne neuroleptische Anstaltsartefakte darstellen, die bequem sind, weniger Ansprüche stellen und in sich versponnen dahinleben. Der Anteil, der sich nicht nur anstaltsintern, sondern auch anstaltsextern resozialisieren läßt, wird kleiner. Immer mehr sind es soziologische Probleme und nicht pharmakologische Mißerfolge, die einer Entlassung aus Kliniken und Wohnheimen Einhalt gebieten. So häufen sich bei diesen schizophrenen Dauerpatienten intellektuelle Minderbegabung (2, 3, 4, 11, 20, 21, 22), niedere soziale Herkunft, Fehlen von aufnahmebereiten Angehörigen, kurz: Existenz-, Wohn- und Umweltprobleme.

Sprechen wir nun vom Einfluß der neuroleptischen Wirkung auf die schizophrene Plussymptomatik – wie oben beschrieben – so liegen zumindest rein zahlenmäßig gesehen, die pharmakotherapeutisch bedingten Mißstände und Verbesserungsnotwendigkeiten weniger an dem Problem der anstaltsinternen und anstaltsexternen Resozialisierung als vielmehr auf dem Gebiet einer zweckmäßigen Behandlung des Schizophrenen in der ambulanten Praxis, insbesondere nach der stationären Behandlung. Es gilt als statistisch gesichert, daß die Wiederaufnahmen bei den endogenen Psychosen seit Einführung der Psychopharmaka wesentlich mehr angestiegen sind als die Erstaufnahmen. Hierzu stellten wir vor einigen Jahren im Landschaftsverband Rheinland fest, daß die Anzahl der Wiederaufnahmen nach Einführung der Neuroleptika um das 3fache mehr angestiegen waren als die Erstaufnahmen (19). So werden nicht selten aus chronisch stationären chronisch rezidivierend wiederaufgenommene Schizophrene. Von Interesse ist hierzu unser Ergebnis in der vom Verf. seinerzeit geleiteten Schizophrenenambulanz in der psychiatrischen Klinik der Universität/Rheinisches Landeskrankenhaus Düsseldorf, daß in einem Zeitraum von 20 Monaten jeder 5. chronisch Schizophrene, der in unserer Ambulanz optimal oberhalb der neuroleptischen Schwelle dosiert behandelt wurde, wieder aufgenommen werden mußte. Positiv interpretiert zeigt dieses Ergebnis andererseits, daß es gelang, das Gros der chronisch Schizophrenen bei systematischer Einstellung auf Langzeitneuroleptika und optimaler Dosierung oberhalb der neuroleptischen Schwelle außerhalb der Klinik in die Gesellschaft zu integrieren.

Sofern es sich um die Pharmakotherapie bei chronisch Schizophrenen handelt, ist in erster Linie an diejenigen zu denken, bei denen chronisch eine Plussymptomatik besteht, die chronisch zu produktiven Wahnerlebnissen bzw. Halluzinationen oder auch zu affektiven Erregungszuständen neigen. Sie bedürfen, wie wir signifikant mit Kontrollgruppen beweisen konnten, einer Dauerbehandlung mit Neuroleptika oberhalb der neuroleptischen Schwelle. Ist die affektive Erregungsbereitschaft sehr ausgeprägt, so sind die stärker potenten Neuroleptika, die oberhalb der neuroleptischen Schwelle zu dosieren sind, zu kombinieren mit schwach potenten Neuroleptika, deren affektive entspannende und entängstigende Wirkung hier von besonderem Nutzen sein kann und in manchen Fällen unentbehrlich ist. Wiederholt wird berichtet, daß bei therapeutisch mit üblichen neuroleptischen Dosierungen nicht beeinflußbaren Schizophrenen mit Plussymptomatik intravenöse Infusionen mit Tagesdosierungen, die bis zum ca. 50- bis 100fachen der neuroleptischen Schwellendosis reichen, deutliche Besserungen beobachtet wurden. Die Frage ist besonders für therapieresistente chronisch Schizophrene von Interesse, doch ist noch nicht zu übersehen, wie weit die Risiken einer derartig hohen Dosierung in vertretbarer Relation zu einem therapeutisch anhaltenden Erfolg stehen.

Es leuchtet ein, daß gerade der chronisch produktiv Kranke, der häufig unzureichende Krankheitseinsicht zeigt, dazu neigt, die Neuroleptika abzusetzen, sofern ihm dies überlassen wird. Eine konsequente Anwendung und optimale Dosierung der Langzeitneuroleptika ist daher bei der Gruppe der sog. chronisch Schizophrenen, sofern sie zu psychotisch bedingten affektiven Spannungen neigen, sowie zu Plussymptomen, von besonderer Wichtigkeit. Darüber hinaus ist dafür Sorge zu tragen, daß der Kranke, sofern er aus der Klinik entlassen wurde, nicht sich selbst überlassen bleibt.

Bei der Behandlung der chronisch Schizophrenen stehen somit sozio-therapeutische Maßnahmen im Vordergrund, sofern Plussymptome zurücktreten, während Pharmakotherapie, insbesondere mit Langzeitneuroleptika, ihren unumstrittenen Stellenwert hat, wenn sie chronisch produktiv krank sind. Die Behandlung der chronisch Schizophrenen, die in unserem Kulturbereich nicht selten ohne Angehörige dastehen, oder deren Angehörige sich von ihnen distanzieren, bedeutet einen Appell an die Gesunden, hier gleichsam Patenschaften zu übernehmen, damit sie nicht Außenseiter der Gesellschaft werden.

Literatur

1. *Bleuler, M.*: Gedanken und Erfahrungen zur Schizophrenielehre. Die Entstehung der Schizophrenie (Hrsg. M. Bleuler u. J. Angstr) Hans Huber, Bern–Stuttgart 1971

2. *Brooks, W. George, N. William Deane, Robert C. Lagor, Barbara B. Curtis*: Varieties of family participation in the rehabilitation of released chronic schizophrenic patients. J. Nerv. Ment. Dis. 136 (1963), 432

3. *Cooper, B.*: Social class and prognosis in schizophrenia, II. Brit. j. prev. Med. 15, 31 (1961)

4. *Gregoretti, L., P. Pisseri, F. Caboara, A. Arnone, P. Bevilacqua*: Studio psychopathologico-clinico e socio-psychiatrico sulle modalita di evoluzione di un gruppo di schizophreniche croniche. Rassegna della letteratura, contributo personale, rilievi statistic. Riv. sper. Freniat. 89, 405 (1965); ref. Zbł. 185/80 (1966)

5. *Haase, H.-J.*: Therapie mit Psychopharmaka und anderen psychotropen Medikamenten, IV. Aufl., Schattauer-Verlag Stuttgart, 1977, V. Aufl. in Vorbereitung

6. *Haase, H.-J.*: Hrsgb. 2. Landeck-Symposion. Behandlung der Psychosen des schizophrenen und manisch-depressiven Formenkreises. Schattauer-Verlag, Stuttgart 1976

7. *Haase, H.-J*: Hrsg. 3. Landeck-Symposion. Sozialpsychiatrie. Schattauer-Verlag. Stuttgart 1976

8. *Haase, H.-J., J. Dohren, N. Mark*: Untersuchungen über Patenschaften bei chronisch Schizophrenen, Pfalzklinik Landeck (unveröffentlicht)

9. *Haase, H.-J., A. Mittelstaedt*: Untersuchungen über die stat. Behandlungsbedürftigkeit Langzeitschizophrener (unveröffentlicht). Weiteres s. Diss. *Mittelstaedt*

10. *Hippius H., H. Selbach*: Versuche zur Verwirklichung der psychiatrischen Rehabilitation an einer Großstadtklinik. In: Probleme der pharmakopsychiatrischen Kombinations- und Langzeitbehandlung. S. Karger, Basel–New York 1966

11. *Huber G.*: Zur Langstreckenbehandlung endogener Psychosen. In: Probleme der pharmakopsychiatrischen Kombinations- und Langzeitbehandlung. S. Karger, Basel–New York 1966

12. *Luxenburger, O.*:Soziotherapie bei Schizophrenen. 2. Landeck-Symposion 1976, Schattauer-Verlag, Stuttgart 1976

13. *Meyer, J. E., G. Simon, D. Stille*: Die Therapie der Schizophrenie und der endogenen Depression zwischen 1930 und 1960. Vergleichend-statistische Untersuchungen an einer Universitätsnervenklinik und einem Nervenkrankenhaus. Arch. Psychiatr. u. Z. ges. Neurol. 206 (1964), 165

14. *Mittelstaedt, A.*: Zur Resozialisierung chronisch Schizophrener. Düsseldorf, Diss. 1969

15. *Mobs, U.*: Statistische Untersuchungen an langjährig hospitalisierten Schizophrenen. Nervenarzt 37 (1966), 34

16. *Müller, H. W., G. Scheurle*: Statistische Erhebungen über stationär untergebrachte psychisch Kranke. I. Mitt. Nervenarzt 32 (1961), 374

17. *Dies*: Statistische Erhebungen über stationär untergebrachte psychisch Kranke. II. Mitt. Nervenarzt 32 (1961), 418

18. *Dies*: Statistische Erhebungen über stationär untergebrachte psychisch Kranke. III. Mitt. Nervenarzt 33 (1962), 358

19. *Müller H.-W., H.-J. Haase, G. Scheurle, I. Bartelt*: Vortrag a. d. Symposion „Der entlassene Anstaltspatient". Heidelberg 26. 2. 1966

20. *Schooler, C., J. Long*: Affiliation among chronic Schizophrenics: factors affecting acceptance of responsibility for the fate of another. J. Nerv. Ment. Dis. 137 (1963), 173

21. *Waldron, J.*: Clinical signs in chronic schizophrenia: their importance in resettlement. Am. J. Psychiatr. 121 (1965), 907

22. *Wessler, M. M., L. Dahh Virginia*: Can the chronic schizophrenic patient remain in the community: a follow-up study of twenty-four long-term hospitalized patients returned to the community. J. Nerv. Ment. Dis: 136 (1963), 455

Zur Nachbehandlung und Nachbetreuung Schizophrener nach stationärer Behandlung

Man kann aufgrund statistischer Untersuchungen annehmen, daß z.B. in der Bundesrepublik Deutschland auch seit Einführung der Psychopharmakabehandlung nur jeder zweite schizophren Erkrankende mindestens einmal in seinem Leben in einem psychiatrischen Krankenhaus stationär behandelt wird. Wir wissen, daß seit der Einführung der Behandlung mit Psychopharmaka der Anteil derjenigen, die wieder aus stationärer Behandlung entlassen werden können, erheblich gestiegen ist und daß langfristige Behandlungen in psychiatrischen Krankenhäusern seltener geworden sind. Wir wissen aber auch, daß die Zahl der Wiederaufnahmen seit der Behandlung mit Psychopharmaka sich erheblich, d.h. bis zum Dreifachen, erhöht hat und sich darüber hinaus die Anzahl lebensgefährdender depressiver psychotischer Nachschwankungen nach stationärer Behandlung mit Psychopharmaka zumindest verzehnfacht hat. Wir wissen, daß in unterentwickelten außereuropäischen Ländern mit vorwiegend ländlichen Gebieten sich höchstens 0,1 Betten auf 1000 der Bevölkerung für psychisch Kranke befinden und nur ein Bruchteil von 3–4 % der Schizophrenierate langfristig in der Bundesrepublik in psychiatrischen Krankenhäusern behandelt wird. Dies mag als positiv anzusehen sein, sofern es mit der größeren Toleranz der Gesunden zusammenhängt. Doch wissen wir viel zu wenig, wieweit diese Kranken in diesen unterentwickelten Ländern von eher intakten Familienstrukturen profitieren oder wieweit sie benachteiligt sind, weil die gesunde Gesellschaft die Behandlungsmöglichkeiten, die von dem Bau psychiatrischer Kliniken über den Ausbau soziotherapeutischer Maßnahmen bis zum Einsatz von Psychopharmaka reichen, nicht ermöglicht.

Es besteht jedoch kein Zweifel, daß die menschliche und soziotherapeutische Hinwendung zum einzelnen Schizophrenen entscheidend dazu beträgt, daß er den Anschluß an die Gesunden erreicht, daß er in die Gesellschaft in irgendeiner Form integriert wird und nicht in seinem Autismus und seiner Wahnwelt im Rückzug versinkt.

Im Rahmen der schizophrenen Grundsymptomatik kommt es sowohl zum Andersfühlen, zum Vorbei-Fühlen. Wir haben keinen Anhalt dafür, diese Grundsymptomatik, diese veränderte Affektivität, durch Psychopharmaka im Kern zu treffen, sofern es sich hier um eine Dauerhaltung des schizophren Erkrankten handelt. Es kommt hier vielmehr darauf an, durch soziotherapeutische Maßnahmen, oder nennen wir es schlichter und einfacher durch menschliche Zuwendung, den schizophren Erkrankten nicht allein zu lassen, ihn in der mitmenschlichen Gemeinschaft zu erhalten und ihm ein erfülltes Leben im Kreise der Gesunden zu ermöglichen. Dabei ist stets individuell vorzugehen, denn z.B. nicht einfach eine evtl. Rückführung in seine Familie um jeden Preis, auch wenn sie ihn ablehnt, kann das Ziel sein, sondern von Fall zu Fall die Schaffung von Ersatzgemeinschaften, von neuen mitmenschlichen Bezügen. In diesem Sinne vermittelten wir z. B. in unserer psychiatrischen Klinik vor 7 bzw. 6 Jahren an 88 stationär behandelte Langzeitpatienten, die „abgeschrieben“ waren und seit Jahren weder Besuch noch Post von Angehörigen oder Bekannten bekamen, Einzelpatenschaften. 33 dieser „abgeschriebenen“ Langzeitpatienten waren chronisch Schizophrene. Diese Einzelpatenschaften wurden vermittelt, indem an die Bevölkerung durch Presse, Rundfunk und Fernsehen appelliert worden war und die Bevölkerung in die Klinik kam, um diese chronisch Schizophrenen kennenzulernen. Wir können nunmehr feststellen, daß in der Hälfte der Fälle diese Einzelpatenschaften seitdem bis auf den heutigen Tag fest bestehen, wobei in $^1/_3$ der Fälle die Paten die Patienten nicht nur regelmäßig in der Klinik besuchen, sondern auch regelmäßig zu sich für kurze Urlaube nach Hause einladen (9). Eine derartige Schaffung neuer Partnerbezüge ist umso wichtiger, als gerade bei Langzeitschizophrenen die familiären Bezüge nicht selten hoffnungslos gestört sind.

Derjenige, der wegen einer schizophrenen Psychose stationär behandelt wurde, steht nach seiner Entlassung folgender Situation gegenüber:

1. Der schizophren Erkrankte gilt in der Öffentlichkeit noch vielfach in gänzlich unrealistischer Sicht als unheimlich und gefährlich. Der im christlichen Abendland (im Unterschied z. B. zum Islam) über Jahrhunderte so tragisch wirksame Irrglaube von der Teufelsbesessenheit der psychisch Abnormen, insbesondere der psychotisch schizophren Erkrankten, fördert noch heute Angst und Abwehr gegenüber dem Schizophrenen.

2. Entsprechend der Struktur einer vorwiegend industrialisierten städtisch orientierten Wohlstands-, Konsum- und Leistungsgesellschaft steht die Vereinzelung des Menschen, der etwas leistet, um zu konsumieren, im Vordergrund.

Der schizophren Erkrankte, im Rahmen seiner Grund- und Minussymptomatik ohnehin zur Vereinzelung und Isolierung disponiert und in seiner Leistungsfähigkeit häufig beeinträchtigt und weniger konkurrenzfähig, ist in dieser Gesellschaft besonders benachteiligt. Bei der Nachbehandlung und Nachbetreuung der Schizophrenen klafft dementsprechend eine große Lücke zwischen psychiatrischer Klinik und niedergelassenem Arzt. Hinzu kommen ein Mangel an niedergelassenen Nervenärzten und Sozialarbeitern und unzureichende Kenntnisse der praktischen Ärzte über die Nachbehandlung der Schizophrenen, insbesondere auch über die Möglichkeiten der Rehabilitation, der Psychotherapie und Soziotherapie und die Handhabung der Neuroleptika, besonders auch der Langzeitneuroleptika.

Hiermit in Zusammenhang dürfte eine unnötig hohe Zahl von Vollinvalidisierungen Schizophrener stehen, ferner eine zu hohe Anzahl erneuter psychotischer Dekompensationen mit eventueller Wiederaufnahme zur stationären Behandlung, eine relativ hohe Zahl von Suiziden Schizophrener und ganz allgemein die Tatsache, daß schizophren Erkrankte in besonderer Häufigkeit Außenseiter der Gesellschaft werden.

Zum Einsatz von Laienhelfern für schizophren Erkrankte nach stationärer Behandlung

Eine Verbesserung dieser Situation kann nicht nur erwartet werden, wenn eine größere Anzahl von Fachleuten eingeschaltet werden, wenn beschützende Werkstätten, Vorschalt- und Nachbehandlungsambulanzen für Schizophrene, Überleitungsheime u. a. geschaffen werden, sondern wenn die gesunde Gesellschaft sich aktiv dem Schizophrenen zuwendet.

Es wurde oben geschildert, daß dies sogar bei sehr kranken, nicht entlassungsfähigen Langzeitschizophrenen über die Vermittlung von Einzelpatenschaften z. B. in unserer Klinik und in den letzten Jahren auch mehr und mehr auch in den anderen psychiatrischen Kliniken und Institutionen möglich wurde.

Bei einer von uns 1977 durchgeführten Rundfrage bei den 165 psychiatrischen Kliniken und Abteilungen der Bundesrepublik Deutschland meldeten $^1/_4$ (39) dieser Institutionen die Einschaltung von Laienhelfern. Dabei meldeten 22 psychiatrische Kliniken bzw. Abteilungen, daß bei ihnen 932 Langzeitpatienten (Schizophrene und Oligophrene) von 719 Paten betreut werden, während 18 Kliniken (davon 7 psychiatrische Großkrankenhäuser) auch über den Einsatz von Laienhelfern für entlassene Patienten berichteten.

Da der Einsatz von Laienhelfern für die Nachbetreuung Schizophrener im allgemeinen noch wenig systematisch erfolgt, wurde im Bereich unserer Klinik seit nunmehr $5^1/_2$ Jahren folgendes Modell aufgebaut:

1. Mit Ausnahme der Suchtkranken, die über Suchtberatungsstellen betreut werden, sowie über eigene Patientenverbände (Anonyme Alkoholiker u. a.), sowie der Jugendlichen, der neurologisch Erkrankten und der Patienten, die in Heime verlegt wurden, wurde in unserer Klinik, die aus einem Einzugsgebiet von 1,3 Millionen Einwohnern bei 1250 Betten zur Zeit rd. 4000 Aufnahmen pro Jahr hat, jeder Patient vor der Entlassung in seine Wohnung durch das Stationspflegepersonal sowie den Stationsarzt gemäß einem Fragebogen befragt, ob er nach der Entlassung den Besuch von Einzellaienhelfern oder den Anschluß an Patientenclubs, die von Laienhelfern geleitet werden, wünscht.

2. In Abständen von 6 Wochen wurden nach entsprechenden Aufrufen an die Bevölkerung durch die Presse (vereinzelt auch durch Rundfunk und Fernsehen) Laienhelferfortbildungsveranstaltungen durchgeführt (weiteres s. S. 20, 236 ff).

Bei diesen Laienhelferfortbildungsveranstaltungen stellte ich jeweils 2 bis 6 Patienten aus der Klinik vor, die meist vor der Entlassung standen und Einzellaienhelferbetreuung oder/und Patientenclubanschluß nach der Entlassung wünschten. Ich berichtete ferner über die wesentlichsten Symptome, Entstehungsbedingungen und die Behandlung psychotischer und neurotischer Erkrankungen. Im Zusammenhang mit der Behandlung psychotischer Erkrankungen wurde auch über die Wirkungen und Nebenwirkungen der Psychopharmaka berichtet. Bisher wurden

49 Laienhelferfortbildungsveranstaltungen sowohl innerhalb unserer Klinik, wie seit ca. 1 Jahr auch außerhalb der Klinik in den Städten des Einzugsgebietes der Klinik, von mir durchgeführt. Die Veranstaltungen werden fortgesetzt. Wegen des diskriminierenden Charakters der Kennzeichnung „Schizophrenie" wurde diese Kennzeichnung ersetzt durch Beschreibungen wie „Psychose des paranoiden Formenkreises" oder z. B. „Psychose mit paranoider oder hebephrener oder katatoner Symptomatik" (weiteres zur Kennzeichnung „Schizophrenie" s. S. 260 ff).

Den Laienhelfern wurde erklärt, daß sie zunächst die Aufgabe haben, den Patienten nach ihrer Entlassung als Mitmenschen zu begegnen. Sie sollten deshalb regelmäßigen Kontakt mit den Patienten aufnehmen. Darüber hinaus sollen sie bei auftretenden Behandlungsproblemen die Fachleute hinzuziehen. So sollen sie bei Wiederauftreten der Psychose oder bei der Beobachtung von Über- oder Unterdosierungen der Psychopharmaka sich an den behandelnden Arzt oder einen unserer Außenfürsorgeärzte wenden. Bei auftretenden Rehabilitationsproblemen sollen die zuständigen Sozialarbeiter und andere hinzugezogen werden.

Als Laienhelfer galt zunächst auf Widerruf, wer mindestens an 2 dieser Fortbildungsveranstaltungen teilgenommen hatte und dem Verf. darüber hinaus eine von seinem Hausarzt oder Pfarrer oder Bürgermeister unterschriebene Gutsage eingereicht hatte, aus der hervorging, daß der Unterzeichner keine Bedenken hat, daß der Betreffende als Laienhelfer für entlassene Patienten tätig wird. Diese Bedingungen erfüllen bisher 241 Laienhelfer (70% Frauen, 30% Männer). 13% jünger als 30 Jahre und 15% über 60 Jahre alt. Die Frauen sind vorwiegend Hausfrauen, sodann Frauen aus sozialen Berufen. Bei den Männern sind Angestellte und Beamte, sowie solche mit sozialen Berufen am häufigsten vertreten.

Der Kontakt zwischen einem Patienten, der Laienhilfe nach der Entlassung wünscht, und einem dieser Laienhelfer wird schriftlich und fernmündlich durch eine sozialpsychiatrisch geschulte Mitarbeiterin, die ganztägig für das Laienhelferprogramm eingesetzt ist, hergestellt. Dabei wird darauf geachtet, daß der Laienhelfer gleichgeschlechtlich mit dem Patienten ist, in seiner Nähe wohnt und möglichst ähnliche Hobbies hat.

Diese Laienhelfer besuchen nicht nur regelmäßig die ihnen zugewiesenen Patienten, sondern haben auch inzwischen in 9 verschiedenen Städten des Einzugsgebietes der Klinik 10 Patientenclubs gemeinsam mit uns gegründet, in denen sie sich in jeder Woche an einem Abend mit Patienten treffen und gesellige Veranstaltungen durchführen.

Die statistische Auswertung des Jahres 1977 ergab folgendes:

1340 erwachsene Patienten wurden vor der Entlassung in ihre Wohnung befragt, ob sie Einzellaienhilfe mit persönlicher Betreuung sowie Anschluß an Patientenclubs wünschen. Davon waren 580 schizophren Erkrankte (322 Frauen, 258 Männer), 394 depressiv psychotisch Erkrankte, 92 Patienten mit Mischpsychosen, 162 Patienten mit hirnorganischen Psychosyndromen und 97 Patienten mit neurotischen Fehlhaltungen.

Ergebnisse:

Unabhängig von der Diagnose wünschte im Durchschnitt rd. jeder 5. Patient Laienhelferbetreuung. Eine besonders deutliche und signifikante Häufung ergab sich u. a. bei depressiven, älteren, verwitweten Frauen, bei neurotischen Frauen und bei schizophrenen verheirateten Frauen unter 30 Jahren. Möglicherweise werden die Ehen junger schizophrener Frauen wegen dieser Erkrankung besonders belastet, so daß sie häufiger als die alleinstehenden, schizophren erkrankten Frauen Laienhilfe wünschten.

Männer wünschten im Durchschnitt prozentual genauso häufig Laienhilfe wie Frauen. Bei den schizophren erkrankten Männern aller Altersgruppen und bei ihnen ähnlich wie bei den schizophren erkrankten Frauen unter 30 Jahren wünschten die verheirateten schizophren erkrankten Männer häufiger Laienhilfe als der Durchschnitt der Patienten (jeder 4. schizophren erkrankte Mann).

Während im Durchschnitt jeder 5. schizophren erkrankte Patient (Männer in gleicher Weise wie Frauen) Laienhilfe wünschte, war es also bei den verheirateten schizophren Erkrankten jeder 2. bis 4. Patient mit besonderer Häufung der Frauen unter 30 Jahren. Demgegenüber wünschte bei den Verheirateten anderer Diagnosegruppen nur jeder 6. bis 7. Patient Laienhilfe.

Insgesamt wünschten 3mal so viele Patienten Einzellaienhelferbesuch als Patientenclubanschluß. Ein relativ kleiner Teil wünschte beides.

Bei den neurotischen Patienten und bei den schizophren erkrankten Männern häufen sich demgegenüber die Wünsche zum Anschluß an Patientenclubs, indem bei ihnen weniger als doppelt so viele Patienten Einzellaienhelferbesuch wünschten im Vergleich zu den patientenclubanschlußsuchenden Patienten.

Diejenigen Patienten, die Laienhilfe bzw. Patientenclubanschluß wünschten, wurden auch in diesem Sinne vermittelt.

Die statistische Auswertung über die bisher (Stand vom Mai 1980) seit Beginn der Aktion (ab 1. 2. 1975) durchgeführten Laienhelferfortbildungsveranstaltungen, die Zahl der Teilnehmer, sowie die Anzahl der z. Zt. im genannten Sinn nach der Entlassung nachbetreuten Patienten unserer Klinik ist aus den folgenden Übersichten zu entnehmen (in den Übersichten ist die Veranstaltung zur Gewinnung von Paten für Langzeitpatienten vom Jahr 1973 nicht enthalten). Es ist zu ergänzen, daß zusätzlich zu den ausschließlich ehrenamtlich tätigen Laienhelfern eine Reihe von Helfern aus Hilfsorganisationen wie Diakonisches Werk, Caritas, Rotes Kreuz u. a. gewonnen wurden, die ebenfalls an den Laienhelferfortbildungsveranstaltungen des Verf. teilnahmen. Als bemerkenswerte Ergebnisse möchte ich hervorheben, daß die Anzahl der Teilnehmer an den Laienhelferfortbildungsveranstaltungen deutlich zugenommen hat und daß die Beteiligung der Bevölkerung bei diesen Laienhelferfortbildungsveranstaltungen in den Städten außerhalb der Klinik darüberhinaus wesentlich höher lag als innerhalb der Klinik (s. Tab. 1 und Tab. 2).

Wieviele Laienhelfer / an Laienhilfe Interessierte haben an Fortbildungen in der Pfalzklinik Landeck teilgenommen?

im Jahr	1 x	2 x	5 x	mehr als 10 x	mehr als 15 x	mehr als 20 x	Teilnehmerzahl insgesamt	/ je Veranst.	Anzahl der Fortbildungen
1975	132	31	—	—	—	—	180	36	5
1976	154	51	38	2	—	—	313	32	10
1977	149	71	44	17	2	—	371	53	7
1978	103	43	36	18	9	5	252	36	7
1979	191	63	33	10	7	5	396	66	6
bis Mai 1980	89	33	13	4	2	1	166	83	2

		außerhalb der Pfalzklinik:	Teilnehmer pro Veranstaltung
1979	am 17. 05.	in Kaiserslautern	146
	am 31. 05.	in Ludwigshafen	63
	am 08. 10.	in Maxdorf	110
	am 23. 11.	in Kaiserslautern	300
1980	am 22. 01.	in Speyer	220
	am 04. 03.	in Kandel	300
	am 05. 03.	in Pirmasens	160
	am 12. 03.	in Pirmasens	150
	am 13. 03.	in Grünstadt	120
	am 21. 03.	in Kaiserslautern	180
	am 03. 06.	in Landau/Pf.	280
	am 10. 06.	in Landau/Pf.	230

Tab. 1 Ergebnisse der Laienhelferfortbildungsveranstaltungen im Zeitraum 1975–1980. Moderator: Professor Dr. Dr. H.-J. Haase.

A Ehrenamtlich tätige Laienhelfer im Alter von 18–70 Jahren

Gesamtzahl = 241, davon 87 männlich
davon 154 weiblich

betreuen regelmäßig – fortlaufend

in Einzellaienhilfe	im Patientenclub	
(ELH)	(PC)	ELH + PC
145 Patienten	98 Patienten	
	6 aus anderen Kliniken	46 Patienten

B „Helfer" (Sozialarb.) nachstehender Organisationen

betreuen über	Diakon. Werk	190 Patienten
	Caritas	134 Patienten
	Ökum.	
	Sozialstationen	52 Patienten
	DRK	47 Patienten
	ASB	8 Patienten

C Gesamtzahl der betreuten Patienten

A = 295
B = 431
C = 726

Tab. 2 Ergebnisse der Nachbetreuung entlassener Patienten der Pfalzklinik Landeck durch Laienhilfe im Zeitraum von 1975–1980.

Übertragen wir die statistischen Ergebnisse aus dem Bereich unserer Klinik auf die Bundesrepublik Deutschland, so kommen wir zu der Annahme, daß zur Zeit pro Jahr mindestens 5000 Patienten, die wegen schizophrener Erkrankungen behandelt wurden, nach der Entlassung Laienhilfe bzw. Anschluß an Patientenclubs wünschen und auch erhalten sollten. Eine möglichst gleich große Anzahl von ehrenamtlichen Laienhelfern, die wie in unserer Klinik auf diese Tätigkeit vorbereitet wurden, wäre erwünscht.

Hinzu kommen natürlich zahlreiche weitere Laienhelfer, die benötigt werden für die Betreuung der Patienten mit anderen psychischen Erkrankungen, die, wie aus der obigen Statistik (s. S. 237) hervorgeht, ebenfalls Laienhilfe wünschten und erhalten sollten. Der Vereinzelung der Menschen kann nicht ausschließlich durch die Schaffung eines durchfinanzierten Sozialstaates begegnet werden, indem neben jedem psychisch Kranken ein vom Staat bezahlter Fachmann steht. Dies ist weder finanzierbar, noch menschlich erstrebenswert.

Die Laienhelfer, die kein Entgelt für ihre ehrenamtliche Tätigkeit erhalten, werden durch die Dankbarkeit der Patienten, oder zumindest durch die Befriedigung bei einer sinnvollen mitmenschlichen Aktivität belohnt.

Den Psychiatern schließlich sollten die beachtlich hohen Zahlen der Hilferufe schizophren Erkrankter nach mehr mitmenschlichen Kontakten zu denken geben, wie weit über die Einschaltung von Laienhelfern hinaus nicht noch weit mehr individuelle Psychotherapie und Soziotherapie, über die *Bister* (1) zusammenfassend berichtete, angewandt werden sollten. Nicht nur die Einschaltung der Herkunftsfamilien sollte dabei beachtet werden, sondern vor allem auch der Ehepartner, wie aus unseren geradezu alarmierenden Zahlen zu diesem Gesichtspunkt hervorgeht.

Wenn die Gesellschaft den schizophren Erkrankten in diesem Sinne aktiv entgegenkommt, erfahren diese nicht nur mehr Mitmenschlichkeit, werden nicht nur Vorurteile gegenüber den schizophrenen Psychosen abgebaut, sind die schizophren Erkrankten nicht nur weniger gefährdet, Außenseiter der Gesellschaft zu werden, sondern können wir auch hoffen, ihre Selbstgefährdung, sowie die Häufigkeit erneuter psychotischer Dekompensation und stationärer Wiederaufnahme zu verringern.

Unsere Erfahrungen in der Einschaltung von Laienhelfern ermutigen uns, vergleichbare Aktionen in Ländern mit ähnlicher Gesellschaftsstruktur dringend zu empfehlen.

Ob mehr menschliche Zuwendung über Laienhelfer oder Fachleute, in jedem Fall sollte uns folgender Satz *M. Bleulers* richtungsgebend sein: „Erkennen wir im Schizophrenen den Kampf- und Leidensgefährten, bleibt er einer von uns – sehen wir in ihm aber einen anderen, den degeneriertes Erbgut oder ein degeneriertes Hirn unzugänglich, unmenschlich, anders und fremd gemacht hat, rücken wir unweigerlich von ihm ab. Wie gut ist es aber für den Schizophrenen, wenn wir ihm innerlich nahe bleiben!“

Zur Anwendung der Langzeitneuroleptika bei der Nachbehandlung Schizophrener

Wir kamen zu folgenden statistischen Ergebnissen über die Nachbehandlung Schizophrener mit Langzeitneuroleptika nach stationärer Behandlung:

1. Bei Schizophrenen, die nach stationärer Behandlung direkt nach draußen zur Weiterbehandlung entlassen wurden, waren mehr als doppelt so viele Wiederaufnahmen zu verzeichnen als bei den Schizophrenen, die systematisch in unserer Ambulanz mit Langzeitneuroleptika weiterbehandelt wurden. (Beobachtungszeitraum 2 Jahre, 150 Schizophrene, die nach der Entlassung in unserer Ambulanz mit Langzeitneuroleptika weiterbehandelt wurden, verglichen mit 440 Schizophrenen, die im gleichen Zeitraum entlassen wurden, und außerhalb unserer Ambulanz meist von niedergelassenen Ärzten weiterbehandelt bzw. betreut wurden.)

Das Ergebnis ist um so bemerkenswerter, als diejenigen Schizophrenen, die in die Ambulanz mit Langzeitneuroleptika übernommen wurden, im Durchschnitt mehr stationäre Aufenthalte (= 4,1 stationäre Behandlungen) hinter sich hatten als die Vergleichsgruppe (= 3,1 stationäre Behandlungen).

2. Schizophrene, bei denen bereits rd. $^{1}/_{2}$ Jahr nach der Entlassung die Therapie mit Langzeitneuroleptika beendet wurde, kamen innerhalb weniger Monate mehr als doppelt so häufig zur Wiederaufnahme als eine Kontrollgruppe, deren Behandlung fortgesetzt wurde. Außerdem fehlten bei der weiterbehandelten Kontrollgruppe weitgehend akute Psychosen mit Plussymptomatik. Im einzelnen kamen von 47 Patienten, deren Nachbehandlung mit Langzeitneuroleptika nach rd. $^{1}/_{2}$ Jahr beendet wurde, 18 Patienten innerhalb weniger Wochen weitgehend mit akuten Psychosen mit Plussymptomatik zur Wiederaufnahme (38,3 %).

Von der zahlenmäßig vergleichbaren weiterbehandelten Kontrollgruppe kamen nur 8 Patienten zur Wiederaufnahme (15,1 %), bei denen außerdem eine Plussymptomatik fehlte.

3. Von den Vollremittierten (= Fehlen von psychotischen Erlebnissen, volle Krankheitseinsicht), kamen bei systematischer Behandlung mit Langzeitneuroleptika in unserer Ambulanz nur 3 % in einem Beobachtungszeitraum von 20 Monaten zur Wiederaufnahme. Von den chronisch-produktiv (mit Plussymptomen) kranken Schizophrenen kamen trotz Gewährleistung neuroleptischer Schwellendosierungen (kontinuierliche Handschriftenkontrolle) im gleichen Zeitraum trotz gleicher Behandlung mit Langzeitneuroleptika 20 % zur Wiederaufnahme.

4. Bei denjenigen Schizophrenen, deren Weiterbehandlung mit Langzeitneuroleptika von niedergelassenen Ärzten (25 Ärzte) fortgeführt wurde, lag die Wiederaufnahme leider signifikant höher als in unserer Ambulanz. Als Folgerung ergibt sich, daß sowohl eine exakte Dosierung, als auch eine konsequente Weiterführung der Therapie mit Langzeitneuroleptika erforderlich sind. Jeder Therapeut sollte den Patienten beim vereinbarten Termin persönlich sprechen und sogleich den Patienten aufsuchen bzw. für einen Hausbesuch Sorge tragen, wenn er nicht zum Termin erscheint!

5. Bei 10–20 % der Schizophrenen traten nach stationärer neuroleptischer Kompensation der Psychose in den Monaten nach der Entlassung depressiv-psychotische Syndrome (oft mit Selbstgefährdung) auf. Von rd. 1500 angeschriebenen niedergelassenen Nervenärzten hatten uns 154 einen Fragebogen beantwortet. Dabei meldete jeder niedergelassene Nervenarzt, der uns diesen Fragebogen beantwortete, einen Suizidversuch eines Schizophrenen in den ersten 6 Monaten nach der Entlassung, jeder zweite meldete für den gleichen Zeitraum den Suizid eines Schizophrenen!

Offensichtlich handelt es sich u. E. um depressiv-psychotische Gegenschwankungen nach neuroleptischer Kompensation der Psychose. Es empfiehlt sich nach Auftreten der depressiv-psychotischen Symptome eine Kombination mit (dämpfenden) Antidepressiva bei Fortführung der neuroleptischen Behandlung. Bei deutlicher Suizidgefahr stationäre Einweisung. Unter Berücksichtigung einer Kontrollgruppe zeigte sich, daß die Schizophrenen mit depressiv-psychotischen Nachschwankungen signifikant häufiger die prämorbiden Persönlichkeitseigenschaften der Überverpflichtung mit hohem Über-Ich bzw. Ich-Ideal aufwiesen, die sich besonders in betonter Ordentlichkeit und Strebsamkeit äußerten (7).

Zu den Applikationsintervallen

Zum Problem der Applikationsintervalle stellten wir u. a. folgendes fest: Bei keinem Langzeitneuroleptikum, das bisher bekannt ist, hält eine neuroleptische Dosis 4 Wochen an, ohne daß der Patient unter Auslösung grobmotorischer extrapyramidaler Symptome in den meisten Fällen überdosiert wird, wenn das Medikament anhaltend oberhalb der neuroleptischen Schwelle angewandt wird.

Zum Applikationsintervall von 3 Wochen wurde festgestellt: Nach unseren klinisch-experimentellen Erfahrungen kann bisher kein Langzeitneuroleptikum, oberhalb der neuroleptischen Schwelle dosiert, ohne Inkaufnahme einer ständigen Überdosierung bei mindestens $^{1}/_{3}$ der Fälle, in regelmäßigem 3wöchigem Intervall verwandt werden.

Zur Anwendung und Dosierung bei 14tägigem Intervall oberhalb der neuroleptischen Schwelle und Vermeidung von andauernden Überdosierungen, d.h. ständiger Zugabenotwendigkeit von Antiparkinsonmitteln, bewährten sich folgende Langzeitneuroleptika mit folgenden Dosierungen:

Fluphenazindekanoat (Dapotum D, Lyogen-Depot)
Testdosis 7,5 mg, d.h. 0,3 ml, sofern die neuroleptische Disposition des Patienten nicht bekannt ist, bei starker Disposition 7,5–12,5 mg/Injektion, bei mittlerer Disposition 12,5–17,5 mg, bei schwacher Disposition 17,5–25 mg bei 14tägigem Intervall.

Bei diesem Vorgehen kann u. E. Fluphenazindekanoat bei guter Verträglichkeit und gleichmäßiger intraindividueller Wirkungskonstanz unter weitgehender Vermeidung von Überdosierungen in 14tägigem Intervall bei allen Fällen und in 3wöchigem Intervall bei $^{2}/_{3}$ der Fälle eingesetzt werden.

In diesem Sinne waren ebenfalls 14 Tage bzw. 3 Wochen wirksam:

Flupentixoldekanoat (Fluanxol-Depot) mit Durchschnittsdosierungen um 20 mg pro Injektion, sowie Perphenazin-önanthat (Decentan-Depot) bei durchschnittlichen Dosierungen um 100 mg pro Injektion.

Im Durchschnitt eine Woche wirksam waren:

Fluspirilen (Imap) bei Durchschnittsdosierungen um 2–5 mg und das oral applizierbare Semap (Penfluridol) bei Durchschnittsdosierungen um 20 mg.

Zur Unterdosierung

Zum Gesichtspunkt der neuroleptischen Unterdosierung sei auf folgende Resultate hingewiesen, die in Fortführung entsprechender Ergebnisse bei Kurzzeitneuroleptika mit Langzeitneuroleptika ermittelt wurden:

Nachdem in verschiedenen Untersuchungsreihen mit Kurzzeitneuroleptika festgestellt wurde, daß chronisch-produktiv Schizophrene signifikant häufig erneut psychotisch dekompensierten, wenn die Dosierung von Neuroleptika nach vorher optimaler Einstellung unter die feinmotorisch-extrapyramidal erkennbare neuroleptische Schwellendosis gesetzt wurde, fand sich ein analoges Ergebnis in einer Langzeitstudie mit Langzeitneuroleptika bei chronisch-produktiv Schizophrenen.

Es wurde hierzu u.a. in unserem Arbeitskreis eine Untersuchung, die sich über 20 Monate erstreckte, bei 66 chronisch-produktiv schizophrenen Patienten im Kontrollversuch zu einer vergleichbaren Zahl von Schizophrenen mit voll remittierten Psychosen durchgeführt. Dabei wurde ein Langzeitneuroleptikum verwandt, das im Durchschnitt eine Woche neuroleptisch wirksam ist (Fluspirilen). Es zeigte sich, daß bei einer Streckung des Applikationsintervalls um eine Woche derart, daß in der zweiten Woche die Dosierung neuroleptisch unterschwellig war (wie der Handschrifttest zeigte), und daß chronisch-produktiv Schizophrene signifikant häufiger dekompensierten, als wenn diese Kranken ständig oberhalb der neuroleptischen Schwelle eingestellt waren (d.h. ohne Streckung des Applikationsintervalls um eine Woche). Bei voll remittiert Schizophrenen kam es dagegen nicht zu einer signifikanten Häufung erneuter Dekompensation, wenn pro Applikationsintervall eine neuroleptisch unterschwellig dosierte Woche durch Streckung des Applikationsintervalls um eine Woche in Kauf genommen wurde.

Dieses Ergebnis wird unterstrichen durch die bekannte Tatsache, daß manche chronisch-produktiv Schizophrenen am Ende eines Applikationsintervalles mit Langzeitneuroleptika gelegentlich ein verstärktes Auftreten von Plussymptomatik mit evtl. auftretender psychotischer Erregung bzw. einer Verstärkung paranoider halluzinatorischer Erlebnisse aufweisen.

Ganz besonders diese Beobachtungen mit Langzeitneuroleptika zeigten, daß eine Dosierung oberhalb der feinmotorisch-extrapyramidal erkennbaren neuroleptischen Schwelle nicht nur als Mindestdosis anzusehen ist, um mit Hilfe der reinen neuroleptischen Wirkung und außerhalb einer ausgeprägten tranquilisierenden Wirkung (mit allen bisher bekannten mindestens mittelstark potenten Neuroleptika) optimal und rasch eine psychotische Plussymptomatik zu kompensieren, sondern daß darüber hinaus es zur erneuten Dekompensation der Plussymptomatik kommt, wenn chronisch-psychotisch Kranke mit anhaltender Bereitschaft zur Plussymptomatik andauernd oder auch nur wochenweise unterhalb der neuroleptischen Schwellendosis behandelt werden.

Um auf die erwähnte Langzeitstudie zurückzukommen, ergab sich eine zweimal höhere Rückfallhäufigkeit chronischer schizophrener Psychosen mit Plussymtomatik während der Inkaufnahme einer neuroleptisch unterschwellig dosierten Woche pro Applikationsintervall. Der Unterschied gegenüber denjenigen chronisch-produktiv kranken Schizophrenen, die ständig oberhalb der neuroleptischen Schwelle behandelt wurden, war im Hinblick auf die Dekompensationshäufigkeit statistisch signifikant auf dem 5 %-Niveau gesichert.

Zur Überdosierung

Kommen wir nunmehr zum Gesichtspunkt der Überdosierung, der von besonderer praktischer Wichtigkeit ist, da mindestens rd. die Hälfte der Langzeitneuroleptika bei wiederholter Anwendung wegen Kumulationsbereitschaft eine Dosisreduzierung erfordern, sofern sie ständig oberhalb der neuroleptischen Schwelle dosiert werden sollen.

Viele Patienten werden mit Langzeitneuroleptika zunächst optimal dosiert aus Kliniken entlassen, während einige Wochen später nach erneuten Applikationen der Neuroleptika dann subjektiv störende, grobmotorische extrapyramidale Symptome auftreten, weil eine notwendige rechtzeitige Dosisreduzierung des Langzeitneuroleptikums nicht erfolgte, bzw. bei voll remittierten Schizophrenen das Applikationsintervall nicht um eine Woche gestreckt wurde, was nach unseren Ergebnissen bei vielen Fällen durchaus möglich ist. Die Überdosierung läßt sich bei Anwendung des Handschrifttests weitgehend vermeiden, da der Handschrifttest am Tage nach der Applikation des Langzeitneuroleptikums bei eintretender Kumulation eine zunehmende Verengung bzw. Verkleinerung der Handschrift im Falle der Kumulation bei gleicher Dosis erkennen läßt, wenn noch keine subjektiv störenden grobmotorischen extrapyramidalen Symptome auftreten. Die beginnende Zunahme der feinmotorisch-extrapyramidalen Symptomatik ist daher der Anlaß, das Langzeitneuroleptikum rechtzeitig in der Dosis zu reduzieren oder, wie erwähnt, bei voll remittierten Kranken das Applikationsintervall um eine Woche zu strecken.

Für die praktische Anwendung empfiehlt es sich, bei stationärer Behandlung zur Vorbereitung auf die Nachbehandlung mit Langzeitneuroleptika, die Patienten zunächst mit Kurzzeitneuroleptika (möglichst unter Anwendung des Handschrifttests) einzustellen, sofern bei bestehenden Plussymtomen eine Behandlung oberhalb der neuroleptischen Schwelle angezeigt ist. Sobald der Patient auf Kurzzeitneuroleptika oberhalb der neuroleptischen Schwelle eingestellt wurde, kann auf eine äquivalente Dosis mit Langzeitneuroleptika umgesetzt werden. Dabei ist es dringend erwünscht, an der Dosierung zusätzlich verordneter Psychopharmaka, die zur Sedierung des Patienten (reine Tranquilizer, schwach potente Neuroleptika unterhalb der neuroleptischen Schwelle) oder als Antidepressiva gegeben wurden, zunächst nichts zu ändern. Für eine exakte Umstellung wäre es angebracht, den Handschrifttest am Tage vor der Umstellung und in den 3 Tagen nach der Umstellung (bei jeweils gleichem Text) anzuwenden.

Während es ohne weiteres möglich ist, von einem Tag auf den anderen von einem stärker potenten Neuroleptikum auf ein Langzeitneuroleptikum umzusetzen, besteht die Gefahr des Auftretens affektiver Erregungszustände und erneuter psychotischer Dekompensation, sofern von einem schwach potenten Neuroleptikum umgesetzt wird. Dies gilt auch, wenn das stärker potente Neuroleptikum bzw. das Langzeitneuroleptikum sogleich oberhalb der neuroleptischen Schwelle dosiert wird.

Literatur

1. *Bister, W.*: Psychotherapie bei den „sogenannten" endogenen Psychosen, 2. Landeck-Symposion, Hrsgb. *Haase, H.-J.*, Schattauer Verlag Stuttgart–New York 1976

2. *Bleuler, E.*: Lehrbuch der Psychiatrie, 13. Auflage, bearbeitet von *M. Bleuler*, Springer Verlag Berlin, Heidelberg, New York 1975

3. *Böker, W., H. Häfner*: Gewalttaten Geistesgestörter, Springer, Berlin, Heidelberg, New York 1973

4. *Haase, H.-J.*: Behandlung der Psychosen des schizophrenen und manisch-depressiven Formenkreises, Vorträge und Diskussionen des 2. Landeck-Symposion, Schattauer Verlag Stuttgart–New York 1976

5. *Haase, H.-J.*: Über Vorkommen und Deutung des psychomotorischen Parkinsonsyndroms bei Megaphen- bzw. Largactil-Dauerbehandlung, Nervenarzt 25 (1954), 486

6. *Haase, H.-J.*: Therapie mit Psychopharmaka und anderen, seelisches Befinden beeinflussenden Medikamenten, IV. Auflage, Schattauer Verlag Stuttgart–New York 1977

7. *Haase, H.-J.*: Depressionen. Entstehung–Erscheinung–Behandlung, Schattauer Verlag Stuttgart–New York 1976

8. *Haase, H.-J., J. Dohren, N. Mark*: Einzelpatenschaften bei stationär behandelten „abgeschriebenen" Langzeitschizophrenen (unveröffentlicht)

10. *Haase, H.-J.*: The treatment of Psychoses of the schizophrenic and the manic-depressive Type, 2nd Symposion of Psychiatry, Landeck, Schattauer Verlag Stuttgart–New York 1978

11. *Mittelstaedt, A.*: Zur Resozialisierung chronisch Schizophrener. Dissertation Düsseldorf 1969

Merkblatt zur Information

Ein wichtiges Anliegen ist es, den Patienten möglichst umfassend über seine Erkrankung und die medikamentöse Behandlung zu informieren. Es empfiehlt sich daher, den Patienten, bzw. den Angehörigen folgendes Merkblatt zu übergeben, sofern es sich um die Behandlung einer Psychose mit Plussymptomatik durch Neuroleptika handelt. Der Begriff Schizophrenie wurde in diesem Merkblatt aus folgenden Gründen vermieden:

Der Terminus Schizophrenie wird meist vom Laien sachlich unrichtig aufgefaßt und ist häufig mit abwertenden und zu negativen Werturteilen in der öffentlichen Meinung belastet. Darüber hinaus ist die neuroleptische Behandlung auch bei paranoiden und halluzinatorischen Erkrankungen angezeigt, die nicht zum schizophrenen Formenkreis zu rechnen sind.

Merkblatt für Patienten und Angehörige

Betr.: Krankhafte Beeinflussungserlebnisse, Sinnestäuschungen, übersteigertes Mißtrauen, hochgradige seelische Erregung u. a.

Information über Auftreten und medikamentöse Behandlung mit Neuroleptika und Langzeitneuroleptika.

Wie häufig ist die Krankheit?

Man kann schätzen, daß mindestens $^1/_2$ Million Menschen in der Bundesrepublik Deutschland (BRD) kurzfristig oder auch längerdauernd an dieser Krankheit, die sehr verschieden in Erscheinung treten kann, leiden. Weniger als 10 Prozent der zu der Krankheit veranlagten Personen befinden sich jetzt, da Sie diese Zeilen lesen, in einem Krankenhaus.

Wie tritt die Krankheit in Erscheinung?

Das Wesentliche sind die Beeinflussungserlebnisse, d.h. der Patient fühlt sich von außen beeinflußt, eventuell bedroht. Er mißdeutet normale Tagesereignisse und bezieht diese durch einen krankhaften Irrtum auf sich. So meint der Patient z.B., daß ein vorbeifahrendes Auto oder vorbeigehende fremde Menschen oder eine

Radionachricht oder eine Fernsehsendung oder auch nur irgendwelche Geräusche mit ihm etwas zu tun hätten, für ihn etwas bedeuteten, ihm etwas anzeigten.

Bei schweren Krankheitszuständen dieser Art fühlt sich der Patient auch fernbeeinflußt, indem er etwas hört oder riecht oder an seinem Körper spürt, das ihm nur seine eigenen Sinne vortäuschen. Wie man auch im Traum durch Sinnestäuschungen etwas sieht oder hört, was sich in Wirklichkeit nicht ereignet, so treten hier Sinnestäuschungen am Tag auf. Der Patient weiß nicht, daß er es mit krankhaften Sinnestäuschungen, die seine eigenen Nerven hervorrufen, zu tun hat. Er meint meist fälschlich, daß andere Personen (z.B. Nachbarn oder bestimmte Einzelpersonen oder politische Mächte oder auch nur Apparate, elektrische Ströme usw.) aus der Ferne das mit ihm machen. Viele Patienten fühlen sich machtlos, haben das Gefühl, daß mit ihnen etwas „gemacht wird", manche Patienten meinen sogar, daß ihnen Gedanken eingegeben oder abgezogen werden oder daß ihre Arme oder Beine sich nicht selbst bewegten, sondern ihnen das von außen „gemacht wird". Frauen fühlen sich nicht selten sexuell fernbeeinflußt und spüren das auch durch Sinnestäuschung.

Was ist die Folge dieser krankhaften Beeinflussungserlebnisse?

Der Patient wird verständlicherweise im höchsten Maße beunruhigt, mißtrauisch, ängstlich, erregt. Manche laufen aus dem Haus, andere wehren sich gegen vermeintliche Gegner und schimpfen z.B. mit den Nachbarn, schließen sich ein, andere gehen zur Polizei, um Schutz zu suchen. Die Leichtkranken oder diejenigen, die schon einmal mit der Erkrankung zu tun hatten, sind am ehesten bereit, zur Behandlung zu einem Arzt oder in ein Krankenhaus zu gehen.

Warum werden sie krank?

Wie es z.B. eine Veranlagung zur Zuckerkrankheit gibt, so gibt es auch eine Veranlagung, nach jahrzehntelanger Gesundheit eines Tages von krankhaften Beeinflussungserlebnissen befallen zu werden. Dabei kann die Krankheit ohne äußere Veranlassung auftreten oder auch durch ein seelisch erregendes Ereignis ausgelöst werden. Man nimmt an, daß eine vorübergehende „Nervenstoffwechselstörung" im Gehirn die Ursache für diese krankhaften Erlebnisse ist.

Welche äußeren Veranlassungen fördern das Auftreten krankhafter Beeinflussungserlebnisse?

Die äußeren Veranlassungen sind sehr vielfältig: z.B. belastende Lebenskrisen in den Entwicklungsjahren, bei der Berufs- und Partnerwahl, im Wochenbett, beim Verlust von Stellungen oder Personen, körperliche Erkrankung, Arbeitsüberlastung u.a. Insgesamt kann eine gesteigerte innere seelisch nervöse Erregung auch durch anregende Medikamente, wie auch z.B. Mißbrauch von Kaffee, eine auslösende Rolle spielen.

Wodurch wird krankhaftes Mißtrauen gefördert?

Zustände mit krankhaftem Mißtrauen (par. Psychosen), die auch zu behandlungsbedürftigen Beeinflussungserlebnissen führen können, können gefördert werden durch Isolierung von anderen Menschen, durch Isolierung infolge von Alleinstehen und Einsamkeit, durch die Isolierung infolge Schwerhörigkeit oder in einer fremden, besonders sprachfremden Umgebung, durch Herabsetzung der seelisch-geistigen Leistungsfähigkeit, z. B. im Alter, bei Männern durch Herabsetzung der sexuellen Leistungsfähigkeit, durch körperliche Krankheit oder auch oft durch Alkoholmißbrauch. Mit der Isolierung ist oft die Selbstunsicherheit verbunden. Man fürchtet, daß man anderen Menschen unterlegen ist, daß sie einen nicht mögen, mißachten oder gar verfolgen. Insgesamt ist die geschickte, gekonnte und kraftvolle Auseinandersetzung mit den Mitmenschen gestört. An die Stelle einer vertrauensvollen Mitmenschlichkeit ist die angstvolle Abwehr vor den anderen getreten.

Was kann man tun?

Je nach Schwere und Form der Krankheit sind eine medikamentöse Behandlung und ein eventueller vorübergehender Umgebungswechsel notwendig, meist am besten auf der Station eines entsprechenden Krankenhauses.

Welche Medikamente helfen?

Es wurden seit 1952/53 Medikamente von der Forschung entwickelt, die man Neuroleptika nennt. Diese Medikamente helfen rd. 2/3 der an krankhaften Beeinflussungs- oder gar Verfolgungsideen akut Erkrankten, innerhalb spätestens 6 Wochen, diese krankhaften Ideen zu verlieren und seelisch ruhig und ausgeglichen zu werden.

Welches sind die häufigsten Nebenwirkungen dieser Medikamente (Neuroleptika)?

In niedriger Dosis sind nicht nur die Nebenwirkungen gering, sondern auch die Heilwirkungen. Geht es darum, hochgradige äußere oder seelische Erregung auszugleichen und die oben erwähnten krankhaften Ideen, besonders Beeinflussungsideen, zu verlieren, so ist eine Dosierung erforderlich, bei der es regelmäßig zu körperlichen Begleitwirkungen kommt.

Man merkt dann meist, daß der Gang etwas schwerer wird, die Arme bewegen sich eventuell schwerer, die Handschrift wird meist etwas enger. Diese Beschwerden sind harmlos und müssen eine gewisse Zeit in Kauf genommen werden. Besonders bei Männern wird häufig während der Verabreichung dieser Medikamente die Sexualität gedämpft.

Welche medikamentösen Nebenwirkungen müssen nicht in Kauf genommen werden?

Am Beginn der Behandlung oder nach Dosiserhöhung kann es in manchen Fällen (bei rd. 10 Prozent der Patienten) einige Stunden zu einer Muskelverkrampfung meist im Bereich der Halsmuskulatur oder Zunge (Zungensteifigkeit) kommen. Dagegen kann man sofort Tabletten (sog. Antiparkinsonmittel) einnehmen oder auch eine Injektion erhalten, so daß meist innerhalb weniger Minuten die Muskelverkrampfungen verschwinden. Bei länger dauernder Behandlung kann eine Muskelunruhe in den Beinen auftreten, so daß es schwerfällt, längere Zeit ruhigzusitzen. Auch dagegen kann man Tabletten einnehmen und verringert dann am besten die Dosis.

Besteht eine überaus starke Empfindlichkeit gegen die Medikamente und ist die Dosis zu hoch, kann es zu einer vorübergehenden Versteifung in Armen und Beinen kommen, die ebenfalls durch Gegenmedikamente sowie durch Dosisverminderung zu beheben ist.

Besonders am Beginn der Behandlung und bei bestimmten Neuroleptika kann am Anfang eine Müdigkeit die Leistung beeinträchtigen und auch zu einer Behinderung im Straßenverkehr führen.

Ebenfalls bei manchen Neuroleptika, die besonders auch Müdigkeit auslösen, kommt es am Beginn der Behandlung zu Blutdrucksenkungen, die eventuell zu Schwindelgefühlen und vielleicht auch zum Auftreten einer Ohnmacht beim plötzlichen Aufstehen aus dem Bett oder bei Lagewechsel führen können.

Wie lange dauert die Behandlung?

Wie gesagt, wird bei den meisten Fällen in spätestens 6 Wochen die Krankheit durch die Neuroleptika ausgeglichen. Wie aber bei einer Zuckerbehandlung weiterhin über längere Zeit Insulin gegeben werden muß, muß auch bei vielen Kranken das Neuroleptikum noch mindestens einige Monate (möglichst mindestens 1 Jahr) nach der Entlassung gegeben werden, da sonst eine Rückfallsgefahr besteht. Es ist also dringend notwendig, nach der Entlassung jede Woche den zuständigen Arzt aufzusuchen. Treten gewisse Überdosierungssymptome auf, lassen sie sich, wie erwähnt, leicht behandeln. Gewisse Nebenwirkungen aber müssen – wie oben beschrieben – in Kauf genommen werden, da sonst die Heilwirkung zu schwach ist. Vorsicht grundsätzlich im Straßenverkehr. Wegen Unverträglichkeit ist Alkoholgenuß untersagt. Frühestens mehrere Monate nach der stationären Behandlung kann allmählich unter ärztlicher Leitung versucht werden, die Dosis abzubauen. Treten wieder ähnliche Symptome wie bei Krankheitsbeginn auf, muß sofort wieder die Dosis erhöht werden oder eventuell eine stationäre Behandlung erfolgen.

Welches ist der häufigste Fehler, der bei der Nachbehandlung gemacht wird?

Der Patient versucht in Unkenntnis der Wichtigkeit der medikamentösen Wirkungen, eventuell aus Angst vor einer Gewöhnung an die Medikamente, ohne den Rat des Arztes einzuholen, die Mittel abzusetzen oder die Dosis herabzusetzen. Er fühlt sich dann meist freier, da die medikamentöse Dämpfung nachläßt. Er verwechselt dieses Sich-freier-und-wohler-Fühlen mit Gesundheit und riskiert, daß es einige Tage bis Wochen später zu einem Rückfall kommt, weil die dämpfende Wirkung doch noch für eine gewisse Zeit erforderlich ist, um die Rückfallsgefahr zu vermindern.

Es wurden daher und zur Gewährleistung einer möglichst gleichmäßigen Wirkung Langzeitneuroleptika entwickelt, bei denen eine Injektion oder Tablette jeweils 1–2 Wochen, evtl. 2–3 Wochen wirksam ist.

Nach wiederholten Erkrankungen sollten die Neuroleptika, bzw. Langzeitneuroleptika über Jahre in einer Dosis gegeben werden, bei der es zwar nicht zu einer Beeinträchtigung der Bewegungsfähigkeit, jedoch zu einer leichten Veränderung, bzw. Verkleinerung der Handschrift kommt. Die Dosierung sollte daher so gewählt werden, daß eine Dauerzugabe von Mitteln gegen Bewegungsstörungen (Antiparkinsonmittel) möglichst nicht erforderlich ist. Der Handschrifttest, bei dem der Patient einen ihm bekannten Vers, wie z. B. „Der Mai ist gekommen", jeweils dreimal hintereinander vor und während der Behandlung abschreibt, ist zur Gewährleistung einer optimalen Dosierung nützlich.

Bei der Verabreichung von Langzeitneuroleptika sollte der Patient in den ersten Monaten der Behandlung möglichst am Tage vor sowie am Tage nach dem Erhalten des Langzeitneuroleptikums diese Verse abschreiben. Zeigt die Handschrift nicht einmal Verengung bzw. Verkleinerung am Tage nach dem Erhalten des Langzeitneuroleptikums, sollte die Dosis erhöht werden. Wird die Handschrift zunehmend kleiner oder treten gar subjektiv störende Bewegungshemmungen auf, sollte die Dosis herabgesetzt werden (s. S. 57).

Welche Fehler der Dosierung werden bei der Behandlung mit Langzeitneuroleptika häufig gemacht?

Es wird übersehen, daß die Mehrzahl der Langzeitneuroleptika nicht exakt eine Woche, bzw. zwei oder drei Wochen wirksam ist, sondern pro Applikationsintervall eher etwas länger wirksam ist. Das bedeutet, daß nach mehreren Applikationen von Langzeitneuroleptika Überdosierungssymptome durch Kumulation auftreten. Die ersten Anzeichen sind meist am Tage nach der Applikation durch auftretende Sitzunruhe oder auch dyskinetische Reaktionen mit Schiefhals u. a. zu beobachten. Darüber hinaus kommt es zu einer zunehmenden parkinsonistischen Einengung der Mitbewegungen der Arme und Beine mit Versteifungen der Muskulatur. Es ist daher bei mindestens der Hälfte der Fälle notwendig, die Dosis der Langzeitneuroleptika nach mehreren Applikationen herabzusetzen, um subjektiv störende Überdosierungssymptome zu vermeiden. Sofern die Handschrift bei gleicher Dosis am Tage nach der Applikation eine zunehmende Einengung erfährt, ist dies ein erstes Alarmsymptom. Sofern der Patient am Tage nach der Applikation über innere Unruhe oder Muskelverspannungen im Bereich des Kopfes, der Zunge und besonders der Arme klagt, ist dies ebenfalls ein erstes Anzeichen zur Reduzierung der Dosis. Spätestens beim Auftreten parkinsonistischer Einengung der Bewegungsfähigkeit und von Muskelversteifungen der Arme und Beine sollte die Dosis des Langzeitneuroleptikums herabgesetzt werden.

Darüber hinaus kommt eine für einige Tage erforderliche Verordnung von Antiparkinsonmitteln in Betracht.

Bei auftretenden Überdosierungssymptomen ist ferner an eine Streckung des Applikationsintervalls zu denken, indem das Langzeitneuroleptikum in größeren Zeitabständen gegeben wird. Dabei genügt im allgemeinen die Streckung des zeitlichen Zwischenraums um jeweils 1 Woche. Das gilt besonders für voll remittierte Patienten, d.h. für Patienten, die keine krankhaft psychotischen Erlebnisse mehr haben und volle Krankheitseinsicht zeigen, während eine Streckung des Applikationsintervalls bei Patienten, die noch unter krankhaften Erlebnissen leiden, eher nicht durchgeführt werden sollte, da sonst eine erhöhte Rückfallsgefahr besteht.

Aber auch bei den letztgenannten chronisch produktiv Kranken mit weiterbestehenden psychotischen Erlebnissen kann im Falle aufgetretener Überdosierungssymptome vorübergehend die Streckung des Intervalls um eine Woche nützlich sein, um aus der subjektiv störenden Überdosierungssymptomatik herauszukommen.

Literatur

Haase, H.-J.: Therapie mit Psychopharmaka und anderen, seelisches Befinden beeinflussenden Medikamenten. Schattauer Verlag, IV. Auflage, Stuttgart–New York 1977. V. Aufl. in Vorbereitung

Zusammenfassende Darstellung

Neuroleptika, insbesondere neuroleptische Wirkung

Für den Umgang mit Neuroleptika bewährten sich die in unserem Arbeitskreis aufgrund klinisch experimenteller Untersuchungen entwickelten, folgenden Begriffe:

a) Neuroleptische Schwelle

Somatisch: Auftreten einer zumeist in der Feinmotorik (Handschrift) erkennbaren extrapyramidalen Bewegungshemmung.
Psychisch: Reduzierung des psychoenergetischen Niveaus außerhalb von Bewußtseinsstörungen bzw. Schlaf.

Bei normaler Verträglichkeit ist der Patient bei stärker potenten Neuroleptika, die eine „reine" neuroleptische Wirkung, d.h. ohne Überlagerung mit sedierender Tranquilizer-Wirkung, aufweisen, wach und weder in der Gesprächsfähigkeit (betr.: begleitende Psychotherapie) noch in seiner Handlungsfähigkeit (Arbeit, Sport u. a.) beeinträchtigt.

Wird ein Neuroleptikum unterhalb der neuroleptischen Schwelle dosiert, so kommt es zur Tranquilizer-Wirkung mit affektiver Entspannung mit mehr (bei den schwächer potenten Neuroleptika) oder weniger (bei den stärker potenten Neuroleptika) begleitender Müdigkeit bzw. Sedierung.

Die neuroleptische Schwellendosis:

Dosis, bei der eine meist zunächst in der Feinmotorik (Handschrift) erkennbare extrapyramidale Bewegungshemmung ausgelöst wird. Damit wird die Mindestdosis zum Erreichen der neuroleptischen Wirkung ermittelt.

b) Wesentliche Indikationen der neuroleptischen Wirkung

Hochgradige (meist psychotisch bedingte) affektive Erregungs- oder Spannungszustände,

psychotische Erlebnisproduktionen (Wahnideen, Halluzinationen u. a.).

Unterhalb der neuroleptischen Schwellendosis kann mit jedem Neuroleptikum eine Tranquilizer-Wirkung mit affektiver Entspannung ausgelöst werden. Diese

Tranquilizer-Wirkung ist bei den schwach potenten Neuroleptika meist sehr ausgeprägt und von Müdigkeit bzw. erhöhter Schlafbereitschaft begleitet. Die schwach potenten Neuroleptika werden vorwiegend unterhalb der neuroleptischen Schwelle als starke Tranquilizer eingesetzt, und zwar vorwiegend zur Begleitbehandlung bei Psychosen mit ausgeprägter Bereitschaft zu innerer Unruhe, Angst und evtl. Aggressivität, wie auch bei nichtpsychotischen psychischen Störungen (z.B. bei Entziehungskuren, zur evtl. Begleitbehandlung bei der psychotherapeutischen Behandlung abnormer Erlebnisreaktionen, wie Neurosen, zur Förderung des Nachtschlafs u. a.). Die stärker potenten Neuroleptika zeigen unterhalb der neuroleptischen Schwelle meist keine Sedierung, Müdigkeit bzw. erhöhte Schlafbereitschaft und können sich daher als Tagestranquilizer besonders bewähren.

c) Die neuroleptische Potenz

Stärke der Affinität zum extrapyramidalen System. Je stärker die neuroleptische Potenz, um so niedriger ist die Dosis, mit der mit einem Neuroleptikum die neuroleptische Schwelle überschritten werden kann.

Bei schwächer potenten Neuroleptika ist die neuroleptische Wirkung psychisch mehr begleitet von Sedierung und erhöhter Schlafbereitschaft, somatisch von vegetativen Symptomen, wie Blutdrucksenkung u.a. Bei den stärker potenten Neuroleptika tritt die neuroleptische Wirkung rein und außerhalb von Sedierung und Müdigkeit in Erscheinung. Somatisch kommt es bei ihnen eher zu grobmotorischen extrapyramidalen Überdosierungssymptomen.

d) Die neuroleptisch-therapeutische Breite

Die neuroleptisch-therapeutische Breite liegt zwischen der neuroleptischen Mindestdosis, deren Indikator die in der Handschrift erkennbare extrapyramidale Hypokinesie ist, und dem Auftreten grobmotorischer extrapyramidaler Symptome (dyskinetische Reaktionen, Akathisie, grobmotorischer Parkinsonismus).

Dyskinetische Reaktionen: Rasch einsetzende extrapyramidale muskuläre Spasmen mit evtl. Schiefhalsbildung oder Spasmen im Zungen-Schlund-Bereich. Evtl. Dyskinesien eines Armes oder auch des Rumpfes. In manchen Fällen Blickkrämpfe.

Achtung: Die Kenntnis dyskinetischer Reaktionen (Auftreten am Beginn der Behandlung oder nach Dosiserhöhung) ist sehr wichtig, da meist sehr schnelle Neutralisierung durch Antiparkinsonmittel (evtl. i. v. appliziert) möglich. Dosisreduzierung bzw. Übergang auf neuroleptisch schwächer potente Neuroleptika (nicht wenige Patienten mit dyskinetischen Reaktionen wurden mit der Fehldiagnose Tetanus, Verdacht auf Hirntumor u. a. als Notfälle in Krankenhäuser eingewiesen, statt sofort mit Antiparkinsonmittel behandelt).

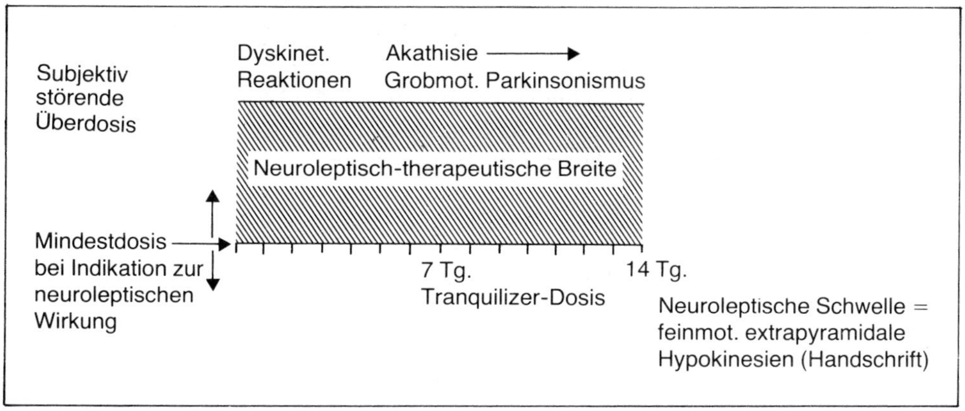

Abb. 27 Neuroleptisch-therapeutische Breite bei durchschnittlicher Empfindlichkeit gegenüber der neuroleptischen Wirkung.

Akathisie: Sitzunruhe. Der Patient muß die Beine bewegen, am deutlichsten beim Sitzen (wegen extrapyramidal bedingter Muskeltonusveränderungen). Dosisreduzierung. Akathisie kann auch bei gleichbleibender Dosierung durch Kumulation auftreten. Evtl. vorübergehend Antiparkinsonmittel. Die Akathisie kündigt oft (abgesehen von den dyskinetischen Reaktionen) die Überdosierung an, d. h. sie tritt auf, bevor grobmotorische parkinsonistische Symptome sichtbar werden.

Sofern Zweifel bestehen, ob es sich um eine Akathisie handelt, sollte man den Patienten befragen, ob die „Unruhe" beim Sitzen deutlicher ist als im Stehen oder Liegen. Im Zweifelsfalle entscheiden ein Ansprechen auf Antiparkinsonmittel oder Dosisreduzierung, ob es sich um eine Akathisie handelt.

Grobmotorischer Parkinsonismus: Verringerung der Mitbewegungen, besonders der Arme beim Gehen, bei stärkerer Ausprägung kleinschrittiger Gang. Im Unterschied zum Parkinsonismus nach Hirnschädigung (nach Enzephalitis, bei Zerebralsklerose) kann Rigor (besonders bei leichterer Ausprägung) fehlen. Tremor tritt deutlich zurück und kann gänzlich fehlen. Hypersalivation kann ebenfalls fehlen.

Dosisreduzierung, evtl. vorübergehend Antiparkinsonmittel. Evtl. Übergang auf ein schwächer potentes Neuroleptikum.

Achtung: Bei einem kleinen Prozentsatz der Patienten (bis zu etwa 10%) lassen sich dyskinetische Reaktionen (s. o.) trotz optimaler Dosierung bei Behandlungsbeginn oder Dosiserhöhung nicht vermeiden. Bei einem weiteren kleinen Prozentsatz der Patienten ist die neuroleptisch-therapeutische Breite im Zusammenhang mit besonderer Disposition des Patienten oder Kumulationsneigung der Neuroleptika so gering, daß bei fortdauernder Behandlung trotz vorsichtiger Dosierung Akathisie und/oder grobmotorisch subjektiv störender Parkinsonismus auftreten.

Hyperkinesien: Extrapyramidale Gegenreaktionen, meist zunächst im Mundbereich, aber auch in Sonderfällen bis zu choreiformer Gesamtunruhe reichend, als Folge längerdauernder Behandlung. Sie treten vorwiegend nach dem Absetzen der Neuroleptika auf und sind weitgehend Folge anhaltender Überdosierung, bes. auch bei Kaschierung einer Überdosierung durch Antiparkinsonmittel. Bei optimaler Dosierung unter feinmotorischer Kontrolle treten sie in 2–3 % der Fälle als reversible orale Hyperkinesie auf. Sie werden nach lang anhaltender Überdosierung bei bis zu 20 % der Fälle und mit evtl. mehrjähriger Dauer beschrieben.

e) Disposition zur neuroleptischen Wirkung

Das Gehirn reagiert je nach individueller Disposition sehr unterschiedlich auf Noxen. Man weiß es besonders von der unterschiedlichen Alkoholtoleranz.

Wir fanden bisher bei jedem Neuroleptikum eine interindividuell 15fache unterschiedliche Empfindlichkeit; das heißt, liegt z. B. die durchschnittliche neuroleptische Schwellendosis bei einem Neuroleptikum bei 10–15 mg, so kann bei einem Patienten mit sehr starker Disposition mit dem gleichen Neuroleptikum evtl. schon mit 2 mg die neuroleptische Schwelle überschritten werden, während ein anderer Patient mit sehr schwacher Disposition für den gleichen Effekt und dem gleichen Neuroleptikum beispielsweise 30 mg benötigt. Mehr als $^1/_3$ aller Patienten sind entweder stark oder schwach zur neuroleptischen Wirkung disponiert. Das gilt beim gleichen Patienten durchgehend für alle Neuroleptika. Sie werden also mit einer für die mittlere Disposition gültigen durchschnittlichen Schwellendosis bei starker Disposition überdosiert, bei schwacher Disposition unterdosiert.

Sofern die Disposition zur neuroleptischen Wirkung nicht durch frühere neuroleptische Behandlungen bekannt ist, können Über- oder Unterdosierung durch Anwendung des Handschrifttests weitgehend vermieden werden.

Es gibt keine Korrelation zwischen der Stärke der Disposition zur neuroleptischen Wirkung und Körpergröße, Gewicht, Alkohol- und Insulintoleranz.

Antiparkinsonmittel (APM) bei neuroleptischer Behandlung

Antiparkinsonmittel (APM) haben bei neuroleptischer Behandlung folgende Wirkungsansätze:

a) Neutralisierung grobmotorischer Überdosierungssymptome, wie dyskinetische Reaktionen (Schiefhals u. a.), Akathisie (Sitzunruhe), ausgeprägte Akinesie (reduzierte Mitbewegung der Arme, kleinschrittiger Gang), Rigor.

b) Minderung der neuroleptischen Potenz des Neuroleptikums, d. h. Erhöhung der neuroleptischen Schwellendosis.

Bei Überdosierung des APM, bei der nicht nur grobmotorische, sondern auch feinmotorische extrapyramidale Symptome aufgehoben werden, Neutralisierung des psychisch neuroleptischen Effektes. Damit wird das APM bei hoher Dosierung zum Antineuroleptikum.

Therapeutisch ergibt sich eine Aufhebung grobmotorischer extrapyramidaler Überdosierungssymptome, die von den Patienten oft subjektiv als belastend und quälend empfunden werden. Dabei ist bei den besonders unangenehmen dyskinetischen Reaktionen oft eine intravenöse Applikation angezeigt. Grundsätzlich empfiehlt sich beim Auftreten dieser Überdosierungssymptome eine Dosisreduzierung oder, falls diese nicht ausreichend ist, Übergang auf ein schwächer potentes Neuroleptikum.

Antiparkinsonmittel sind zwar im Moment nützlich, kaschieren aber auch Überdosierungen. Daher sind Dauerverordnungen von APM (die über einen Zeitraum von wenigen Wochen hinausgehen) zu vermeiden; denn es besteht die Gefahr der Überlastung der extrapyramidalen Zentren mit Auslösung extrapyramidaler Hyperkinesien (meist zunächst im Mundbereich, bei stärkerer Ausprägung im Bereich der Extremitäten und des Rumpfes).

APM sind kontraindiziert, sofern derartige extrapyramidale Hyperkinesien auftreten. Werden diese Hyperkinesien von den Patienten als sehr belastend empfunden, kommt eine erneute vorsichtig dosierte Verordnung mit Neuroleptika in Betracht (die neuroleptische Hypokinesie wirkt den extrapyramidalen Hyperkinesien entgegen). Um weitere Überlastung der extrapyramidalen Zentren zu vermeiden, müssen die Neuroleptika dann allmählich abgesetzt oder zumindest unterhalb der neuroleptischen Schwelle dosiert werden.

Eine prophylaktische Verordnung von APM ist beim Gros der Fälle sinnlos. Sie ist lediglich bei den Einzelfällen berechtigt, von denen bekannt ist, daß sie trotz optimaler Dosierung (entweder vorsichtig einschleichend oder hoch dosiert und evtl. i. v. appliziert oder Kombination mit schwachpotenten Neuroleptika) mit dyskinetischen Reaktionen und evtl. anderen extrapyramidalen grobmotorischen Symptomen reagieren. Nach unseren Erfahrungen ist es möglich, die zur Zeit entwikkelten Langzeitneuroleptika (s. S. 58 ff) oberhalb der neuroleptischen Schwelle derart zu dosieren, daß Dauerverordnungen von APM vermieden werden können.

Literatur s. S. 231, 244, ferner die Dissertationen unserer Mitarbeiter *M. Zahn*, Düsseldorf 1965; *C. F. Zschucke*, Düsseldorf 1963.

Schizophrenien

Etwa 0,8% der Bevölkerung, d.h. rund eine halbe Million Einwohner der BRD, erkranken zeitweise oder dauernd an Schizophrenien. Mehr als 90% der zu Schizophrenien Veranlagten befinden sich z.Z. in der BRD außerhalb psychiatrischer Krankenhäuser. Nur rund 3% sind langjährig in psychiatrischen Krankenhäusern hospitalisiert. Nur rund jeder zweite zur Schizophrenie Veranlagte bedarf nach bisherigen Schätzungen mindestens einmal in seinem Leben einer stationären Behandlung in einem psychiatrischen Krankenhaus.

Symptomatik: Kein organisches Psychosyndrom, d.h. keine Hirnleistungsschwäche, keine (zerebral-organischen) Gedächtnisstörungen.

Unverständlicher Knick des Lebenslaufes und Änderung des Fühlens (der Affektivität), des Denkens (z.B. unrealistisch, evtl. faselig bis zerfahren) und des Handelns (unverständliche Handlungen, meist Nachlassen im Niveau, z.B. in der Schule, im Beruf u. a.), oft Rückzug von der Umwelt (Autismus).

Plussymptomatik = bei hellem Bewußtsein hochgradig psychotisch bedingte affektive Erregung oder Spannung, psychotische Erlebnisproduktionen wie besonders die diagnostisch nach *K. Schneider* wichtigen Symptome: Gedankenlautwerden, Hören von Stimmen, die das eigene Tun mit Bemerkungen begleiten, leibliche Beeinflussungserlebnisse, Gedankenentzug und andere Gedankenbeeinflussungen, Gedankenausbreitung, Wahnwahrnehmung und alles von anderen Gemachte und Beeinflußte auf dem Gebiet des Fühlens, Strebens (der Triebe) und des Willens.

Minussymptomatik = Minderung der Initiative, der emotionalen Schwingungsfähigkeit, der Kontaktbereitschaft. Benannt als psychischer Defekt, energetischer Potentialverlust, dynamische Insuffizienz u. a. Sofern eine Minussymptomatik nicht vorgetäuscht wird und sich hinter einer Zurückgezogenheit (Autismus) affektive Spannungen verbergen, wird eine Minussymptomatik durch die das Energiepotential verringernden Neuroleptika verstärkt.

Faustregel: Beim jetzigen Stand der Therapie werden Psychopharmaka immer bedeutungsloser, je mehr wir es mit einer schizophrenen Minussymptomatik zu tun haben. Soziotherapeutische und psychotherapeutische Maßnahmen treten dann in den Vordergrund.

Bei Auftreten psychotischer Erlebnisse (s. Plussymptomatik s. o.) handelt es sich zentral um den Einbruch der Außenwelt in das Ich (Anm.: Bildhaft kann man bei schizophren Veranlagten von einer Ich-Schwäche sprechen, d.h. das Ich eines schizophren Veranlagten ist in der Psychose zu schwach, um gegenüber dem Druck der Umwelt zu bestehen). In diesem Sinne stehen paranoide Ideen, bes. Beeinträchtigungs- und Verfolgungsideen, verschiedene Erlebnisse des „Gemachtwerdens“ sowie bei den Sinnestäuschungen (Halluzinationen) „von außen durch Stimmen angesprochen werden“ im Vordergrund. (Ein Ich-Bewußtsein ist Voraussetzung). Geistig schwer Behinderte (wie auch Tiere) können demnach nicht schizophren werden.

a) Formen der Schizophrenien

Die folgenden Unterscheidungen kennzeichnen im wesentlichen jeweils eine im Vordergrund stehende Symptomatik, die weitgehend von der prämorbiden Persönlichkeit, dem Erkrankungsalter und der Akuität abhängig ist:

Schizophrenia simplex: Schleichende unverständliche Veränderung der Persönlichkeit meist mit Minussymptomatik. Psychotische Erlebnisse fehlen gänzlich oder weitgehend. U.E. können hier auch diejenigen Fälle eingeordnet werden, die (wie wir es in anderer Weise, so häufig auch bei Neurosen und depressiven Psychosen, sehen) sich auf ihr Körpererleben zurückziehen. Skurrile Körpersensationen können das Zustandsbild beherrschen, während produktive paranoide Erlebnisse fehlen können. *Huber* spricht von zoenästhetischer Schizophrenie und kennzeichnet diese als primäre erlebnismäßig eigenartige Leibgefühlsstörung, die von einer hypochondrischen Überbewertung von normalerweise vorhandenen Empfindungen abzugrenzen sei.

Hebephrenie: Bei Erkrankungen im Jugendalter (Jugendirresein) handelt es sich entsprechend der unausgereiften Persönlichkeitsentwicklung vorwiegend um verzerrte pubertäre Symptome, wie besonders läppisches Verhalten. Psychotische Erlebnisproduktionen treten zurück oder können fehlen.

Katatonie: Oft keine gesonderte Verlaufsform, sondern Hervortreten psychomotorischer Symptome, die weitgehend die schizophren veränderte Affektivität zum Ausdruck bringen. Sie reichen vom „Zuviel“ (Erregungszustände) über „ganz anders“ (verschroben, ständige Wiederholungen = Stereotypien, skurrile Wiederholungen = Manieren) zum „Zuwenig“ (katatoner Stupor, Katalepsie = z.B. von außen veränderte Armhaltung wird über längere Zeit beibehalten u.a.). Konsequenterweise müßten auch andere schizophrene Ausdruckssymptome, wie Veränderungen der Sprache (Neologismen u. a.) und der Schritt, zu den katatonen Symptomen gerechnet werden. Katatone Symptome häufen sich bei schizophrenen Erkrankungen im jugendlichen und mittleren Lebensalter und sprechen (wie die psychotischen Erlebnisproduktionen) meist gut auf neuroleptische Behandlung (oberhalb der neuroleptischen Schwelle dosiert) an. In einzelnen Fällen mit im Vordergrund stehender katatoner Symptomatik kann wegen vitaler Gefährdung (Störung vegetativer Funktionen, evtl. Fieber, anhaltende Nahrungsverweigerung u.a.) eine Elektrobehandlung (s. S. 151) auch heute noch unumgänglich und evtl. lebensrettend sein.

Paranoide bzw. paranoid-halluzinatorische Form: Die oben geschilderte Kernsymptomatik des Einbruchs der Außenwelt in das Ich fehlt selten bei Patienten, die einer stationären Behandlung bedürfen. Tritt eine schizophrene Erkrankung bei ausgereifter Persönlichkeit im mittleren und späteren Lebensabschnitt (etwa 15 % erkranken erstmals nach dem 40. Lebensjahr) auf, so können paranoide bzw. paranoid-halluzinatorische Symptome den gegenwärtigen Zustand völlig beherrschen, auch nach dem Abklingen können Minussymptome weitgehend fehlen bzw. zurücktreten.

Pfropfschizophrenie: Kombination von Schizophrenie und Schwachsinn.

b) Zum Verlauf

Schleichend (therapeutisch und prognostisch oft ungünstiger Verlauf) oder akut beginnend (bei akutem Beginn bei 2/3 der Fälle in spätestens etwa 6 Wochen neuroleptische Kompensation). Der weitere Verlauf kann stationär, chronisch progredient oder in Schüben sein. Im Hinblick auf die Verläufe schizophrener Psychosen kann grundsätzlich gesagt werden, daß (im Unterschied zu den Psychosen des manisch-depressiven Formenkreises) häufig ein Persönlichkeitsdefekt im Sinne der oben beschriebenen Minussymptomatik (s. o.) entsteht, und zwar in manchen Fällen um so ausgeprägter, je früher der Betreffende erkrankt, je mehr die Erkrankung schleichend einsetzt. Durch die Einführung der Neuroleptika und die Einstellung auf Langzeitneuroleptika sowie die zunehmende Nutzung von soziotherapeutischen Maßnahmen, wie Übergangs- und Spezialeinrichtungen (Tag- und Nachtkliniken, Wohnheime, beschützende Werkstätten u. a.), wird man mit immer höheren Prozentsätzen bei der Resozialisierung Schizophrener rechnen können.

Es liegen verschiedene Langzeitstudien bei Schizophrenen vor, die sich allerdings im wesentlichen nur auf Schizophrene beziehen, die zumindest vorübergehend einer stationären Behandlung in einer psychiatrischen Klinik bedürfen. Übereinstimmend kam es zu dem Ergebnis, daß rd. 20 % der Erkrankten keine Persönlichkeitsveränderungen nach der Erkrankung erfahren, 30 % sind im Sinne leichter Minussymptomatik mit überwiegend erhaltener Berufsfähigkeit verändert. Bei weiteren je 25 % der Erkrankten wird von schweren bzw. sehr schweren Persönlichkeitsveränderungen gesprochen.

Zur Prognose wurde ferner übereinstimmend festgestellt (*M. Bleuler, L. Ciompi, Huber* u. a.), daß es keine Kriterien gibt, um bei einer schizophrenen Erkrankung den Verlauf für das künftige Leben vorauszusagen. Am ehesten scheint noch gesichert, daß Psychosen mit akutem Beginn auch häufiger rasch abklingen. Andauernde Persönlichkeitsveränderungen scheinen bei schleichendem Beginn, Einsetzen der Erkrankung in früherem Lebensalter sowie prämorbid schizoiden Persönlichkeiten häufiger und deutlicher aufzutreten. Nach *M. Bleuler* kommt es spätestens 5 Jahre nach der Ersterkrankung zu keinen weiteren Persönlichkeitsveränderungen.

c) Ätiologie der Schizophrenien

Voraussetzung: Angeborene Anlage. Es häufen sich leptosomer Körperbau und eine introvertierte schizoide Persönlichkeitsstruktur, besonders bei Früherkrankungen. Bei Späterkrankungen finden sich eher Pykniker. Es bestehen nicht selten Konflikte gegenüber den Eltern (vorwiegend gegenüber der Mutter „overprotective mother“). (Manche Schizophrene werden besonders in der Psychose evtl. sehr aggressiv gegen die Eltern.) Dennoch gibt es besonders im Unterschied zur Entstehung von Neurosen bisher keine überzeugenden Hinweise dafür, daß das Verhalten der Bezugspersonen in der frühen Kindheit, besonders der Eltern ursächlich wesentlich am Zustandekommen einer schizophrenen Erkrankung beteiligt ist. Rein endogene Entstehung oder nicht selten Auslösung durch situative Belastung. Bei eineiigen Zwillingen spricht zwar die gemeinsame Erkrankung bei bis zu 50 % der Zwillingspaare für die Bedeutung der Anlage. Andererseits weist auf die Bedeutung von Umweltfaktoren hin, daß die Zwillinge oft in sehr verschiedenem Alter erkranken und bei 50 % der eineiigen Zwillingspaare nur ein Zwilling an Schizophrenie erkrankt.

Psychische Erregung kann schizophrene Schübe, insbesondere Plussymptomatik, auslösen oder auch fördern. Dies kann auch chemisch durch Weckamine oder auch z.B. agitierend wirkende Antidepressiva erfolgen. Es ist sogar möglich, in manchen Fällen allein durch Weckamine psychotische paranoide Erlebnisse, die sonst nur bei schizophrenen Erkrankungen beobachtet werden, auszulösen. Im Gegensatz hierzu ist es möglich, schizophrene Plussymptomatik durch Beruhigung, z.B. durch die Aufnahme in die Geborgenheit einer Station zu mindern oder auch in Einzelfällen zumindest vorübergehend voll zu kompensieren. Die tranquilisierende und entängstigende Wirkung schwach potenter Neuroleptika mindert ebenfalls die Plussymptomatik. Am sichersten und raschesten kommt es zur Reduzierung bzw. vollen Kompensation der psychotischen Plussymptomatik durch die „reine" neuroleptische Wirkung, d.h. oberhalb neuroleptischer Schwellendosierungen, offensichtlich in wesentlichem Zusammenhang mit der Verminderung des psychoenergetischen Niveaus bei erhaltener Wachheit und Vigilanz, d.h. voll erhaltener Gesprächs- und Handlungsfähigkeit. Es gibt also Hinweise, daß die psycho-physische Erregungslage als wichtiges „ätiologisches Zwischenglied" zur Auslösung oder Kompensation schizophrener bzw. schizophrenienaher Plussymptomatik anzusehen ist.

Literatur

1. *Bleuler, E.*: Dementia praecox oder Gruppe der Schizophrenien. In: *Aschaffenburg, G.*: Handbuch der Psychiatrie. Deuticke, Leipzig und Wien 1911

2. *Bleuler, E.*: Lehrbuch der Psychiatrie. 14. Auflg., Springer Verlag Berlin, Heidelberg, New York 1979

3. *Hirsch, S. R.*: Eltern als Verursacher der Schizophrenie. Der wissenschaftliche Stand einer Theorie. Der Nervenarzt. 50. Jhrg. (1979), 6

4. *Huber, G.*: Die koenästhetische Schizophrenie als Prägnanztyp schizophrener Erkrankungen. Acta psychiat. scand. 47 (1971), 349

5. *Huber, G.*: Weißenauer Schizophrenie-Symposion Bodd-Bad Godesberg 1980. Vorträge und Diskussionen mit Beiträgen von *M. Bleuler, L. Ciompi, Huber* und Mitarbeitern. Im Druck

6. *Schneider, K.*: Allgemeine Psychopathologie. Thieme, Stuttgart 1950

Zur Kennzeichnung „Schizophrenie“

Ist das Etikett „Schizophrener“ für den einzelnen Patienten notwendig und zumutbar?

Der Begriff Schizophrenie wurde 1911 von *E. Bleuler* in einer Zeit geprägt, in der Ablehnung, Vorurteile und Ängste gegenüber dem psychotisch Kranken nicht nur voll wirksam waren, sondern sogar später noch in der Hitlerzeit, zumindest im deutschen Sprachgebrauch verstärkt wurden. Es gab ferner seinerzeit keine auch nur annähernd unserer Zeit vergleichbaren Behandlungsmethoden und praktisch keine Langzeitstudien über Verläufe (selbst heute gibt es noch keine Langzeitstudien über Verläufe von Erkrankten, die nie in eine psychiatrische Klinik eingewiesen wurden).

Die Konzeption *E. Bleulers*, der nie von der Schizophrenie, sondern von der Gruppe der Schizophrenien sprach und mit dem Wort schizophren, d.h. Gespaltensein auf die innere Widersprüchlichkeit und z.T. doppelte Buchführung mancher dieser psychotisch Erkrankten hinweisen sollte, war wissenschaftlich fruchtbar, zumal die Gemeinsamkeit der Psychosen mit hebephrener, katatoner oder paranoider Symptomatik in Klammerbegriff der Gruppe der Schizophrenien zusammengefaßt wurde. Ein Klammerbegriff, der allerdings sich im wesentlichen auf die psychotische Symptomatik bezieht, d.h. die Plussymptomatik mit dem paranoiden Kernsyndrom der Erlebnisse des „Gemachtwerdens“, der Grundsymptomatik mit dem Kernsyndrom des „anders Fühlens“ und der Minussymptomatik der Verminderung von geistiger Initiative und Kontaktfähigkeit als häufige, mehr oder weniger ausgeprägte Folge schizophrener Erkrankung.

Im übrigen wird der schizophren Erkrankte negativ gekennzeichnet, wobei es jedoch zu jeder dieser negativen Kennzeichnungen Einschränkungen gibt:

Der schizophren Erkrankte sei *nicht* neurotisch. Doch werden z.B. paranoide Plussymptome psychodynamisch verständlicher, sobald man erkennt, daß sie Wünsche und Ängste der Betroffenen widerspiegeln. Paranoide Erlebnisse des Gemachtwerdens können als Abwehrmechanismus der Projektion des Gefühls innerer Bedrohung in die Außenwelt aufgefaßt werden. Verschiedentlich wird die Minussymptomatik des Kontaktmangels als Schutzmechanismus im Sinne des Rückzugs aufgefaßt.

Der schizophren Erkrankte leide *nicht* an einem organischen Psychosyndrom. Doch werden manche Erlebnisse z.B. der Körpermißempfindungen z.B. von *G. Huber* in Beziehung gebracht zu Erlebnissen bei Hirnstammerkrankungen. Die Minussymptomatik des Initiativmangels wird vielfach als unmittelbare Folge der

Störungen im zerebralen Neurotransmittersystem und damit als organisches Psychosyndrom aufgefaßt.

Der schizophren Erkrankte sei *nicht* manisch-depressiv. Doch erkranken nicht wenige an Mischpsychosen mit maniformer oder depressiver Begleitsymptomatik und bei manchen Patienten treten zeitweise rein depressive oder manische Psychosen auf.

Es bleibt lediglich die allerdings für die Behandlung wie auch die künftige Forschung wesentliche Tatsache, daß es sich um psychotische Erkrankungen handelt, die zwar dem Verständnis in mancher Beziehung zugänglich sind, doch im Unterschied zu den rein neurotischen Fehlhaltungen letztlich unverständlich sind. Weniger die Inhalte, sicher aber die Form des Erlebens des Erkrankten erfüllen die Kriterien einer Psychose als (nach *Gruhle*) „neuartiges und aus dem Bisherigen nicht ableitbares Erleben“. Auch der Verlauf, der sich vom eventuell noch verständlichen Anlaß weitgehend ablöst, wie die Behandlung, die zumindest bei Plussymptomen der Psychopharmaka bedarf, entziehen sich dem Verständnis der Mitmenschen, wie auch dem des Betroffenen selbst. Aber all dies gilt auch für die Psychosen des manisch-depressiven Formenkreises.

Bleibt das „Gespaltensein“, die „doppelte Buchführung“, die „innere Widersprüchlichkeit“, das „teils gesund, teils krank“. Es sind dies für die Kliniker zwar wichtige Gesichtspunkte, vor allem der Unterscheidung gegenüber z. B. depressiven oder manischen Psychosen, in denen der Erkrankte gänzlich mit der Erkrankung identisch ist, gleichsam gänzlich depressiv oder manisch ist. Aber auch Neurotiker sind in sich widersprüchlich, teils gesund und teils krank und nicht selten identifiziert sich ein Kranker des schizophrenen Formenkreises zumindest zeitweise gänzlich mit dem psychotischen Geschehen, wenn es z. B. heißt, er sei „ohne Krankheitseinsicht“.

Wie gesagt, die Konzeption der Gruppe der Schizophrenien von *E. Bleuler* war fruchtbar, zumal sie getragen war von äußerst eindrucksvollen Beschreibungen der Erkrankungsformen und bereits psychoanalytische Gesichtspunkte *S. Freuds* berücksichtigt wurden.

Aber zwischen der Schaffung dieses Begriffs und dem, was die Gesellschaft daraus gemacht hat, klafft eine tragische Lücke. Aus dem Begriff „Gruppe der Schizophrenien“ wurde das Etikett Schizophrenie im Sinne von Wahnsinn und Gefährlichkeit. Der Vorwurf „schizophrenen Denkens“ gilt unter Gesunden als schwere Kränkung und ersetzt z. B. in öffentlichen politischen Debatten das kränkend gemeinte „Du bist verrückt“. Jeder Fachmann weiß, wie wenige Patienten oder auch Angehörige bereit sind, eine Diagnose mit dem Namen „Schizophrenie“ ohne Erschrecken hinzunehmen. Sowohl in Laienhelferfortbildungsveranstaltungen, wie auch in Ratgeberprogrammen für psychisch Kranke im Rundfunk konnte Verf. jedoch eindrucksvoll beobachten, daß Diagnosen wie psychotische Erkrankung, paranoide Psychose, Psychose des paranoiden Formenkreises von den Patienten ohne Widerstreben angenommen werden und ihnen zugemutet werden können.

Wir haben uns daher in unserer Klinik entschlossen, das Wort Schizophrenie bei keinem Patienten mehr zu verwenden, sondern durch Beschreibungen wie Psychose des paranoiden Formenkreises, Psychose mit paranoider und/oder hebephrener und/oder katatoner Symptomatik mit Plussymptomatik bzw. Minussymptomatik u. a. zu ersetzen. Weder im mündlichen Gespräch mit dem Patienten und seinen Angehörigen, wie in den Krankengeschichten des Patienten, sowie in den ärztlichen Abschlußberichten wird das Wort Schizophrenie noch verwendet. Im gleichen Sinne verfährt Verf. in den Laienhelferfortbildungsveranstaltungen, in den Merkblättern für Patienten und Angehörige, wie in Rundfunk- und Fernsehveranstaltungen.

Wir halten den Versuch, die Kennzeichnung Schizophrenie aufzuwerten, für aussichtslos und halten diesen Weg für einen nutzlosen und von der Sache her auch nicht gerechtfertigten Kampf gegen Windmühlenflügel. Vergleichbar dem Versuch das Wort „Idiot“ aufzuwerten, statt es durch „schwer geistig Behinderter“ zu ersetzen.

Die wesentlichen Argumente, mit denen wir eine Abschaffung der Kennzeichnung Schizophrenie für den einzelnen Kranken programmieren, sind folgende:

1. Die Kennzeichnung Schizophrenie wird vom Patienten wie Angehörigen und Bekannten als diskriminierend und kränkend empfunden.

2. Die Kennzeichnung Schizophrenie provoziert unrealistische Ängste gegenüber dem „Irresein“, obwohl erwiesen ist, daß schizophren Erkrankte nur unwesentlich, wenn überhaupt, häufiger zu gefährlichen Handlungen neigen als die sogenannte Normalbevölkerung. Auf 10000 schizophren Erkrankte kommt es nach einer Untersuchung von *Böker* und *Häfner* in 6 Fällen zu aggressiven Handlungen mit Körperverletzungen anderer.

3. Die Kennzeichnung Schizophrenie fördert Hoffnungslosigkeit und Resignation, obwohl der Verlauf im Durchschnitt wesentlich günstiger ist als z. B. bei vielen Suchterkrankungen. Dementsprechend wird nach verschiedenen statistischen Untersuchungen rd. jeder 5. Patient nur einmal in seinem Leben „schizophren“ krank und verändert sich nach der Erkrankung in keiner Weise. Nur bei der Hälfte der Erkrankten kommt es zu schwereren Persönlichkeitsveränderungen, die einen wesentlichen Einfluß auf die Berufs- und Partnerfähigkeit haben können. Spätestens 5 Jahre nach der Ersterkrankung kommt es nach *M. Bleuler* zu keiner Zunahme der Persönlichkeitsveränderungen.

Da all diese statistischen Ergebnisse sich auf Untersuchungen von Patienten beziehen, die wegen ihrer Erkrankung stationär in einer psychiatrischen Klinik behandelt wurden, kann mit einer noch günstigeren Bilanz gerechnet werden, wenn alle Betroffenen untersucht werden.

Wir lassen es offen, wie weit es notwendig ist, die Kennzeichnung Schizophrenien als heuristisches Prinzip für künftige Forschung und zur wissenschaftlich orientierten Verständigung bestehen zu lassen. Er wurde in diesem Sinne daher auch in diesem Buch verwandt.

Wir möchten es jedoch nicht offen lassen, und setzen uns hiermit dafür ein, den einzelnen Erkrankten, wie seine Bezugspersonen nicht mit dem unberechtigt diskriminierenden, unberechtigt ängstigenden und unberechtigt Hoffnungslosigkeit und Resignation provozierenden Etikett „Schizophrenie" zu versehen.

Früherkennung von psychotischen Erkrankungen im Rahmen der Ehe- und Partnerberatung, Nachbetreuung von psychotischen Episoden ...

Wir können davon ausgehen, daß mindestens rd. eine Million Bürger der BRD veranlagt sind, mindestens einmal, fast stets jedoch mehrmals oder auch chronisch an einer Psychose des schizophrenen oder manisch-depressiven Formenkreises zu erkranken. Die Psychosen des schizophrenen Formenkreises stehen sich den manisch-depressiven Psychosen polar gegenüber, sofern es um die Partnerbezogenheit geht.
Im Hinblick auf die Partnerbezogenheit bzw. mitmenschliche Kontaktbereitschaft häufen sich bei demjenigen, der in seinem späteren Leben schizophren erkrankt, folgende Eigenschaften: eher introvertiert, kontaktarm, nicht selten Einzelgänger, eher kontakthinnehmend als kontaktsuchend. Nicht selten brav und gefügig als Kind, eher still. Es scheint, daß häufiger als in der Normalbevölkerung eine aktiv-dominierende Mutter die Erziehung leitet. Bei jenjenigen, die in ihrem früheren Leben schizophren erkranken, kommt es zum weiteren Rückzug aus der Umgebung mit Ausprägung einer deutlichen sog. Minus-Symptomatik, indem der Betroffene nach der Erkrankung noch weniger kontaktbereit ist und weniger geistige Initiative aufweist. Nach *M. Bleuler* kommt es spätestens 5 Jahre nach Beginn der schizophrenen Erkrankung zu keiner weiteren Verstärkung bzw. Verschlechterung des psychischen Defektzustandes bzw. der Minus-Symptomatik. Kommt es zur akuten Psychose mit Auftreten von Plus-Symptomen, d.h. von psychotischer Erregung und insbesondere psychotischen Erlebnisproduktionen, wie Wahnideen, Halluzinationen und anderem, so steht im Vordergrund, daß die Umgebung in das Ich des Betroffenen einbricht. Die Erlebnisse des „Gemachtwerdens" stehen im Vordergrund, indem der Betroffene sich von anderen verfolgt, beeinflußt, vergiftet usw. fühlt. Der Rückzug vor den anderen bereits *vor* der Erkrankung, der Einbruch der anderen in das Ich *während* akut psychotischer Erkrankung und, besonders bei Erkrankungen im früheren Lebensalter, weiterer Rückzug von den anderen nach der psychotischen Erkrankung kennzeichnen das Wesentliche mitmenschlicher Beziehungen bei Erkrankungen im Bereich des schizophrenen Formenkreises. Folgende Tatsachen lassen sich aus diesem Gesichtspunkt ableiten: Der schizophren Erkrankende ist im Hinblick auf seine so häufigen introvertierten, schizoiden Persönlichkeitseigenschaften seltener bereit, aktiv mitmenschlichen Kontakt aufzunehmen und daher auch seltener an einen Ehepartner gebunden als die Durchschnittsbevölkerung. So wichtig es ist, diesen Persönlichkeitseigenschaften

zu begegnen, indem durch soziotherapeutische Maßnahmen erstrebt wird, daß der Betroffene nicht zum Außenseiter der Gesellschaft wird, so darf man ihn im Hinblick auf das Kontaktangebot durch die Gesunden nicht überfordern. Diese Überforderung kann erreicht sein, wenn gegen die Intentionen des Betroffenen von außen eine Ehepartnerbeziehung gestiftet werden soll. Diese Überforderung kann auch erreicht werden, wenn der schizophren Erkrankte im chronischen Wahnerleben sich von seinen unmittelbaren Angehörigen beeinflußt bzw. verfolgt fühlt und im Rahmen soziotherapeutischer Maßnahmen ein Wiederanschluß an die Familie mit aller Macht gleichsam erzwungen werden soll. Es sei in diesem Zusammenhang daran erinnert, daß zwar der Schizophrene nicht nennenswert häufiger als die Normalbevölkerung gefährlich aggressiv sich gegenüber seinen Mitmenschen verhält. Nach *Böker* und *Häfner* rechnet man auf 10000 Schizophrene in 6 Fällen aggressiv gefährliche Handlungen. Dabei ist jedoch wichtig, daß es sich dabei relativ häufig um gefährliche aggressive Handlungen gegenüber engsten Familienangehörigen, nicht selten gegenüber einem Elternteil, handelt. Einer dieser Kranken sagte uns am Tage, nachdem er seine Mutter mit einem Messer gefährlich verletzt hatte, auf die Frage, warum er dies getan habe: „Die haben mich so verwöhnt." Dieses Beispiel soll nur angeführt werden, um deutlich zu machen, daß man den schizophren Erkrankten nicht im Hinblick auf enge familiäre und Partnerbeziehungen überfordern soll und nicht die Maßstäbe in diesem Bereich ansetzt, wie gegenüber demjenigen, der außerhalb einer schizophrenen Psychose Ehe- oder Familienprobleme hat. Diese Feststellung wird unterstrichen durch ein Ergebnis unserer Untersuchungen, in der unser Mitarbeiter *Mittelstaedt* die Angehörigen von 133 (s. S. 224) chronisch Schizophrenen, die sich seit mehreren Jahren in einem psychiatrischen Krankenhaus befanden, in ihren Wohnungen besuchte. Zwei Drittel dieser Angehörigen waren nicht bereit, den Patienten zurückzunehmen, während sie dabei nur zum Teil die Krankheit selbst fürchteten, sondern vorwiegend Ausflüchte zur Begründung dieser fehlenden Rücknahmebereitschaft anführten, wie wirtschaftliche Schwierigkeiten, Raummangel u.a. Statt einer unrealistischen Reparatur gestörter Familienbeziehungen beim schizophrenen Erkrankten kann es daher nicht selten wichtiger und realistischer sein, wenn man Ersatzgemeinschaften für den schizophren Erkrankten sucht und bildet. In jedem Falle sollte man seiner drohenden Isolierung begegnen, aber behutsam und mit individuell abgestuften Maßnahmen. So vermittelten wir z.B. in unserer Klinik an Schizophrene, die seit Jahren weder Besuch noch Post von Angehörigen erhalten hatten, in den letzten zwei Jahren Einzelpatenschaften, die im Sinne eines Ersatzes, einer Schaffung neuer personeller Bezüge von den Kranken in der Hälfte dieser Fälle voll bejaht wurden. Sind jedoch sowohl die Angehörigen wie der Patient bereit, außerhalb einer Klinik oder eines Wohnheims zusammen zu leben und treten Spannungen gegenüber den nächsten Bezugspersonen auf, so sollte man immer wieder an die Gefahr der Überforderung des Erkrankten denken und sich immer wieder die Frage stellen, ob es für den Betroffenen wie für die Angehörigen die beste Lösung ist, wenn der Patient in seiner gegenwärtigen familiären oder Partnerbeziehung belassen wird, oder ob Ersatzgemeinschaften gesucht werden. Man sollte nicht mehr menschlichen Kontakt anbieten, als von dem Betroffenen verkraftet werden kann und sollte in jedem Einzelfall behutsam die Einstellungen des Patienten gegenüber seiner Umgebung analysieren. Dies gilt ganz besonders für die chronisch wahnkranken Schizophrenen oder auch für diejenigen, bei denen während einer akuten

Erkrankung mit Plus-Symptomen Wahnerlebnisse gegenüber der unmittelbaren Familie bzw. dem Ehepartner auftreten.

In diesem Zusammenhang ist auch unser Ergebnis von Interesse, wonach schizophren Erkrankte, die vor der Entlassung aus der Klinik Laienhelferbetreuung nach der Klinikentlassung wünschten, häufiger einen Ehepartner hatten als Patienten mit verschiedenen anderen Diagnosen, die ebenfalls Laienhilfe wünschten. Bei schizophren erkrankten, verheirateten Frauen unter 30 Jahren war es sogar jede 3. Patientin, die nach der Entlassung Laienhilfe wünschte und damit signalisierte, daß sie menschliche Hilfe trotz oder wegen ihres Ehepartners benötige (weiteres s. S. 236).

Andererseits besteht kein Zweifel, daß viele schizophren Erkrankte sich in positiver Weise in ihrer Familie geborgen fühlen oder sich an einen Partner, insbesondere auch Ehepartner, angeschlossen haben. Dies zeigt sich am deutlichsten in der Symptomatik bei der akuten Psychose, wenn die Bedrohung gänzlich von außen kommt, d.h. von den Nachbarn, von politischen oder anderen Mächten, jedoch nicht innerhalb der Familie oder unmittelbarer Partnerbezüge erlebt wird.

Konzentrieren wir uns auf diejenigen schizophren Erkrankenden, die sich in einer in diesem Sinne positiven Ehepartnerbeziehung befinden: Hier ist es wichtig, daß der Ehepartner zunächst die ersten Symptome der akuten Erkrankung erkennt und den Patienten rechtzeitig einer Behandlung, insbesondere mit Psychopharmaka, gegebenenfalls in einer Klinik zuführt. Die akute Psychose beginnt meist mit Schlafstörungen, innerer Unruhe, unverständlicher Abänderung des Tagesablaufes, indem der Betroffene seiner Arbeit nicht mehr nachgeht, nicht mehr regelmäßig ißt, und nicht selten werden bald Beziehungsideen bis zum Erleben des Gemachtwerdens geäußert. Es kann kein Zweifel bestehen, daß in den weitaus meisten Fällen durch eine rasch einsetzende Behandlung mit Psychopharmaka, insbesondere Neuroleptika, diese Plus-Symptome innerhalb weniger Tage bis Wochen voll kompensiert werden können. Wichtig ist, daß bei der Verordnung von Neuroleptika zwar extrapyramidale Hemmungssymptome in der Handschrift ausgelöst werden als Indikator für die erforderliche Mindestdosierung, daß jedoch das Auftreten grobmotorischer extrapyramidaler Symptome verhindert wird. Hier sollte der Angehörige über die Überdosierungssymptome, die häufig auftreten, informiert werden, da in diesem Falle die Neuroleptika in der Dosis reduziert werden müssen und evtl. auch vorübergehend Gegenmittel (Antiparkinsonmittel) gegeben werden müssen. Das gilt besonders für die in den letzten Jahren eingeführten Langzeitneuroleptika, die pro Applikation 1–3 Wochen, je nach Medikament, wirksam sind, und bei denen meist nach mehreren Applikationen die Dosis reduziert werden muß, da sich sonst Überdosierungssymptome, wie Sitzunruhe oder grobmotorischer Parkinsonismus mit Einengung der Bewegungen beim Gehen einstellen. Wichtig ist auch, daß der Ehepartner orientiert ist, daß fast jeder fünfte schizophren Erkrankte, der wegen einer akuten Psychose mit Plus-Symptomatik neuroleptisch behandelt wurde, an einer depressiv-psychotischen Nachschwankung mit erheblicher Selbstgefährdung erkrankt, die dann einer Zusatzbehandlung mit nichtagitierenden Antidepressiva bedarf. Da die Mehrzahl derjenigen, die akut psychotisch erkranken, in ihrem Leben erneut psychotisch erkranken, sollte der Partner wissen, daß eine erneute psychotische Erkrankung durchaus in ähnlicher Weise wieder auftritt, und daß er wiederum behilflich sein kann, eine rechtzeitige Behandlung einzuleiten. Er sollte aber auch behilflich sein, daß nach der Behandlung der akuten psychotischen Behandlung eine Nachbehandlung mit Neuroleptika für mindestens ein Jahr erforderlich ist, da es sonst mit hoher Wahrscheinlichkeit zu einer raschen Wiedererkrankung kommen kann. Bei denjenigen, die innerhalb weniger Jahre wiederholt erkrankten, ist sogar eine mehrjährige Dauertherapie mit Langzeitneuroleptika unbedingt durchzuführen, wobei der Ehepartner behilflich sein kann, daß der Patient nicht vorzeitig die Behandlung abbricht, oder indem er rechtzeitig beim Auftreten von Überdosierungssymptomen behilflich ist, daß die Medikamente nicht abgesetzt, sondern in der Dosis reduziert werden.

Abschließend sollten wir zum Thema der schizophren Erkrankten und dem Umgang in Hinblick auf ihre Partnerbeziehungen nicht vergessen, daß mehr als 90% der in der Bundesrepublik zu schizophrenen Erkrankungen veranlagten Personen sich gegenwärtig außerhalb psychiatrischer Kliniken und Institutionen befinden. (Wir rechnen damit, daß nur 3% über mehrere Jahre chronisch in psychiatrischen Krankenhäusern untergebracht sind.) Unser spezielles Problem ist also weniger der Umgang mit dem schizophren Erkrankten innerhalb einer Klinik, als vielmehr der Umgang der Gesellschaft mit dem schizophren Erkrankten außerhalb einer Institution. Unser besonderes Problem ist die Tatsache, daß der schizophren Erkrankte durch den Zerfall der Großfamilie in unserer industrialisierten Gesellschaft in ganz besonderer Weise betroffen ist. Während er einerseits nicht selten nicht in der Lage oder nicht bereit ist, eine dauerhafte Ehepartnerbeziehung aufzubauen oder zu erhalten, ist er andererseits davon betroffen, daß es oft nicht möglich ist, ihm im Rahmen einer Großfamilie Geborgenheit zu vermitteln, wie dies z.B. in unterentwikkelten Ländern heute noch vielfach möglich ist, bei denen dem einzelnen Erkrankten ein vielfältiges Kommunikationsangebot durch Eltern, Geschwister, Onkel und Tanten angeboten wird. Dieses Angebot geht so weit, wie ich es z.B. in Afrika im Senegal beobachten konnte, daß dort ein Schizophrener, der vorübergehend klinisch-stationär behandelt werden soll, von diesen Angehörigen in die Klinik begleitet wird, die dann dort auch gemeinsam mit ihm während des stationären Aufenthaltes wohnen. Hinzu kommt, daß in anderen Kulturkreisen, insbesondere im Bereich des Islam eine wesentlich größere Toleranz gegenüber denjenigen Schizophrenen besteht, die psychotische Erlebnisse haben, wobei diese psychotischen Erlebnisse überwiegend als von Gott inspiriert angesehen werden, während unsere Kranken noch unter den negativen Traditionen zu leiden haben, die im Zusammenhang mit dem Glauben an die Teufelsbesessenheit dieser Kranken stehen. Die Isolierung des schizophren Erkrankten durch den Zerfall unserer Großfamilie einerseits und die Nachwirkungen der vielfältigen negativen Traditionen im Umgang mit dem psychisch, insbesondere dem psychotisch Kranken andererseits, dürfen nicht dazu führen, daß die schizophren Erkrankten zu Außenseitern unserer Gesellschaft werden, nachdem sie vom Mittelalter bis zur Neuzeit als Teufelsbesessene verfolgt wurden, und nachdem sie in der Hitlerzeit nochmals als minderwertiges Volksgut benachteiligt und nicht selten ebenfalls verfolgt wurden.

Die Patienten des manisch-depressiven Formenkreises stehen am anderen Pol der Problematik mitmenschlicher Beziehungen. Wir wissen, daß die weitaus meisten

Patienten des manisch-depressiven Formenkreises ausschließlich depressiv erkranken, während nur wenige außerdem auch an manischen Psychosen erkranken. Nimmt man das Gros der verschleierten, d.h. der larvierten depressiv-psychotisch Erkrankten hinzu, so kann man vermuten, daß bis zu einer Million Menschen in der Bundesrepublik an depressiv-psychotischen Erkrankungen mindestens einmal, meistens jedoch mehrmals in ihrem Leben und auch wieder gelegentlich chronisch leiden. Ganz im Unterschied zu den persönlichen charakteristischen Eigenschaften, die sich bei der Mehrzahl der schizophren Erkrankten häufen, sind die Personen, die in ihrem späteren Leben depressiv, bzw. manisch-depressiv erkranken, überwiegend auf mitmenschlichen Kontakt angewiesen. Dabei ist es uns erst in letzter Zeit deutlich geworden, daß sie nicht nur extravertiert in dem Sinne sind, daß sie gern mit anderen Menschen zusammen sind, sondern sie sind im Kontakt nach außen verhaftet. Sie benötigen den Mitmenschen, um sich für ihn zu verwirklichen. Die typischen Persönlichkeitseigenschaften konzentrieren sich daher um die Überverpflichtung gegenüber anderen Menschen und Aufgaben. Sofern die Psychose nicht unmittelbar aus der Anlage, d.h. endogen, heraus entsteht, wird sie meist durch Situationen ausgelöst, die die Eigenschaften der Überverpflichtung in besonderer Weise belasten. Das sind Verlustsituationen, die vom Verlust von Angehörigen bis zum Verlust von Aufgaben reichen. Die depressiv-psychotisch Erkrankten zeichnen sich dementsprechend in überdurchschnittlicher Häufigkeit durch Ordentlichkeit, Pflichtgefühl, Pünktlichkeit, Strebsamkeit aus. Im Zusammenhang mit diesen Persönlichkeitseigenschaften der Überverpflichtung gegenüber anderen sind sie dementsprechend wesentlich häufiger verheiratet als der Durchschnittsbürger, ganz im Unterschied, wie erwähnt, zu den schizophren Erkrankenden. Die depressive Psychose äußert sich meist zunächst in Schlafstörungen, ähnlich wie die akute schizophrene Psychose. Die Schlafstörung ist nicht selten das erste Symptom der Psychose und auch nicht selten das letzte Symptom nach ihrem Abklingen. Gleichzeitig treten nicht selten körperliche Mißempfindungen auf und insbesondere das Nachlassen der Arbeitskraft. Der Patient fühlt sich bald als Versager und leidet darunter, daß er sich nicht mehr so verwirklichen kann, wie sein Gewissen es ihm befiehlt. Er verdrängt diese Symptomatik und geht wegen der häufig erlebten körperlichen Mißempfindungen und Beschwerden zum Arzt. Es ist für ihn eine Entlastung, wenn der Arzt ihn zum körperlich Kranken erklärt, dagegen belastet es ihn, wenn man ihm sagt, er sei „nur“ depressiv. Ganz besonders belastet wird er, wenn die Angehörigen in Verkennung der Diagnose ihn auffordern, sich zusammenzunehmen. Dies erhöht die erhebliche Selbstgefährdung des Patienten. Die Angehörigen gehen von der normalen Traurigkeit aus, die sie selbst erlebt haben und in der sie sich erfahrungsgemäß zusammennehmen können. Dem gegenüber kann der depressiv-psychotisch Kranke sich nicht zusammennehmen im Hinblick auf seine Leistungsfähigkeit, sondern er leidet ja gerade darunter, daß er in seiner Selbstverwirklichung beeinträchtigt ist, obwohl er etwas leisten möchte. Auch wenn die Psychose reaktiv durch verständliche Anlässe ausgelöst wurde, besteht kein Zweifel, daß ihre Symptomatik letztlich unverständlich ist und es nur eine Psychotherapie „bei“ der Psychose, dagegen nicht „der“ Psychose gibt. Es kommt darauf an, durch ausreichend hoch dosierte Antidepressiva wie auch evtl. Tranquilizer und Regelung der Schlafstörung die Psychose möglichst rasch zu kompensieren. Bei wiederholt auftretenden Psychosen ist unbedingt die Prophylaxe mit Lithium-Salzen durchzuführen. Da jede depressive Psychose fast spiegelbildlich in gleicher

Weise wieder mit der gleichen Symptomatik einsetzt, ist es wichtig, daß sowohl der Patient, wie die Angehörigen, insbesondere der Ehepartner, diese Symptomatik kennt. Standen am Beginn Schlafstörungen oder Mißempfindungen im Körper, wobei besonders häufig Kopfbeschwerden geklagt werden, oder setzen schon bald Konzentrationsstörungen ein, so sind es jeweils wieder die gleichen Symptome bei erneuter depressiv-psychotischer Erkrankung. Wesentlich ist nicht nur, daß die Angehörigen Verständnis für dieses an sich unverständlich depressiv-psychotische Geschehen zeigen, sondern daß sie auch rasch behilflich sind, daß die entsprechende Therapie mit Psychopharmaka, insbesondere Antidepressiva, durchgeführt wird. Wesentlich ist, daß sie den Betroffenen entpflichten, z. B. indem die Hausfrau nicht mehr kochen soll oder auch nicht mehr einkaufen soll. Nur, wenn sich die depressive Psychose wesentlich gebessert hat und der Patient gern etwas tun möchte, was ihm Freude macht, kann er wieder etwas mithelfen. Auf keinen Fall soll er arbeiten, um sich zu beweisen, daß er kein Versager ist. Da die Angehörigen gerade bei den depressiv-psychotisch Erkrankenden wesentlich mithelfen können, daß der Patient nicht seiner Selbstgefährdung erliegt und sich umbringt, bin ich bereits seit mehreren Jahren dazu übergegangen, den Patienten und Angehörigen Merkblätter mitzugeben, die sie über das wesentliche dieser Erkrankung informieren.

Zusammenfassende Darstellung

Die Lernbehinderten und geistig Behinderten

Intelligenz: „Allgemeine Fähigkeit, sich unter zweckmäßiger Verfügung über Denkmittel auf neue Forderungen einzustellen" (*W. Stern*).

Die Intelligenz ist als allgemeine Fähigkeit von den besonderen Fähigkeiten, d. h. den Talenten bzw. Begabungen, abzugrenzen. Bei der intelligenten Bewältigung neuer Aufgaben sind zu unterscheiden die theoretisch-begrifflich-sprachliche Intelligenz von der praktischen Intelligenz. Es hat sich ferner bewährt, die mehr reproduktive Intelligenz, die vorwiegend unter Anwendung von Erfahrenem bzw. Gelerntem neue Aufgaben bewältigt, von der produktiven Intelligenz zu unterscheiden. Die produktive Intelligenz kann in schöpferischen Leistungen gipfeln. Der Quotient des im Intelligenztest (*Binet-Simon, Hamburg-Wechsler*) gestellten Intelligenzalters zum Lebensalter (IQ) beträgt bei normaler Intelligenz = 1 bzw. = 100, bei unterdurchschnittlicher Intelligenz weniger als 1, d. h. weniger als 100.

Man nennt die Intelligenz ein Werkzeug des Charakters. Dabei sind besonders die produktiven und evtl. schöpferischen Leistungen der „höheren" Intelligenz (*Gruhle*) mit dem Affekt- und Willensleben verbunden.

Lernbehinderung und geistige Behinderung sind nicht nur von einem abstrakten Intelligenzbegriff her zu verstehen. Es ist nicht nur die Lösung von Denkaufgaben betroffen, sondern z. B. auch das Einfühlungsvermögen, der Takt, der Überblick über die Folgen des Handelns und damit die Anpassung an die Gesellschaft. Es sind daher von Fall zu Fall neben dem meßbaren Intelligenzniveau und abgesehen von verschiedenen Persönlichkeitseigenschaften folgende Aspekte der Entwicklung und Bildung von Bedeutung: Schulbesuch, Bildungsfähigkeit, Sozialisierbarkeit, berufliche Eingliederung. Die weit überwiegende Zahl ist sozial angepaßt. Sie sind oft unentbehrliche Arbeitskräfte. Gelingt die Anpassung nicht, so ist folgendes zu berücksichtigen: Der Lernbehinderte bzw. geistig Behinderte kommt evtl. über die Egozentrizität des Kindesalters nicht hinaus und fällt dann in der Jugend (nach *Villinger* u. a.) als Spielverderber, Trotzkopf, als uninteressierter Schüler auf. Er kann unter Minderwertigkeitsgefühlen leiden oder seine Schwäche als Rechthaber und Blender überkompensieren. In der Pubertät können sich in Auseinandersetzung mit sich und den anderen Ausweichreaktionen häufen: Suizidversuche, Krankspielen, Stellenwechsel, Weglaufen oder Trotz- und Kurzschlußreaktionen, wie Gewalttätigkeiten, Brandlegung u. a.

Gelingt eine soziale Einordnung im Erwachsenenalter nicht, so treten evtl. asoziale Verhaltensweisen auf, wie z. B. Betteln, Vagabundieren, Alkoholismus, oder auch antisoziale Verhaltensweisen, wie Diebstahl und wiederum Brandstiftung und Gewalttätigkeiten. Es ist hierzu allerdings zu beachten, daß Schwachsinnige wesentlich seltener kriminelle aggressive Handlungen begehen als die Normalbevölkerung, wie statistisch bewiesen wurde (s. *Häfner* und *Böker*). Da der sexuellen Triebhaftigkeit nicht eine entsprechend ausgereifte Gesamtpersönlichkeit entspricht, sind evtl. Sittlichkeitsdelikte im Sinne von Ersatzhandlungen an Kindern, ferner Notzuchtsdelikte an Frauen die Folge. Schließlich ist ein gewisser Prozentsatz Prostituierter schwachsinnig.

Lernbehinderte bzw. geistig Behinderte können zu ausgeprägten abnormen Erlebnisreaktionen, die wegen ihrer schwer überschaubaren Symptomatik auch „Schwachsinnspsychosen" genannt werden, neigen. Verläufe endogener Psychosen werden kompliziert, daher ist mindestens jeder fünfte Schizophrene, der Dauerinsasse von psychiatrischen Krankenhäusern ist, auch lernbehindert bzw. geistig behindert. Fehlt allerdings jegliche Persönlichkeitsausbildung, wie bei (apersonalen) Schwerbehinderten, so besteht keine Schizophreniefähigkeit sowie auch keine Fähigkeit zu manischen und depressiven Psychosen. Die endogenen Psychosen sind spezifische Erkrankungen des Menschen und setzen ein Ich-Bewußtsein voraus. Fehlender Aufbau der Person bei schwer Behinderten sowie hochgradiger Abbau bei schwerer hirnorganischer Demenz schließen das Auftreten endogener Psychosen daher aus.

Minderbegabung (Grenzfälle): IQ 90–80.

a) Lernbehinderung (Debilität)

IQ 79–60, rd. 2 % der Bevölkerung = mindestens 1 Million Einwohner der BRD, meist hilfsschulfähig, meist ererbt. Die weit überwiegende Mehrzahl Debiler befindet sich außerhalb von Krankenhäusern und verrichtet meist einfache und mechanische Arbeiten.

Beim Intelligenztest zeigt sich, daß Sinnzusammenhänge (in Geschichten, Sprichwörtern, auf Bildern) unzureichend erkannt werden. Das Wesentliche kann nicht vom Unwesentlichen unterschieden werden. Die Lösung vom Anschaulichen im Sinne der Abstraktion ist erheblich beeinträchtigt, z. B. kann das Sprichwort „Der Apfel fällt nicht weit vom Stamm" nur wörtlich genommen und nicht übertragen werden. Es besteht wenig Verständnis für Beziehungen zwischen Ursache und Wirkung, Eigenschaft und Zweck (*Dubitscher*) usw., Kritik- und Urteilsschwäche.

b) Geistige Behinderung (Imbezillität)

IQ 59–30, etwa 0,7 % der Bevölkerung, meist nicht mehr hilfsschulfähig, meist durch Hirnschädigung bedingt. Zeigen keinen geordneten Sprachaufbau, können meist noch nützliche (mechanische) Arbeit verrichten, gelten aber auf unserem Arbeitsmarkt als Invalide, benötigen beschützende Werkstätten.

c) Schwere geistige Behinderung (ehemals Idiotie genannt)

IQ unter 30, etwa 0,25 % der Bevölkerung, meist nicht sprachfähig. Durch Verhaltenstherapie zu einfachsten Tätigkeiten, wie Essen, An- und Auskleiden, evtl. Sauberkeit u. a., zu bringen.

Ursächlich findet sich beim Schwachsinn am häufigsten Vererbung, besonders bei den leichten Schwachsinnsformen (Debilität). Außerdem können schwere Schädigungen des Gehirns vor der Geburt, während der Geburt oder in der Kindheit zum Schwachsinn führen. Es gibt hereditäre Schwachsinnsformen ohne nachgewiesene somatisch Abartigkeiten und mit somatischen Abartigkeiten (wie z.B. Hirnbrüche, Anomalien der Hirnwindungen (Mikrogyrie), tuberöse Hirnsklerose, Neurofibromatose (Recklinghausen), enzephalotrigeminale Angiomatose, Stoffwechselkrankheiten (z.B. Brenztraubensäureschwachsinn u.a.), familiäre diffuse Sklerosen, Bardet-Biedlsches Syndrom mit Dystrophia adiposogenitalis usw.).

Als Ursachen des erworbenen Schwachsinns (zur Früherfassung s. *Krebs*) sind besonders zu nennen: Keimschädigungen (Mongolismus u.a.), intrauterine Schädigungen durch Sauerstoffmangel, Traumen, Infektionen (kongenitale Lues, Röteln, Toxoplasmose u.a.). Schädigungen durch die Geburt und nach der Geburt (z.B. Infektionskrankheiten, parainfektiöse Enzephalitiden bei Pockenimpfung, Masern, Röteln, Varizellen, Mumps. Säuglingskrankheiten mit chronischen Ernährungsstörungen). Ferner sind zu nennen besonders Myxödem bzw. endemischer Kretinismus. Mindestens ein Drittel der Schwachsinnsformen sind durch erworbene Schädigungen bedingt.

Therapeutisch stehen psychagogische und psychotherapeutische Maßnahmen (Verhaltenstherapie) naturgemäß im Vordergrund. Über die Einrichtungen der Jugend- und der Behindertenhilfe s. die beigefügte Aufstellung.

Zur stationären Behandlung und Betreuung

Nur ein geringer Anteil der rd. 1 1/2 Millionen Lern- und geistig Behinderten in der Bundesrepublik bedarf einer stationären Behandlung und Betreuung. Dies ist meist erforderlich, wenn die Familie nicht in der Lage oder nicht bereit ist, den Behinderten bei sich zu Hause zu halten. Aber auch eine geordnete und gutwillige Familie bedarf oft einer Entlastung und zur Förderung des geistig Behinderten Tagesstätten mit Behindertenwerkstätten, zu denen der geistig Behinderte am Tage gebracht wird. Es besteht noch ein erheblicher Mangel an derartigen Tagesstätten und insbesondere auch an Geistig-Behinderten-Werkstätten. Durch die Aktion der Lebenshilfe, gefördert durch die Massenmedien, besonders durch das Fernsehen (*Mohl, Tölke, W.*), konnten auf diesem Gebiet in den letzten Jahren deutliche Fortschritte erzielt werden.

Man kann davon ausgehen, daß die sonderschulfähigen Lernbehinderten (Debilität) mit nur sehr wenigen Einzelausnahmen außerhalb von Institutionen leben und meist einer beruflichen Tätigkeit nachgehen. Sie bedürfen im allgemeinen zu ihrer

Lebensführung keiner besonderen Hilfen und werden daher als Lernbehinderte von den geistig Behinderten abgegrenzt.

Mit Ausnahme der klinisch behandlungsbedürftigen geistig Behinderten, die im Zusammenhang mit psychotischen Erkrankungen (Pfropfschizophrenien) oder wegen ausgeprägter Fehlhaltungen psychischer Behandlung bedürfen, sind geistig Behinderte in psychiatrischen Fachkliniken fehl am Platze. Von den geistig Behinderten (Imbezillität) sowie den schwer geistig Behinderten (ehemals Idiotie benannt) sind rd. 1/5 in großen Behindertenheimen (25000 Behinderte) oder psychiatrischen Krankenhäusern (17500 Behinderte) untergebracht. Gemäß einer 1980 in der Bundesrepublik durchgeführten Umfrage (*Johnson*) leben über 80% der geistig Behinderten in ihren Familien, kleinen Heimen oder Wohnstätten, d.h. der Bezug zum sozialen Umfeld konnte ihnen häufig erhalten bleiben. Offensichtlich am weitesten von einer angemessenen Versorgung entfernt sind die in psychiatrischen Landes- und Bezirkskrankenhäusern noch untergebrachten geistig Behinderten, die dort meist fehlplaziert sind. Wie bereits in den nordischen Ländern längst praktiziert, sind in der Bundesrepublik für diejenigen der stationär zu betreuenden geistig Behinderten, die nicht klinischer Behandlung bedürfen, Geistig-Behinderten-Wohnheime mit beschützenden Werkstätten dementsprechend noch weit mehr als bislang vorhanden zu schaffen.

Die psychiatrischen Fachkrankenhäuser sind für die klinische Behandlung psychischer Erkrankungen vorgesehen. Die institutionalisiert lebenden geistig Behinderten bedürfen demgegenüber mit wenigen Ausnahmen nicht einer Behandlung, sondern eines längerfristigen Bildungs- und Förderungsprogramms. Jede Institution, die dieses Programm durchführt, sollte möglichst sich in der Nähe von Orten befinden, in denen sich Bezugspersonen der Behinderten befinden, damit die Kontakte zwischen der Institution und bisherigen oder künftigen Bezugspersonen nicht durch große Kilometerdistanzen behindert werden. Wie sehr diese Kontakte durch unzweckmäßige Entfernungen beeinträchtigt sind, geht u.a. daraus hervor, daß von den in den psychiatrischen Fachkrankenhäusern z.Zt. befindlichen geistig Behinderten in der Bundesrepublik gemäß der Umfrage 1980 rd. 80% länger als 3 Jahre dort untergebracht sind, wobei nur 8% wöchentlich und 15% monatlich Besuch erhalten, sowie in über der Hälfte der Fälle die Angehörigen mehr als 50 km entfernt wohnen.

Innerhalb der stationären Behandlung und Betreuung kommt der Verhaltenstherapie mit Verstärkungen positiver Verhaltensweise (tägliche Erteilung von Pluspunkten für positives Verhalten) eine besondere Bedeutung zu, abgesehen von allen Möglichkeiten schulischer Förderung, die selbst bei schwer geistig Behinderten angebracht und gesetzlich vorgeschrieben sind.

Pharmakotherapeutisch kommt neben einer gezielten Behandlung von eventuellen Stoffwechselstörungen (bes. beim Brenztraubensäure-Schwachsinn; es sind bisher mehr als 40 verschiedene Stoffwechselstörungen bekannt, die unbehandelt zum Schwachsinn führen können. Bei einer größeren Zahl ist bereits eine gezielte, meist prophylaktische Diät entscheidend, wenn sie rechtzeitig erfolgt.) oder hormonellen Störungen (bes. bei Schilddrüsenfunktionsstörungen wie Myxödem) bei unruhigen bzw. erethischen Schwachsinnigen die Verwendung von Neuroleptika in Betracht. Eine Gruppe erethischer Kinder bildet eine Ausnahme hiervon und spricht positiv auf zentral stimulierende Pharmaka an (z. B. Ritalin). Bei der neuroleptischen Behandlung muß die neuroleptische Schwelle nicht selten überschritten werden. Außerdem empfiehlt sich oft eine Kombination von schwach potenten mit stärker potenten Neuroleptika. Je mehr Möglichkeiten den erethischen Schwachsinnigen zur psychomotorischen Abreaktion bzw. Betätigung angeboten werden, um so niedriger wird oft der Gebrauch dämpfender Neuroleptika sein. Bei chronisch unruhigen (dann meist tiefstehenden) Schwachsinnigen empfiehlt sich die Applikation von Langzeitneuroleptika.

Bei Lern- bzw. geistig Behinderten, die wegen Sittlichkeitsdelikten (nach § 63) interniert sind, sollte man der Frage mehr Aufmerksamkeit zuwenden, was im Einzelfall humaner ist: das „Einsperren" der Betreffenden wegen der völlig berechtigten Sorge vor der Wiederholung solcher Delikte oder die chemische (Cyproteronacetat) oder eventuelle operative Ausschaltung der Sexualität mit der Möglichkeit einer Resozialisierung außerhalb einer geschlossenen Abteilung. Eine Ausschaltung der Sexualität wird im allgemeinen peroral mit 200 mg Cyproteronacetat (Handelsname Androcur, Hersteller Schering) täglich erreicht. Von besonderem Interesse ist, daß nunmehr das Medikament als parenteral applizierbares Depot-Präparat (Androcur-Depot) in den Handel kommt, wobei nach bisher vorliegenden Erfahrungen 1–2 Ampullen (1 Amp. = 300 mg) in Abständen von 10–14 Tagen verabreicht werden. Zur sicheren Ausschaltung der Sexualität empfiehlt *Laschet* 600 mg (= 2 Amp.) in Abständen von 14 Tagen.

Cyproteronacetat wurde aufgrund tierexperimenteller Ergebnisse (*Fr. Neumann*) beim Menschen für diese Indikation in die Therapie eingeführt durch *U.* u. *L. Laschet* (Landeck). Klin. Wschr. 45 (1967), 324, 325

Literatur

1. *Haase, H.-J.*: Psychopathologie der Schwachsinnigen. Med. Klinik 31 (1959), 1403

2. *Haase, H.-J.*: Zur Ätiologie des erworbenen Schwachsinns. Med. Klinik 45 (1959), 2050

3. *Haase, H.-J.*: Zur Ätiologie der hereditären Schwachsinnsformen. Med. Klinik 5 (1959), 590

4. *Haase, H.-J.*: Bürgernahe Psychiatrie im Wirkungsbereich des psychiatrischen Krankenhauses. Vorträge und Diskussionen des 7. Landeck-Symposion 1980. perimed-Verlag Erlangen, im Druck

5. *Häfner, H., W. Böker*: Gewalttaten Geistesgestörter. Springer, Berlin, Heidelberg, New York 1973

6. *Harbauer, Lempo, Nissen, Strunk*: Lehrbuch der speziellen Kinder- und Jugendpsychiatrie. Springer, Berlin, Heidelberg, New York 1971

7. *Johnson, U.*: Probleme der bürgernahen Behandlung geistig Behinderter im psychiatrischen Krankenhaus. Vortrag auf dem 7. Landeck-Symposion 1980. S. Haase, H.-J. 4

8. *Krebs, H.*: Zur Früherfassung Behinderter aus sozial- und jugendpsychiatrischer Sicht. Gesundheitsfürsorge 17 (1967), 142

9. *Stern, W.*: Allgemeine Psychologie. Nijhoff, Den Haag 1950

Verzeichnis verschiedener Einrichtungen der Jugend- und der Behindertenhilfe

1. Verzeichnis der Erziehungsheime und Sondereinrichtungen für Minderjährige in der Bundesrepublik Deutschland und Berlin. I. Fricke, Geschäftsstelle des AFET in 3 Hannover-Kirchrode, Kühnstr. 14, 2. DM 6,60.

2. Mitgliederverzeichnis der Deutschen Vereinigung für Kinder- und Jugendpsychiatrie e. V. 355 Marburg, Hans-Sachs-Straße 6.

3. Verzeichnis der Erziehungsberatungsstellen in der Bundesrepublik Deutschland einschließlich Berlin (West). I. Fricke, AFET, 3 Hannover-Kirchrode, Kühnstr. 14, 2. DM 6,20.

4. Mitgliederverzeichnis der Deutschen Gesellschaft für Psychotherapie und Tiefenpsychologie. Geschäftsstelle 6000 Frankfurt, Myliusstr. 20.

5. Rehabilitationseinrichtungen für Kinder und Jugendliche in der Bundesrepublik Deutschland mit West-Berlin. Herausgegeben von *S. Kubale, C. Marhold,* Berlin. DM 13,50. Das Verzeichnis enthält nach Bundesländern geordnet kinderpsychiatrische, neurologische, orthopädische, HNO- und Kinderkliniken, Nervenkliniken, Landeskrankenhäuser, Krankenhäuser für Zahn- und Kieferkrankheiten, für Augenkrankheiten, Rehabilitationskrankenhäuser, allgemeine Krankenhäuser mit Fachabteilungen und Pflegeheime.

6. Sonderpädagogische Einrichtungen in der Bundesrepublik Deutschland mit West-Berlin. Herausgegeben von *S. Kubale, C. Marhold*, Berlin. DM 13,—. Das Verzeichnis enthält nach Bundesländern geordnet die Blindenschulen und -anstalten, Erziehungsschwierigenschulen und -klassen, Beobachtungsklassen (ohne und mit Heim), Gehörlosenschulen und Taubstummenanstalten, Hilfsschulen und -klassen (besondere Schulen, Sonderschulen für Lernbehinderte), Körperbehindertenschulen und -klassen, schulische Einrichtungen für lebenspraktisch Bildbare, Schwerhörigenschulen und -klassen, Sehbehindertenschulen und -klassen, Sprachheilschulen und -klassen (ambulante Betreuung, Sprachheilkurse), Volksschulen in Heimen, sonstige Einrichtungen (Sonderschulkindergärten und Schulkindergärten in Sonderschulen), Legasthenikerklassen, Förderklassen, Hausunterricht, Kleinklassen, Werkabschlußklassen.

7. Heime und Anstalten für geistig Behinderte. Lebenshilfe für das geistig behinderte Kind. 3550 Marburg, Barfüßertor 25. DM 1,50.

8. Liste für Tageseinrichtungen für geistig Behinderte. Lebenshilfe für geistig Behinderte. 3550 Marburg, Barfüßertor 25, gratis.

9. Orts- und Kreisvereinigungen der Lebenshilfen. Lebenshilfe für das geistig behinderte Kind. 3550 Marburg, Barfüßertor 25, gratis.

10. Handbuch für die Jugendhilfe. *K. W. Jans* und *G. Happe*. Kohlhammer. DM 18,80. Eine Vorschriftensammlung mit einer Einführung in die Geschichte und das Wesen des Jugendrechts.

11. Arbeitskreis Neue Erziehung e. V. Geschäftsstelle 1 Berlin 30, Bayreuther Straße 41. Der Arbeitskreis versendet in alle deutschsprachigen Gebiete in Europa „Peter-Pelikan-Briefe", die durch die „Schulbriefe" und „Ratschläge für werdende Eltern" ergänzt werden und den Eltern gleichlaufend mit dem Lebensalter ihrer Kinder pädagogische Ratschläge (bis zum 6. Lebensjahr 25 Briefe) vermitteln.

12. Berufe für behinderte Jugendliche, Bundesanstalt für Arbeitsvermittlung und Arbeitslosenversicherung mit der Gewerkschaft Erziehung und Wissenschaft und der Arbeitsgemeinschaft deutscher Lehrerverbände. Universum-Verlag. Wiesbaden. (Zit. n. *G. Nissen* in: Harbauer, Lempp, Nissen, Strunk „Lehrbuch der speziellen Kinder- und Jugendpsychiatrie". Springer, Berlin, Heidelberg, New York 1971).

Vereinigungen zur Betreuung und Hilfe für Behinderte (auf Bundesebene)

1. Bundesarbeitsgemeinschaft „Hilfe für Behinderte" e. V. 4000 Düsseldorf, Kirchfeldstr. 149.

2. Bundesverband für spastisch Gelähmte und andere Körperbehinderte e. V. 4000 Düsseldorf, Kölner Landstraße 375.

3. Arbeitsgemeinschaft/Interessengemeinschaft Hydrocephalus. 575 Menden, Kaiserstr. 4.

4. Bundesverband der Eltern körpergeschädigter Kinder e. V. (Conterganinder-Hilfswerk). 5000 Köln-Deutz, Deutzer Freiheit 68.

5. Bundesverband zur Förderung Lernbehinderter e. V. 4400 Münster, Manfred-von-Richthofen-Straße 49.

6. Bundesvereinigung Lebenshilfe für geistig Behinderte e. V. 3550 Marburg, Barfüßertor 25.

7. Bund zur Förderung sehbehinderter Kinder e. V. 4100 Duisburg-Wanheimerort, Am Bahndamm 16.

8. Deutsche Gesellschaft zur Bekämpfung der Mucoviscidose e. V. 8520 Erlangen, Loschgestr. 15, Universitätsklinik.

9. Deutsche Gesellschaft zur Förderung der Hör- und Sprachgeschädigten e. V. 2000 Hamburg 52, Bernadottestr. 126.

10. Deutsche Haemophiliegesellschaft zur Bekämpfung von Blutungskrankheiten e. V. 8000 München 60, Planeggerstr. 17.

11. Deutsche Sektion der Internationalen Liga gegen Epilepsie. 7642 Kork bei Kehl, Landstr. 1.

12. Deutscher Blindenverband e. V. 5320 Bad Godesberg, Bismarckstr. 30.

13. Schutzverband für Impfgeschädigte e. V. 5912 Hilchenbach/Sieg, An der Herrenwiese 5.

14. „Hilfe für das autistische Kind“ e. V. 5880 Lüdenscheid, Postfach 1306.

Zusammenfassende Darstellung

Hirnorganische Psychosyndrome

Die Beeinflussung der Gehirnfunktionen kann auf 3 Wegen zu somatopsychischer Symptomatik führen:

a) Von außen (allogen nach *Kleist*), besonders Intoxikationen, Psychopharmaka (bes. Tranquilizer- und neuroleptische Wirkung), Trauma u. a.

b) Vom Körper aus (somatogen nach *Kleist*), z. B. endokrin (bes. Morbus Basedow, Myxödem, Morbus Addison, Gravidität u. a.).

Somatogene Intoxikationen (bes. Nierenerkrankungen, Lebererkrankungen, fieberhafte Infekte u. a.).

Stoffwechseländerungen, z. B. gesteigerte Erregbarkeit bei Tetanie. Herz- und Kreislaufstörungen mit Hypoxämie des Gehirns.

c) Vom Gehirn aus (neurogen nach *Kleist*) Entwicklungsstörungen des Gehirns, Tumor, Gefäßleiden u. a.

Zur Symptomatik und zum Auftreten der organischen Psychosyndrome

a) Als Achsensyndrom von Hirnschädigungen findet sich eine Hirnleistungsschwäche mit „reizbarer Schwäche" (neurasthenisches Syndrom), auch „hyperästhetisch-emotioneller Schwächezustand" (*Bonhoeffer*) genannt. Es besteht eine geringe affektive Belastungsfähigkeit mit leichter Erregbarkeit, evtl. Rührseligkeit, eine rasche, besonders geistige Ermüdbarkeit mit Konzentrationsstörungen und Nachlassen der Leistungsfähigkeit. Meist besteht eine verminderte Alkoholtoleranz und oft eine Herabsetzung der sexuellen Potenz. Diese Leistungsschwäche ist am deutlichsten zu beobachten, wenn die Hirnschädigung einen gewissen Schweregrad nicht überschritten hat, z. B. bei leichterem Altersabbau oder im Prodromalstadium von organischen Hirnprozessen, z. B. als Vorstadium bei progressiver Paralyse u. a. bzw., wenn schwere akute Schädigungen abgeklungen sind (z. B. nach Hirntrauma, nach schwerer Intoxikation, nach Infektionskrankheiten u. a.).

b) Das Gemeinsame akuter erheblicher Beeinträchtigung der Hirnfunktionen ist eine Bewußtseinstrübung bzw. Bewußtseinsveränderung (akuter exogener Reaktionstyp nach *Bonhoeffer*). Je nach Ursache und Disposition können fakultativ begleitend auftreten:

1. Meist rein hirnorganisch-exogene Syndrome, wie Delirien, evtl. szenenhafte visuelle Halluzinationen, meist psychomotorische Unruhe, oft situative Verkennung (u. a. auch bei hochdosierten Antidepressiva).

2. Dämmerzustände: Bewußtseinsstörung mit traumhaften, evtl. wahnhaft bedingten Handlungen (besonders bei Anfallsleiden).

3. Selten beobachtet man Syndrome, die sonst nur von endogenen Psychosen bekannt sind, wie depressive, manische, paranoide bzw. paranoid-halluzinatorische Psychosen. Diese endogenen Syndrome können alle im Sinne „rein endogener Reaktionstypen" ohne begleitende Bewußtseinsstörungen auftreten oder sich mit Bewußtseinsstörungen bzw. einem organischen Psychosyndrom kombinieren. Sie sind am häufigsten beschrieben beim Altersabbau des Gehirns und besonders als manische oder depressive Syndrome bei der progressiven Paralyse. Andererseits wurden z.B. bei an Hirntumoren Erkrankten endogene Syndrome nicht häufiger als in der Durchschnittsbevölkerung beobachtet. Art, Lokalisation, Tempo und Intensität der Hirnschädigung einerseits, prämorbide Persönlichkeit und evtl. Veranlagung zu endogenen Psychosen andererseits, sind jeweils zu berücksichtigen.

Die Tatsache, daß es im Zusammenhang mit körperlichen, insbesondere Gehirnerkrankungen, nur zu vorübergehenden psychischen Störungen kommen könne, wurde von *Wieck* als „Durchgangssyndrom" gekennzeichnet. Dabei wurde darauf hingewiesen, daß ohne Bewußtseinsstörungen vorübergehende psychotische Syndrome auftreten, bei denen evtl. Antriebsstörungen oder Gefühlsstörungen oder Gedächtnisstörungen im Vordergrund stehen und evtl. in diesem Zusammenhang auch vorübergehende paranoide oder halluzinatorische Erlebnisse auftreten können.

Besonders wichtig ist u. E., daß mit der Kennzeichnung „Durchgangssyndrom" darauf hingewiesen wird, daß es nicht nur im Bereich des schizophrenen oder manisch-depressiven Formenkreises, sondern auch bei Psychosen, die in engem Zusammenhang mit einer Beeinträchtigung der Gehirnfunktionen auftreten, nicht selten nur zu einer vorübergehenden Erkrankung mit völliger Wiederherstellung kommen kann.

c) Bei dauerhaften Schädigungen des Gehirns, die vor der Geburt oder in der frühen Kindheit einsetzen, kommt es evtl. zum Schwachsinn (s. S. 271).

d) Bei dauerhafter, mehr lokaler Schädigung des Gehirns im Erwachsenenalter = evtl. hirnlokales Psychosyndrom bes. mit Antriebsstörungen. Dabei handelt es sich in erster Linie um Antriebsminderungen mit evtl. rasch auftretenden Verstimmungen. Keine Gedächtnisstörungen (sofern nicht mit einem amnestischen Psychosyndrom kombiniert). Bei Schädigung des Orbitalhirns Färbung durch Enthemmung (evtl. Witzelsucht, Euphorie u. a.).

e) Nach *M. Bleuler* entsprechen die bei endokrinen Störungen auftretenden Symptome des endokrinen Psychosyndroms den Antriebsminderungen und Verstimmungszuständen des hirnlokalen Psychosyndroms.

Umfassende Übersicht über die endokrinen Psychosyndrome s. *M. Bleuler*: Endokrinologische Psychiatrie. 1. Aufl. Thieme, Stuttgart 1954, sowie kurzgefaßtes Sammelreferat *H.-J. Haase*, Endokrinologische Psychiatrie, Med. Klinik 52 (1957), 1416

Es gibt verschiedene endokrine Psychosyndrome, die über eine hormonale Substitutionstherapie (z.B. Myxödem) oder andere therapeutische Maßnahmen zu beeinflussen sind. Ihre Behandlung wird meist von Endokrinologen bzw. speziell orientierten Fachinternisten durchgeführt.

Eine Ausnahme machen die endokrinen Psychosyndrome im Klimakterium der Frau und des Mannes. Sie spielen zahlenmäßig eine große Rolle und werden oft von praktischen Ärzten wie Kollegen der verschiedensten Fachrichtungen behandelt.

Diese endokrinen Psychosyndrome, die im Klimakterium der Frau und des Mannes auftreten, äußern sich mit leichter Ermüdbarkeit, Reizbarkeit, Schlafstörungen, Stimmungsschwankungen, Antriebsstörungen sowie mit Verminderung der Libido und der Potenz. Sie bedürfen häufig einer hormonalen Substitutionstherapie, die dann oft erfolgversprechend ist.

Bei der Frau treten sie vor allem in der Postmenopause auf, beim Mann – als Folge einer reduzierten Testosteronproduktion – manchmal schon im 4. Lebensjahrzehnt.

Behandlungsvorschläge:

Psychische Störungen in der Postmenopause = Östrogene, z.B. Östrogynal, Ovaribran, Ovestin, Presomen, Presomen spezial, Progynova. Bei diesen Kuren wird jeweils 3 Wochen täglich 1 Drag. verabreicht. Dann wird 1 Woche Pause eingeschaltet oder

alle 3–6 Wochen 1 Amp., z.B. Primodian-Depot (Androgen-Östrogen-Kombination), insbesondere bei ausgeprägten psychischen Symptomen.

Klimakterium virile

z.B. anfangs 3×1 Tabl. Proviron zu 25 mg, später 1–2 Tabl. zu 25 mg täglich, oder

alle 2–3 Wochen 50–100 mg Testoviron-Depot i. m. Empfehlenswert sind wiederholte Kuren über 4–8 Wochen (mit 4wöchigen Pausen), die sich bei Bedarf über Jahre erstrecken können.

Kontraindikationen

Für Östrogene: bestehendes oder behandeltes Mamma- oder Korpuskarzinom, Myom, Mastopathia cystica, Endometriose, akute und schwere chronische Leberkrankheiten.

Für Androgene: klinisch manifestes Prostatakarzinom (bei Frauen ist auf Virilisierungssymptome zu achten).

f) Diffuse Hirnschädigungen führen evtl. zum amnestischen Psychosyndrom mit bes. Merkschwäche für neue Eindrücke und meist relativ gut erhaltenem Altgedächtnis, bei stärkerer Ausprägung mit unzureichender zeitlicher Orientierung, weniger deutlich und seltener unzureichende örtliche Orientierung, evtl. Konfabulationen. Psychopathologisch identisch mit dem Korsakow-Syndrom. Klinisch wies *Korsakow* auf die Kombination mit Polyneuritis hin, sofern ein amnestisches Psychosyndrom toxisch (meist durch chronischen Alkoholabsus) bedingt ist.

g) Organische Demenz: Aufgrund einer Hirnschädigung erworbene Beeinträchtigung der allgemeinen geistigen Fähigkeit zur Anpassung an neue Aufgaben und Bedingungen des Lebens mit deutlicher Kritik- und Urteilsschwäche; im Zusammenhang mit einem organischen Psychosyndrom.

Besondere Färbungen organischer Psychosyndrome im Zusammenhang mit speziellen Gehirnerkrankungen

a) Senile Demenz: Neben den (im Abschnitt Psychopathologie des Alterns, s. S. 284 ff) beschriebenen Charakterveränderungen mit besonderem Hervortreten der Selbsterhaltungstriebe (Besitz, Nahrung) und Zurücktreten von sozialen Tendenzen, Auftreten eines amnestischen Psychosyndroms mit Merkschwäche usw. und deutlicher Beeinträchtigung der Kritik- und Urteilsfähigkeit. Später Beginn im 7. und 8. Lebensjahrzehnt. Im äußeren Verhalten kann eine lebhafte oberflächliche Geschwätzigkeit bei relativ gut erhaltener „Fassade" stehen.

b) Arteriosklerotische Demenz: Die Abgrenzung gegenüber der senilen Demenz ist rein psychopathologisch nicht möglich. Abgesehen von dem oft früheren Beginn sprechen für einen pathologischen Gefäßprozeß subjektive Beschwerden, wie Kopfschmerzen, evtl. neurologische Symptome und Schwindelgefühl. Evtl. rascher Beginn oder Verschlimmerung im Zusammenhang mit Insulten. Objektivierbare Gefäßsklerosen, besonders am Augenhintergrund. Ferner psychische Herdsymptome wie bes. Aphasien: Sensorische Aphasie = Worttaubheit, das Wortklangbild geht verloren, der Patient versteht nichts und spricht unverständliche Worte (Paraphasien). Motorische Aphasie = Wortstummheit. Der Patient versteht, kann aber nicht sprechen, da ihm der Wortentwurf nicht zur Verfügung steht. Apraxien.

c) Ein ungewöhnlich früh im Präsenium auftretendes amnestisches Psychosyndrom bei den oft ausgesprochen lebhaften Persönlichkeiten wurde als Alzheimersche Erkrankung von der senilen Demenz abgegrenzt. Pathologisch-anatomisch handelt es sich im Vergleich zur senilen Demenz um quantitative Unterschiede mit besonders zahlreichen Drusen und Alzheimerschen Neurofibrillenveränderungen bei atrophischen Veränderungen der Hirnrinde. Der rasche und relativ frühzeitig einsetzende und intensive Verlauf dürfte besonders dafür verantwortlich sein, daß das amnestische Psychosyndrom dieser präsenilen Demenz durch Herdsymptome wie besonders aphasische Störungen mit Verwechseln und Versprechen von Worten kombiniert sein kann.

d) Ebenfalls im Präsenium (evtl. schon im 5. Lebensjahrzehnt auftretend) kommt es bei der Pickschen Krankheit vorwiegend zu hirnlokalen Psychosyndromen. Dementsprechend fehlen zumindest am Beginn Gedächtnisstörungen wie diffuse Hirnrindenveränderungen, während atrophische Veränderungen im Stirnhirn, Schläfenlappen und Scheitellappen (evtl. nur in einem dieser Bereiche) auftreten. Rasch kommt es zur Demenz mit Beeinträchtigungen der Urteilsbildung. Der „Stirnhirn-Pick“ kann ein zunächst paralyseähnliches Bild mit Enthemmung bieten, während beim „Schläfenlappen-Pick“ sensorisch aphasische Störungen (mit Worttaubheit und Paraphasien) auftreten. Beim (seltenen) „Scheitellappen-Pick“ kann die Demenz mit apraktischen und agnostischen Symptomen kombiniert sein.

e) Bei Krampfanfallsleiden (hereditär oder durch erworbene Hirnschädigung bedingt) kann es zu dauerhaften organischen Wesensänderungen wie zu passageren psychischen Störungen kommen (Einzelheiten über Genese, Form und Therapie der Anfälle siehe die entsprechende Literatur).

Das organische Psychosyndrom, das bei mindestens 1/3 der Betroffenen fehlt, kann bei Anfallsleiden eine besondere Färbung haben wie: Verlangsamung, Umständlichkeit, Egozentrizität, hypersoziales Verhalten, Haften, Süßlichkeit. Diese charakteristische Färbung der Wesensänderung scheint weniger von der Anfallshäufigkeit abhängig zu sein als das unspezifische organische Psychosyndrom.

Passager kann es anstelle von Anfällen (Anfallsäquivalente) evtl. im Zusammenhang mit medikamentöser Anfallsunterdrückung „forcierte Normalisierung“ zu Verstimmungszuständen mit oft ausgeprägter Gereiztheit kommen oder zu Dämmerzuständen mit Bewußtseinsveränderungen, die wie auch die Verstimmungen zu gefährlichen aggressiven Handlungen führen können. Ferner können Erregungszustände auftreten und unkontrollierte dranghafte Handlungen ausgeführt werden.

Zur Therapie

Valium je nach Bedarf, Distraneurin, Neuroleptika, Tegretal und im Hinblick auf die evtl. „forcierte Normalisierung“ u. U. Absetzen der antikonvulsiven Therapie.

f) Progressive Paralyse: Bei einer Inkubationszeit von durchschnittlich 12 Jahren erkranken 4–7% der an Lues Infizierten an progressiver Paralyse. Beginn mit einer Hirnleistungsschwäche bzw. ausgeprägtem organischen Psychosyndrom. Im Zusammenhang mit einem besonderen Betroffensein des Stirnhirns häufig frühzeitig Kritik- und Urteilsschwäche und enthemmtes Verhalten. Im Gehirn kommt es zu infiltrativen Gefäßveränderungen mit einem weitverbreiteten Degenerationsprozeß des nervösen Parenchyms. Die Intensität der Pia- und Gefäßveränderungen nimmt vom Stirn- bis zum Okzipitalhirn ab. Infolge zahlreicher Herde, die auch das Stammhirn und das Zerebellum betreffen, kommt es zur frühzeitigen Störung motorisch koordinativer Leistungen, die sich in einer Verwaschenheit der Sprache (artikulatorische Sprachstörung), Störungen des Schriftbildes, mimischer Schwäche mit evtl. Beben um die Mundwinkel (paralytisches Wetterleuchten) äußern, sowie zu zentral bedingten vegetativen Störungen, wie Schweißausbrüchen, Schwankungen des Körpergewichts u. a.

Bei rund 90% der Fälle besteht Pupillenstarre bei Lichteinfall. Bei einem Teil dieser Fälle auch Pupillenstarre bei Akkommodation = absolute Pupillenstarre. Bei einem anderen Teil reagieren die Pupillen zwar nicht auf Licht, aber auf Akkommodation = reflektorische Pupillenstarre (Argyll-Robertsonsches Phänomen). WaR in Blut und Liquor sind bei Unbehandelten praktisch immer positiv. Im Liquor Zellerhöhung (meist Lymphozyten). Eiweißvermehrung mit charakteristischer Globulinerhöhung. Die stark kolloidfällende Wirkung des Paralyseglobulins führt zur typischen Paralysezacke mit maximalem Ausfall in den ersten Röhrchen mit starker Konzentration.

Es gibt eine maniforme, depressive und stumpfdemente Verlaufsform. Unbehandelt führt die Erkrankung in wenigen Jahren zum Tode.

Therapie: Penizillinkuren, evtl. in Kombination mit Fieberzacken (Pyrifer).

Zusammenfassende Darstellung

Psychopathologie des Alterns

Rund 8 1/2 Millionen Bürger in der Bundesrepublik sind mehr als 65 Jahre alt. 1 bis 2 Millionen von ihnen bedürfen zeitweise nervenärztlicher Behandlung. Bei etwa der Hälfte von ihnen stellen sich schwerere organische Psychosyndrome ein. Die so häufigen altersbedingten leichten Hirnleistungsschwächen sind bei dieser Zahl nicht berücksichtigt. Bei der anderen Hälfte finden sich alle bekannten psychopathologischen Syndrome, die entweder schon im früheren Leben mehr oder weniger bestanden oder erstmals auftreten. Bei organischen Psychosyndromen sind im Alter Belastungen durch neue Situationen und damit ein Milieuwechsel oft eine Veranlassung zur Dekompensation mit zumindest vorübergehender ausgeprägter Symptomatik. Auch eindeutig hirnorganisch bedingte exogene Psychosen können durch relativ geringe körperliche oder psychische Belastung auftreten oder sich verschlimmern. Zum Verständnis des Verlaufes psychopathologischer Syndrome im Alter ist also eine Reihe von Faktoren zu beachten, d.h. somatische Begleiterkrankungen können wie auch soziale Faktoren (Beziehungen zu den Angehörigen, Milieuwechsel, z.B. Krankenhauseinweisung) von Bedeutung sein. Es wurde in diesem Sinne auf die „Multimorbidität" (*Bergener*) in der Gerontopsychiatrie hingewiesen. Diese hirnorganischen Psychosen im Alter sind gekennzeichnet durch nächtliche Exazerbationen und delirante Syndrome mit eventuellen visuellen Halluzinationen und vielleicht auch Umdeutungen der gegenwärtigen Situation im Sinne früherer Erinnerungen. Während Zwangsneurosen im Alter eher an Dynamik verlieren und weniger quälend werden, häufen sich (endomorphe und exomorphe) Depressionen (Belastung durch Vakuumsituationen u. a.), dabei kommt es zwar im Vergleich zum früheren Lebensalter seltener zu Suizidversuchen, aber eindeutig häufiger zu vollendeten Suiziden. Paranoide oder paranoid-halluzinatorische Psychosen bzw. paranoische Syndrome (gefördert durch Verunsicherung im Zusammenhang mit Alleinstehen und Einsamkeit, S. 133, 224) treten ebenfalls häufiger auf. Ein Nachlassen der Potenz bei erhaltener Libido in Verbindung mit einem Persönlichkeitsabbau disponiert bei Männern zu Sexualdelikten an Kindern.

Die geistige Anpassungsfähigkeit an neue Aufgaben und Bedingungen des Lebens, d.h. die Intelligenz, kann im Alter zunächst durch Hemmung ihrer charakterologischen Vorbedingungen beeinträchtigt werden. Dabei kann es zu einem Instinktumbau (von *Monakow* und *Mourgue*) mit einem Hervortreten der Selbsterhaltungstriebe und einem Zurücktreten arterhaltender und sozialer Tendenzen kommen.

Grundprinzipien abnormen psychischen Alterns (nach *Schulte* und *Harlfinger*): 1. Nachlassen der vitalen Dynamik, 2. Enthemmungsvorgänge, 3. Werkzeugstörungen mit Beeinträchtigung der Wort- und Namensfindung, der Merkfähigkeit u. a.

Eigenschaften, die am häufigsten abnormes Altern charakterisieren, sind nach *F. A. Kehrer*: Selbstgefälligkeit, Neid, Mißtrauen, Engherzigkeit, Egozentrizität, hypochondrische Selbstbeobachtung, Geiz, Verarmungs- und Neuerungsfurcht, gesteigerte Fremdbeeinflußbarkeit, Halsstarrigkeit, Rührseligkeit, Affektinkontinenz, Geschwätzigkeit, Mißverhältnis von Libido und sexueller Potenz.

Bei ausgeprägtem Altersabbau mit deutlicher Beeinträchtigung der Kritik und Urteilfähigkeit spricht man von seniler Demenz (s. S. 281).

Wie weit psychisches Altern zum Leiden des Betroffenen führt, hängt nicht zuletzt von der Einstellung und dem Verhalten der Gesellschaft gegenüber dem Alternden ab (s. hierzu S. 287).

Zur Behandlung: Bei allen psychischen Störungen im Alter, die zur Inaktivität führen, sind Aktivierung durch Bewegungs- und wenn möglich Beschäftigungstherapie wichtig. Bettlägerigkeit ist, wenn irgend möglich, zu vermeiden, da sie die Atrophie von Muskeln und Knochen und damit weitere Schwäche fördert und Dekubitus, Pneumonie u. a. auslöst. Weiteres s. S. 210, 289.

Pharmakotherapeutisch werden bei altersbedingten Hirnleistungsschwächen bzw. bei ausgeprägteren organischen Psychosyndromen Geriatrika bzw. Nootropika (s. S. 289) vielfach verordnet. Zur Besserung der Hirndurchblutung kann eine Kombination mit Herz- und Kreislaufmitteln (evt. Bluttransfusion) nützlich sein.

Bei der Verordnung von Psychopharmaka empfiehlt sich dringend eine grundsätzlich möglichst niedrige Dosierung wegen geringer Verträglichkeit bei ebenfalls grundsätzlicher Vermeidung von Bettruhe (Gefahr von Thrombosen und Embolien, Pneumonie). Dabei ist bemerkenswert, daß Antidepressiva auch in sehr niedrigen Dosierungen schon sehr wirksam sein können, z.B. bei den trizyklischen Antidepressiva Dosierungen bis zu 30 mg täglich oder bei den Monoaminooxydasehemmern $^1/_2$–1 Drag. Jatrosom täglich. Sedierende Tranquilizer-Dosierungen mit reinen Tranquilizern oder schwach potenten Neuroleptika sollten am Tage im Hinblick auf den so oft gestörten Nachtschlaf nur ausnahmsweise und ebenfalls niedrig dosiert angewandt werden. Zur Sedierung kann sich am Tage Distraneurin bei akuten Unruhezuständen bewähren (s. S. 282). Es kann sich sogar eine leichte Stimulation durch Pharmaka am Tage bewähren. Bei paranoiden Psychosen sind ebenfalls schwächer potente Neuroleptika wegen der vegetativen Nebenwirkungen und der Sedierung nur ausnahmsweise und sehr vorsichtig einzusetzen. Stärker potente Neuroleptika sollten – oberhalb der neuroleptischen Schwelle dosiert – wegen der Gefahr der Überlastung der extrapyramidalen Zentren (möglichst keine Kaschierung von Überdosierungen durch Antiparkinsonmittel) mit Auftreten von extrapyramidalen Hyperkinesien möglichst nur kurzfristig verwandt werden.

Bei Schlafstörungen empfehlen sich ganz besonders die wenig toxischen und meist nicht zur Kumulation neigenden Medikamente, wie besonders Distraneurin, Paraldehydlösung, Chloralhydrat, ferner Mogadan, Atosil, evtl. niedrig dosierte schwach potente Neuroleptika.

Weiteres s. S. 287. Zum gegenwärtigen Stand der Gerontopsychiatrie.

Literatur

1. *Bergener, M.*: Zum Problem sozialer und sozialpsychologischer Faktoren in der Pathogenese psychischer Störungen des höheren Lebensalters. Habilitationsschrift, Düsseldorf 1970

2. *Haase, H.-J.*: Amnestische Psychosyndrome im mittleren und höheren Lebensalter. Springer, Berlin, Göttingen, Heidelberg 1959

3. *Haase, H.-J.*: Psychopathologie des Alterns. Med. Klinik (1957), 594

4. *Haase, H.-J.*: Gerontopsychiatrie. Vorträge und Diskuss. des 5. Landeck-Symposion. Werk-Verlag Dr. E. Banaschewski, München-Gräfelfing 1979

5. *Kehrer, K.*: F. A. über das psychische Altern des Menschen. Dtsch. Med. Wschr. 79, 42, (1954) 1553, 1587

6. *Monakow, C. V., R. Mourgue*: Idiologische Einführung in das Studium der Neurologie und Psychopathologie. Hippokrates-Verlag, Stuttgart–Leipzig 1930

7. *Schulte, W., H. Harlfinger*: Seelisches Altern als Lebensproblem. Fortschr. Neurol. Psychiat. 24, H. 7 (1956)

Zum gegenwärtigen Stand der Gerontopsychiatrie unter besonderer Berücksichtigung der Bundesrepublik

Zusammenfassung der Vorträge des 5. Landeck-Symposion zum Thema: Gerontopsychiatrie

Das Leben um Jahre zu verlängern, ist ein Ziel, das sich die Medizin gestellt hat. Doch wichtiger ist der Satz: Nicht nur Jahre dem Leben, sondern Leben den Jahren geben, so meinen Psychiater, Psychologen, Soziologen und alle, denen es darum geht, daß der alte Mensch ein erfülltes und lohnendes Leben lebt.

H.-H. Meyer wies dementsprechend darauf hin, daß das Altern kein rein medizinisch ärztliches Problem ist, sondern in die Bereiche der Psychologie und Soziologie übergreift und u. a. die Bereiche der Politik, Kunst, Philosophie und Religion berührt.

Mißt man den Wert und Nutzen eines Menschen an dem, was er produziert, so laufen unsere Alten Gefahr, als Nutzlose vernachlässigt zu werden. Unter dieser Sicht besteht nur zu leicht die Gefahr, das Defizitmodell des Alterns in den Vordergrund zu stellen. Es ist das besondere Verdienst von Psychologen, wie besonders *Lehr* und *Thomae* es gezeigt haben, dieses Defizitmodell des Alternden widerlegt zu haben und aufgezeigt zu haben, daß unterschiedliche geistige Funktionen und Fähigkeiten sich auch in sehr differenzierter Weise während des Lebens verändern. Nicht nur vitale Schwächung, Abnahme der vitalen Dynamik, nicht nur Altersschwäche, sondern auch Entwicklung von Wesenszügen wie Güte und Dankbarkeit, Milde und Heiterkeit, Weisheit und gläubiger Verlaß, verstärktes Verantwortungsgefühl häufen sich bei vielen alten Menschen.

Wenn wir in unserer modernen, an der Zukunft und am Fortschritt orientierten, zunehmend industrialisierten Gesellschaft das Alte, die Tradition, die Lebensweisheiten der Alten und damit auch des alten Menschen mißachten, nähern wir uns einem seelenlosen Materialismus. Es ist immer ein wesentliches Symptom einer Gesellschaftsstruktur, wie die Älteren mit den Jüngeren umgehen und welche Einstellungen die Jüngeren gegenüber den Älteren und damit auch ihren Alten gegenüber einnehmen. *H.-H. Meyer* betonte, daß der Alternde und Alte mehr denn je und mehr als die Menschen anderer Altersklassen einer Welt ausgesetzt ist, die immer stärker urbanisiert und industrialisiert ist. Wenn man hierzu bedenkt, daß nicht nur das Kind und der Jugendliche, sondern besonders auch der Mensch in der zweiten Lebenshälfte von seiner Umwelt in besonderer Weise abhängig ist, wenn man bedenkt, daß zur Zeit rd. jeder 7. Bundesbürger, d. h. rd. 8,5 Millionen Menschen unserer Einwohner, mehr als 65 Jahre alt sind, so wird deutlich, welchen enormen Umfang die Aufgaben haben, die hier im Interesse der Alten in unserer Gesellschaft zu bewältigen sind und die zu einem nicht geringen Anteil auch den Psychiater angehen. Wenn man schätzt, daß ca. 1–2 Millionen alter Bundesbürger zeitweise nervenärztlicher Behandlung bedürfen, so hängt diese hohe Anzahl nicht nur davon ab, daß mehr Menschen ein größeres Alter erreichen und damit mehr Gehirne krankhaft altern, sondern daß heute nach dem Zerfall und der Auflösung vieler Groß- und Kleinfamilien viele alte Menschen in Verlustsituationen geraten, mit denen sie in ihrer Isoliertheit und mangelnden Familiengeborgenheit allein nicht mehr fertig werden. Der hohe Anteil von Depressionen und Schlafstörungen, auf die *Werner* hinwies, und besonders der hohe Anteil der Suizide bei alten Menschen unserer Gesellschaft geben beredtes Zeugnis für diese Situation.

Wenn die eigene Familie dem alten Menschen zu wenig Geborgenheit vermittelt, so sollten die Nachbarn, die Bürger der Dörfer und Städte, in denen die Alten leben, sich aktiver um die Alten bemühen. Daß dies offensichtlich zumindest in Großstädten zu wenig geschieht, zeigt der Bericht über die Tätigkeit der Altenberatungsstelle in Heidelberg, über die *Österreich* berichtete.

Im Rahmen der klinischen Behandlung psychisch Alterskranker wurden Themen der Diagnostik und Therapie dieser Patienten referiert und diskutiert. Im Rahmen psychoorganischer Syndrome weist die Konzeption der Durchgangssyndrome durch *Wieck* auf die Möglichkeiten der Reversibilität dieser Syndrome und gibt Hinweise für die Möglichkeiten zur Quantifizierung der psychopathologischen Symptomatik der Durchgangssyndrome. Im Zusammenhang mit der Untersuchung der Psychopathologie amnestischer Psychosyndrome wies Verf. auf die Einengung der Merk-Wirkkreise, die erkennen läßt, daß mit einem zunehmenden Nachlassen der Merkfähigkeit für neue Eindrücke bei amnestischen Psychosyndromen ein zunehmendes Nachlassen des Interesses für neue Eindrücke einhergeht. Es zeigt sich, daß Merkleistungen und Wirkleistungen derart ineinander verschränkt sind, daß es angezeigt ist, dies bei der Diagnostizierung der verschiedenen Schweregrade amnestischer Psychosyndrome zu berücksichtigen.

Bei der Diagnostizierung zerebral bedingter Ursachen psychischer Störung kommt der quantifizierenden Messung der lokalen Hirndurchblutung mit der 133-Xenon-Methode entsprechend dem Bericht von *Herrschaft* besondere Bedeutung zu, nachdem sich gezeigt hat, daß die Messung der Durchblutung des Gesamthirns bzw. einer Hemisphäre keine wesentlichen Ergebnisse gebracht hat. Dies ist von besonderem Interesse, wenn man den Hinweis von *Hoyer* berücksichtigt, wonach das Gewicht des Gehirns nur 2 % des gesamten Körpergewichts ausmacht, während es von 15–20 % des Herzzeitvolumens durchflossen wird. Dabei werden 20–25 % der Gesamtaufnahme jeweils von Sauerstoff und Glukose vom Gehirn allein genutzt. Es bestehen dabei enge Berührungen mit dem Stoffwechsel der Aminosäuren. Entsprechend dem Bericht von *Herrschaft* stehen bei den ischämischen Hirngewebsschädigungen die arteriosklerotischen Hirngefäßerkrankungen im Vordergrund. Für die wichtige Frage der Ausdifferenzierung hirnorganisch bedingter Störungen sind weiterhin abgesehen von allgemeinen klinischen neurologischen Untersuchungen die Angiographie und insbesondere neuerdings die Computertomographie, über die *Herrschaft* und aus unserer Klinik *Rabe* berichteten, von besonderer Bedeutung. Von besonderem Interesse sind die Ergebnisse der regionalen quantifizierenden Hirndurchblutungsmessung, wonach Theophyllinderivate, Nikotinderivate, Mutterkornalkaloide, Raubasin, Papaverin keine klinisch verwertbaren Durchblutungsförderungen erkennen lassen. Unter dieser Sicht der quantifizierenden Messung regionaler Hirndurchblutung zeigen sich für den Kliniker nur ermutigende Ergebnisse mit Pyritinol (Encephabol), Meclofenoxat (Helfergin), Piracetam (Nootrop, Normabrain), Extract.Sanguin.deprotein. (Actovegin, Actihämyl), die eine Förderung der Durchblutung von mindestens 30 Minuten erkennen lassen. Hinzu kommt die offensichtlich überzeugende Wirkung von niedermolekularem Dextran (Rheomacrodex), das über eine Viskositätsänderung des Blutes zur Verbesserung der Mikrozirkulation führt. Von besonderem Interesse sind zum Thema der Hirndurchblutungsstörungen und ihrer therapeutischen Behandlung auch die Hinweise und Ergebnisse von *Hoyer*, der erarbeitete, daß Hirndurchblutungsveränderungen nur in einem Teil der Fälle parallel gehen mit Hirnstoffwechseländerungen. *Hoyer* wendet sich gegen die allgemein diskutierte Vorstellung, daß das organische Psychosyndrom generell auf eine Herabsetzung der Hirndurchblutung zurückzuführen sei. Bei seinen Untersuchungen war nur in rd. 17% der untersuchten Fälle die Hirndurchblutung im Durchschnitt neben den Größen des Hirnstoffwechsels dominierend und im Zusammenhang mit einer führenden Störung des zerebralen Sauerstoffverbrauchs in insgesamt rd. 42% der Fälle pathologisch eingeschränkt. *Hoyer* zeigte auf, daß Einschränkungen der zerebralen Sauerstoffverwertung, der Glukoseaufnahme ins Gehirn und des Glukoseabbaus im Gehirn besonders zu beachten seien, und daß für die Therapie hirnorganisch bedingter psychoorganischer Symptome eine differenzierte Stoffwechselanalyse des Hirnstoffwechsels wesentlich sei und daß es heute möglich sei, die im Rahmen eines organischen Psychosyndroms auftretenden unterschiedlichen Störungen der Hirndurchblutung und des Hirnstoffwechsels reproduzierbar zu erfassen, bestimmten nosologischen Einheiten zuzuordnen und basierend hierauf gezielt zu therapieren.

Konkret zeigte sich bei den Untersuchungen *Hoyers*, daß Pyrithioxin (Encephabol) einen günstigen Effekt auf den pathologisch veränderten zerebralen Glukosestoffwechsel hat, während Cosaldon-Retard (Niacin) vor allem die gestörte zerebrale Sauerstoffverwertung verbessert. Normabrain, Nootrop (Piracetam) verbessert nach *Hoyer* die gestörte Hirndurchblutung und die erniedrigte zerebrale Sauerstoffaufnahme des Gehirns bei Patienten mit psychischen Störungen auf zerebrovaskulärer Grundlage, während Helfergin (Zentrophenoxin) ähnlich wie Encephabol (Pyrithioxin) auf den gestörten Glukosestoffwechsel wirkt. Die durch chronischen Alkoholmißbrauch beeinträchtigten Größen der Hirndurchblutung und des Hirnstoffwechsels waren nach den Untersuchungen *Hoyers* am günstigsten durch Actovegin bzw. Actihämyl bzw. Solcoseryl (Extract. sanguin. deprotein.) zu beeinflussen. Über weitere Maßnahmen zur Behandlung hirnorganisch bedingter Störungen, insbesondere auch im Zusammenhang mit den Folgen eines Hirnödems, wurde durch *Herrschaft* berichtet.

Herzmann berichtete über die erstaunlichen Therapie- und Rehabilitationsmöglichkeiten bei 100 Alterskranken, die auf der geriatrischen Station eines Allgemeinkrankenhauses aufgenommen wurden, von denen mehr als 2/3 der Patienten bei der Aufnahme voll pflegebedürftig und zum Teil seit Jahren bettlägerig waren. Durchwegs bestand Multimorbidität in dem Sinne, daß bei den Patienten im Durchschnitt 4 verschiedene Krankheitsdiagnosen zu stellen waren. Bemerkenswert war, daß die Patienten in der Mehrzahl eine depressive Symptomatik aufwiesen, die auf die Behandlung mit Antidepressiva sowie auch besonders auf die positive persönliche Zuwendung therapeutisch gut ansprachen. Die von *Herzmann* mitgeteilten therapeutischen Erfolge mögen jeden ermutigen, der Alterskranke zu behandeln hat. Bei den von ihm berichteten schwerkranken stationär behandelten Alterskranken war es möglich, bei mehr als $^2/_3$ der 100 Patienten beachtliche rehabilitative und therapeutische Erfolge zu erzielen. Diese Erfolge gingen so weit, daß 51 von 70 gebesserten Patienten wieder weitestgehende bis volle Selbständigkeit erlangten und sie in einen Zustand problemarmer Heim- oder häuslicher Pflegefähigkeit gebracht werden konnten.

Wieck betonte ebenfalls, daß entsprechend der Multimorbidität bei Alten die Therapie ätiologisch pathogenetisch auszurichten ist. Er unterscheidet Maßnahmen, die auf die formale Pathogenese auszurichten sind wie auf Hypoglykämie, Parkinsonsyndrom, B-12-Avitaminose, akute und chronische zerebrovaskuläre Insuffizienz, von Maßnahmen der Syndromtherapie, die sich auf besondere Ausgestaltungsweisen des Durchgangssyndroms im Sinne von *Wieck* richten. Davon sind wiederum zu unterscheiden die soziotherapeutischen Maßnahmen zur Thematik der häuslichen oder stationären Betreuung.

Auch unter der Sicht der Forschung der Psychologen wird die mehrfache Bedingtheit von Alternszuständen und Altersprozessen gesehen und dementsprechend auch eine mehrgleisige Sicht der therapeutischen Maßnahmen in den Mittelpunkt gerückt. *Lehr* und *Thomae* untersuchten die biographischen Analysen von insgesamt über 2500 Personen der Geburtsjahrgänge 1890 bis 1935, die seit 1955 in ihrem Arbeitskreis erhoben wurden und teilweise durch eine, über einen längeren Zeitraum sich hinziehende Längsschnittbeobachtung ergänzt worden sind. Es zeigte sich, daß Altern als mehrfach determiniertes Schicksal zu bezeichnen ist. In diesem Sinne wurde von *Lehr* und *Thomae* unterschieden: Altern als biologisches Schicksal, Altern als soziales Schicksal, Altern als finanzielles bzw. ökonomisches Schicksal, Altern als epochales Schicksal und Altern als ökologisches Schicksal. Ganz besonders wurde auch von *Lehr* und *Thomae* der Grundsatz psychiatrischer Erkenntnis bei ihren Forschungsergebnissen betont, wonach es weniger entscheidend ist, was der alte Mensch erlebt, sondern wie er sich und seine Umwelt erlebt. Es ist wesentlich, diese festgestellte mehrdimensionale Verursachung von Alternszuständen und Alternsprozeßverläufen wie auch die individuell unterschiedliche kognitive Repräsentanz zu berücksichtigen, wenn Interventionsmaßnahmen sowohl im Sinne einer Prophylaxe wie auch im Sinne einer Therapie sinnvoll sein sollen und das psychophysische Wohlbefinden auch im Alter gewährleisten, stärken bzw. herbeiführen sollen.

Mit diesen wichtigen Ergebnissen aus dem Arbeitskreis *Lehr-Thomae* finden wir den Übergang von der Gerontopsychiatrie zur Gerontopsychologie, der den Psychiatern ermutigende Impulse gibt, sich aktiv mit den vielfältigen Ursachen psychischer Leidenszustände im Alter auseinanderzusetzen.

Weitere ermutigende Ergebnisse werden zur psychotherapeutischen Beeinflußbarkeit psychisch kranker alter Menschen durch *Kanowski* und *Radebold* aufgezeigt.

Diese beachtlichen psychotherapeutischen Möglichkeiten bei bis zu über 80Jährigen stehen im Mißverhältnis zu den Vorurteilen und den negativen Stereotypien über das Alter. Charakteristisch ist die Mitteilung, wonach von über 6000 gerontopsychiatrischen Publikationen nur 234 entsprechende psychotherapeutische Arbeiten 1973 gefunden wurden. *Radebold* zeigte die Probleme der Übertragung und Gegenübertragung auf, die den jungen Therapeuten unter Umständen unbewußt dahingehend beeinflussen, daß es eine narzistische Kränkung seines Selbstwertgefühls darstellt, wenn die psychotherapeutische Arbeit nur begrenzten Erfolg zeigt, wobei eine Wiederholung der Beziehung zu den eigenen Eltern, von denen er sich möglicherweise gerade erst gelöst hat, seine psychotherapeutischen Bemühungen hemmt oder nachteilig beeinflußt. Umgekehrt bedeutet es für den Älteren eine Kränkung seines Selbstwertgefühls, wenn er eingestehen muß, daß er auch im Alter noch ungelöste Probleme hat und diese gegenüber einem Jüngeren darstellt. Aus diesen und anderen Gründen finden sich eine Reihe von Abwehrhaltungen, die bisher dazu geführt haben, daß die Möglichkeiten individueller Psychotherapie wie auch der besonders fruchtbaren Gruppentherapie bei weitem nicht ausreichend bei psychisch kranken alten Menschen genutzt werden. Ganz besonders alle aktuellen abnormen Erlebnisreaktionen und akuten Zuspitzungen neurotischer Fehlhaltungen sind bei den Alten nach dem Bericht von *Radebold* auch unter psychoanalytischer Sicht durchaus psychotherapeutisch erfolgreich angehbar.

Österreich, Radebold und *Kanowski* betonen ganz besonders auch die wichtigen Möglichkeiten der sozialen Therapie. *Kanowski* berichtet, daß die Therapie bei den Alten häufig dreidimensional sein muß und Pharmakotherapie, Psychotherapie und Soziotherapie umfassen muß.

Kanowski berichtet, daß zur Zeit die Hauptlast der klinischen Arbeit in psychiatrischen Landeskrankenhäusern den psychisch kranken alten Menschen zukommt. Dabei kommt es nicht darauf an, Stationen mit dem Etikett der Gerontopsychiatrie zu versehen, sondern es ist wesentlich, entsprechend qualifiziert ausgebildetes Personal auf diesen gerontopsychiatrischen Stationen einzusetzen. Wenn ich hierzu mitteilen muß, daß mir keine gerontopsychiatrische Abteilung in einem psychiatrischen Großkrankenhaus bekannt ist, das über Psychologen, Sozialarbeiter, Altenpfleger, Krankengymnasten und anderes spezialisiertes Personal verfügt, das ausschließlich den gerontopsychiatrischen Stationen zur Verfügung steht, dann wird daraus deutlich, daß wir im Rahmen klinischer Gerontopsychiatrie noch ganz am Anfang stehen. Der Aufbau gerontopsychiatrischer Stationen, die sich vorwiegend nur so nennen, weil sich dort psychisch kranke alte Menschen versammeln, zu gerontopsychiatrischen Fachabteilungen mit entsprechend zahlreichem und qualifiziert ausgebildetem Personal ist daher eine Forderung, die sich aus den Ergebnissen unserer Symposions ergibt. Darüber hinaus wird es wesentlich sein, psychiatrische Ambulanzen im Vorfeld psychiatrischer Kliniken aufzubauen entsprechend den Vorschlägen von *Kanowski* und in diese Ambulanzen psychiatrische Beratungsdienste im Sinne des von *Österreich* mitgeteilten Heidelberger Modells einzubauen.

Insgesamt zeigten die Ergebnisse unseres Symposions, daß es nicht nur erforderlich ist, große finanzielle Mittel zu investieren, um psychisch kranken alten Menschen medikamentös, psychotherapeutisch und soziotherapeutisch zu helfen, sondern daß dann auch beachtliche therapeutische Erfolge erzielt werden können.

Einzelheiten s. Vorträge und Diskussionen des 5. Landeck-Symposion: Hrsg. *H.-J. Haase*. Gerontopsychiatrie. Werk-Verlag Dr. E. Banaschewski, München-Gräfelfing 1979.

Zum gegenwärtigen Stand der Krisenintervention in der Psychiatrie in der Bundesrepublik

Zusammenfassung der Vorträge des 4. Landeck-Psychiatrie-Symposions zum Thema Krisenintervention in der Psychiatrie, sowie von Vorträgen des 7. Landeck-Psychiatrie-Symposions zum Thema: Bürgernahe Psychiatrie im Wirkungsbereich des psychiatrischen Krankenhauses

Unser Symposion hatte zwar ursprünglich das Leitthema „Krisenintervention in der Psychiatrie", doch zeigten die Referate, daß der Fachpsychiater und das psychiatrische Fachkrankenhaus nur in begrenztem Umfang bisher in diese Krisenintervention eingeschaltet sind, so daß wir besser von einer Krisenintervention bei psychisch Kranken sprechen sollten.

Uns interessierten die Fragen:

Was verstehen wir unter einer Krise? Wer hilft dem psychisch Kranken in der Krise? Wo und wann häufen sich Krisen? Welche Bedeutung haben der Hausarzt, der niedergelassene Nervenarzt, die psychiatrische Ambulanz und die stationäre, psychiatrische Behandlung bei der Krisenintervention? Wieweit sind seelisch bedingte Krisen weniger Symptome spezieller psychiatrischer Diagnosen als vielmehr Symptome unserer Gesellschaftsstrukturen? Wieweit sind damit nicht nur die Psychiatrie, sondern alle hilfsbereiten Kräfte unserer Gesellschaft aufgerufen, dem Betroffenen in seiner psychischen Krise zu helfen?

Allgemeines zum Krisenbegriff

Es kennzeichnet unsere modernen und dynamischen Bemühungen um den psychisch Kranken, daß der Begriff der Krise und der Krisenintervention in unser Bewußtsein getreten ist, nachdem er in den bisherigen Lehrbüchern der Psychiatrie kaum zu finden ist. Dabei zeigte die Untersuchung von *Böhme*, daß Arzt und Patient in vielen Fällen sich miteinander verstanden, wenn sie von Krise sprachen. Krise ist nicht Krankheit eines Organs, sondern Leiden des ganzen Menschen. Leiden, das zu seiner Besserung mehr braucht als nur den kurzen, spezialistischen Zugriff (*Böhme*). Krise bedeutet bei den von *Böhme* befragten Patienten plötzliche Befindensverschlechterung mit unsicherem Ausgang, wobei sich in der Hälfte der Fälle das Krisenverständnis des Patienten mit dem des Arztes deckte.

Damit können wir den Begriff der Krise als Kommunikationsbegriff in der Sprache zwischen Arzt und Patienten anerkennen. Er beinhaltet den prognostisch positiven Aspekt im Sinne des Vorübergehens, wie auch der Begriff des Durchgangs-Syndroms im Sinne von *Wieck*, und entspricht damit mehr unserem heutigen therapeutischen Bemühen als Begriffe wie z.B. „endogen", „angeborene Psychopathie", „Defekt", „Demenz" u. a.

Krise wird im Sinne von *Häfner* verstanden als drohender oder eingetretener Verlust des seelischen Gleichgewichts und wird in rein operationalem Zusammenhang verstanden als „Zustand, der sofortiges therapeutisches oder präventives Handeln im Sinne der Krisenintervention oder Notfallversorgung erfordert« (*Häfner*). Nach *Caplan* und *Erikson* kommt es zur Krise, wenn sich ein erhebliches Ungleichgewicht zwischen der subjektiven Bedeutung des Problems und unzureichenden Bewältigungsmöglichkeiten entwickelt. Krise ist in unserem Zusammenhang nicht durch Krankheit erklärbar, sondern ist im Sinne von *Häfner* ein Verlust des seelischen Gleichgewichts, der hervorgerufen wurde durch einen äußeren oder inneren Anlaß, oder durch das Zusammenwirken beider. „Eine Krise kann spontan abklingen, chronifizieren oder bestimmte Krankheiten auslösen" (*Häfner*). *Ladewig* wies darauf hin, daß Krise in unserem Zusammenhang nicht im Sinne einer naturwissenschaftlichen Medizin die Höhe und den Wendepunkt eines Krankheitsgeschehens meint. Damit könnte man die Gegenfrage stellen: Wer wird nicht von Krisen erschüttert? Wer erfährt nicht zumindest eine Einbuße seines seelischen Gleichgewichts, wenn er als Jugendlicher seine Identität sucht? An wem gehen z.B. Partner- und Berufsprobleme des mittleren Lebensalters ohne Erschütterungen des seelischen Gleichgewichts vorbei? Für wen bedeuten nicht die Verlustsituationen des Alters Krisensituationen, die er zu bewältigen hat?

Warum wird aber dann gerade in unserer Zeit der Ruf nach Kriseninterventionen so laut?

Es will scheinen, daß dies einerseits bedingt ist durch eine geringere Leidens- bzw. Durchhaltefähigkeit des einzelnen in unserer Zeit, nicht zuletzt bedingt durch seine mangelnde Geborgenheit.

Fetzner wies auf die geringe Bereitschaft, sowohl von Jugendlichen, wie von ihren Eltern, zur Bejahung von Krisen in den Entwicklungsjahren hin. „Die normale Entwicklung des Jugendlichen gelangt durch Krisen hindurch zur individuellen Prägung und extreme innere Spannungen, Erregungen, Nöte, Sorgen, gehören notwendigerweise zu ganz bestimmten Phasen und sind entscheidende Voraussetzungen zur Reife. Dies will man nicht mehr wahrhaben. Ein junger Mensch sollte kaum noch etwas aus- oder durchhalten" (*Fetzner*). Einerseits weichen manche Jugendliche – besonders diejenigen aus zerrütteten Familienverhältnissen – in der Krise ihrer Identitätssuche aus in Alkohol- und Drogenmißbrauch bzw. Sucht, wie *Ladewig* ausführte.

Andererseits betrachten manche Eltern seelische Probleme ihrer Kinder als Ware, der gegenüber man bestimmte Erwartungen und Ansprüche glaubt geltend machen zu müssen. „Eltern sehen z.B. eine Krise, wenn soziale Aufstiegschancen ihrer Kinder berührt werden. Das Abweichen soll so schnell wie möglich und möglichst mit dem richtigen Medikament unter Kontrolle gebracht werden. Mit Psychopharmaka soll etwas wegbehandelt werden, wo doch oft eigentlich etwas hinzukommen müßte, nämlich ein Lernschritt in der Auseinandersetzung mit der Umwelt" (*Fetzner*).

Von besonderer Bedeutung ist die Vereinzelung des Menschen unserer Zeit, besonders in den Großstädten, aber auch auf dem Lande. Vereinzelung durch den Verlust der Geborgenheit in der Großfamilie, wie aber auch Vereinzelung durch den Verlust des Glaubens und des Überzeugtseins von Werten, die dem Leben über den Augenblick hinaus einen tragenden Sinn geben. Es gilt der Leitsatz der Soziologie: Je mehr der Mensch vereinzelt, um so häufiger scheitert er an sich selbst. Dies wurde uns heute nicht nur durch das mitgeteilte Zahlenmaterial aus den Städten Essen, Hannover, Heidelberg, München, Mannheim, Solingen und Wien deutlich, sondern auch durch die Tatsache, daß an der Spitze der Fälle, die eine Krisenintervention benötigen, diejenigen stehen, die im Zusammenhang mit einem Suizidversuch oder nach Alkoholmißbrauch der Hilfe bedurften.

Damit können wir zur Frage übergehen, in welcher Form sich psychische Krisen bei körperlichen und insbesondere psychiatrischen Erkrankungen finden und wie man ihnen begegnen kann.

Krise im Zusammenhang mit körperlicher und psychischer Erkrankung

Körperliche Erkrankungen führen in unserer Zeit eher zu einer Krise, weil, wie *Böker* ausführt, der naturwissenschaftliche Fortschritt allzuoft mit einer Verarmung personaler Beziehungen zwischen Patienten und Heilkundigen bezahlt wird. Der Psychiater sieht den Brennpunkt im psychischen Befund, der durchschnittliche Arzt den organischen Befund. Viele körperlich Kranke fühlen sich daher in ihren emotionalen Bedürfnissen unbeachtet und unversorgt. Andererseits können viele Menschen ihre psychischen und sozialen Probleme nur in Verbindung mit körperlichen Beschwerden und Symptomen äußern (*Böker*). Danach kommt es zu Krisenquellen durch Mißverständnisse und Kommunikationsstörungen zwischen Patient und Arzt, wenn der Arzt sich vom Patienten im Hinblick auf seine Diagnose und seine Behandlungsvorschläge nicht angenommen fühlt, oder wenn der Arzt den Patienten für einen Hypochonder oder Simulanten hält, weil die Beschwerden nicht in sein biologisches Konzept passen, bzw. er keinen organischen Befund findet (*Böker*). Krisen können gefördert werden durch die Hospitalisierung in der Anonymität des Allgemeinkrankenhauses, wie durch die Passivierung in der Krankenrolle, gefördert durch autoritäre Anweisungen des Arztes (*Böker*). Gefordert wird mit Recht eine Heilkunde, die den Patienten nicht zum unmündigen, passiv Hinnehmenden macht, sondern zum mitverantwortlichen Partner, dem nicht nur naturwissenschaftlich spezialisiert, sondern mitfühlend menschlich begegnet wird. Ärzte sollten nicht nur eine umfassendere medizinisch-psychologische Ausbildung erhalten, sondern sollten sich auch in Selbsterfahrungsgruppen zusammensetzen, um Erfahrungen auszutauschen, wie sie ihre Patienten erleben, und dementsprechend mit ihnen umgehen.

Auf 13000 Selbstmorde pro Jahr in der BRD kommt das mindestens 5fache, möglicherweise 10–15fache, wie *Feuerlein* berichtet, an Selbstmordversuchen. Je anonymer und je weniger hilfsbereit die Gesellschaft, um so größer muß der Appell um Hilfe ausfallen.

Der Suizidversuch mit Schlaftabletten oder auch mit Psychopharmaka ist ein besonders häufiger Apell an die anderen. Ihm wird häufig nur mit körperlicher, rein medizinischer Entgiftung begegnet, während es vor allem das Ziel sein muß, diese Krise zu beenden, also das Ungleichgewicht zwischen der subjektiven Bedeutung des Problems und seinen Bewältigungsmöglichkeiten zu beseitigen (*Häfner*).

Feuerlein weist auf die Bedeutung der Aufwachphase in den Tagen nach dem Suizidversuch hin, in denen die Patienten manchmal über Probleme berichten, die sie später nach Abklingen dieses Durchgangssyndroms verdrängen oder zumindest verleugnen. Wichtig ist auch der emotionale Zugang in der Aufwachphase, der erleichtert, daß der Patient durch Gespräche von emotionalem Druck, Schuldgefühlen und Angst entlastet wird. Die Wiedergewinnung der Selbstkontrolle und die Reintegration der Persönlichkeit können auf diesem Wege gefördert werden. Wichtig sind aber ebenfalls nach *Feuerlein* entsprechende Gespräche im präsuizidalen Syndrom, das durch eine Einengung der zwischenmenschlichen Beziehung, Wendung der Aggression gegen die eigene Person und Todesphantasien im Sinne von *Ringel* gekennzeichnet ist.

Feuerlein berichtet in diesem Zusammenhang, daß die Hälfte der Patienten vorher die Selbstmordhandlung angekündigt hat, evtl. in versteckter Form, und daß ca. der gleiche Prozentsatz 2 Wochen vor der Selbstmordhandlung einen Arzt aufgesucht hat, z. T. wegen körperlicher oder psychischer Beschwerden.

Bedeutend ist der Einfluß von Alkohol im Zusammenhang von Krisen, der nach *Engelmeier* im industriellen Ballungszentrum in Essen in mehr als der Hälfte der Krisensituationen im Spiel war. In Essen wurden nach *Engelmeier* 1967 rd. 16000 Kriseninterventionen registriert, d.h. rd. 2450 Kriseninterventionen auf 100000 Einwohner. Zwei Drittel dieser Kriseninterventionen geschahen am Ort der Krise, d.h. meist in Wohnungen, Unterkünften oder aber auch auf der Straße. Besonders bei den Alkoholikern wirkte in Essen, und wir können annehmen, daß es in anderen Großstädten ähnlich ist, in der Hälfte der Fälle die Polizei am Ort, während in einem Drittel der Fälle es zum Ausnüchterungsgewahrsam bei der Polizei kam. Nur bei knapp 3 % der Alkoholiker kam es im Zusammenhang mit einer Krise zur Aufnahme in die psychiatrische Klinik. Wir wissen, daß die Krise im Zusammenhang mit Alkoholmißbrauch der Krise, die sich im Suizidversuch zu erkennen gibt, nicht selten psychodynamisch nahesteht. Alkoholiker begehen 75–100mal so häufig Suizid wie die anderen. Besonders die eindrucksvollen Zahlen von *Engelmeier* aus Essen zeigen uns, daß die Krisenintervention im Zusammenhang mit Alkoholismus und Suizidversuchen weitgehend im Vorfeld psychiatrischer Kliniken, wie aber auch im Vorfeld psychiatrischer Versorgung geschieht und also nicht von Psychiatern durchgeführt wird. Auch in der Praxis des niedergelassenen Nervenarztes spielt die Krisenintervention bei Suchterkrankungen, wie auch bei Suizidversuchen, wie der Bericht von *Augustin* zeigt, die geringste Rolle aller Kriseninterventionen. Nur bei der Errichtung von Spezialeinheiten, wie einer Alkoholikerambulanz, in Dänemark in Aarhus/Risskov, oder bei uns z.B. in München durch *Feuerlein*, geschieht nennenswerte Krisenintervention bei Alkoholikern, wobei wir aus dem Bericht von *Sorensen* aus Dänemark entnehmen, daß dort bei 250000 Einwohnern einer Stadt, pro Jahr 200 neue Patienten als Alkoholiker, häufig im Zusammenhang mit krisenhaften Situationen, in die Ambulanz kommen.

Über eine längerdauernde Behandlung und Betreuung nach Suizidversuchen wurde lediglich aus dem Kriseninterventionszentrum aus Wien, das mit der psychiatrischen Klinik zusammenarbeitet, von *Sonneck* berichtet.

Krisenintervention bei Patienten mit psychotischen Erkrankungen des schizophrenen und manisch-depressiven Formenkreises, an denen mehr als eine Million Einwohner der BRD, zumindest meist wiederholt über mehrere Monate, oder auch über Jahre, erkranken, fällt am ehesten bisher in den Bereich der Psychiatrie und wird von Psychiatern gehandhabt. Ungeachtet der entscheidenden Bedeutung der Psychopharmaka bei der Kompensation und Stabilisierung, wie auch Prophylaxe dieser psychotischen Erkrankungen kennen wir die Bedeutung situativer Belastungen, die im Sinne einer Krise zur erneuten psychotischen Erkrankung führen können.

Brenner spricht bei den Schizophrenen von dem einprägsamen Bild des Seiltanzes, wonach ein Mangel an sozialer Erregung ein In-sich-Zurückziehen und Apathie fördert, dagegen eine zu große soziale Beanspruchung zu Kommunikationsstörungen und zum Wiederaufflackern akuter schizophrener Symptome führt. Das optimale Erregungsniveau kann besonders bei chronisch schizophrenen Patienten durch Über- und Unterstimulation rasch verfehlt werden. Erregende Einflüsse können besonders bei chronisch Schizophrenen zu neuer akuter Erkrankung führen, wie bei den depressiv psychotischen Erkrankungen Einflüsse von Verlustcharakter von besonderer Bedeutung sind. Während von verschiedenen Referenten, wie *Creutz* u.a. darauf hingewiesen wurde, daß die stationäre Aufnahme neurotischer Patienten häufig zur Scheinlösung von Problemen führt, kann im Sinne von *Brenner* festgehalten werden, daß besonders bei schizophrenen Patienten eine vorübergehende Herausnahme aus der momentanen sozialen Umgebung die Bewältigung einer Krise und damit auch die Behandlung einer akuten Psychose erheblich verbessern kann.

Augustin stellt in seiner Praxis als niedergelassener Nervenarzt in diesem Sinne fest, daß Patienten des schizophrenen Formenkreises, wie auch depressiv psychotisch Erkrankte, durch eine vorübergehende stationär-klinische Behandlung in einer psychiatrischen Klinik nicht nur oft rasch kompensiert wurden, sondern auch für die Weiterbehandlung motiviert wurden. Es sei ferner an die wichtige Entlastungsfunktion stationärer psychiatrischer Behandlung bei depressiv-psychotischen Patienten erinnert, die von ihren krankhaften Verpflichtungs- und Insuffizienzgefühlen gegenüber ihren Angehörigen durch den stationären Aufenthalt entpflichtet werden. Krisenhafte Zuspitzungen von Psychosen können bei akut Schizophrenen durch die Aufnahme in die Geborgenheit der stationären Behandlung, wie bei depressiv psychotischen Kranken durch die Entpflichtung der stationären Situation von außerordentlicher Bedeutung sein.

Dabei geht diese Art der Krisenintervention durch stationäre Aufnahme bei Patienten des schizophrenen und manisch-depressiven Formenkreises ihren eigenen Weg und benötigt, im Unterschied zu Patienten nach Suizidversuchen, oder bei Krisensituationen im Zusammenhang mit abnormen Persönlichkeitsreaktionen, nicht nur eine Kriseninterventionszeit von ein bis zwei Wochen, sondern im allgemeinen von sechs bis acht Wochen stationärer Behandlung.

Welche Konsequenzen ergeben sich aus den Ergebnissen für die Krisenintervention psychisch Kranker?

Wir haben unser Symposion zwar Krisenintervention in der Psychiatrie genannt, haben jedoch erfahren, daß in den weitaus meisten Fällen, in denen Menschen ihr inneres Gleichgewicht im Sinne einer Krise verlieren und auf Hilfe und Behandlung angewiesen sind, diese Krisenintervention außerhalb der Psychiatrie stattfindet.

Welche Forderungen sollte man erheben und welche Ziele anstreben, um das für unsere Zeit so bedeutsame Anliegen einer sinnvollen Krisenintervention bei psychisch Kranken zu verbessern?

Der Ansatz beginnt in vorderster Front, d. h. zunächst am Ort der Krise. Am Ort der Krise, in der Wohnung oder auch auf der Straße, erweist sich nach *Engelmeier* die solidarische Intaktheit einer Gruppe, einer Familie danach, wieweit sie fähig ist, eine Krise intern zu bewältigen. Geht man von den aus Essen mitgeteilten Zahlen aus und berücksichtigt, daß $^2/_3$ der Kriseninterventionen am Ort erfolgen, so kommt man unter Berücksichtigung der sicher wesentlich niedrigeren registrierten Kriseninterventionen auf dem Lande dennoch zu der Schätzung, daß pro Tag in der BRD in mindestens tausend Fällen eine Krisenintervention wegen Persönlichkeitsstörungen, die registriert werden, erfolgt. Was sich im Vorfeld dieser registrierten Krisenintervention am Ort mit spontaner Hilfe durch Familie, Nachbarn, aber auch bereits durch Hausarzt oder Seelsorger abspielt und wie häufig hier spontane und sinnvolle Kriseninterventionen erfolgen, wissen wir nicht. Wir erfuhren jedoch, daß bei den registrierten Kriseninterventionen am Ort am häufigsten die Polizei in Aktion tritt, daß in fast der Hälfte der Fälle hier Alkohol im Spiele ist und so finden wir die ersten Hinweise für eine wünschenswerte Verbesserung der Situation, wenn *Engelmeier* darauf hinweist, daß man gute Gründe zu der Annahme hat, daß sich die Polizei hier oft überfordert fühlt. Gewährleistung von Ordnung und evtl. Aufnahmen in Ausnüchterungsgewahrsam können nicht ausreichen, die Hintergründe des krisenhaften Verhaltens aufzudecken.

Zu überprüfen ist, wieweit die Krisenintervention am Ort mehr integriert werden kann in einem Einsatz von Ärzten, Sozialarbeitern und Psychologen, um nicht vornehmlich am Interventionsort für Ruhe und Ordnung zu sorgen, sondern dem Betroffenen Hilfe anbieten zu können. Dies gilt auch für den Personenkreis, der fast ein Drittel der Kriseninterventionsfälle ausmacht, und in den Institutionen der ersten Linie, wie *Engelmeier* es nennt, d.h. entweder im Ausnüchterungsgewahrsam der Polizei, in den Praxen der niedergelassenen Ärzte, oder in Allgemeinkrankenhäusern aufgenommen wird.

Cooper und *Zintl* berichteten über Erhebungen in England, wie auch in Mannheim, wonach damit gerechnet werden kann, daß ein Hausarzt, der 2500 Menschen versorgt, pro Woche mindestens zwei neue psychiatrische Fälle zu versorgen hat. Am häufigsten handelt es sich dabei um neurotische Patienten, sodann um psychisch Alterskranke, und erst an dritter Stelle kommen psychosomatische Erkrankungen. Der Hausarzt steht hier in vorderster Front, nicht nur der Krisenintervention, sondern auch vor allem der Krisenprävention, da er über eine Fülle von Informationen verfügt, um Situationskrisen rasch erkennen zu können und ihnen auch evtl. vorbeugen zu können. Gerade der Hausarzt bietet einen wesentlichen Gegenpol zur rein spezialisierten naturwissenschaftlichen Medizin und wird ganz besonders im Zusammenhang mit Kriseninterventionen und Krisenpräventionen nicht nur ein wesentlicher Helfer bleiben, sondern in diesem Zusammenhang künftig auch immer bedeutsamer werden, je mehr er über medizinisch-psychologische, wie auch psychiatrische Probleme informiert wird.

Bisher befanden wir uns im Bereich der Krisenintervention außerhalb der Psychiatrie, d.h. außerhalb der Einschaltung von Nervenärzten und psychiatrischen Institutionen.

Wie wir durch *Engelmeier*, und aus der Praxis des niedergelassenen Nervenarztes durch *Augustin* erfuhren, steht der niedergelassene Nervenarzt bisher meist an der Front der fachpsychiatrischen Krisenintervention, während psychiatrische Ambulanzen und Polikliniken mit wenigen Ausnahmen, die uns aus Essen, Heidelberg, Hannover, Kaiserslautern, München, Köln und Wien berichtet wurden, relativ selten Kriseninterventionen durchführen. Dazu können wir feststellen, daß entsprechend einem Hinweis von *Rose*, die psychiatrische Ambulanz und Poliklinik alten Stils einer modernen Krisenintervention nicht gewachsen ist, da sie im wesentlichen einerseits keiner Versorgungsverpflichtung unterliegt, den niedergelassenen Ärzten diagnostische Hilfe gibt und die konsiliarischen Aufgaben von Krankenanstalten übernimmt. Hinzu kommt eine weitgehende fehlende personelle Besetzung durch Sozialarbeiter und Psychologen in den herkömmlichen Ambulanzen, während *Sonneck* aus Wien berichtete, daß besonders Sozialarbeiter und Psychologen eine wesentliche Voraussetzung für eine nachhaltige Krisenintervention sind. Damit haben die psychiatrischen Ambulanzen und Polikliniken alten Stils den gleichen Nachteil wie niedergelassene Nervenärzte, denen keine, oder nur in gänzlich unzureichendem Maß Hilfskräfte wie Krankenschwestern, Sozialarbeiter, Psychologen, zur Verfügung stehen, um konsequente Einzel- und Gruppenbehandlungen innerhalb und außerhalb der Institutionen durchführen zu können. Im Interesse einer Verbesserung fachpsychiatrischer Krisenintervention ist es daher dringend erforderlich, sowohl niedergelassene Nervenärzte in einen Verbund mit entsprechendem Hilfspersonal zu nehmen, als auch bestehende psychiatrische Ambulanzen und Polikliniken mit entsprechendem Hilfspersonal auszustatten.

Wesentlich ist für künftige psychiatrische Ambulanzen, die unbedingt Aufgaben der Krisenintervention erfüllen müssen, entsprechend Hinweisen von *Häfner* und *Rose*, unter Bezug auf die Empfehlungen der Sachverständigenkommission für Psychiatrie der Bundesregierung, daß psychiatrische Ambulanzen überschaubare Versorgungsgebiete bearbeiten. Diese sektorisiert arbeitende psychiatrische Ambulanz, über die *Rose* aus dem Arbeitskreis *Kisker* berichtete, hat die Voraussetzungen für eine therapeutische Kontinuität und Kette zu erfüllen und muß sich verflechten mit bereits bestehenden Einrichtungen psychosozialer Fürsorge.

Wichtig ist, entsprechend einem Hinweis von *Häfner*, die Anbindung dieser psychiatrischen Ambulanzen an das psychiatrische Krankenhaus. Damit kann u.a. jederzeit eine stationäre psychiatrische Krisenintervention gewährleistet werden. Es kann aber auch, wie *Creutz* aus dem Arbeitskreis *Bergener* in Köln-Merheim zeigte, durch die Ambulanz die stationäre Einweisung in die psychiatrische Klinik in einem nennenswerten Prozentsatz vermieden und in eine ambulante Behandlung umgewandelt werden.

Engelmeier sprach von der Spitze eines Eisberges, wenn nur fast 5 % der Personen mit persönlichkeitsbedingter Krisenintervention in eine psychiatrische Klinik eingewiesen werden müssen. Doch für diese Spitze des Eisberges, für diese 5 % muß es die entsprechenden Stationen geben. Es dürfte eines der wichtigsten Ergebnisse unseres Symposions sein, daß wir aus den Berichten entnehmen können, daß zu allen Mängeln der bisher bestehenden Kriseninterventionsmöglichkeiten der Mangel einer ausreichenden Zahl von psychiatrischen Kriseninterventionsstationen kommt.

Psychiatrische Kriseninterventionsstationen sollten Patienten aufnehmen, die spätestens zwei Wochen nach der Aufnahme entweder wieder entlassen werden können oder in längere psychiatrische klinische Behandlung übernommen werden sollten. Am günstigsten liegen die Verhältnisse, wenn eine psychiatrische Klinik der Regelversorgung im unmittelbaren Stadtbereich liegt und einen Teil ihrer Fälle im Sinne der Krisenintervention aufnehmen kann. So erfuhren wir, daß z.B. ein Drittel der Aufnahmen eines Jahres der psychiatrischen Universitätsklinik Essen bereits innerhalb von zwei Wochen nach der Aufnahme wieder entlassen wurden. Aber auch in Essen kam es zu einer nur ganz unzureichenden psychiatrischen Kriseninterventionsbetreuung bei Patienten nach Suizidversuchen, wie *Engelmeier* mitteilt. So werden Patienten mit Suizidversuchen auch in Essen in den verschiedensten Kliniken aufgenommen, wobei innerhalb eines Jahres von 823 Patienten mit Suizidversuchen nur jeder Fünfte psychiatrisch und psychotherapeutisch in der Krisenanalyse betreut worden war.

Ist also selbst in den Krankenanstalten Essen trotz der dort befindlichen psychiatrischen Universitätsklinik eine psychiatrische Krisenintervention nicht in ausreichendem Maße gewährleistet, so gilt dies um so mehr, wenn das zuständige psychiatrische Krankenhaus außerhalb der Stadtgebiete liegt. Die Lösung des Problems wäre die Errichtung psychiatrischer Kriseninterventionsstationen im Vorfeld und in möglichst personeller Verbindung mit den bestehenden psychiatrischen Krankenhäusern. Diese psychiatrischen Kriseninterventionsstationen mit 30–40 Betten könnten insbesondere Patienten nach der Entgiftung nach Suizidversuchen übernehmen, wie alle Patienten mit psychosozialen Krisen, denen bereits wesentlich geholfen werden kann, wenn sie einige Tage bis höchstens zwei Wochen stationär aufgenommen und psychiatrisch-psychotherapeutisch behandelt werden. Reicht diese Aufnahmezeit nicht aus, kommt eine Übernahme in die psychiatrische Klinik mit ihrem Gesamtangebot an therapeutischen Möglichkeiten, insbesondere auch auf dem Gebiet der Beschäftigungstherapie und der Freizeittherapie in Betracht, abgesehen von den Möglichkeiten spezialisierter Behandlungsmaßnahmen im Suchtbereich, im Bereich der psychotisch Kranken, der neurotisch Kranken, der Alterskranken wie der geistig Behinderten, die nur im Rahmen einer psychiatrischen Klinik der Regelversorgung optimal durchgeführt werden kann.

Wenn von der Errichtung neuer psychiatrischer Abteilungen an Allgemeinkrankenhäusern die Rede ist, sollte man sich klar werden, daß hiermit grundsätzlich Stationen psychiatrischer Kriseninterventionen gemeint sein sollten, sofern nicht ein neues, psychiatrisches Krankenhaus mit mindestens 200 Betten und einem festen Einzugsgebiet gebaut werden soll. Die Errichtung von psychiatrischen Minikliniken dient lediglich einer Minipsychiatrie und Zweiklassenpsychiatrie, wie es bereits aus anderen Ländern, wie z.B. Schweden bekannt wurde. So wichtig die Verbesserung psychiatrischer Kriseninterventionen durch Schaffung entsprechender Kriseninterventionsstationen ist, so wenig darf ein Weg beschritten werden, der die psychiatrische Regelversorgung gefährdet und beeinträchtigt.

Diesem Thema diente die Übersicht des Vorsitzenden der Arbeitsgemeinschaft der Trägerverbände psychiatrischer Krankenhäuser in der Bundesrepublik, Herrn *Eiermann*, sowie die Referate der Herren *Klemm* und *Jatzko* auf dem 7. Landeck-Symposion 1980 sowie entsprechendes Referat des Verf. „Zur Idee der psychiatrischen Abteilung im Allgemeinkrankenhaus. Auf dem Weg zur Mini- und Zweiklassenpsychiatrie?“. Es wurde u.a. über die wichtigen Aufgaben und Tätigkeiten von Kriseninterventionsstationen im Bereich von Großstädten (Amsterdam, Berlin, Kaiserslautern, Kassel) berichtet. Es bestand die übereinstimmende Auffassung, daß Kriseninterventionsstationen einerseits mit einer Rund-um-die-Uhr-Ambulanz ausgestattet als Kriseninterventionszentren (mit stationärer Verweildauer von durchschnittlich 3–4 Tagen, maximal 1–2 Wochen) arbeiten sollten und als Satellit in personeller Verbindung (möglichst in gleicher Trägerschaft) mit dem zuständigen psychiatrischen Fachkrankenhaus ihre Aufgaben erfüllen. Diese Satellitenfunktion und Arbeitsteilung gilt es auch zu gewährleisten, wenn sich das psychiatrische Fachkrankenhaus nicht auf dem gleichen Gelände, sondern an einem anderen Ort in räumlicher Distanz befindet. In das psychiatrische Fachkrankenhaus werden die Patienten eingewiesen, die in entsprechend spezialisierten Fachabteilungen für psychotisch Kranke, Suchtkranke, neurotisch Kranke, psychisch Alterskranke, geistig Behinderte u.a. einer spezialisierten Behandlung von durchschnittlich 2–8 Wochen Dauer bedürfen bei Gewährleistung eines entsprechenden Freizeit- und Beschäftigungsprogramms.

Kommt es nicht zu dieser Arbeitsteilung zwischen Kriseninterventionszentrum und psychiatrischen spezialisierten Fachabteilungen im psychiatrischen Fachkrankenhaus, dann führen isoliert arbeitende psychiatrische Abteilungen im Allgemeinkrankenhaus zur Minipsychiatrie am Ort, sofern sie unterhalb 200 Behandlungsplätzen zu klein sind, um in spezialisierten Fachabteilungen tätig werden zu können, und zur Zweiklassenpsychiatrie im Einzugsgebiet psychiatrischer Fachkrankenhäuser, da sie sich erfahrungsgemäß die Leichtkranken auswählen, so daß sich die schwerer zu behandelnden Erkrankungen im psychiatrischen Fachkrankenhaus häufen.

Literatur

1. *Haase, H.-J.*, Hrsgb.: Krisenintervention in der Psychiatrie. Vorträge und Diskussionen des 4. Landeck-Symposion. Schattauer Verlag Stuttgart, New York 1978

2. *Haase, H.-J.*: Bürgernahe Psychiatrie im Wirkungsbereich des psychiatrischen Krankenhauses. Vorträge und Diskussionen des 7. Landeck-Symposion 1980. Im Druck perimed Fachbuch-Verlag Erlangen

3. *Haase, H.-J.*: Zur Idee der psychiatrischen Fachabteilung im Allgemeinkrankenhaus: Auf dem Weg zur Mini- und Zweiklassenpsychiatrie? Deutsches Ärzteblatt 1980

Rundtischgespräch: „Kleine Psychiatrie in der Praxis"

Moderator: Prof. Dr. Dr. H. J. Haase

Teilnehmer: Prof. Dr. E. Bock, Tübingen; O. A. Dr. M. Ermann, Mannheim; Prof. Dr. K. Wanke, Frankfurt/M; Prof. Dr. H. Lauter, Hamburg; Dr. W. Korn, Wiesbaden; H.-R. Fetzner, Landeck

Bock, Tübingen: Die Dosierungen der Psychopharmaka in den Kliniken sind oft sehr hoch – zu hoch im Hinblick auf das, was der Patient draußen braucht. Ich habe meinen Tübinger Fakultätskollegen *Heilmann* neulich sogar gefragt, ob vielleicht psychiatrisch Kranke bei ihren Leiden generell eine höhere Arzneischwelle haben als unsere internistischen Kranken (ich spreche jetzt nicht aus jetzigen Tübinger, sondern aus früheren Erfahrungen). *Heilmann* hat mir nicht gesagt, daß generell keine anderen Therapieschwellen für Medikamentenwirkungen bei psychiatrisch Kranken vorhanden seien, daß man es aber von der Ausgangssituation abhängig machen müsse, die bei Aufnahme und Entlassung verschieden sein könne. Der in die Klinik eingewiesene Patient kann stärker agitiert sein und braucht deswegen höhere Dosierung. Wo liegt dann „der Fehler"? Liegt er dann noch in der Klinik, die bei der Entlassung des Patienten nicht genügend genau angibt, wie die Medikation abzubauen ist? Oder liegt er beim Arzt draußen, der vielleicht erst nach einer Medikamentenpause wieder mit der Behandlung anfängt und dann möglicherweise beim Neubeginn mit den vorher vertragenen hohen Dosen Unangenehmes sieht. Auf ein Problem möchte ich hinweisen, das heute, da uns die Not zwingt zu sparen, also auch die Patienten schnell zu entlassen, wichtiger als früher ist: Eine eigentliche Übergangsphase von der Krankheit zur Genesung, von der stationären zur ambulanten Behandlung, die der junge Arzt in der Klinik erleben und erlernen sollte, lernt er in der Klinik kaum noch kennen. Nachdem die Diagnostik auf Hochtouren gedreht und die Therapie eingeleitet worden ist, muß der Patient aus wirtschaftlichen Gründen möglichst schnell entlassen werden; draußen kommt er zu einem Arzt, der Führung und Abbau einer solchen neuen Arzneimitteltherapie gar nicht gelernt hat, jedenfalls nicht für die Phase frühzeitiger – eigentlich vorzeitiger – Heimkehrer. Wir sollten uns nicht so bedenken- und bedingungslos der Forderung beugen, jeden Patienten, sobald seine Diagnose gestellt ist, entlassen zu müssen. Hier treten sonst Defizite auf, an rationaler Therapie wie an Humanität. Man hat keine Zeit mehr, mit dem Patienten ausreichend lange zu sprechen, auf sein Leiden und dessen Überwindung einzugehen, ihm im Auf und Ab der Genesungsgestaltung psychologisch schonend oder stärker trainierend zuzureden usw. Schließlich wird diese Inhumanität im Krankenhaus den Ärzten noch zum Vorwurf gemacht.

Korn, Wiesbaden: Ich glaube, daß da eine Reihe Faktoren zusammenkommen. Immer wieder sieht man Fälle, in denen ein Medikament angesetzt wurde, dann noch eines, und das andere abzusetzen vergessen wurde. Hinterher sind dann pro Tag 10 Zäpfchen verordnet, die natürlich nicht eingenommen werden.

Das ist die eine Möglichkeit. Eine andere Möglichkeit ist, daß man sich einfach täuscht über das, was draußen durchführbar ist. Solange der Patient in der Klinik liegt, ist es natürlich schön, wenn er ruhig ist; er bekommt sein Haldol in entsprechender Dosierung und meinetwegen noch Lyogen dazu, und ich weiß nicht, was sonst noch. Aber dann soll er nach Hause. Er wird entlassen, und es stellt sich heraus, daß es so nicht geht. Ich glaube, daß es den Kollegen in der Klinik gar nicht klar ist, wie sehr anders die Situation für den Patienten draußen ist, der mit dieser Dosis ja existieren soll. Wenn dann der Patient mit dieser Dosierung zu mir kommt, und ich als erstes anfangen soll zu streichen, dann sagt er zu mir: „Die haben mir aber gesagt, das muß ich nehmen". Und dann bin ich der böse Arzt, der aus kassenegoistischen Gründen seine wichtige Medikation reduziert. Mit anderen Worten: Man ist zwischen Baum und Borke. Man muß dann versuchen, einen Mittelweg zu finden, der möglich und vertretbar ist. Bei manchen psychiatrischen Patienten hat man allerdings den Eindruck, daß sie – in einem für den Internisten erschreckenden Ausmaß – Psychopharmaka vertragen und sogar damit leistungsfähig sind.

Haase, Landeck: Diese wichtigen Bemerkungen möchte ich unter dem Aspekt der Klinik noch ergänzen. Denken wir zunächst an die Schizophrenen, die hochgradig erregt und mit Wahnideen in die Klinik kommen und deshalb zunächst einmal eine vorübergehend höhere Dosierung mit Neuroleptika benötigen. Spätestens nach durchschnittlich 4 bis maximal 8 Wochen ist die Psychose in der Mehrzahl der Fälle kompensiert, und die Patienten können wieder entlassen werden. Die Patienten drängen erfahrungsgemäß auch auf Entlassung, weil sie sich nach der neuroleptischen Kompensation der Psychose wieder gesund und leistungsfähig fühlen, ihre Wahnideen hinter sich gelassen haben und zur Wirklichkeit zurückgekehrt sind.

Die Patienten werden daher im allgemeinen eher zu früh als zu spät entlassen, obwohl uns von der Öffentlichkeit im Mißtrauen gegenüber den Psychiatrischen Krankenhäusern oft eher das Umgekehrte unterstellt wird. Wir nehmen in der Pfalzklinik Landeck zur Zeit rund 4000 psychisch Kranke pro Jahr auf. Davon sind ungefähr die Hälfte psychotisch Kranke, die in der weit überwiegenden Mehrzahl der Fälle spätestens 8 Wochen nach der Aufnahme wieder entlassen werden. Hierzu ist im Hinblick auf die Weiterverordnung von Psychopharmaka, insbesondere Neuroleptika, folgendes von Interesse: Als ich noch in Düsseldorf tätig war und dort eine umfangreiche Schizophrenenambulanz leitete, konnten wir feststellen, daß manche Patienten sagten, sie kämen mit der gleichen Dosis, die sie in der Klinik als subjektiv angenehm ertragen hatten, außerhalb der Klinik nicht zurecht. So klagten z.B. Hausfrauen: „Damit kann ich nun aber doch nicht so richtig kochen oder einkaufen." Die Beanspruchung außerhalb der Klinik ist also zum Teil dafür verantwortlich, daß die Dosis nach der Entlassung reduziert werden muß. Hinzu kommt, daß manche Neuroleptika kumulieren und daß daher ganz besonders die Langzeitneuroleptika nach mehreren Wochen, besonders nach der Entlassung, im Hinblick auf die Dosis reduziert werden müssen. Von Bedeutung ist ferner, daß nicht selten noch schwach potente sedierende Neuroleptika nicht nur in den ersten Tagen nach der Aufnahme, sondern viel zu häufig auch noch bei der Entlassung gegeben werden, obwohl es viel sinnvoller wäre, rechtzeitig auf nicht sedierende, stark potente Neuroleptika, insbesondere auf Langzeitneuroleptika, überzugehen.

In unserer Schizophrenenambulanz wurden die Langzeitneuroleptika unter feinmotorischer Kontrolle mit meinem Handschrifttest dosiert. Die Patienten benötigten fast ausnahmslos keine zusätzlichen sedierenden, schwach potenten Neuroleptika, und kein Patient benötigte bei derartigen Dosierungen die Dauerzugabe eines Anti-Parkinson-Mittels. Sofern die Psychose voll kompensiert war, beeinträchtigte eine derartige Dosierung die Patienten in keiner Weise in ihrer Arbeitsfähigkeit. Dementsprechend waren die Patienten auch nicht in ihrer Fachtüchtigkeit und ebenfalls nicht in ihrer Fähigkeit, Sport auszuüben, beeinträchtigt. Das habe ich feststellen können, als ich z. B. mit mehreren Patienten, die mit Langzeitneuroleptika oberhalb der neuroleptischen Schwelle (die sich mit einer feinmotorischen, extrapyramidalen Bewegungshemmung in der Handschrift erkennen ließ) eingestellt waren, wiederholt Tennis gespielt habe. – Während in einem Zeitraum von mehreren Jahren in jeder Woche rund 100 entlassene Schizophrene in unsere Schizophrenenambulanz kamen, waren es nur Ausnahmefälle, die einen Zusatz mit sedierenden, schwach potenten Neuroleptika benötigten.

Wie schon erwähnt, ist jedoch der Gesichtspunkt der Kumulation bei der gleichen Dosis mit Langzeitneuroleptika von besonderer Wichtigkeit. Ein Präparat, das z. B. alle 14 Tage gegeben wird, braucht nur jeweils 15 oder 16 Tage zu wirken, um schon nach mehreren Verabreichungen kumulierende Wirkung mit dem Auftreten subjektiv störender, grobmotorischer, parkinsonistischer Symptomatik oder mit dem Auftreten einer Sitzunruhe zu zeigen. Wenn der Patient nach der Verabreichung des Langzeitneuroleptikums am darauffolgenden oder auch noch am übernächsten Tag beobachtet, daß er nicht mehr ruhig sitzen kann und die Beine besonders beim Sitzen immer wieder bewegen muß, oder wenn er beobachtet, daß die Arme schwerer werden, dann muß unbedingt die Dosis des Langzeitneuroleptikums bei der nächsten Verabreichung reduziert werden. Dies gilt etwa für die Hälfte der Fälle nach der Entlassung. Hinzu kommt, daß man das Intervall um eine Woche strecken kann.

Leider werden diese Gesichtspunkte in der Praxis noch zuwenig berücksichtigt, so daß es zu Überdosierungen kommt, die ihrerseits eventuell zum Absetzen der Neuroleptika führen. Das wiederum erhöht die Rückfallsgefahr, so daß wir es immer noch zuviel mit einer „Drehtürpsychiatrie“ zu tun haben, denn die neuroleptische Nachbehandlung nach einer akuten, schizophrenen Psychose sollte nach unseren Erfahrungen mindestens ein Jahr dauern.

Petri, Viersen: Ich möchte diese Ausführungen nachdrücklich unterstützen. Ich meine, daß gerade der Übergang aus der Psychiatrischen Klinik in die psychiatrische Nachbehandlung durch den niedergelassenen Facharzt oder gar durch den Allgemeinmediziner medikamentös sehr sorgsam vorbereitet werden muß. Sicher ist es ein Unterschied, ob jemand aus einer internistisch-stationären Behandlung oder aus einer Psychiatrischen Klinik entlassen wird. Zum einen dauert ja der klinische Aufenthalt in einer Psychiatrischen Klinik im allgemeinen viel länger, und zum andern gehört es zur Kunst des klinischen Psychiaters, den medikamentösen stufenweisen Übergang herzustellen, damit der Patient auch später ambulant in der Praxis ausreichend versorgt werden kann. Die Entlassungsdosierung muß praxisgerecht sein. Sie soll so sein, daß der draußen arbeitende Nervenarzt oder Allgemeinmediziner damit zurechtkommt.

Seit einigen Jahren haben wir in der Psychiatrie für den Übergang von der Klinik zur Praxis die Tag- und Nacht-Klinik eingeführt. In diesem Übergangsbereich soll eine abgestufte Medikation Schritt für Schritt so eingestellt werden, daß die Versorgung des Patienten später durch den weiterbehandelnden Arzt „nahtlos" sichergestellt ist. Gerade dieser Punkt sollte recht kritisch angemerkt werden.

Fox, Köln: Mehrfach wurde die Zurückhaltung des niedergelassenen Arztes gegenüber Antidepressiva angesprochen. Weiterhin wurde vom Symptomwandel in der Depression gesprochen. Ich zitiere die sogenannte larvierte Depression. Könnten Sie etwas noch präzisieren, wo in diesem Bereich die Antidepressiva ihren Platz haben?

Haase, Landeck: Ich meine, an sich ist es eine recht klare Situation. Leider ist sie nur für uns Psychiater klar, und für die Nicht-Fachleute gibt es dadurch Komplikationen, daß viele dazu neigen, jemandem, der traurig und lustlos ist, automatisch ein Antidepressivum zu geben, was ich für bedauerlich halte. Die Antidepressiva sind ja zunächst einmal als Stoffgruppe nicht ganz ohne besondere Problematik. Die große Zahl der bis jetzt wirksamen Antidepressiva belastet das Herz. Das müssen wir wissen. Einige Neueinführungen sind da weniger belastend. Wir wissen aber noch nicht in allen Fällen sicher, ob sie auch vergleichbar antidepressiv sind. Man sollte sich also schon gut überlegen, ob man eine antidepressive Behandlung durchführt, und wenn, dann allerdings richtig. Wann sollen wir Antidepressiva geben? Ich würde sagen, es sollten doch die Kriterien einer depressiven Psychose erfüllt sein. Welches sind die Kriterien? Die normale Traurigkeit, das brauche ich nicht betonen, gehört zum Leben wie die Freude. Das ist nicht zu behandeln. Die neurotische Depression beginnt da, wo der Betreffende nicht nur die äußere Situation, sondern sich selbst wertgemindert erlebt. Da beginnt eigentlich der Zustand, in dem nicht mehr nur Zuspruch und Trost helfen, sondern wo die Behandlung im engeren Sinne beginnen muß, nämlich psychotherapeutische Behandlung, Selbstbehauptungstraining usw. Viele unserer Alkoholiker sind ja solche neurotisch Depressiven. Diejenigen, die in eine depressive Psychose hineingeraten, sei sie reaktiv ausgelöst – was sehr häufig ist, viel häufiger, als man früher dachte – oder auch rein endogen, aus der Anlage heraus, bedürfen der Behandlung mit Antidepressiva. Diesen Zustand würde ich da abgrenzen, wo der Betreffende nicht mehr nur depressiv gestimmt ist, sondern wo er echt unter dem Gefühl leidet, daß er nicht mehr so dynamisch sein kann, wie er sein möchte, wo der Patient spürt, daß er „nicht mehr kann, wie er will", und – bei Verschlimmerung seines Zustandes – sich schließlich überhaupt nicht mehr verwirklichen kann – nicht einmal mehr die Zeitung lesen, geschweige denn, z.B. als Hausfrau, kochen oder einkaufen kann. Er kann u.U. nicht einmal mehr traurig sein und hat ständig das Gefühl, „ich müßte eigentlich ...". Da beginnt die Psychose, das „Nicht-mehr-so-Können-wie-Wollen". Da herum rankt sich dann die Tagesschwankung, mit einer abends oft erstaunlichen Besserung; da herum rankt sich die Fülle der Körperbeschwerden. Jeder zweite klagt über Kopfdruck, der sich eigenartigerweise auch wieder abends bessert. Schon *Freud* hat vermutet, daß das mit Toxinen zusammenhänge und nicht einfach psychodynamisch zu verstehen sei, etwa, weil der Abend es mit sich bringt, daß nun alles hinter einem liegt. Manchmal tritt die Besserung schlagartig um 4 oder 5 Uhr nachmittags ein. Ferner sind die Körperempfindungen charakteristisch, und eben dieses zentrale Problem, das „Nicht-mehr-so-Können-wie-Wollen“, die Schlafstörung, der Verlust der Realität, selbst wenn die Psychose durch noch so verständliche Anlässe, wie Verlust eines Partners, Pensionierung usw., ausgelöst wurde. Das, worüber dann gegrübelt wird, hat überhaupt keinen Bezug mehr zur Realität. Es sind diese unrealistischen Versagensgefühle mit den Selbstwertproblemen, damit aber auch der Selbstgefährdung, die natürlich daraus resultiert, daß der Betreffende sich etwas antun will. Es ist das Grübeln über die Urängste des Lebens und die körperliche Gesundheit. Unrealistisch wird gegrübelt, man hätte eine bösartige Krankheit oder man würde verrückt, obwohl alle Ärzte sagen: „Körperlich sind Sie gesund, verrückt können Sie nicht werden.“ Die Angst besteht, man würde verarmen, obwohl der Betreffende wohlhabend ist. Das ist der Realitätsverlust, das ist die depressive Psychose. Hier sollten Antidepressiva gegeben werden, und zwar hoch genug dosiert.

Sofern eine ambulante Behandlung nicht ausreichend ist, weil entweder die Selbstgefährdung zu ausgeprägt ist oder der Patient sich in einem Milieu befindet, das ihn belastet, oder auch, weil ambulant nicht ausreichend hoch dosiert werden kann, sollte der Patient in die Psychiatrische Klinik eingewiesen werden. Man kommt dann nicht selten weiter, indem man die Antidepressiva parenteral verabreicht. Hinzu kommt die wichtige entpflichtende Situation in der Klinik, d. h., daß sich der Patient dort nicht mehr zu irgendwelchen Tätigkeiten für seine Angehörigen verpflichtet fühlen kann. In sehr wenigen Ausnahmen werden noch Elektroschocks durchgeführt, die dann aber gemeinsam mit einem Anästhesisten auf solche Weise angewandt werden, daß die Muskeln derart relaxiert sind, daß es überhaupt nicht mehr zum Krampf kommt. Es ist sehr bedauerlich, daß kürzlich in einer Fernsehsendung nochmals ein Elektrokrampf ohne muskelrelaxierende Mittel, gleichsam zur Abschreckung, gezeigt wurde. Damit wurde wieder einmal das Mißtrauen gegen die Psychiatrie gefördert. Im allgemeinen kommen wir in der Klinik mit den dort möglichen höheren Dosierungen der Antidepressiva gut zurecht. Bei 4000 Aufnahmen pro Jahr werden jährlich höchstens noch in 5–10 Fällen Elektrobehandlungen durchgeführt. Dies nur noch bei denjenigen Fällen, bei denen die Behandlung mit Psychopharmaka nicht ausreichend gewirkt hat oder bei denen eine vitale Gefährung besteht, wie z. B. bei lebensgefährlichen katatonen Schizophrenien.

Ein Teilnehmer: Darf ich kurz differentialdiagnostisch ergänzend noch sagen: Mir ist aufgefallen, daß wir mit unseren Patienten oft sprachlich aneinander vorbei reden. Der Patient sagt uns: „Herr Doktor, ich habe solche Depressionen“, und dann sind wir geneigt zu meinen, er sei depressiv. Wenn wir ihn dann aber sorgfältig explorieren, merken wir, daß er Angstzustände hat, daß er dysthym oder mißgestimmt ist und in Wirklichkeit gar keine Depression hat, auch keine larvierte, sondern daß ganz andere Dinge eine Rolle spielen, die ein Antidepressivum gar nicht erfordern. Ich glaube, man muß sich darüber im klaren sein, daß offensichtlich in der Allgemeinheit unter „ich habe solche Depressionen“ etwas völlig anderes verstanden wird als das, was wir darunter verstehen, daß dies ein ganz anderes, wahrscheinlich eher ins Phobische hineingehendes Bild ist. Es gibt auch Patienten, die, obwohl sie nicht endogen depressiv sind, in ihrer Phobie dazu kommen, zu sagen, „ich habe Angst, ich werde verrückt, ich fürchte, ich könnte jetzt verrückt werden". An diesem Aspekt muß man, glaube ich, auch denken.

Haase, Landeck: Ich darf das noch mit ein paar Sätzen ergänzen. Es gibt doch eine Zwischengruppe. Zweifellos gibt es Fälle, in denen wir nicht wissen, ob es sich noch um eine depressive Neurose oder schon um eine depressive Psychose handelt. Da können wir manchmal erst aus der Behandlung heraus, durch das Ansprechen auf die Antidepressiva, erkennen, ob wirklich eine depressive Psychose vorliegt oder nicht. Das ist der eine Punkt, der zweite ist: Es gibt einige Medikamente, die unmittelbar anregend wirken und manchen Patienten, die etwas adynam sind, im Hinblick auf eine depressiv gedrückte Stimmung helfen, obwohl wir diese Patienten nicht im engeren Sinne des Wortes zu den depressiv psychotisch Kranken rechnen. Zu nennen sind hier die Monoaminooxydasehemmer, bei uns im Handel als Jatrosom bzw. Parnate, sowie besonders das Antidepressivum Alival. Auch Angstneurotikern, die nicht psychotisch sind, wird eindeutig durch die Monoaminooxydasehemmerpräparate (bei Beachtung der Kontraindikationen) in vielen Fällen geholfen, indem sie beliebter werden und die Angst zurücktritt.

Es gibt also eine kleine Gruppe von neurotisch Verstimmten, überwiegend ängstlich Verstimmten, vielleicht auch etwas depressiv Gestimmten, denen man über diese belebende aktivierende Wirkung – die man völlig unterscheiden muß von den praktisch ja nur aufputschend wirkenden Weckaminen – helfen kann, ohne daß wir schon im engeren Sinne von der antidepressiven Behandlung einer depressiven Psychose sprechen würden.

Ein Teilnehmer: Es stellt sich die Frage nach der Überbrückung, bis eine entsprechende psychotherapeutische Behandlung eingeleitet wird bzw. eingeleitet werden kann oder soll.

Haase, Landeck: Ich selbst habe, da ich auch psychoanalytisch ausgebildet und tätig bin, eine Reihe von Patienten nach der stationären Behandlung über Jahre jede Woche ein, zwei Stunden psychotherapeutisch behandelt, und zwar die Gruppe derjenigen, die vor der Psychose echte neurotische Fehlhaltungen zeigten, bei denen also die Überverpflichtung mit der Genauigkeit und der Strebsamkeit zu weit ging, die sich pedantisch festfuhren und zu Erschöpfungszuständen neigten, weil sie sich ständig überforderten oder andere Fehlhaltungen hatten. Diese Fehlhaltungen abzubauen, ist wichtig, und zwar genauso wichtig oder zumindest vergleichbar wie die prophylaktische Behandlung mit Lithiumsalzen. Es gibt eine Reihe von Patienten, die an depressiven Psychosen erkranken und prämorbid derartige neurotische Fehlhaltungen zeigen. Viele andere dagegen sind durchaus in ihrem Ordnungsgefüge sehr gefestigt und dekompensieren unter Umständen erst im Alter, wenn etwas aus ihren Aufgabenbereichen wegfällt. Denjenigen mit neurotischen Fehlhaltungen kann eine Psychotherapie nützen, sie können dann eigentlich mit Vorteilen aus dieser depressiven Psychose hervorgehen. Jedoch sollte der Patient psychotherapiefähig sein, und er sollte nicht noch mit dem Realitätsverlust zu tun haben, die depressive Psychose sollte abgeklungen sein, wenn seine prämorbiden neurotischen Fehlhaltungen psychotherapeutisch behandelt werden. Andernfalls sieht er alles durch die depressive Brille. Der Patient soll daher in der depressiven Psychose auch keine Entscheidungen fällen, er soll auch während der depressiven Psychose auf keinen Fall seinen Beruf aufgeben oder im Hinblick auf seine Ehe oder auf anderes eine Veränderung vornehmen. Ich habe Patienten erlebt, die im Zustand der depressiven Psychose Entschlüsse gefaßt haben, die sie, nachdem die Psychose abgeklungen war, bereut haben. Genauso, wie man Entscheidungen möglichst zurückstellen soll, sollte man sich auch sagen, es gibt eigentlich eine Psychotherapie nur bei der Psychose, nicht aber eine Psychotherapie der Psychose. Ist jedoch das, was wir Psychose nennen, abgeklungen und der Kontakt zur Realität wieder da, dann wird der Patient auch psychotherapiefähig, und dann sollte man für die obengenannte Gruppe durchaus entweder eine Gruppentherapie oder auch Einzeltherapie ins Auge fassen und auch durchführen.

Theiss, Dreieich-Buchschlag: Drei Fragen: 1. Was wird beim Psychotiker gespritzt? Die Firma Janssen bietet „Imap“ an. Mir erscheint es theoretisch ideal, dem ängstlichen Neurotiker mit einer einmaligen wöchentlichen Spritze zu helfen. Ich bin aber etwas skeptisch. Was für Erfahrungen liegen bisher damit vor?

2. Es ist äußerst schwierig, die vielen maskiert depressiven Patienten, die auf Limbatril eingestellt wurden, nach einer gewissen Zeit von diesem Präparat wieder zu trennen. Ich erlebe nach Absetzen immer wieder Rückfälle. Wie verfahren Sie in solchen Fällen? Wie lange kann ich es ohne Schaden geben?

3. Ein frustrierendes Problem in der Allgemeinpraxis: der „gehobene“ Alkoholiker (Landgerichtsdirektor, Professorenfrau usw.). Als Familienarzt weiß man um ihre Abhängigkeit. Man hat als zusätzliche Bestätigung den erhöhten Gamma-GT-Wert vorliegen. Der Patient leugnet strikt ab, alkoholabhängig zu sein. Er fordert aber immer wieder sein Distraneurin-Rezept.

Haase, Landeck: Zunächst zu der Frage, was da gespritzt wird: Wir teilen die Langzeitneuroleptika in 2 Gruppen ein. Die eine Gruppe wirkt im Schnitt eine Woche neuroleptisch, die andere Gruppe wirkt im Schnitt 2 Wochen neuroleptisch. Damit ist gemeint, daß wir alle Patienten mit einer Dosierung oberhalb der neuroleptischen Schwelle eine oder zwei Wochen neuroleptisch behandeln können, ohne einen Teil der Patienten zu hoch zu dosieren. Die Langzeitneuroleptika, die in diesem Sinne im Durchschnitt eine Woche wirken, sind das Imap und das oral applizierbare Semap. Zwei Wochen wirken unter anderem Depot-Fluanxol, Dapotum D und andere. Über Imap habe ich fünf Doktorarbeiten schreiben lassen, und wir haben das Medikament seinerzeit in Düsseldorf lang in unserer Schizophrenenambulanz untersucht. Es wirkt ab 2–6 mg bei der Mehrzahl der Patienten neuroleptisch. Das heißt, man erreicht mit diesen Dosierungen die neuroleptische Schwelle, die sich in der Handschrift zu erkennen gibt. Damit ist eine Dosis erreicht, die mit hoher Wahrscheinlichkeit die Rückfallsgefahr bei schizophrenen bzw. paranoiden Psychosen verringert.

Unterhalb der neuroleptischen Schwellendosen zeigen diese Langzeitneuroleptika affektiv entspannende Wirkungen ohne Sedierung, die man bei affektlabilen Patienten und manchen Alkoholikern unter Umständen nutzen kann. Ich kenne niedergelassene Ärzte, die dies in ihrer Praxis tun und z.B. 1 mg Imap pro Woche in diesem Sinn verabreichen, wobei also eine Dosierung unterhalb der neuroleptischen Schwelle gewählt wird. Dies kann man natürlich in gleicher Weise bei den Langzeitneuroleptika, die im Durchschnitt 2 Wochen wirksam sind, durchführen. Dieser Gesichtspunkt einer Langzeittranquilizerwirkung ist nicht abwegig, sofern man eine gewisse Bindung des Patienten wünscht und ihn regelmäßig sehen möchte. Vor allen Dingen hat der Einsatz der Tranquilizerwirkung über diese stark potenten Neuroleptika den Vorteil, daß Tranquilizer nicht sedierend wirken und nicht zum Mißbrauch verleiten. Wichtig jedoch ist, daß man nicht versehentlich zu hoch dosiert und damit extrapyramidale grobmotorische dyskinetische Reaktionen, z.B. im Bereich der Halsmuskulatur, auslöst.

Zu denjenigen, die nicht vom Limbatril loskommen, ist zu sagen, daß im Limbatril der Tranquilizer Librium enthalten ist. Daher besteht über diesen Tranquilizerzusatz die Möglichkeit der Abhängigkeit. Es ist auch daran zu denken, daß es chronisch depressiv Psychotische sind, die immer wieder, wenn sie Limbatril absetzen, depressiv werden. In diesen Fällen wäre die Frage, ob man hier nicht höher dosieren oder auch stationär behandeln und eventuell auch an elektrische Behandlungen denken sollte, um zu erreichen, daß die chronische depressive Psychose voll kompensiert wird.

Wanke, Frankfurt: Die Frage nach der Abhängigkeit führt im Grunde genommen schon sehr stark auch auf den Alkoholismus der Frau hin. Es ist sicher falsch, wenn man beim Alkoholismus immer bestimmte Sozialschichten im Auge hat. Unsere ganze Gesellschaft lebt in zunehmendem Maße davon, daß bei Schwierigkeiten in der Bewältigung des Daseins mit psychotropen Mitteln aller Art scheinbar Erleichterung gesucht wird. Wir wissen ja oft gar nicht, wer dann abhängig wird und wer vielleicht nur in anderer Form Schädigungen erleidet. Ich habe einen Vergleich zwischen männlichen und weiblichen Alkoholkranken vorgenommen: Bei den Frauen spielen chronische Konflikte in der Intimsphäre, Isolierung, Alleinsein, Diskrepanzen zwischen den emotionalen Bedürfnissen, und dem, was das Leben erfüllt hat, eine besondere Rolle. Der Allgemeinarzt ist unter Umständen der einzige, der hier helfen kann; denn der Nervenarzt wird ja in der Regel von diesen Menschen gar nicht zu Rate gezogen. Für uns hat es sich dabei bewährt, auszugehen von den positiven Wünschen, von seinen Hoffnungen, und dann in die Motivationen für den Mißbrauch einzusteigen. Dabei ist zu prüfen, inwieweit ein Kontrollverlust dem Alkohol gegenüber tatsächlich aufgetreten ist, der ja dann diagnostisch ganz klar in Richtung Abhängigkeit führt. Liegt ein prozeßhaft fortschreitender Verlauf vor, dann sind die Angehörigen einzuschalten, dann kann es unter Umständen ein Delir geben, eine Depravation, eine Wesenänderung, toxische Schädigungen. Oder aber geht es hier noch um das Vorfeld, um Suchtgefährdung, etwa um Konflikte mit der Umwelt, die man vielleicht manches Mal im Gespräch mit den Angehörigen, wo der Hausarzt seine Funktion noch hat, in den Griff bekommen kann. Ganz zweifellos stoßen wir hier häufig an die Grenze zwischen dem Selbstbestimmungsrecht des Patienten und dem Verlust der Freiheit, den wir Sucht nennen. Diese Grenze ist nicht immer ganz klar. Unter Umständen müssen wir rechtzeitig aktiv und sehr energisch intervenieren. Präventiv stellt sich das Problem, daß der Mensch eben mit dem, mit dem er nicht fertig wird, irgendwo hingeht und es irgendwo abladen will, und heute sind die chemischen Mittel sehr häufig das einzige, was ihm dabei bleibt. Wenn dies im Gespräch erörtert werden kann, ist das oft die beste Suchtprophylaxe.

Wagner-Müller, Oberursel: Meine Fragen: 1. Abhängigkeit bei Monoaminooxydasehemmern? 2. Dieselbe Substanz. Macht sie auch Schäden am Herzen? Es wurden Schäden am Herzen durch Psychopharmaka erwähnt. 3. Alkoholikern mit Depressionen MAO-Hemmer zu geben – wie ist die Problematik da? Eine weitere Frage: Die unangenehme Gewichtszunahme bei den hoch potenten Depotinjektionen, die ja die Patienten oft sehr stark belasten, wenn sie so 10, 20 kg zunehmen? Und eine letzte Frage: Wie stehen Sie zu Placebogaben etwa beim Limbatril-Süchtigen?

Wanke, Frankfurt: Es ist die Frage, ob beim endogen Depressiven Abhängigkeit überhaupt möglich ist. Psychische Abhängigkeiten sehen wir von den unglaublichsten Stoffen. Es gibt psychische Abhängigkeiten von Pfefferminz, von Abführmitteln. Aber wenn wir jetzt auf die Abhängigkeit in engerem Sinne kommen, dann sind Abhängigkeiten von Antidepressiva wie auch von den Neuroleptika selten und wesentlich seltener als z.B. von Tranquilizern. Zur Frage des Alkoholikers mit der Depression muß man zunächst einmal in die Diagnostik einsteigen. Handelt es sich um Lebenskonflikte, die hier scheinbar via Pseudoproblemlösung, also via Droge, bewältigt werden, dann ist das psychotherapeutische Gespräch erforderlich. Handelt es sich aber um symptomatischen Alkoholismus bei Patienten mit endogenen Psychosen, dann muß die Grundkrankheit behandelt werden. Schwerere neurotische Störungen brauchen neben der Entziehung Psychotherapie. Wenn es sich um depressive Strukturen handelt, also um Persönlichkeitsmerkmale, dann kann es sinnvoll sein, unterstützend für eine begrenzte Zeit antidepressiv zu behandeln. Es ist ein strittiges Gebiet. Die deutschen Fachkliniken und die deutschen Selbsthilfegruppen, aber auch internationale Organisationen, wie die Anonymen Alkoholiker, lehnen es im Grunde genommen ab, hier mit Medikamenten einzugreifen. Es gibt aber durchaus spezielle Indikationen, wo es sinnvoll sein kann, antidepressiv zu behandeln, auch über längere Zeit. Ich entsinne mich z.B. an Fälle von Zwangsneurosen, die unter einer längeren antidepressiven Behandlung erst psychotherapeutisch angehbar und dann verhaltenstherapeutisch behandelt wurden. Im Laufe einer monatelangen Behandlung stürzten diese Zwänge sozusagen in sich zusammen. Allerdings sahen wir auch Abhängigkeiten von MAO-Hemmern, z.B. vom Jatrosom.

Haase, Landeck: Die Abhängigkeit bei der Behandlung mit Monoaminooxydasehemmern sei noch besonders hervorgehoben. Monoaminooxydasehemmer mit ihren Präparaten Parnate und Jatrosom wirken geradezu spezifisch bei Angstneurotikern. Ich hatte Angstneurotiker über Jahre in psychotherapeutischer Behandlung, die jedoch täglich 1 Dragee Jatrosom brauchten. Versuchten sie, es wegzulassen, so wurde die Angst wieder so deutlich, daß sie nicht mehr psychotherapiefähig waren. Es gab aber auch Grenzfälle zwischen depressiver Neurose und depressiver Psychose, die in diesem Sinne therapeutisch bedingte Abhängigkeiten erkennen ließen. Ich erinnere mich z.B. an einen Violinvirtuosen, der durch die Welt reiste und Konzerte gab. Das konnte er tatsächlich nur mit einem Dragee

Jatrosom. Dies ging über Jahre. Wenn das Medikament weggelassen wurde, konnte er nicht mehr richtig spielen und war bedrückt. Derartige Fälle sind also unabhängig vom therapeutischen Effekt und nicht von einem Scheineffekt. Dies ist sehr zu unterscheiden vom Erleichterungstrinken depressiver Alkoholiker, die dann im Zusammenhang mit depressiven Neurosen oder auch depressiven Psychosen alkoholabhängig werden; dies kann nicht genug betont werden. Ich habe vor wenigen Wochen in Dänemark eine Alkoholikerambulanz in Aarhus besichtigt, in der rund 700 Alkoholiker behandelt wurden. Man rechnete dort mit mindestens 10% depressiv-psychotisch Kranker bei den ambulant behandelten Alkoholikern. Diese wurden mit Antidepressiva behandelt, viele aber mit Lithiumsalzen, um die Rückfallsgefahr zu verringern.

Es wurde die Herzwirksamkeit der Antidepressiva angesprochen. Dies ist ein ernstes Thema. Die große Gruppe der trizyklischen Antidepressiva ist so kardiotoxisch, daß man sagt, wenn die kleinste Packung auf einmal von einem Kind geschluckt würde, müsse das Kind sterben, und ein Erwachsener wäre auch in Lebensgefahr, weil es zum Kammerflimmern komme. Deshalb haben die Weiterentwicklungen der Antidepressiva immer mehr das Ziel, den gleichen antidepressiven Effekt zu erreichen und dabei weniger kardiotoxisch zu wirken.

Lauter, Hamburg: Zum Thema der Lithiumprophylaxe außerhalb der Erkrankungen des manisch-depressiven Formenkreises: Ich würde überall da Lithium verabreichen, wo eindeutig periodische Phänomene vorliegen. Gleichgültig, ob es sich nun um die klassische manisch-depressive Erkrankung oder um die periodische Depression handelt oder auch einmal um andere Phänomene, die periodisch auftreten. Die Behandlung des Alkoholismus mit Lithiumsalzen betrachte ich aufgrund vieler Publikationen skeptisch und würde mir davon nicht viel versprechen. Noch offengelassen haben wir die Frage nach der Gewichtszunahme und die Frage nach dem Ersetzen von Limbatril durch Placebo.

Haase, Landeck: Die Gewichtszunahme ist ein Problem. Ein nennenswerter Teil der mit Psychopharmaka, insbesondere mit Neuroleptika behandelten Patienten nimmt erheblich an Gewicht zu. Wir können eigentlich auch in der Ambulanz immer wieder nur damit helfen, daß wir den Patienten empfehlen, weniger zu essen und ihr Gewicht zu kontrollieren. Es ist dies zweifellos eine Begleitwirkung, von der man bis heute noch nicht recht weiß, wie weit sie über die psychische Entspannung wirksam wird, wie weit über Flüssigkeitsretention oder wie weit hier andere Ursachen wirksam sind. Man sollte daher schon in der Klinik während der stationären Behandlung den Patienten unter Gewichtskontrolle auf dieses Problem hinweisen.

Lauter, Hamburg: Ich habe neulich den schwersten Fall einer Lithiumvergiftung gesehen, den wir eigentlich jemals beobachtet haben. Das war bei einer Patientin, die sehr stark zugenommen hatte und in einer medizinischen Abteilung auf Null-Diät gesetzt wurde, aber nichts davon erzählt hat, daß sie Lithiumsalze einnimmt. Sie hatte ihr Quilonum-retard noch in der Tasche und nahm es auf der Station ständig ein, ohne sonst etwas zu essen. Die Tatsache, daß hier also eine völlige Nulldiät ohne jede Kochsalzzufuhr erfolgte, hatte natürlich zur Folge, daß es sehr rasch zu einer massiven Kumulation von Lithium kam. Als sie bei uns in die Klinik aufgenommen wurde, hatte sie einen Lithiumspiegel von 4,5 mval/l im Serum und von 2,5 mval/l im Liquor, sie wäre also fast gestorben. Gerade solchen Patienten, die eine Gewichtsreduktion vorhaben, muß man sagen, wie vorsichtig man dabei in bezug auf Kochsalz sein muß. Zur Frage der Placebobehandlung würde ich in einem solchen Fall, wie er genannt worden ist, zunächst einmal einen Versuch mit Saroten oder Laroxyl oder Tryptizol machen, das kein Librium enthält. Ich hätte aber auch keine Einwände, Placebo zu verabreichen und zu sehen, was passiert. In der Regel wird eben gar nichts passieren; Sie können das mit dem Patienten dann nach ein paar Wochen besprechen.

Fetzner, Landeck: Im Hinblick auf die Gewichtszunahme bei Kindern sollte man ab und zu auch daran denken, daß der Beginn derselben für uns oft ein Kriterium dafür ist, die Medikamente zu reduzieren. Wir stellen nicht selten fest, daß Kinder zunächst – z. B. auf Dipiperon – ganz gut in der Verbesserung der sozialen Anpassung ansprechen, die Launenhaftigkeit, Umtriebigkeit und aggressive Unruhe nachlassen. Dann aber kann dieser Zustand in eine Phase mit mehr lustlos-antriebsarmen Zügen übergehen, und damit beginnt zugleich – das sehen wir besonders deutlich in der Ambulanz – ganz langsam die Gewichtszunahme. Die Kinder werden bequemer, antriebsärmer, sitzen mehr herum, wirken etwas lustlos. Es ist also das gegenteilige Verhalten zu dem Verhalten, das zur Therapie führte. Wenn wir nun mit der Dosierung zurückgehen, kann sich die Symptomatik wieder recht befriedigend ausgleichen, und das Gewicht geht ebenfalls wieder zurück.

Ermann, Mannheim: Ich habe sehr wenig Erfahrung mit psychopharmakologischer Therapie und möchte daher folgendes beitragen: Die Diagnose und die Differentialdiagnose des depressiven Symptomenkreises scheinen aufgrund der verschiedenen Erfahrungen, von denen ja auch hier berichtet wurde, doch außerordentlich problematisch zu sein. Ein Hinweis, den ich aus unserer Fachrichtung gern gebe, ist der: Wenn man ihnen die Bereitschaft signalisiert, daß man mit ihnen sprechen möchte und sich für ein erstes Gespräch vielleicht eine Viertelstunde oder auch einmal 20 Minuten Zeit nimmt, berichten Patienten doch überraschend häufig von relativ naheliegenden Konflikten. Bereits diese Aussprachen, die gar keine systematische Psychotherapie darstellen, können einen enorm starken Entlastungseffekt für Patienten haben – egal übrigens, mit welcher ursprünglichen Symptomatik sie gekommen sind. Was nun den Einstieg bietet, scheint mir dabei nicht so wesentlich. Wesentlich erscheint mir, daß ein großer Teil der Patienten das Angebot zu einem ärztlichen Gespräch tatsächlich auch wahrnimmt und daß diese Angebote überraschend häufig, natürlich nicht immer, zur Entlastung führen und einem unter Umständen solche Experimente, wie etwa Absetzen von Limbatril über Placebo, ersparen können. Ich möchte ganz ausdrücklich anregen, von dieser Möglichkeit zum ärztlichen Gespräch, von dem ich weiß, daß es sehr zeitraubend und in manchen Praxen vielleicht nicht durchführbar ist, doch häufiger Gebrauch zu machen, gerade bei Patienten, die durch häufige Arztbesuche, durch wechselnde Symptomatik, durch subdepressive Zustände Angebote an den Arzt machen; ich möchte anregen zu versuchen, diese Angebote zu entschlüsseln als einen Versuch, Kontakt aufzunehmen und über eine solche Kontaktaufnahme auch Entlastung zu finden. Dann ergibt sich häufig genug die Notwendigkeit, die Patienten z.B. an einen psychotherapeutischen Fachkollegen weiterzuverweisen.

Petri, Viersen: Zwei Fragen: 1. Es wurde die Zahl von 1,5 Mio. Alkoholikern und rund 40000 Drogenabhängigen genannt. Diese Zahlen sind durch Rundfragen in den Bundesländern festgestellt worden. Dabei ist folgendes zu berücksichtigen: Wir haben uns in der Bundesrepublik Deutschland daran gewöhnt, mit dem Alkohol und mit dem Alkoholikerproblem zu leben, und verfügen über jahrzehntelange Erfahrungen. Anders steht es mit dem Drogenmißbrauch und den Drogenabhängigen. Ist nicht die Grauzone gerade in diesem Bereich unverhältnismäßig groß? Ich fürchte, diese Grauzone könnte sich um die 300 % der angegebenen Zahl bewegen.

2. Ein Wort zur Behandlung der Suchtkranken überhaupt: Es kam eigentlich nur die medikamentöse Entzugsbehandlung mit Distraneurin etc. zur Sprache. Es ist doch aber so, daß gerade der Suchtkranke einer weiteren, einer multifaktoriellen Therapie bedarf. Es könnte zu leicht der Eindruck entstehen, daß wir es in der Psychiatrie nur mit medikamentöser Therapie zu tun haben. Bitte erinnern Sie sich, daß es in der Psychiatrie, als man noch von „Irrenanstalten" sprach (um die Jahrhundertwende bis nach dem 1. Weltkrieg), eine sehr wichtige Therapiemöglichkeit gab, nämlich die sogenannte Arbeitstherapie. Dies hat sich nun im Laufe der Jahrzehnte erfreulicherweise geändert, und das Bild hat sich seit etwa $1^1/_2$ Jahrzehnten dank der Psychopharmaka (mit dem Megaphen am Beginn) grundsätzlich gewandelt. Dennoch kommen wir in der Psychiatrie mit der Medikation allein bekanntlich auch nicht weiter, sondern es gehört das ganze Bündel der anderen Therapieformen dazu, wie die aus der Arbeitstherapie im Laufe des Jahrzehnts entwickelte Beschäftigungstherapie und die Bewegungstherapie, Kontakttherapie, Musiktherapie und andere ähnliche Behandlungsmaßnahmen. Über all das ist bisher eigentlich nichts gesagt worden. Und darum geht meine Frage auch dahin: Was muß denn der behandelnde Arzt, der nun den Kranken aus der Klinik bekommt, weiterhin beachten, damit sein Patient neben der entsprechend festgesetzten Medikation durch weitere – eben die genannten – Therapien vor dem Rückfall wirksam geschützt werden kann?

Korn, Wiesbaden: Es ist richtig, daß ein Großteil von Dingen etwas zu kurz gekommen ist, die in der Psychiatrie eine große Rolle spielen, wobei man natürlich auch da sagen muß: Das Bessere ist der Feind des Guten. Nicht überall gibt es Tag-/Nachtkliniken, nicht überall sind die Möglichkeiten einer intensiven Arbeitstherapie gegeben. Wenn Sie mich fragen, was man allgemein noch beachten müsse, bin ich geneigt, Ihnen mit *Esquirol* zu antworten: „Man muß seine Irren lieben, um sie zu heilen". Was ich für außerordentlich wichtig halte, ist einfach die menschliche Zuwendung. Wie Sie das dann nennen, das ist eine Frage der Schule, der Terminologie, des Parteichinesisch, aber das Grundprinzip ist die Grundeinstellung dazu, und es scheint mir außerordentlich wichtig zu sein.

Wanke, Frankfurt: Zu Ihrer ersten Frage einer „Grauzone". Als wir Ende der 60er Jahre die ersten Rauschmittelabhängigen untersuchten, stellten wir fest, daß diese Patienten sehr häufig an den Anfang Alkohol gesetzt hatten und daß Medikamente eine große Rolle spielten. Damals wurden wir insbesondere auch für diese Betonung des Alkohols als Einstiegsdroge zum Rauschmittelgebrauch heftig angegriffen, weil das damals in das Weltbild nicht hineinpaßte. Seinerzeit hat man dies getrennt gesehen. Heute zeigen die ersten Untersuchungen zum Jugendalkoholismus, der ja nicht immer Abhängigkeit im eigentlichen Sinne bedeutet, genau die gleichen Motivationen, wie wir sie in den 60er Jahren bei manchen Rauschmittelbenutzern fanden. Ich meine, wenn man das Problem lediglich am Beispiel einer Droge betrachtet, dann ist man ständig neu besorgt, und es entgeht einem, daß es sich hier um ein Grundphänomen handelt. Probleme einer Grauzone würde ich vor allen Dingen darin sehen, daß alle psychotropen Stoffe heute fleißig gemischt werden, und zwar nicht nur von den Jugendlichen. Wenn wir also jetzt von Alkohol sprechen, müssen wir auch die Medikamente im Auge haben und eben in bestimmten Altersgruppen auch die Drogen. Tatsache ist, daß der nichtsüchtige Rauschmittelgebrauch, also der Probierkonsum, zurückgegangen ist. Der harte Kern der schwer Abhängigen steigt jedoch langsam an. In diesem Bereich stehen wir vor erheblichen rechtlichen Schwierigkeiten im Hinblick auf die Therapie. Nun zur zweiten Frage der Behandlung: Das ist ein eindeutiges Mißverständnis. Ich habe gesagt, die medikamentösen Maßnahmen können bei der Behandlung der Abhängigkeit höchstens unterstützend wirken. Ganz im Vordergrund stehen Selbstbehauptungstraining, Ich-Stärkung und Steigerung der Belastbarkeit. Da es sich ja um sehr komplexe Störungen, letztlich um Möglichkeiten des Menschseins handelt, kann das Problem immer nur multidimensional angegangen werden, und da gibt es heute eine Fülle von Behandlungsmethoden.

Lauter, Hamburg: Wir sind hier zwangsläufig in unserer Diskussion vielleicht ein bißchen somatisch kopflastig geworden. Das ist notwendig, weil man in einer so kurzen Zeit ja nicht die ganze Palette von psychiatrischen Möglichkeiten in allen Unterdisziplinen der Psychiatrie ausbreiten kann. Es läßt sich aber sagen, daß es natürlich gerade auch für den Hausarzt bei der Betreuung psychisch Kranker eine Reihe von zusätzlichen Möglichkeiten gibt über das hinaus, was man somatotherapeutisch oder psychotherapeutisch tun kann; das gehört dann zu dem Gebiet der Sozialtherapie. In vielen Gemeinden, vor allem in größeren Städten, gibt es heute Patientenclubs; viele schizophrene Patienten, aber auch andere Patienten, die einfach nicht die nötigen Kontakte zu normalen Menschen finden, finden sich innerhalb solcher Clubs. Im allgemeinen kann man wohl z. B. über die zuständigen Gesundheitsämter erfahren, wo es solche Patientenklubs gibt, und versuchen, die Patienten dorthin zu vermitteln. Wichtig ist es auch, geschützte Werkstätten, Übergangsheime, Wohnheime für die Patienten zu kennen. Wichtig ist es, Verständnis aufzubringen für die enormen Sorgen, die vor allem alte Angehörige, die Eltern von Schizophrenen, haben, die sich fragen, was aus ihren Kindern einmal werden soll, wenn sie selbst nicht mehr am Leben sind. Der Hausarzt, der einen guten Kontakt zur Familie hat, sollte die Angehörigen darauf vorbereiten, was einmal geschehen soll, wenn ein solcher schizophrener junger Mensch nicht mehr bei seinen Angehörigen wohnen kann. Und etwas, was – glaube ich – der Hausarzt tun kann, ist, daß er etwas ausräumt, was wir Psychiater leider so häufig meiner Ansicht nach tun, daß wir nämlich für unsere Patienten Partei ergreifen, indem wir gegenüber den Angehörigen so tun, als seien diese an dem Leid der Patienten schuld. Ich glaube, daß man dadurch diesen Angehörigen erhebliches Unrecht zufügt, daß dies einfach nicht richtig ist und daß man da, wo man merkwürdige Erziehungsstile bzw. merkwürdige Einstellungen von Angehörigen findet, sich einmal vorstellen muß, wie es Eltern zumute ist, die 20 oder 25 Jahre lang einen solchen Menschen zu Hause gehabt haben, und daß das dann natürlich auch Rückwirkungen auf den Erziehungsstil hat. Was Sie hier tun könnten, wäre vielleicht, manches von dem wieder gutzumachen, was vielleicht ein junger psychiatrischer Assistent in einer Klinik durch eine schnöselige oder durch eine nicht ganz sachgemäße Art und Weise des Umgangs mit den Angehörigen verkehrt gemacht hat.

Ermann, Mannheim: Als Stichworte wurden verschiedene Bereiche der Ausdruckstherapie: Musiktherapie, Gestaltungstherapie, Bewegungstherapie, genannt. Ich meine, wir haben die besondere Schwierigkeit, daß diese therapeutischen Maßnahmen, die in der Regel erst wirksam werden, wenn sie dem Patienten über eine bestimmte Zeit und auch mit einer genügenden Frequenz angeboten werden, im Rahmen der kassenärztlichen Versorgung nicht finanziert werden können. Es gibt aber gerade bei den psychosomatischen Patienten, für die ich ja heute spreche, eine besondere Notwendigkeit der Neuformung und vielleicht auch Nachreifung von Ausdrucksmöglichkeiten, und ich bin der Ansicht, daß die Konsequenz häufig genug sein muß, einen psychosomatischen Patienten, bevor man ihn zu einem Patienten mit Dauermedikation macht (und diese Entscheidung liegt ja in der Regel bei der Praxis), vorher einem stationären Behandlungsversuch zuzuleiten. Denn die meisten psychosomatischen Kliniken, die es in der Bundesrepublik gibt, arbeiten mit einer Kombination verbaltherapeutischer und ausdruckstherapeutischer Angebote. In unserer Psychosomatischen Klinik im Zentralinstitut für Seelische Gesundheit in Mannheim z.B. hat die nichtverbale Therapie breiten Raum, also das Gestalten, Musikerleben, das gemeinsame Sich-Bewegen. Diese Therapiemethoden haben zum Ziel, dem Patienten den Weg zurück zur eigenen Empfindung zu geben, ein Stückchen den Weg zum Selbst zu zeigen, eine Ich-Stärkung zu bewirken. Ich sehe in dieser Möglichkeit der Kombination von ausdruckstherapeutischen Möglichkeiten und verbaltherapeutischen Möglichkeiten eine besondere Berechtigung der psychotherapeutisch-psychosomatischen Kliniken.

Haase, Landeck: Zur Frage, was wir für die entlassenen Patienten jenseits der Behandlung mit Psychopharmaka tun, möchte ich nochmals daran erinnern, daß ich glaube, daß wir genügend positive Kräfte in unserer Gesellschaft haben, die bereit sind, als ehrenamtliche Laienhelfer sich um die Entlassenen zu kümmern. Dies haben wir im Wirkungsbereich unserer Pfalzklinik bewiesen. Wir haben jetzt seit über 2 Jahren die Bevölkerung unseres Einzugsgebiets aufgefordert, als Laienhelfer ehrenamtlich für entlassene Patienten, insbesondere für psychotisch Kranke, tätig zu werden. Bisher habe ich an 20 verschiedenen Samstagen Fortbildungsveranstaltungen für Laienhelfer durchgeführt und dabei jeweils Patienten, die kurz vor der Entlassung standen und wegen psychotischer Erkrankungen in der Klinik waren, vorgestellt. Es handelte sich überwiegend um schizophren und auch um depressiv-psychotisch erkrankte Patienten. Alkohol- und Suchtkranke wurden in dieses Programm nicht hineingenommen, da wir eine Reihe von Suchtberatungsstellen im Einzugsgebiet der Klinik haben und die Laien mit diesem Problem nicht überfordern wollen.

Alle Patienten, mit Ausnahme der erwähnten Alkohol- und Suchtkranken, werden in diesem Zusammenhang vor der Entlassung befragt, ob sie nach der Entlassung einen Laienhelfer wünchen, der sie besucht. Die Laienhelfer wiederum müssen mindestens an 2 Samstagen an den Fortbildungsveranstaltungen teilgenommen und darüber hinaus eine Bescheinigung eingereicht haben, die ihr Hausarzt, der Pfarrer oder der Bürgermeister unterschrieben hat und aus der hervorgeht, daß die Betreffenden keine Bedenken gegen den Einsatz als Laienhelfer haben. Bisher stehen uns 130 Laienhelfer zur Verfügung, die in diesem Sinne bereits aktiv tätig sind und mit den vergangenen Monaten gemeinsam mit uns in 3 verschiedenen Städten der Pfalz (Neustadt, Kaiserslautern, Landau) bereits Patientenclubs gegründet haben, in denen sie sich in jeder Woche an einem Abend mit entlassenen Patienten treffen. 3 weitere Patientenclubs in anderen Städten unseres Einzugsgebiets werden in den nächsten Monaten gegründet. Ein Teil der Laienhelfer hat schon mehr als sechsmal an meinen Fortbildungsveranstaltungen teilgenommen und damit mehr Stunden Unterricht über psychotische Erkrankungen gehabt als ein normaler Medizinstudent, der sein Staatsexamen macht.

In jedem Monat werden 20 bis 30 Patienten an Laienhelfer vermittelt; durch Rückmeldungen erfahren wir, ob die Betreuung auch tatsächlich stattfindet.

Für die Patientenclubabende sind für jeden Monat jeweils 2 Laienhelfer für die Programme zuständig. Sofern die Patienten mit dem Auto herangeholt werden müssen, übernehmen die Patienten das Benzingeld. Es kommt ja nicht auf die materielle Unterstützung und Hilfe an, sondern auf die menschliche Zuwendung. Dies wird fortgesetzt, und man kann sagen, daß die Öffentlichkeit zur jetzigen Zeit bereits so aufgeschlossen ist, daß unrealistische Einstellungen und Ängste gegenüber psychotischen Erkrankungen mehr und mehr abgebaut werden. Auf diesem Wege kann die Lücke zwischen Klinik und niedergelassenem Arzt ausgefüllt werden. Da die Laienhelfer sich auch melden, wenn sie den Eindruck haben, daß die Patienten mit Psychopharmaka unter- oder überdosiert sind, und gegebenenfalls auch unseren Fürsorgearzt einschalten, außerdem sich selbstverständlich eventuell an den zuständigen niedergelassenen Arzt wenden, helfen sie, die Rückfallsgefahr der psychotischen Erkrankungen zu verringern, und dienen einer gemeindenahen Psychiatrie. Die Hausärzte haben damit eine echte Hilfe. Es kommt nur darauf an, die Bevölkerung aufzubauen, wie wir es in unserer Pfalzklinik getan haben.

von Bodemsky, Karlsruhe: Ich habe eine Frage wegen dieser Laiengruppen. Ich bin Musik- und Maltherapeutin in der Karlsruher Kinderklinik, und die Laiengruppen würden mich im Hinblick auf die Nachbehandlung von Patienten interessieren. Besteht da eine Möglichkeit, Laien zu einer Ausbildung zu Ihnen zu schicken? Wie geht das vor sich?

Haase, Landeck: Wenn Sie im Einzugsgebiet unserer Klinik, das kurz vor Karlsruhe aufhört, tätig sein möchten, gern. Wir geben die Samstage immer über die Presse bekannt. Schreiben Sie nur an mich, dann können Sie an den Weiterbildungsveranstaltungen teilnehmen, wir würden uns freuen. Sie können ja auch von Karlsruhe aus in die Pfalz hineinwirken. 130 Laienhelfer sind mir noch viel zu wenig, wir hätten schon gern die doppelte Zahl von Laienhelfern.

Kammerer, Wertheim: Ich habe zur Praxis der Lithiumbehandlung noch eine Frage. Zunächst, Lithium ist ja nun schon viele Jahre in Gebrauch. Meine Frage: Hat man bei Langzeitbehandlung mit Nebenwirkungen zu rechnen? Wenn ja, worauf muß geachtet werden, vorausgesetzt, daß der Lithiumspiegel natürlich laufend kontrolliert wird. Kann man, wenn echte Remissionen immer wieder vorgekommen sind und jahrelang nach Lithiumbehandlung nichts mehr eingetreten ist, ohne weiteres Lithium einmal absetzen, oder ist Lithium, vorausgesetzt, daß Diagnose und Behandlungserfolg übereinstimmen, eine absolute Dauerbehandlung?

Lauter, Hamburg: Die zweite Frage zuerst. Soviel wir bisher wissen, würde ich raten, das als eine Dauerbehandlung aufzufassen. Es gibt Erfahrungen mit Patienten, die 7 Jahre lang auf Lithium eingestellt waren – richtige Indikation vorausgesetzt –, und als man dann die Hälfte der Patienten auf Placebo umstellte, ist es in der Placebogruppe erheblich häufiger zu Rückfällen gekommen – auch schon nach einer 7jährigen Therapie – als in der Gruppe, die das Lithium weiter erhalten hat. Wie lange man die Therapie fortsetzen muß, kann man heute noch nicht sagen, aber ich würde einen Patienten, den ich darauf einstelle, von vornherein informieren, daß er mit vielen Jahren rechnen muß. Die bekannteste, häufigste Nebenwirkung ist wohl die Schilddrüsenvergrößerung, im allgemeinen eine euthyreote Struma. Darauf müssen Sie den Patienten vorbereiten. Von der Gewichtszunahme haben wir schon gesprochen. Durst ist eine relativ häufige Nebenwirkung. Ich glaube, alles andere kann man vernachlässigen. Es gibt einige seltene Fälle von epileptischen Anfällen, aber ich glaube, das ist alles wirklich relativ selten. Häufig ist die Schilddrüsenvergrößerung, häufiger als in der Literatur beschrieben sind übrigens auch Klagen über Libido- und Potenzverlust bei Männern, die sehr wahrscheinlich nicht auf die Grundkrankheit, sondern auf das Lithium zurückzuführen sind.

Dahnil, Herxheim: Die Zahl der verhaltensgestörten Kinder hat in meiner Allgemeinpraxis in den letzten 20 Jahren ganz erheblich zugenommen. Falls das generell zutreffen sollte, bitte ich um Bekanntgabe einiger Gründe und frage: Ist es möglich, irgendwelche prophylaktischen Maßnahmen sinnvoll zu ergreifen?

Fetzner, Landeck: Ich glaube, wenn man versucht, auf diese Frage eine Antwort zu finden, muß man sich von einseitigen Betrachtungen und Beurteilungen freimachen. Eine polyätiologische Schau allein – unter Einbeziehung aller inzwischen bekannten Beeinträchtigungsmöglichkeiten – dürfte diesem Phänomen einigermaßen gerecht werden. Sehr viele der verhaltensgestörten Kinder entwickeln ihre Symptome auf der Basis zerebraler Dysfunktionen. Wenn Sie mit früher vergleichen, können Sie feststellen, daß gerade die frühgeschädigten Kinder, die Frühgeburten, die geburtstraumatisch geschädigten Kinder, Kinder mit entzündlichen Erkrankungen des Gehirns und anderen zerebral beeinträchtigenden Erkrankungen durch die heute mögliche Therapie wohl erheblich gebessert werden können, aber letztlich doch als Beeinträchtigte bzw. Verhaltensgestörte weiterleben. Auf der anderen Seite spielt ganz sicher auch mit, daß man diese Dinge nun stärker ins Bewußtsein hineingenommen hat. Man wird also vorerst noch vorsichtig sein müssen einmal hinsichtlich der Beurteilung der „zunehmenden“ Zahl verhaltensgestörter Kinder wie auch hinsichtlich der Ursachen. Innerhalb des Entwicklungsalters wird sicher, wie schon erwähnt, nur eine mehrdimensionale Betrachtung einigermaßen befriedigen. Prophylaktische Maßnahmen hängen dann von der jeweiligen Gewichtung der Faktoren innerhalb dieses Ursachenbündels ab. Es ist demnach schwer, eindeutige Einzelfaktoren zu nennen, wenn uns auch der klinische Alltag immer wieder auf bestimmte Zusammenhänge aufmerksam macht. Zum Beispiel soziologische, familiäre, schulische Probleme, zerebrale Dysfunktionen usw.

Klör, Wiesbaden: Ich habe im Verlauf dieses Gesprächs eine überraschend freudige Erkenntnis mitgenommen. Man schlägt sich sonst als psychiatrisch Interessierter immer herum mit den involutiven und reaktiven Depressionen, wir müssen grundsätzlich unterscheiden zwischen neurotischen und psychotischen. Frage: Wo bekommt man die Fragebogen her, von denen *Prof. Wanke* gesprochen hat? Kurzfragebogen zum Alkoholismus und die Anleitung zur Selbsteinstufung für Alkoholiker? Ich kann nur sagen, bei uns ist das Problem der Zusammenarbeit zwischen Herrn *Korn* und uns weitgehend gelöst. Wir bringen auch die anderen zu einer besseren Kommunikation über das Problem der psychisch Kranken und ihrer besseren Betreuung. Das Problem der optimalen Kooperation zwischen Klinik, Facharzt, Praxis und Sozialmedizin läßt sich lösen.

Wanke, Frankfurt: Das kleine Taschenbuch von *Eberhard Rieht*: „Alkoholkrank?" ist 1975 im Blaukreuzverlag in Bern und Wuppertal erschienen und enthält am Schluß einen Selbstbeurteilungsfragebogen für Patienten, der auch isoliert bezogen werden kann.

Ein Teilnehmer: Es war davon die Rede, daß die Antidepressiva wegen ihrer hohen Kardiotoxizität so gefährlich seien. Gerade in letzter Zeit habe ich davon gehört, daß es mit Gamonil ein Präparat gebe, das in seiner Kardiotoxizität wesentlich niedriger sei. Das sei sowohl tierexperimentell nachgewiesen als auch durch einige fehlgeschlagene Suizidversuche bestätigt. Haben Sie da einige Informationen, um das auszuführen? Ich glaube, es wäre ein interessanter Fortschritt, wenn das bestätigt werden könnte.

Haase, Landeck: Es ist experimentell nachgewiesen, daß besonders Alival und das soeben erwähnte Gamonil eindeutig weniger kardiotoxisch sind. Beim Gamonil scheint sogar erwiesen zu sein, daß es gleichwertig antidepressiv wirkt wie Tofranil und Amitriptylin (Laroxyl, Saroten, Tryptizol), auch bei schweren depressiven Psychosen. Das Alival hebt sich durch eine stark anregende Komponente ab und eignet sich daher nicht für agitierte schwere depressive Psychosen. Es bleibt leichten depressiven Psychosen bzw. jenen Grenzfällen zwischen depressiver Neurose und depressiver Psychose vorbehalten.

Wenn es sich weiterhin bestätigen sollte, daß Gamonil bei schweren depressiven Psychosen vergleichbar antidepressiv ist zur großen Gruppe der trizyklischen Antidepressiva, wäre dies tatsächlich ein großer Fortschritt zur Behandlung aller Herzgeschädigten und insbesondere auch der älteren Patienten. Monoaminooxydasehemmer sind auch weniger kardiotoxisch. Die Kardiotoxizität besteht bei der Mehrzahl der trizyklischen Antidepressiva in einer negativ inotropen Wirkung und Verschlechterung der Reizleitung. Besonders bedenklich ist die Gefahr der Reizleitungsstörung bis zum Kammerflimmern bei toxischer Dosis. Es gibt noch einige andere Präparate, von denen eine geringe Kardiotoxizität behauptet wird, z.B. das tetrazyklische Tolvin, von dem jedoch eine vergleichbare antidepressive Wirkung bisher noch nicht überzeugend nachgewiesen ist. Wir müssen hierzu noch weitere Erfahrungen abwarten. Wenn jedoch der Patient herzgesund ist, so kann man durchaus die üblichen trizyklischen Antidepressiva in der entsprechend hohen Dosis, wenn diese nicht über Jahre gegeben werden müssen, verabreichen.

Otte, Gießen: Ich habe z.Z. auf meiner internistischen Station ein junges Mädchen, das heroinsüchtig gewesen ist und jetzt wegen Entzugskrämpfen nach starkem Schlafmittelabusus zu uns kam. Was mir Kummer macht, ist, daß sie über sehr starke Alpträume klagt und deswegen wohl auch offensichtlich diese Schlafmittel genommen hat. Gibt es etwas, was man verordnen kann, ohne wieder eine erneute Abhängigkeit hervorzurufen?

Wanke, Frankfurt: Diese Erscheinungen sind neurophysiologisch weitgehend geklärt. Es kommt durch verschiedene Mittel, durch Alkohol, aber auch durch andere Drogen, zur Unterdrückung des REM-Schlafes und damit unter Umständen später zu deliranten Erscheinungen. Wir wissen, daß sich dieses Defizit dann später ausgleicht. Viele Patienten, Heroinabhängige, Polytoxikomane und Alkoholiker, klagen häufig noch nach dem Entzug über sehr quälende Träume. Wenn man diesen Patienten helfen will, dann muß man sie vor allen Dingen darauf hinweisen, daß es sich hier um eine Normalisierung handelt. In Ihrem Fall waren – habe ich es richtig verstanden? – noch Barbiturate gegeben worden. Barbituratabhängige entziehen wir wegen der Gefahr epileptischer Anfälle langsam, während wir Heroin schlagartig absetzen. Man kann in derartigen Fällen diese oft sehr quälenden Schlafstörungen erleichtern, muß aber hier von vornherein zeitliche Grenzen setzen. Bei uns haben sich Substanzen, wie etwa das Praxiten forte oder Dominal forte, bewährt. Wir vereinbaren aber dann mit dem Patienten eine Begrenzung der Gabe auf 5 Tage. So ist die Gefahr, daß gerade bei Tranquilizern eine neue Abhängigkeit entsteht, relativ gering.

Treiber, Bergelen: Zwei Fragen: Der vorhin genannte Begriff „Entpflichtung" war mir bisher nicht geläufig. Wenn Sie mir dazu kurz etwas sagen könnten. Ferner: Den Therapievorschlag für das Zielsyndrom der hyperkinetisch veränderten, gestörten Kinder habe ich nicht ganz mitgekriegt.

Haase, Landeck: Mit dem Problem der „Entpflichtung" habe ich mich in meinem 1976 erschienenen Depressionsbuch* auseinandergesetzt. Dies ist ein wichtiger Gesichtspunkt, nachdem wir in den letzten Jahren mehr und mehr erkannt haben, daß diejenigen, die depressiv-psychotisch erkranken, Menschen sind, die sich vor ihrer Erkrankung übermäßig für andere Menschen und andere Aufgaben verpflichtet fühlen. *Tellenbach* hat diese Menschen im Hinblick auf ihre Ordentlichkeit beschrieben. Schon *Freud* hatte erkannt, daß Frauen, wenn sie an depressiven Psychosen erkranken, relativ häufig sehr ordentlich sind. Die Japaner, die uns ja in mancher Beziehung im Hinblick auf ihr Leistungsstreben nahestehen, haben eben-

* *H.-J. Haase*: Depressionen. Entstehung – Erscheinung – Behandlung. Schattauer Verlag, Stuttgart 1976

falls Arbeiten darüber geschrieben und das gleiche in ihrem Land festgestellt. Wir sind eigentlich immer mehr dazu gekommen, uns von der Kretschmerschen Konzeption der Extravertierten, nach außen Gewendeten, insofern abzuwenden, als wir sagen: Der Betreffende ist nicht nach außen gewendet, er ist nach außen verhaftet. Er braucht praktisch die anderen Menschen und Aufgaben, um sein starkes Verpflichtungsgefühl auszuleben, im partiellen Ehrgeiz oder in allgemeiner Ordentlichkeit. Wenn der Betroffene depressiv-psychotisch wird, dann dreht sich das um 180 Grad. Gerade er, der sich so übermäßig verpflichtet fühlt, kann nun nicht mehr so viel für die anderen leisten, wie er möchte, oder kann bei schwerer Erkrankung überhaupt nichts mehr leisten, obwohl er will. Dies bringt die Selbstmordgefahr mit sich, zumal er meint, er sei ein Versager. Das ist ein zentrales Thema. Man sollte den Patienten sagen: Sie sind nicht schuld und lassen jetzt alle Arbeit. Vor allen Dingen dürfen Sie nichts tun, um zu beweisen, daß Sie kein Versager sind. Nur wenn sich Ihr Zustand so gebessert hat, daß Sie etwas tun möchten, weil es Ihnen Freude macht, können Sie auch etwas arbeiten. Man soll also den Patienten entpflichten, und das kann man natürlich stationär besonders gut. Wir erleben es nicht selten, daß wir die Patienten am Wochenende nach schon kompensierter depressiver Psychose beurlauben und sie in verschlechtertem Zustand nach dem Wochenende zurückkommen, weil sie z.B. als Hausfrauen, sofort versucht haben, für die Familie zu arbeiten. Zu Hause hat alles einen Aufforderungscharakter für die Hausfrauen, die zu Hause meinen, daß sie für die Familie etwas tun müßten. Auch der erkrankte männliche Patient fühlt sich in seinem Beruf verständlicherweise verpflichtet und leidet darunter, daß er nicht mehr so viel leisten kann, wie er möchte, sofern er depressiv-psychotisch erkrankte. Wir sagen auch zu den Patienten, daß sie sich nach der Erkrankung weniger überfordern und zumindest in den ersten Monaten nur mit halber Kraft arbeiten sollen. Es ist also wichtig, den Patienten auf die Entpflichtung anzusprechen, wie es auch wichtig ist, ihn auf die Suizidgefahr anzusprechen. Es gibt nur eine Verpflichtung im Bereich der Suizidgefahr. Wenn z.B. ein Patient mit einer depressiven Psychose zu mir in die Ambulanz kommt, verpflichte ich ihn mit Handschlag und Ehrenwort, daß er sich nichts antut. Kann er mir dieses Versprechen nicht abgeben, empfehle ich ihm dringend eine stationäre Behandlung. Da der Patient mit einer depressiven Psychose meist auf einer offenen Station aufgenommen wird, sollte man hier ebenfalls bei der Aufnahme stets einen derartigen Pakt abschließen. Ich habe dies in einem Zeitraum von 10 Jahren, in dem ich in jeder Woche Depressiv-Psychotische als Stationsarzt aufnahm, bei jedem Patienten getan, und die Patienten haben sich an diesen Pakt gehalten. Waren die Patienten zu krank oder ihr Versprechen nicht überzeugend, so wurden sie – und dies galt für relativ wenige – bis zur Besserung auf einer kontrollierten Station aufgenommen. Diejenigen, die sich ihrem Glauben verpflichtet fühlen, sind erfahrungsgemäß ebenfalls in der depressiven Psychose weniger selbstmordgefährdet. Da die Depressiv-Psychotischen des manisch-depressiven Formenkreises weit eher dem Persönlichkeitstyp der Überverpflichteten entsprechen als der Durchschnitt der Schizophrenen, nehmen sie im allgemeinen auch gewissenhafter ihre Psychopharmaka ein und halten sich eher an die Verpflichtungen, die man mit ihnen gemeinsam ausmacht. Bemerkenswerterweise haben wir in unserer Schizophrenenambulanz vor einigen Jahren im Vergleich zu einer Kontrollgruppe festgestellt, daß diejenigen Schizophrenen, die nach der stationären neuroleptischen Kompensation eine depressiv-psychotische Nachschwankung haben, ebenfalls signifikant häufiger als die Kontrollgruppe zu den sehr Ordentlichen bzw. Überverpflichteten rechneten.

Fetzner, Landeck: Zur Frage nach dem Therapievorschlag für hyperkinetisch gestörte Kinder: Es ist interessant, wie sich eine Substanz hier in das therapeutische Feld hineingeschoben hat, von der man zunächst am wenigsten annehmen konnte, daß sie bei hyperkinetischen Kindern besonders ausgleichend wirkt, nämlich ein Stimulans, das im Grunde nun bei den frühkindlich erworbenen leichten Hirnfunktionsstörungen (im wesentlichen kommen die Eltern meist wegen eingetretener Schulschwierigkeiten aufgrund des hyperkinetischen Syndroms) das Gegenteil dessen bewirkt, was man zunächst von ihm erwartet. Ganz besonders bewährt hat sich das Methylphenidat, das sich zunehmend auch in der internationalen Literatur findet. Allerdings darf es sich dabei nicht um allgemeine Schul- und Erziehungsprobleme handeln, auch darf das hyperkinetische Syndrom nicht durch andere Krankheitsursachen bedingt sein. Das positive Ansprechen auf Ritalin bezieht sich hier ausschließlich auf die hyperkinetische Symptomatik, die gekennzeichnet ist durch eine charakteristische motorische Unruhe, typische Affektstörungen und Konzentrationsbeeinträchtigung. Die Wirkung auf das Nervengewebe stellt man sich auf sympathikomimetischem Wege vor und nimmt an, daß es zu einer Verbesserung der ungenügenden zentralnervösen Steuerung mit einer besonderen Auswirkung auf die motorischen Störungen kommt, auf die abnormen affektiven Impulse und die intellektuellen Störungen (mit der vordergründigen Ablenkbarkeit und Konzentrationsschwäche). Die Wirkung tritt – wenn es zu einem positiven Ansprechen kommt – erstaunlich rasch ein. Oft schon nach 1–2 Wochen wirken die Kinder ausgeglichener, können in der Schule besser mitarbeiten. Die abnormen affektiven Impulse werden wirkungsvoll reduziert und gebremst.

Natürlich wäre es verantwortungslos, eine solche Substanz bei jedem schulischen Versagen, bei dem die Mütter heute allzu rasch unsere Sprechstunden aufsuchen, einzusetzen. Die Indikation muß gerade hier sehr streng gestellt werden, und die oft so erstaunliche positive Wirkung kann nur erzielt werden, wenn wir die Grenzen des Einsatzes entsprechend eng ziehen. Mit sedierenden Präparaten wird man bei diesen hyperkinetischen Kindern weit weniger Erfolge erzielen. Wer aber mit dieser neuen Substanz so oft diesen dauerfrustrierten und zutiefst unglücklichen Kindern mit den meist restlos verzweifelten Eltern, aber auch Lehrern, helfen konnte, wird sich der Mühe einer intensiven Kontrolle dieser Therapie gern unterziehen.

Literatur

Haase, H.-J.: Kleine Psychiatrie in der Praxis. Karlsruher Therapiewoche 1977. Therapiewoche 1977. Therapiewoche 28 (1978), 15

Zum gegenwärtigen Stand der Sozialpsychiatrie in der Bundesrepublik

Zusammenfassung der Vorträge des 3. Landeck-Symposions zum Thema Sozialpsychiatrie

Wesentliches Symptom einer kultivierten Gesellschaft ist die Art, wie sie sich mit ihren Schwachen und Hilflosen auseinandersetzt. Psychiatrie sollte immer Sozialpsychiatrie sein, denn Heilung des psychisch Kranken bedeutet nicht in erster Linie Reparatur gestörter Organfunktionen, sondern Eingliederung in die Gemeinschaft. Dennoch ist die Psychiatrie unseres kulturellen Bereiches von Sozialpsychiatrie wesentlich weiter entfernt als bei zivilisatorisch unterentwickelten Völkern in sogenannten primitiven Kulturen.

Während der einzelne in derartigen Kulturen noch weitgehend geborgen ist in der Großfamilie, geborgen im festen Glauben an übersinnliche Mächte, die sein persönliches Schicksal gemäß seinem Verhalten lenken, treten persönliche Fehlentwicklungen mit selbstgefährdendem oder fremdgefährdendem Verhalten des einzelnen gegenüber dem einzelnen weitgehend zurück. Wird er als alter Mensch psychisch krank, so bleibt er, wenn irgend möglich, im Familienverband, handelt es sich um Gesellschaften, die nicht nur am Fortschritt orientiert sind, an der Vermehrung des Einkommens und des Konsums materieller Güter, sondern die sich gegenüber den Werten der Vergangenheit und damit gegenüber ihren Alten stärker als wir verpflichtet wissen.

So findet man in dem zivilisierten Japan relativ wenig psychisch kranke Alte in den psychiatrischen Kliniken.

Ebenfalls treten Suchterkrankungen zurück, solange der einzelne in dieser Geborgenheit der mitmenschlichen Beziehungen und des Glaubens lebt und nicht vereinzelt ist in der Scheingeborgenheit materieller Werte, in der er zwar satt wird und nie frieren muß, in der sich eine aufwendige Medizin um seinen Körper bemüht, in der er jedoch bindungsarm oft einer grenzenlosen Leere gegenübersteht. In der Soziologie heißt es: Je mehr der einzelne auf sich selbst gestellt ist, um so eher scheitert er an sich selbst.

Unser Symposion befaßte sich mit den Fragen: Was ist zu tun, damit Psychiatrie im Sinne einer modernen Psychiatrie auch Sozialpsychiatrie sein möge? Was ist zu tun, um die Isolierung und Abwertung des psychisch Kranken in unserer Gesellschaft aufzuheben, ihn dem körperlich Kranken gleichzuschalten und in die Gesellschaft der Gesunden so weit wie möglich zu integrieren?

Prof. Krimm hat auf die mächtigen Bestrebungen im kirchlichen Bereich hingewiesen, indem auf katholischer Seite der deutsche Caritasverband und auf evangelischer Seite das Diakonische Werk Fachverbände für die Psychiatrie gründeten.

(Nicht nur eine Reihe psychiatrischer Krankenhäuser werden von der christlichen Kirche getragen, sondern auch zahlreiche Sucht- und Beratungsstellen, Heime für geistig Behinderte, Wohnheime, und es gibt kaum einen Bereich der Psychiatrie, in dem nunmehr die Kirche nicht aktiv mitarbeitet.) An die Stelle der Sorge um die gute Seele schreibt die Kirche mehr und mehr die Sorge um den seelisch kranken Menschen auf ihre Fahnen.

Es ist nicht unsere Aufgabe, als Psychiater die Gesellschaft umzuwandeln und diejenigen Faktoren auszuschalten, die *Prof. Strotzka* als primär soziogen kennzeichnete und die zur Vereinzelung und damit so häufigen psychischen Fehlentwicklung vieler Menschen führen. Unsere Aufgabe ist es mitzuwirken, daß dem psychisch Kranken auf neuer Ebene begegnet wird. Wie der materiellen Armut und sozialen Ungerechtigkeit durch soziale Gesetzgebungen begegnet wurde, so ist nunmehr der Benachteiligung der psychisch Kranken durch eine neue Bewußtseinsbildung der Bevölkerung zu begegnen, damit sie nicht länger Außenseiter der Gesellschaft bleiben. Diese Anstrengungen haben zu reichen von den Gesetzgebungen der Bundesregierung bis zum Appell an jeden einzelnen Bundesbürger.

Der Bundesregierung wurde ein Bericht der Enquête für Psychiatrie vorgelegt, und es ist ein ermutigendes Zeichen, daß repräsentative Vertreter des Bundestages, der Landesregierung Rheinland-Pfalz und des Bezirksverbandes Pfalz heute unter uns weilen, denn was nützen alle Appelle, wenn nicht ohne die Genehmigung der entsprechenden Mittel dem Nachholbedarf der Psychiatrie Rechnung getragen wird. Überfüllte Krankenstationen bleiben trotz Gruppentherapie überfüllte Stationen. Ermutigend ist die zahlreiche Beteiligung von Presse, Rundfunk und Fernsehen an unserem Symposion. Ihre Mitarbeiter sind dafür verantwortlich, daß nicht Massenmedien sensationslüstern Sündenböcke in den Reihen derjenigen suchen, die psychisch Kranke behandeln und betreuen, sondern konstruktiv die Lage der Psychiatrie verbessern helfen durch die Vermittlung sachgerechter Informationen und sinnvoller Appelle. Durch ihre aktive Mitarbeit war es möglich, allein im Wirkungsbereich unserer Pfalzklinik Landeck, in den vergangenen 3 Jahren eine Reihe von Laienhelfern anzuwerben. In der ganzen Bundesrepublik beginnen sich Laienhelferaktionen zu regen und zu mehren, doch werden wir uns dem Ziel erst nähern, wenn auf mindestens jedes 3. psychiatrische Krankenbett ein Laienhelfer kommt, der innerhalb und außerhalb der Klinik mitwirkt. Wir befinden uns mitten in einer geradezu revolutionären Umorientierung der Psychiatrie, die an die Zeit erinnert, als um 1800 in Frankreich *Pinel* die psychisch Kranken in den Spitälern von den Fesseln befreite. Wir haben sie zu befreien von Diskriminierung und Abwertung und ihnen eine optimale Selbstverwirklichung in der Gemeinschaft zu ermöglichen. Innerhalb der psychiatrischen Krankenhäuser beginnen sich Behandlungsgemeinschaften zu bilden, in denen nicht mehr im Sinne eines Einbahnsystems der Arzt dem Pfleger und der Pfleger dem Patienten Befehle gibt, sondern in denen Pflegepersonal und besonders auch Patienten an der Behandlung mitwirken. Die Herren *Heim* und *Bister* berichteten über die vielfachen Probleme, die sich ergeben, wenn man ein konservatives, hierarchisches, psychiatrisches System in eine derartige Behandlungsgemeinschaft umfunktioniert. Ungeachtet der Gefahren, die entstehen, wenn man über das Ziel hinausschießt und die Letztverantwortlichkeit der Therapeuten gegenüber dem psychisch Kranken vernachlässigt, besteht kein Zweifel, daß der realitätsangepaßte Aufbau psychiatrischer Behandlungsgemeinschaften in den psychiatrischen Krankenhäusern die Forderung der Stunde ist. Jeder gesprächsfähige Patient sollte in diesem Sinne in jeder Woche mindestens in einer Stunde im Gruppengespräch Gelegenheit haben, sich mit seinen Problemen und den Problemen der anderen auseinanderzusetzen. Wir haben diesen Weg in den vergangenen 2 Jahren beschritten und wissen, daß mehr und mehr psychiatrische Kliniken in diesem Sinne konsequent verfahren. Indem sich darüber hinaus die psychiatrischen Kliniken ausdifferenzieren und spezialisieren für Jugendliche, für psychisch Alterskranke, für Suchtkranke, für psychotisch Kranke, für neurotisch Kranke, verlassen sie die Struktur der ehemaligen Heil- und Pflegeanstalt und werden Fachkliniken für Behandlungsfälle. Es schadet der Weiterentwicklung sozialpsychiatrischer Bemühungen, werden sie als Anstaltsmonstren verteufelt, statt daß man sie rasch in das Niveau der Allgemeinkrankenhäuser in bezug auf die personelle und räumliche Ausstattung erhebt. Das geht aber nicht, solange die Pflegesätze im psychiatrischen Krankenhaus noch nur die Hälfte bis ein Drittel der Pflegesätze in den Allgemeinkrankenhäusern ausmachen.

Bürgernähe ist zu fordern, indem jeder Patient, der entlassen wird, in seiner Gemeinde wohlwollend und hilfreich aufgenommen wird, indem Laienhelfer als Vertreter ihrer Gemeinde sich um ihn bemühen und Fachkräfte jederzeit zur Verfügung stehen. Gemeindenähe ist zu verwirklichen, indem in diesem Sinne menschliche Ersatzgemeinschaften aufgebaut werden durch Patenschaften, Laienhelferbesuche, Patientenclubs. Während dies in einem gewissen Rahmen besonders schon im Bereich der Suchtkranken, insbesondere bei den Alkoholkranken mit Hilfe der Anonymen Alkoholiker und anderer Vereinigungen geschieht, so haben jedoch die psychotisch Kranken bisher kaum noch eine Lobby in diesem Sinne. Sie werden noch grob von der Gesellschaft vernachlässigt.

Selbstverständlich ist es auch wichtig, Gemeindenähe zu fördern durch Schaffung neuer Kliniken, wenn der Wohnort des Patienten mehr als 1–1½ Stunden entfernt ist, und von Übergangseinrichtungen, wie Nacht- und Tageskliniken, sowie Überleitungsheimen und Wohnheimen. Dabei können wir aus den Vorträgen von Herrn *Prof. Kisker* und *Prof. Eicke* entnehmen, daß sich die Nachtkliniken im wesentlichen für die Nachbetreuung psychotisch Kranker eignen und daß ihr Wert zahlenmäßig sehr begrenzt ist. Dies gilt auch für Tageskliniken, über deren therapeutischen Wert *Prof. Gross* uns einen Einblick gab.

Wie aus den Vorträgen von *Prof. Kisker* und Herrn Kollegen *Kitzig* hervorgeht, hatten Tag- und Nachtkliniken in erster Linie Appellcharakter für neue sozialpsychiatrische Aktivitäten. Sie umfassen bisher weniger als tausend Plätze in der BRD, und es ist auch nicht zu erwarten, daß eine wesentlich größere Anzahl von Plätzen für Tag- und Nachtkliniken die Situation der teilstationären Behandlung erheblich verbessert. Dagegen sind in größerem Umfang Überleitungswohnheime zu fordern, jedoch ist auch hierzu zu sagen, wie aus dem Bericht unseres Mitarbeiters *Dr. Mühlig*, aus dem uns zugeordneten Überleitungswohnheim in Ludwigshafen hervorgeht, daß diese Überleitungswohnheime nur im Ausnahmefall für die Entlassung von akut psychisch Kranken von Bedeutung sind. Indem im allgemeinen mehr als 95 % der Fälle direkt von der Klinik entlassen werden können, werden sie mehr von Bedeutung für die Rehabilitation von Langzeitfällen. In besonderem Maße sind gemäß *Prof. Kisker* zu fordern Wohnheime und Wohngemeinschaften, die aber nicht zu sozialen Deponien werden dürfen, sondern gemeindenah in dem Sinn zu schaffen sind, daß Angehörige, Bekannte und Paten ohne zeitlichen Verzug Zutritt haben und Arbeitsplätze erreichbar sein müssen.

Prof. Strömgren zeigte uns mit seinem einzigartigen Inselprojekt in Samsö, daß auch dann, wenn jeder psychisch Kranke psychiatrisch ambulant nahezu optimal betreut und behandelt wird, dennoch ein gewisser Prozentsatz der psychisch Kranken der stationären Behandlung im psychiatrischen Krankenhaus bedarf. Während auf der Insel Samsö praktisch jeder psychisch Kranke dem Psychiater über den Hausarzt zugeführt wird, während psychiatrische Vorschaltambulanz optimal durchgeführt wird, während Hausbesuche durch Fachkräfte möglich sind, lassen sich doch in einer Reihe von Fällen stationäre Behandlungen in der psychiatrischen Klinik nicht umgehen. Mir persönlich ist die Insel Samsö seit mehreren Sommerurlauben bekannt. Ich konnte mich an Ort und Stelle informieren. Rechnet man die stationären Behandlungsnotwendigkeiten, die sich auf der Insel Samsö ergeben, um auf unsere Verhältnisse in der BRD, so kann man grob schätzen, daß auch bei einer Verdreifachung der Zahl niedergelassener Nervenärzte und der utopischen Forderung, daß jeder psychisch Kranke einem Fachpsychiater zugeführt wird, sowie einer Optimierung von Vorschaltambulanzen, mindestens 200000 psychisch Kranke im Jahr stationärer Behandlung im psychiatrischen Krankenhaus bedürfen.

Mit der hohen Anzahl stationärer Behandlungsnotwendigkeiten unterscheiden wir uns von denjenigen Gesellschaftsstrukturen, in denen der Einzelne noch in der Geborgenheit der Gemeinschaft lebt und von der er profitiert, sofern er psychisch erkrankt. In diesem Zusammenhang sei auch erwähnt, daß die Vereinzelung unserer Gesellschaft nicht nur primär soziogen im Sinne von *Prof. Strotzka* zur erhöhten stationären Behandlungsnotwendigkeit führt, sondern daß auch sekundär soziogen wie Herr Kollege *Strotzka* es nannte, das Alleinstehen vieler Menschen dazu führt, daß sie im Zusammenhang mit ihrer Bereitschaft zur psychischen Erkrankung häufiger in psychiatrische Kliniken wieder aufgenommen werden müssen. (Ich erinnere in diesem Zusammenhang an meine statistischen Untersuchungen an alleinstehenden Frauen*, wonach ledige, geschiedene und verwitwete Frauen die psychisch, insbesondere psychotisch erkranken, sehr viel häufiger in stationäre Behandlung aufgenommen und insbesondere wiederaufgenommen werden müssen als verheiratete Frauen. Es handelt sich also um einen tragischen Circulus vitiosus, indem Vereinzelung primär soziogen psychische Fehlentwicklungen und Dekompensationen fördert und indem der psychisch Kranke, weil er allein steht, häufiger wiedererkrankt, bzw. häufiger stationärer Behandlung bedarf als derjenige, der das Glück hat, eine feste Partnerbeziehung zu gewinnen.)

Kommen wir auf das wichtigste Anliegen unseres Symposions abschließend zurück. Die Förderung der Schaffung einer neuen Bewußtseinsbildung der Öffentlichkeit

---

**Haase, H.-J.*: Soziopsychiatrische Untersuchungen an alleinstehenden Frauen. Fortschritte der Neurologie-Psychiatrie 32, 6 (1964), 79

gegenüber dem psychisch Kranken und Hilflosen. Es ist charakteristisch für unsere technisierte und vielfach anonyme Gesellschaft, daß offensichtlich die Telefonseelsorge, wie Frau Kollegin *Brandt* berichtete, hier den größten Vorsprung hat, geht es um unmittelbare Hilfe. Während bereits mehr als 3000 Telefonseelsorger ehrenamtlich im vergangenen Jahr mehr als 400 000 Telefonanrufe beantworteten und sicher vielen psychisch Kranken Hilfe gaben, fällt auf, daß 2/3 dieser Anrufe anonym waren. Die anonyme Hilfe in der anonymen Gesellschaft am Draht der Ermutigung hat offensichtlich den Vorsprung.

Lassen Sie uns sehen, daß auch die persönliche Zuwendung im persönlichen Umgang mit dem psychisch Kranken mehr und mehr an ihre Seite tritt.

Literatur

Einzelheiten s. Vorträge und Diskussionen: Hrsg. *H.-J. Haase*. Sozialpsychiatrie. Schattauer Verlag Stuttgart, New York 1977

Aktuelle Begriffe unserer Zeit und seelisches Fehlverhalten in unserer Gesellschaft

Jede Zeit prägt ihre Begriffe, in denen sich das Leben kristallisiert. Mit Begriffen ergreifen wir die Welt, und Begriffe ergreifen und leiten uns.

Nachdem noch vor wenigen Jahrzehnten viele Menschen in unserem Lande bereit waren, für Begriffe wie z.B. Volk, Vaterland, Führer nicht nur zu leben, sondern auch zu sterben, ist es das Kennzeichen unserer Zeit, daß wir uns in erster Linie immer wieder mit Begriffen auseinandersetzen, die den Bereich jenseits einer Ideologie oder eines Glaubens haben, deren Kennzeichnungen unser Leben aber ebenfalls nicht nur begleiten, die unsere Lebenseinstellungen nicht nur widerspiegeln, sondern deren ständig wiederholtes Auftauchen im geschriebenen und gesprochenen Wort unserer Zeit erkennen lassen, daß sie uns beschäftigen, daß sich in ihnen unsere menschlichen Probleme niederschlagen. Einige dieser Begriffe sind: Leistungsgesellschaft, Streß, Konsum, Individualität.

Wir sollten uns zunächst fragen: In welcher besonderen Situation befinden wir uns im Unterschied zur weit überwiegenden Mehrzahl der Menschen? Es heißt, daß mindestens zwei Drittel der Menschheit gegenwärtig hungert und darbt. Während wir Europäer, insbesondere wir Bundesbürger, erhebliche Summen ausgeben, um mit den Problemen der Überernährung fertig zu werden, während sogar die Arbeitslosen so abgesichert sind, daß niemand hungert oder friert, scheitern bei uns dennoch mehr Menschen an sich selbst als in den notleidenden Ländern.

Leistungsgesellschaft – Streß

Während wir so wenig arbeiten müssen, wie noch nie in unserer Geschichte, um die Existenz zu sichern, lautet dennoch einer der aktuellen Begriffe „Streß“, nennen wir uns „Leistungsgesellschaft“. Gleichzeitig wird der Begriff „Freizeitgesellschaft“, zu der der größere Teil von uns gehört, vermißt, tritt in unserem täglichen Sprachgebrauch deutlich zurück, obwohl es für viele Menschen schwieriger ist, sich in ihrer Freizeit sinnvoll zu verwirklichen, als die Aufgaben ihrer Arbeit zu bewältigen. Fühlen sich Menschen unserer Zeit als Versager, so in erster Linie als Leistungsversager. Vielfach sieht es so aus, als habe eine neue Leistungsmoral eine Sittenmoral sogar abgelöst.

Zur Moral unserer Zeit

Diejenigen, die seelisch leidende und seelisch kranke Menschen betreuen und behandeln, hören weit eher Klagen über Selbstvorwürfe wegen beeinträchtigter Arbeitsfähigkeit, über Minderwertigkeitsgefühle gegenüber den anderen, über allgemeine Insuffizienz- und Versagensgefühle, Klagen über einen versagenden Körper, dessen Beschwerden das weniger oder Nicht-mehr-leisten-Können begründen sollen, als Klagen über sittlich-moralisches Versagen. Täglich geschieht nicht nur eine ungeheure Anzahl von kriminellen Delikten, sondern es bringen auch Nicht-kriminelle täglich andere fahrlässig um, z.B. im Zusammenhang mit Alkoholmißbrauch am Steuer. Dennoch spielt die große Zahl derjenigen, die vorsätzlich oder fahrlässig schuldig wurden, weder beim Seelsorger, noch beim Arzt eine auch nur nennenswerte Rolle. Auch bei neuen Paragraphen der Rechtssprechung, wie beim Ehescheidungsgesetz, treten die Gesichtspunkte einer moralischen Schuld gänzlich zurück gegenüger dem materiellen Ausgleich. Als wollte man es wieder gutmachen, wurde dennoch der Begriff der „Zurechnungsfähigkeit“ bei der Beurteilung seelisch-geistig kranker Rechtsbrecher neuerdings im Gesetzestext abgelöst durch die „Schuldfähigkeit“.

Die sittliche Moral, die sich daran orientiert, was man tut, um im Sinne der Nächstenliebe zu helfen und zumindest, um nicht zu schaden, setzt den Glauben an eine urteilende Instanz oberhalb menschlicher Rechtssprechung voraus, will sie als religiöse Ethik wirksam sein. Derjenige, der für sein „täglich Brot“ betet und dankt und hart dafür arbeitet, ist ein anderer als derjenige, der sich sorgt um die Folgen von Bewegungsmangel und vorausberechnet, wie die Ernährungslage sich im Jahr 2000 beeinflussen läßt. Es will scheinen, daß die Kraft des Glaubens an Werte, die das tägliche Leben übersteigen, nachläßt, je weniger sich der Mensch anderen Mächten jenseits seiner Erfahrung ausgeliefert fühlt. Je mehr wir meinen, daß wir in erster Linie etwas „leisten“ müssen, um länger zu leben, indem die naturwissenschaftliche Medizin weiterentwickelt wird; etwas „leisten“ müssen, um mit möglichst wenig Aufwand nicht nur satt zu werden, sondern ein Maximum an Eindrükken und Erlebnissen zu „schlucken“, d.h. zu konsumieren, je weniger wir uns geborgen fühlen in Werten, die wenig damit zu tun haben, wie lange wir leben, wie bequem wir leben und wieviel wir erleben, um so vordergründiger wird der Begriff der Leistung. Um so weniger dient damit die Arbeit der unmittelbaren Befriedigung vitaler Bedürfnisse.

Es versteht sich, daß viele Menschen überfordert werden, wenn sie das Karussell einer Leistungsgesellschaft besteigen, das angetrieben wird durch die Wünsche des Ichs, das sich stereotyp im Kreise um den Konsum dreht, und dessen Begleitmusik das Lied vom Brutto-Sozialprodukt spielt. Die materielle Scheingeborgenheit geht nur zu rasch einher mit einer Sinnentleerung des Lebens.

Dem seelisch gesunden und innerlich freien Menschen mag es helfen, wenn er sich dieser gegenwärtigen Situation bewußt wird, so daß es ihm gelingt, sein Leben durch die vielfachen Konsummöglichkeiten zu „bereichern“, ohne daß er seelisch verarmt.

Wie sieht es aber mit denjenigen aus, für die Arbeit zum nicht verträglichen Dauerstreß wird und Freizeit zum leeren Vakuum? Wie sieht es mit denjenigen aus, die deshalb der Betreuung, Hilfe und Behandlung durch andere bedürfen?

Wer sind diejenigen, die mit dem heutigen Arbeit- und Freizeitangebot nicht zurechtkommen?

Arbeit und Arbeitsüberlastung

Durch naturwissenschaftliche Entdeckungen erhöhte sich der Ertrag der Erde in den vergangenen 150 Jahren derart, daß der Mensch in den weiterentwickelten Ländern die mühsame Kleinarbeit in Haus und Hof innerhalb einer oft vielköpfigen Familie mehr und mehr aufgab. Immer unrentabler wurde Erwerbstätigkeit im Hause, immer lohnender der Verdienst außer Haus. An die Stelle der Arbeit zum Zweck der unmittelbaren Sicherung des Lebensunterhaltes im Haus trat vielfach außer Haus die Arbeit zur Hebung des Lebensstandards, d.h. zur Erweiterung des Konsums, die Arbeit als Mittel zur Flucht aus Leere und Unausgefülltheit, die Arbeit zum Gewinn von Kontakt mit anderen Menschen, die Arbeit zur Hebung des Selbstbewußtseins, die Arbeit zur Entfaltung der persönlichen Fähigkeiten. Solange trotz härtester Arbeit der Ertrag das Überleben nicht sichert, weil der Boden zu wenig hergibt oder weil den Besitzlosen und Machtlosen der Ertrag durch die Mächtigeren genommen werden kann, liegt der Akzent auf der äußeren Situation, ob Arbeit zum Streß wird. Diese äußere Situation hat sich in den weiterentwickelten Ländern grundlegend gewandelt, so daß es nicht mehr *ein Problem* der *inneren Situation eines Menschen* wird, wenn die Arbeit für ihn zum Streß wird, unter dem er leidet.

Es sind daher zum Gesichtspunkt der Arbeit in unserer Zeit einige psychodynamische Gesichtspunkte besonders zu beachten: Eine Persönlichkeit lebt dann harmonisch, wenn Pflicht und Einsatz für andere *in einem gesunden Verhältnis* stehen zur Wahrung eigener Lebensrechte, eigenen Lebensgenusses. Der Begriff der Arbeit steht dem der Pflicht sehr nahe. Eine Person, die sich dem Ehepartner, den Kindern, den Eltern oder Angehörigen, dem Beruf gegenüber derart verpflichtet fühlt, daß sie ohne Not und Zwang ihr Recht auf Lebensgenuß aufgibt, ist unfrei und läßt damit ein neurotisches Fehlverhalten erkennen. Gehemmtheiten in der Selbstbehauptung, tiefgehende Minderwertigkeitsgefühle, das Gefühl, nicht anerkannt oder geliebt zu werden, wenn man auch an sich denkt, dies alles kann besonders bei Frauen zu dem Typ führen, der als Opfertyp bekannt ist. Je mehr bei diesen Personen sich Eigenschaften der Übergenauigkeit, der Übergewissenhaftigkeit, der Pedanterie entwickeln, um so mehr können sie schon allein an den Aufgaben des Haushalts scheitern. Fehlen solche Zwangssymptome oder haben derartige sich aufopfernde Frauen die Kraft, außer Haus einem Erwerb nachzugehen, so können manchmal nicht einmal Alarmzeichen in Form von nervösen Erschöpfungszuständen oder depressiven Verstimmungen ihren Weg aufhalten. Das äußere Angebot an guter Verdienstmöglichkeit zum vermeintlichen Wohle ihrer Mitmenschen bedeutet für sie dann eine Versuchungssituation, der sie im Interesse ihrer Opferhaltung erliegen. Bedenkt man, daß z.Zt. rund jede dritte verheiratete Frau auch erwerbstätig ist, kann man sich vorstellen, wie häufig es in diesem Zusammenhang zu psychischen Störungen unter dem Druck einer oft selbst auferlegten Doppelbelastung kommt.

Erkennt man bei den Frauen noch eher den Druck der äußeren Situation, der zur Doppelbelastung durch Arbeit in Haushalt und Familie, sowie durch Arbeit außer Haus zur anhaltenden Überforderung führen kann, so findet man bei Männern häufiger krisenhafte Überforderungen durch Einarbeitungen in neue Arbeitsgebiete, Urlaubsvertretungen, Beförderungsprobleme, vorübergehende Änderungen der geschäftlichen Umsätze u. a. Aber auch alle diese sogenannten Überlastungssituationen werden meist nur wirksam bei einer entsprechenden Persönlichkeitsstruktur, die im Rahmen einer seelischen Fehlentwicklung, die wir neurotisch nennen, unfrei ist. Beeinträchtigt durch Selbstunsicherheit, Selbstwertprobleme, aggressive Gehemmtheiten u. a. reagieren sie mit Unlustgefühlen, depressiven Verstimmungen, Angst, Schlafstörungen, während der seelisch freie Mensch der gleichen äußeren Situation elastisch begegnet. Die Erfahrungen der Kriegszeit und Nachkriegszeit haben gezeigt, daß der seelisch freie und in diesem Sinne gesunde Mensch Verluste von Personen und Besitz, Belastungen durch härteste Wiederaufbauarbeit verkraften kann, ohne daß sich behandlungsbedürftige affektive Spannungen und Verstimmungszustände einstellen. „Zuviel Arbeit" in unserer Zeit ist demnach in erster Linie die Folge einer Persönlichkeitsproblematik, ein Thema des inneren Schicksals, seltener des äußeren Schicksals im Sinne einer existentiellen Belastung, der nur durch ein Übermaß an Arbeit begegnet werden kann. Unter äußerem Schicksal verstehen wir in erster Linie, „was" wir erleben, wobei wir wissen, daß das innere Schicksal, d.h. die Art und Weise, „wie" wir eine Situation erleben, von ungewöhnlichen äußeren Belastungen abgesehen, oft unser Leben stärker bestimmt. Ungewöhnliche äußere Belastungen bestanden allerdings auch in unserem Lande für viele Arbeitende bis vor nicht allzulanger Zeit, so daß trotz härtester Arbeit das Existenzminimum nicht gesichert sein konnte, während heute auch die Kranken versorgt sind.

Häufen sich bei Frauen eher im Zusammenhang mit einer anhaltenden Doppelbelastung durch Arbeit innerhalb und außerhalb des Hauses sogenannte Erschöpfungssyndrome, so finden sich bei Männern, wie erwähnt, eher einseitige und vorübergehende Überforderungen durch Arbeit. Ausgenommen sind hier diejenigen, die im Zusammenhang mit überwertigen Einstellungen auf Besitz, Geltung, Macht, wiederum Sklaven ihrer Fehleinstellungen sind und sich ständig überfordern. Um so mehr, als sich affektive Spannungen eher belastend auswirken, wenn die Arbeitsleistung in einer zivilisierten und industrialisierten Gesellschaft sich derart abspielt, daß Bewegungsarmut einerseits „unnatürlich" einhergeht mit der „Verarbeitung" ständig wechselnder Eindrücke, wie es so charakteristisch vom Manager gefordert wird. Nicht selten soll hier der Tranquilizer-Effekt des Alkoholkonsums und des Rauchens affektive Anspannungen ausgleichen, oder es werden Tranquilizer als Medikamente am Tage oder zur Förderung des Nachtschlafes eingenommen.

Wer sich durch Arbeit anhaltend überlasten läßt, ist auch in seiner Genußfähigkeit gestört, indem er die ihm zur Verfügung stehende freie Zeit nicht außerhalb von Leistung genießen kann. So erleben die Überverpflichteten den Feierabend, die Feiertage, die Urlaube und schließlich den Ruhestand als trostloses Vakuum, mißgestimmt, angespannt, eventuell depressiv und setzen ihr die künstliche affektive Entspannung durch Alkoholkonsum, Rauchen oder Psychopharmaka entgegen.

Wie eine anhaltende Überforderung durch ein Übermaß an Quantität der Arbeit in vielen Fällen kein Problem der äußeren Arbeitssituation in unserer Zeit ist, sondern vielmehr das Symptom einer Persönlichkeitsfehlhaltung, so suchen wir auch vergeblich nach Arbeitsqualitäten, die unabhängig von bestimmten Persönlichkeitseigenschaften nicht zumutbar sind. Gern wird das Fließband, die Monotonie der Arbeit angeführt. Dennoch geht der Trend von der freien und vielseitigen Arbeit z. B. in der Landwirtschaft hin zur eingeengten Monotonie der Fabrik. Vor die Wahl gestellt, ob besser bezahlte Monotonie der Arbeit und weniger gut bezahlte vielseitige Arbeit, entscheidet sich die Mehrheit für die Gleichförmigkeit. In diesem Sinne bejahte Gleichförmigkeit der Arbeit führt im allgemeinen auch nicht zur seelischen Belastung.

Zur Belastung wird die Monotonie der Arbeit meist erst, wenn sie nicht bejaht werden kann, wenn andere Berufswünsche im Zusammenhang mit Persönlichkeitsfehlhaltungen zurückgestellt werden.

Wird monotone Arbeit erstaunlich häufig ohne Leidensgefühl ertragen, so gilt dennoch der Auftrag für die Arbeitgeber, sich um Arbeitsplätze zu bemühen, die Persönlichkeitsinitiativen und Abwechslung soweit wie möglich berücksichtigen. Nicht nur, um den Arbeitnehmer nicht zum Roboter zu degradieren, indem man der Tendenz entgegenkommt, daß viele Menschen mit einem Minimum an geistiger Initiative ihren Lebensunterhalt bestreiten möchten, sondern auch aus rein wirtschaftlichen Gründen, denn schon in den kommenden Jahrzehnten wird es bekanntlich noch mehr als jetzt darauf ankommen, daß wir durch hochqualifizierte Arbeit die Rohstoffe besser verarbeiten können müssen als die Länder, die sie besitzen.

Freizeit und Freizeitüberlastung

Wird der Notstandsbürger eher durch ein Zuviel an Arbeit überfordert, so der Wohlstandsbürger eher durch ein Zuviel an Freizeit. Dabei ist ein Zuviel an Freizeit nicht in erster Linie ein Problem der Zahl der Stunden, in denen nicht gearbeitet werden muß, sondern wiederum in erster Linie ein Thema der inneren Einstellung zur Freizeit. Soll die Freizeit der sinnvollen Selbstverwirklichung dienen, so fordert sie eine Fülle von Initiativen.

Liegt der Akzent auf einem passiven Freizeitkonsum, der gedankenlos Fernsehbilder über sich ergehen läßt und die Bewußtseinshelligkeit durch Rauschmittel trübt, wie es vielfach im Übermaß geschieht, so finden sich von hier aus fließende Übergänge zum Mißbrauch und zur Sucht. Eine Situation ohne Arbeit wird leicht zur Vakuumsituation, wenn ihr nicht aktiv begegnet wird. Wenn man sagt, daß es nicht in erster Linie darauf ankomme, *Jahre dem Leben zu geben, sondern Leben den Jahren*, so stehen viele Menschen hier vor einer besonders schwierigen Situation. Schwierig nicht nur, weil sie nicht selten zu wenig vorbereitet sind auf eine große Zahl freier Stunden, weil es ihnen an Interessen und Phantasie mangelt, sondern ganz besonders auch, weil sie gleichzeitig unter einem Mangel mitmenschlicher Kommunikationsmöglichkeiten leiden. In der Großfamilie, in der die Großeltern mit Kindern, Enkelkindern und anderen Verwandtschaften eine große Gruppe bilden, mangelt es so leicht nicht an Aufgaben für den einzelnen.

Vereinzelung der Alten und der Jungen

Begriffe wie Individualismus, Emanzipation sind nur zu rasch verknüpft mit Isolierung, Vereinzelung, Vereinsamung. Ist es schon eine arge Belastung für die Alten, wenn sie nach Auflösung der Großfamilie in der industriellen Gesellschaft nicht selten allein und fern von Kindern und Enkelkindern oder gar als gänzlich Alleinstehende leben müssen, so ist es vor allem auch für die heranwachsenden Jungen eine tragische Situation, wenn auch die Kleinfamilie sich auflöst. Wenn sie als Schlüsselkinder zu wenig von ihren Eltern angesprochen werden, wenn die Eltern zu wenig Zeit für sie haben oder die Ehe der Eltern gestört ist, wenn sie nicht wissen, womit sie sich identifizieren sollen, wenn ihnen weder Vater noch Mutter Vorbilder sein können, noch ihnen die Eltern Ideale aus anderen Wertbereichen vermitteln wollen oder können. Gilt dies zunächst für das erste Lebensjahrzehnt, so kommt rasch in vielen Fällen hinzu, daß die Kinder oftmals eine Ausbildung erfahren, die in mancher Beziehung über derjenigen der Eltern steht. Identifikationsmangel ist somit eine der wesentlichsten Ursachen von Verwahrlosung, Drogenabhängigkeit und Kriminalität bei Jugendlichen. So schaffen die Auflösung der Großfamilie und die häufige Beeinträchtigung der Kleinfamilie Vakuumsituationen für Junge und Alte im Zusammenhang mit einem Mangel an menschlicher Kommunikation.

Konsum und Individualismus

Jede Sache hat ihren Preis, heißt es. Das gilt naturgemäß für die beiden Begriffe, die in besonderer Weise charakteristisch sind für den Menschen der Neuzeit, d.h. für Konsum und Individualismus.

Die Masse der Bevölkerung lebte im Mittelalter besitzlos und namenlos. Ihre Ziele galten mehr dem Jenseits als dem Diesseits. Die künstlerischen Darstellungen des Mittelalters spiegeln uns bekanntlich heute noch diese Einstellungen wider, wenn religiöse Motive anstelle von Auseinandersetzung mit dem Alltag und der Natur ganz im Vordergrund stehen, und wenn wir vergeblich nach dem Namen des darstellenden Künstlers suchen. Der Konsum im Sinne des etwas für sich greifbar Haben-Wollens galt damals als notwendiges Übel, wie auf anderer Ebene die Sexualität. Es wurde reproduziert, indem das verbraucht wurde, was die Erde anbot. Der Handel diente weitgehend der Befriedigung der unmittelbaren Bedürfnisse wie Ernährung und Kleidung.

Für eine Industrie, die in größerem Umfang Gebrauchsgüter zum Konsum produzierte, fehlten nicht nur die technischen Voraussetzungen, sondern sie paßte von der geistigen Einstellung her auch nicht in das Bild dieser Zeit. Wie man sich mit der Gegenwart nicht künstlerisch auseinandersetzte, so auch nicht experimentell forschend. Es galt darüber hinaus als unmoralisch, Geld zu nützen, um mehr zu produzieren. Die Aufnahme und Vergabe von Krediten, wesentliche Voraussetzung zur Förderung der Konsumgüterproduktion, galt als Sünde. Könnte man den einzelnen Besitzlosen in dieser Zeit eher mit einem Tropfen vergleichen, der gestaltlos im Meer schwimmt, so setzt in der Renaissance auf dem Umweg über die Wiederbelebung der Antike die Zuwendung zum Diesseits ein, indem das Sichtbare abgebildet und erforscht wird und der einzelne mehr und mehr seine Rechte für sein leibhaftiges gegenwärtiges Leben anmeldet. Die optimale Verwirklichung der menschlichen Kräfte zur Selbst- und Arterhaltung wird ein legitimes Anliegen. Wir sagen heute, daß es gesund und in Ordnung ist, wenn der einzelne seine Wünsche nach Selbstbehauptung, nach Liebe, Zärtlichkeit und Sexualität, nach Besitz und Verbrauch soweit entfaltet, wie es ihm möglich ist, sofern er dabei nicht gegen die bestehenden Gesetze verstößt. Mit dieser gänzlich anderen Geisteshaltung wird bejaht, daß der Einzelne diesem, seinem jetzigen Leben, soviel wie möglich abgewinnt, indem er das konsumiert, was andere für ihn produzieren. Die Geborgenheit im Glauben wurde damit abgelöst durch eine materielle Geborgenheit, die sich nur zu leicht als materielle Scheingeborgenheit erweist. Scheingeborgenheit, wenn es zur Ich-Aufblähung kommt, wenn die Begriffe Konsum und Individualismus überwuchern und dem Menschen das nehmen, was ihnen zum Menschen macht, die Mitmenschlichkeit. Gegen diese Ich-Aufblähung haben sich bekanntlich nicht nur die christliche Ethik mit dem Appell an Nächstenliebe, Bescheidenheit und Demut gewandt, nicht nur sozialistische Ideologien mit ihrer geplanten Einebnung und Gleichheit der Menschen, sondern auch schon vor Zweieinhalbtausend Jahren auf seine Weise der Fürstensohn Buddha, der sich mit seiner Nicht-Ich-Lehre gegen die Lebensgier als Grundübel des Seins richtete.

Sofort- und Dauerbefriedigung im Konsum

Fassen wir den Begriff Konsum weiter und beziehen ihn nicht nur auf die Sofortbefriedigung seiner Wünsche, die vor allem durch Nahrungsmittel, Genußmittel, Rauschmittel und anderes erzielt wird, sondern nehmen auch mittelfristige und langfristige Dauerbefriedigungsmöglichkeiten hinzu, wie den Besitz von Kleidern, Möbeln, eines Autos, eines Hauses usw., so ist es durchaus ein Symptom menschlichen Niveaus und persönlicher Reife, wieweit Sofortbefriedigungen den Vorrang haben. Wir wissen, daß beim Säugling, dem Kleinkind und dem unreifen Menschen die Spanne zwischen dem Wunsch, etwas haben zu wollen und das Wartenkönnen auf die Befriedigung nur kurz ist. Man kann es durchaus als seelische Fehlhaltung für einen Erwachsenen ansehen, wenn in seinem Konsumverhalten der Augenblick reagiert. Nicht nur, indem die Nahrungszufuhr einen falschen Stellenwert erhält, sondern auch, wenn bei einer Mißstimmung, bei einer belastenden Situation eine Sofortbefriedigung gesucht wird, indem ein Rauschmittel oder auch ein Medikament eingenommen und die innere Auseinandersetzung mit der Situation umgangen wird.

Die passive Hinnahme visueller Eindrücke, besonders vermittelt durch das Fernsehen, aber auch möglicherweise z.B. durch eine Reisegesellschaft, ohne innere Auseinandersetzung mit diesen Eindrücken, kennzeichnet ein Fehlverhalten, bei dem der Betreffende der Versuchung des Angebots erliegt zugunsten einer Sofortbefriedigung und auf Kosten einer Dauerbefriedigung, die nur durch Einschaltung seiner persönlichen Initiative erreicht werden kann.

Wenn Konsum durchaus bejaht wird als wesentlicher Bestandteil des Lebens des Menschen unserer Zeit, wie auch als wesentliche Voraussetzung des Funktionierens der Wirtschaft, so sollte doch der Preis nicht lauten: *Persönlichkeitsverlust.* Die Zahlung dieses Preises kann vermieden werden, wenn der Akzent nicht im Konsumverhalten auf der Sofortbefriedigung, sondern auf der Dauerbefriedigung liegt, und wenn die zu befriedigenden Wünsche nicht nur greifbare und materielle Inhalte umfassen, sondern auch geistige Inhalte, die uns ebenfalls in einer unendlichen Vielzahl angeboten werden.

Psychisch kennzeichnet es auch eine Aufblähung des Ichs und ein verzerrtes Konsumverhalten, wenn man sich vorrangig seinem Körper zuwendet, indem kritiklos Medikamente in großen Mengen „geschluckt" werden. Ein Verhalten, das umso grotesker ist, wenn möglicherweise der gleiche Körper durch anderen Konsum, wie durch Überernährung, durch Nikotin, Alkohol u.a. geschädigt wird, während er gleichzeitig infolge einer fehlenden entsprechenden persönlichen Initiative durch Bewegungsmangel belastet wird.

Die Abhebung des Einzelnen aus der Anonymität, die Bejahung der freien Persönlichkeit, die sich mit ihren Pflichten und Rechten gegenüber den anderen abhebt, kann nicht nur zur Ich-Aufblähung führen, sondern auch zur Ich-Verkümmerung, wenn das Leben egozentrisch konsumierend genossen wird, weil man andere hierzu nicht unbedingt benötigt, oder weil andere diesen Genuß beeinträchtigen könnten, so daß man z.B. aus diesem Grunde sogar auf Kinder verzichtet.

Ich-Verkümmerung aber auch, weil nicht nur sich die Familien in der vornehmlich industriellen Gesellschaft aus vielen Gründen verkleinern, sondern weil viele damit auch spätestens im Alter zu gänzlich Alleinstehenden werden. Dann wird der einzelne rasch zum Einsamen, zum Isolierten. Das Individuum verliert seine wesentlichsten Bezugspunkte der Persönlichkeitsverwirklichung, es verliert die anderen.

Ein wesentlicher Teil derjenigen, die ihrem Leben ein Ende machen, oder die in die Scheinwelt von Rausch und Sucht entweichen, sind Einsame. Es ist an uns, diesen Preis so niedrig zu halten wie möglich.

Auftrag an die Gesunden: Ausgleich der Isolierung

Viele Wege gibt es, um das auszugleichen, was uns durch die Auflösung der Großfamilie verloren ging. Es beginnt mit dem Bemühen um die Kommunikation in der eigenen Familie, die deshalb nicht zu kurz kommen sollte, weil man nicht mehr auf dem gleichen Hof wohnt und miteinander arbeitet. Es wendet sich dann besonders denjenigen zu, die nicht nur als einzelne, sondern als Einsame und Isolierte leben, weil sie nicht die seelische Kraft und die Fähigkeit haben, auf die anderen zuzugehen, um das Alleinstehen zu überwinden. Es hebt uns von der Pflanzen- und Tierwelt ab, daß wir die Schwachen und Hilflosen nicht im Kampf der Natur untergehen lassen, sondern daß sie gerade für uns eine Aufgabe sind, Menschlichkeit im Sinne von Mitmenschlichkeit zu entwickeln. Hierzu sollen nicht die zahlreichen Möglichkeiten aufgezählt werden, die über die Kirchen, über Wohlfahrtsverbände, Laienhilfemöglichkeiten u.a. vermittelt werden und die jedem Möglichkeiten bieten, sich den Schwachen, Hilflosen und Einsamen zuzuwenden, doch sollte jeder sich fragen, ob es für ihn nicht sinnvoll und befriedigend wäre, wenn er sich hier aktiv und mit persönlichem Einsatz einschalten würde. Wer möchte, daß die Möglichkeiten seiner individuellen Selbstentfaltung in unserer Zeit erkauft werden durch ein Heer derjenigen, die als Individuen auf sich selbst gestellt vereinsamen, isoliert werden oder gar als einzelne ihre Individualität nicht verkraften und daran zerbrechen?

Müssen wir unter unserer Aggressivität leiden?

Zur Aggressivität in unserer Gesellschaftsordnung*

Es gibt keine Liebe und Freundschaft ohne gleichzeitige Aggressivität gegenüber den Artgenossen, zu denen ein freundschaftliches oder auch liebevolles Verhältnis besteht. Zu dieser zunächst erstaunlichen Feststellung kam der Nobelpreisträger *Konrad Lorenz* in seinem Buch: „Das sogenannte Böse“ auf Grund der Ergebnisse der vergleichenden Verhaltensforschung bei Tieren. Mit Aggressivität ist in diesem Zusammenhang ein Verhalten gemeint, das vom kraftvollen Sich-Behaupten gegenüber den Artgenossen durch Imponiergehabe und Drohen bis zum körperlichen Angriff reicht. Dieser Angriff hat im allgemeinen nicht das Ziel, den Artgenossen zu töten, sondern soll ihm zeigen, wer der Stärkere ist. Diese Aggressivität, die sich ganz spezifisch auf Artgenossen richtet, und daher von den Verhaltensforschern intraspezifische Aggressivität genannt wird, dient der Arterhaltung und bringt den Artgenossen gegenüber zum Ausdruck: Dies ist mein Revier, das ich zum Leben brauche, sowie: Ich bin stärker und damit besser geeignet, gesunden und lebenskräftigen Nachwuchs in die Welt zu setzen und dafür zu sorgen. Indem sich das Tier drohend oder angreifend gegen seine Artgenossen wendet, um das beste für seine Arterhaltung zu tun, besteht auch eine Rangordnung und damit aggressive Selbstbehauptung gegenüber dem Partner, den Nachkommen und Geschwistern. So dürfen z.B. bei Tauben, Singvögeln, Papageien nicht nur die ranghöheren Eltern die Jungen füttern, sondern der ranghöhere Elternteil, meist das Männchen, darf dem Rangniederen als Ausdruck der Fürsorglichkeit schnäbelnd Futter anbieten, nicht umgekehrt. Schon die Partnerwahl besteht meist in einem Kraftakt, in dem das meist stärkere Männchen nicht nur durch meist ungefährliche „Kommentkämpfe“ wie z.B. das Rangeln der Hirsche mit ihrem Geweih den schwächeren Rivalen in die Schranken weist, sondern auch der Partner bindet sich erst an den Partner, indem er sich dessen aggressiv zur Schau gezeigter höherer Rangordnung unterwirft.

Diese intraspezifische, das heißt gegen Artgenossen gerichtete Aggressivität ist es, die uns Menschen besonders beschäftigt, nachdem unsere Geschichte bisher vornehmlich eine Kriegsgeschichte war, und uns das Thema der Aggressivität, vermittelt über Meldungen durch Fernsehen, Rundfunk und Presse, ständig beschäftigt.

Die „intraspezifische“ Aggressivität gegenüber Artgenossen wird somit grundsätzlich unterschieden von der Aggressivität des Raubtiers, das außerhalb seiner

---

* *K. Lorenz*: Das sogenannte Böse. Zur Naturgeschichte der Aggression. Deutscher Taschenbuchverlag. 4. Auflage 1976

Nach Veröffentlichungen des Verf. in „Die Rheinpfalz“ am 31. 12. 1977 und 7. 1. 1978 sowie in Med. Welt 30: Nr. 44/46 (1979)

Art sein Opfer sucht und tötet, um es zu fressen und auf diesem Wege seine Art zu erhalten.

Soweit der Mensch sich nicht vegetarisch ernährt, entfaltet er auch diese Form der Aggressivität gegenüber anderen Arten, doch beschäftigt dieses Thema bisher nur im Ausnahmefall die Öffentlichkeit, da es die eigene Art nicht gefährdet.

Dient also die Aggressivität gegenüber den Artfremden primär der Selbsterhaltung, indem das Raubtier sein Opfer frißt und damit sekundär der Erhaltung seiner Art, indem es Nahrung für die Jungen heranschafft, so steht die Aggressivität gegenüber konkurrierenden Artgenossen vorrangig im Dienst der Arterhaltung, indem ein Territorium gegenüber Nachbarn abgegrenzt wird, ein Partner erkämpft und für Nachkommen gesorgt wird. Die vergleichenden Verhaltensforscher haben bei den Tierarten der verschiedensten Entwicklungsstufen gemäß den Erfordernissen exakter Naturwissenschaft Material gesammelt, dessen Ergebnisse zu einem wesentlichen Teil sogar die höchste Forderung der Wissenschaft erfüllen, die darin besteht, Voraussagen zu ermöglichen. Relativ einfach lassen sich Gesetzmäßigkeiten dieser Aggressivität gegen Artgenossen bei Fischen im Aquarium beobachten. Als Erkennungszeichen im Sinne des „Hier sind wir, und dort sind unsere Artgenossen" dienen vielen Fischen ihre Farben. Je farbiger, um so deutlicher wird damit das eigene Revier abgegrenzt und jeder Artgenosse angegriffen, der in das beanspruchte Territorium eindringt. Die Größe des beanspruchten Territoriums hängt nicht nur von der Stärke der Aggressivität des einzelnen Fisches ab, sondern bei manchen Fischen z. B. davon, ob er bereits in Paarung gegangen ist und ihm ein Partner beiseite steht. Es wurde bei Zebrabuntbarschen daher z. B. durch *Lorenz* beobachtet, daß ein einzelner Fisch durch ein Paar der gleichen Art bis in die äußerste Ecke des Aquariums gedrängt wurde, bis er selbst ein Weibchen hatte und sich beide Paare dann das Aquarium teilten. Kam es zum Ablaichen, so konnte sich nur noch ein Partner des betreffenden Paares um die Grenzverteidigung kümmern, und das dadurch aggressionsstärkere andere Paar vergrößerte sogleich sein Territorium. Wie viele Fische durch ihre Farben sich als Gruppe vereinen und gegenüber artgleichen Fischen abgrenzen, so werden andere durch den Geruch vereint und stoßen sich damit gegenüber ihren konkurrierenden Nachbarn ab, wie die staatenbildenden Insekten (Ameisen, Bienen), ganz besonders aber auch die dem Menschen mit primitiver Sozialordnung im Hinblick auf ihr soziales Verhalten recht nahe stehenden Ratten, die sich innerhalb ihrer Familie und Großfamilie helfen und beschützen, jedoch jeden (anders riechenden) Nachbarn sogleich töten. Auf dieser Ebene gilt noch uneingeschränkt, daß der Fremde der Feind ist, wie auch das lateinische Wort „hostis" mit seiner Doppelbedeutung: Gast, Fremder, Feind erkennen läßt.

Entfaltet der Mensch seine Aggressivität gegenüber Nachbargruppen auf primitivkämpferischer Ebene, indem er sein Territorium beansprucht, wird der Nachbar, der Fremde zum Feind. Dies gilt naturgemäß auch, wenn man ihm indirekt Territorium nimmt, indem man dessen Machtbereich und dessen Besitz mindert. Die Fremden werden um so weniger Feinde, je weniger Aggressivität destruktiv, zerstörerisch, land-, macht- und besitzmindernd entfaltet wird, sondern je mehr Gruppen zu Interessengruppen werden und sich konstruktiv aggressiv gegenübertreten, indem nicht nur angenommen, sondern auch gegeben wird, besonders im Rahmen des Austausches von Waren und Ideen.

Auch der Übergang auf rivalisierende, aber ungefährliche Wettkämpfe auf allen Gebieten menschlicher Entfaltung, dem Menschen unserer Zeit am intensivsten über den Sport vermittelt, mindert andere Interessengruppen schädigende aggressive Kräfte zu Gunsten konstruktiver, aufbauender und produktiver Aggressivität.

Die Aggressivität verliert auch ihre Gefahr, die rivalisierenden Fremdgruppen zum Feind werden zu lassen, je mehr die Fremden entfremdet werden, indem wir Einsicht in ihr Erleben erhalten und Verständnis bekommen über die Motive ihres Wollens und Handelns.

Diesem Abbau destruktiver primitiver Aggressionen dient daher jegliches wohlmeinende Miteinander-Reden.

Es wurde damit einiges gesagt, wie und warum Aggressivität in die Welt der Lebewesen kam und welche Ansätze sich für den Menschen ergeben, destruktive aggressive Kräfte in konstruktive, aufbauende Aggressionen umzufunktionieren.

Uns Menschen mag es beruhigen und entängstigen, wenn wir hören, daß rivalisierender Wettkampf und Entfremdung der Fremden Ansätze sind, um primitive, zerstörerisch wirkende Aggressionen zu bremsen oder gar in produktive Aggressionen umzuformen. Es mag auch beruhigen, wenn wir von den vergleichenden Verhaltensforschern an Tieren erfahren, daß die Aggressivität gegenüber den Artgenossen der Arterhaltung und nicht der Artzerstörung dient.

Doch auch ein Leben ohne Angst und Schrecken vor den Nachbarn, den Fremden, wäre kein lohnenswertes Leben, wenn nicht die freundschaftliche, kameradschaftliche, liebevolle Zuwendung zu uns nahestehenden Menschen unserem Leben seine Erfüllung geben würde. Es ergibt sich daher die Frage: Wie kam unter der Sicht der Naturwissenschaftler Freundschaft und Liebe unter Artgenossen in die Welt, und wie stehen sie in ihrer Beziehung zur Aggressivität gegenüber diesen Artgenossen?

Die vergleichende Verhaltensforschung stellt fest, daß in der Entwicklungsreihe der Lebewesen bis zu den Reptilien aufwärts keine Verhaltensweisen beobachtet werden, die dem entsprechen würden, was wir Freundschaft nennen könnten oder zumindest damit verglichen werden könnte. Somit gab es viele hunderte Millionen von Jahren im wesentlichen drei Weisen des Sich-Begegnens von Lebewesen:

1. Die Raubtiere vernichteten ihre artfremden Opfer, um sie zu fressen. Die Opfer wehrten sich mehr oder weniger gegen ihre Freßfeinde.
2. Tiere weisen im Interesse der Arterhaltung ihre Artgenossen durch Drohen, Rivalenkämpfe und anderes, meist ohne sie zu töten, in die Schranken.
3. Tiere leben als anonyme Schar interesselos aneinander im Guten wie im Bösen (wie nicht wenige Großstadtmenschen) nebeneinander her. Sie werden, wie in Fischschwärmen z.B. beobachtet, von niemandem geführt, haben somit keine

Rangordnung und halten somit weder Distanz gegeneinander, noch helfen sie sich. Wohin geschwommen wird, wird durch äußere Reize, nicht durch Fische bestimmt.

Etwa im Mittelalter der Erde, in einer Zeit vor rund 150 bis 200 Millionen Jahren, entstehen im Zuge der Höherentwicklung Lebewesen, bei denen erstmals beobachtet wurde, daß sie sich persönlich aneinander binden, sich nicht nur während ihres Beisammenseins einander helfen und auch füreinander kämpfen, sondern sich auch außerhalb ihres Territoriums, außerhalb ihrer Gruppe, wiedererkennen und auch nach erzwungener vorübergehender Trennung erneut beieinander bleiben, sowie im Idealfall ein Leben lang die Treue halten. Der biologische Sinn dieser Freundschaft wird darin gesehen, daß höher stehende Lebewesen, deren Junge eine längere Zeit des Schutzes zum Einleben benötigen, im Rahmen persönlicher und nicht auswechselbarer Bindungen an den Partner, wie aber auch an die weiteren Familienmitglieder, besser füreinander einstehen können. Es wird beschrieben, daß z.B. Paare von Graugänsen über Jahrzehnte miteinander leben, wobei die Parallelen zum Menschen so weit gehen, daß bei Verlust des Partners sich die verwitwete Gans eventuell ein Leben lang nicht wieder bindet und die Ganter bis zu einem Jahr damit warten. Die Trauer über den Verlust des Partners läßt sich bei den Graugänsen nicht nur aus ihrem Verhalten ablesen, sondern nach Lorenz sogar aus einem gramvollen Gesichtsausdruck. Die Graugänse lassen bereits in der Jugend ihr Angewiesensein auf persönliche Bindungen erkennen, wenn man sie ohne persönliche Bindung wie Kinder im Waisenhaus aufwachsen läßt. *René Spitz*, der mit seinen Beschreibungen depressiven Verhaltens von Waisenkindern weltweites Echo fand, war erschüttert über die Parallelen, als ihm *Konrad Lorenz* depressiv sich verhaltende künstlich isoliert aufgewachsene junge Graugänse zeigte.

Es wäre jedoch verfehlt, wollte man annehmen: Je höher die Entwicklungsstufe eines Lebewesens, um so höher die soziale Reife. Selbst bei den Lebewesen, die auf der unmittelbaren Vorstufe zu den Menschen stehen, den Affen, gibt es erhebliche Unterschiede, die jedoch eine Gesetzmäßigkeit erkennen lassen. Je mehr ein Tier, und das gilt vielfach auch für den Menschen, bereit ist, aktiv und kraftvoll sich innerhalb seiner Gruppe für die Interessen seiner Gruppe durchzusetzen, um so eher ist es auch bereit, diese Gruppe, das heißt die Familie gegen äußere Gefahren und Feinde zu schützen. Die Schimpansen stehen uns in ihrem sozialen Verhalten so nahe, daß man gesagt hat, ein Schimpanse sei kein Schimpanse. Gleichzeitig ist bekannt, daß der Schimpanse seine Familie persönlich und todesmutig gegen Feinde verteidigt. Der Orang gilt demgegenüber mehr als Einzelgänger, der sich damit weder für eine Familie, noch gegen Feinde einer Familie aggressiv einsetzt. Selbst, wenn man ihn einfängt, so berichtete kürzlich *Grzimek*, fällt er durch unkämpferisches, pazifistisches Wesen auf.

Die ersten Menschen kamen vor weniger als 5 Millionen Jahren auf die Welt. Ist man bereit, den Ergebnissen der vergleichenden Verhaltensforschung zu folgen, so schuf die Schöpfung nicht erst mit den Menschen, sondern schon 150 bis 200 Millionen Jahre vorher Lebewesen, die soziales Verhalten im Sinne von Freundschaft und Liebe zeigten, deren Bande stärker wirken konnten, als die Triebkräfte des Hungers, der Aggressivität, der Flucht und der Sexualität.

Derjenige, der die Gnade hat zu glauben, daß die Liebe der Menschen zueinander durch Gottes eingeborenen Sohn Jesus Christus leibhaftig verkündet wurde, wird sich in seinem Glauben bestärkt sehen, wenn er hört, daß vergleichende Religionswissenschaftler feststellten, daß schon rd. 1400 Jahre vor Christi Geburt zur Zeit des ägyptischen Pharao Echnaton und rd. 500 Jahre vor Christi Geburt durch Buddha zur Nächstenliebe auch für die Fremden jenseits der Gruppe, zu der man gehört, und damit über Volksreligionen hinausgehend, aufgerufen wurde. Er wird sich aber auch in seinem Glauben bestärkt sehen, wenn er vernimmt, daß vergleichende Verhaltensforscher naturwissenschaftlich nachgewiesen haben, daß Verhaltensweisen, die die Bande der Freundschaft und Liebe erkennen lassen, nicht erst am letzten Schöpfungstage mit dem Menschen auf die Welt kamen, sondern schon am Tage davor.

Was wissen wir nun über die Aggressivität des Menschen? Wird er gar, angesichts der Wasserstoff- und Neutronenbombe entgegen allen Naturgesetzen seine eigene Art vernichten oder zumindest über Strahlenschädigungen seiner Nachkommen, ebenfalls gegen alle Naturgesetze, die Höherentwicklung seiner Art aufhalten? Nimmt seine Aggressivität gegenüber Artgenossen zu oder ab, oder welches neue Gewand erhält sie, wenn er sich immer von der Urhorde entfernt und innerhalb von zivilisierter und industrialisierter Gesellschaft Gefahr läuft, zum Einzelgänger zu werden? Und dies, obwohl man getrost sagen kann: Ein Mensch allein kann nicht Mensch werden, und ein Mensch allein ist wesensmäßig beeinträchtigt, sich als Mensch zu verwirklichen.

Besinnen wir uns auf die Urhorde: Der an angeborenen Instinktabläufen arme und damit weltoffene Mensch ist nicht nur nach der Geburt ohne Hilfe über längere Zeit lebensunfähig, sondern auch eine lange Zeit in vielen Berufen bis zum Alter auf Lernen angewiesen. Wir sagten: Ein Mensch allein kann nicht das werden, was den Menschen ausmacht. Kein Mensch allein würde sprechen lernen. Sowohl seine intelligenten wie auch seine moralischen Qualifikationen kann er erst in der Gruppe, d.h. über die Eltern und die Familie, im Ausnahmefall über eine entsprechende Gruppe, erwerben. Der Bedrohung durch die Natur, durch wilde Tiere oder auch durch konkurrierende Nachbarn setzte er, angesichts seiner geringen natürlichen Bewaffnung, seine Intelligenz und den Schutz in der Familie gegenüber. Seine intelligent entwickelten ersten Werkzeuge, wie der Faustkeil, wurden auch seine ersten Waffen gegen Tiere und Nachbarn. Der Zusammenhalt der Gruppe im Interesse der Selbst- und Arterhaltung war nur gewährleistet, wenn man sich einem Führer unterwarf und eine Gruppenmoral entwickelte, so daß nicht der Bruder den Bruder erschlug und die Arterhaltung über die Gruppe gefährdet wurde, indem die Gruppe durch Gewalttaten innerhalb der Gruppe geschwächt und damit gefährdet wurde.

Das Gefühl der Verantwortlichkeit füreinander innerhalb der Familie, die Gruppenmoral, waren in gleicher Weise wesentlich für das Bestehen im Lebenskampf, wie die Fähigkeit zur intelligenten Bewältigung neuer Aufgaben. Die vergleichenden Verhaltensforscher haben festgestellt, daß das Tier instinktiv davor geschützt ist, Mitglieder seiner Gruppe zu schädigen oder gar umzubringen. Dieser aggressionshemmende, instinktive Schutz ist um so stärker, je gefährlicher die Waffen des

Tieres sind. Unterliegt ein Artgenosse im Rivalenkampf, so bietet er dem Gegner seine verletzlichsten Körperteile an, indem Hunde sich auf den Rücken werfen und die Weichteile oder Hirsche dem Geweih des Gegners die verletzliche Breitseite bieten, um mit diesem Demuts- und Unterwerfungsverhalten den Kampf zu beenden.

Darüber hinaus hat die Natur bei Tieren viele Befriedigungsverhaltensweisen entwickelt, die es gar nicht erst zum Kampf kommen lassen, weil der Gegner vom sich aufplusternden Imponiergehabe zurückschreckt, sofern er sich nicht dennoch mindestens gleich stark fühlt. Für uns Menschen sind freundschaftliche Begrüßungen innerhalb einer Gruppe von Interesse, wie das leise Schnattern des Ganters zu seiner Familie, nachdem er vorher den vorbeigehenden Gegner, etwa einen Fußgänger oder einen Nachbarganter demonstrativ mit Imponiergehabe bedroht hat. Die aggressionshemmende Wirkung freundlicher Begrüßungen werden unter uns Menschen ständig angewandt. Sie treten weitgehend zurück, wenn die Menschen in Analogie zur anonymen Schar ohne Interesse und damit auch ohne Aggression zueinander nebeneinander herleben. Demgegenüber werden Begrüßungen bei Begegnungen in der Einsamkeit, z.B. beim Wandern, um so intensiver. Nicht nur, weil man sich darüber freut, endlich mal wieder einen Menschen zu sehen, sondern (unbewußt) auch, weil man sich, besonders sofern man alleine ist, damit stärker vor der Aggression eines Fremden schützt. Es heißt, daß zwei Fremde, die sich in der Wüste begegnen, bereits hunderte von Metern vorher mit den Begrüßungszeremonien beginnen. Es dürfte kein Zufall sein, daß die mit ausgeprägter Aggressivität ausgestatteten und mit starker Familienverbundenheit auf sehr engem Raum miteinander lebenden Japaner sich durch betonte Höflichkeit gegeneinander verhalten und damit auch voreinander schützen.

Die Instinktgebundenheit der Aggressionshemmungen bei Tieren wird durch das Beispiel der Henne sehr deutlich, die zum Schutz ihrer Küken auf alles aggressiv pickt, das nicht piept. Nimmt man der Henne operativ das Gehör, hackt die Henne die Küken tot. Schiebt man ihr eine Attrappe mit Piepton zu, tut sie ihr nichts.

Der Mensch glich seinen Mangel an instinktiven Aggressionshemmungen gegenüber seinen Artgenossen in der Urhorde durch die Gebote und Verbote des Führers der Familie aus, die sich zunächst nur auf die Mitglieder der eigenen Familie, sowie sehr viel später in unserem Kulturbereich mit den zehn Geboten an die Mitglieder des eigenen Volkes wandten.

Unser Problem ist, ob die in Überlieferungen, Gesetzen und Religionen verankerten Gebote und Verbote mit ihrer aggressionshemmenden, moralischen Kraft Schritt halten mit der Zunahme der Gefährlichkeit unserer Waffen, d.h. ob die Möglichkeit der internationalen Wirkung von Waffen aufgehoben wird durch die jetzigen Möglichkeiten der internationalen aggressionshemmenden Verständigung?

Die Vergrößerung der Familie führte schließlich zu völkischen Einheiten, die sich durch eigene Interessen, Sprache und Sitten gegenüber Nachbarvölkern abgrenzten, und hatte zur Folge, daß nicht nur zunehmende größere Interessengruppen füreinander einstanden, sondern sich auch gegenseitig bekämpften. Dabei ist es eine tragische Seite der Menschheitsgeschichte, daß vernunfts- und aggressionshemmende Moral zwar die Mitglieder der eigenen Gemeinschaft in mancher Beziehung schützte, doch diese Moral reichte oft nur so weit, wie die Menschen durch eigene Interessen freiwillig oder auch erzwungen miteinander verbunden waren. So entstanden z.B. Kriege von Großgruppen gegen Großgruppen, wobei viele dieser Kriege nur einem überwuchernden Macht- und Aggressionstrieb gegenüber den Artgenossen dienten, wie *Lorenz* dies schon beim Steinzeitmenschen annimmt, nachdem man schon aus dieser Zeit erschlagene Menschen gefunden hat. Fremde Territorien wurden kämpferisch besetzt, obwohl in den meisten Fällen ein ausreichendes, die Arterhaltung gewährleistendes, Territorium zur Verfügung stand. Heute stehen wir sogar vor der sonderbaren Tatsache, daß die Völker mit hohem Lebensstandard, wie z.B. die Schweiz, die nordischen Länder, Japan und andere auf an Rohstoffen relativ ärmlichen Territorien leben und umgekehrt. Auch mit uns Deutschen wurde kürzlich ein Krieg mit der Devise „Volk ohne Raum" geführt. Der Lebensstandard erweist sich somit in erster Linie davon abhängig, ob und wie weit aggressive Energien konstruktiv genutzt werden können, und weit weniger von den Schätzen oder der Armut des eigenen Territoriums. Reichtum an menschlicher Initiative und schöpferischer Kraft ist daher wichtiger als Reichtum des Territoriums. Der Besitz von Territorium und Menschen ist in dieser Deutung längst überflügelt worden von dem Besitz technischer Erfindungen und einer ausgewogen funktionierenden demokratischen Verfassung.

Überall, wo Besitz von Macht dem Besitz von Territorium und damit natürlich auch von den darauf befindlichen Menschen gleichgesetzt wurde, gab es Kriege, die meist nicht nur nicht für die Arterhaltung des Angreifers notwendig waren, sondern den Fortschritt der Art wiederholt um Jahrhunderte, wie z.B. nach dem Untergang des weströmischen Reiches, zurückwarfen.

Wir erinnern uns bei dieser Gelegenheit nochmals an die Feststellung der vergleichenden Verhaltensforschung, wonach die intraspezifische Aggressivität gegen Artgenossen den Lebensraum der territorial lebenden Tiere, wie z.B. bei manchen Fischen gut zu beobachten, im Interesse der Arterhaltung abgrenzt, sowie durch Drohen, Angreifen und Verteidigen sichert.

Es ist in diesem Zusammenhang auch charakteristisch, daß die Weiterentwicklung innerhalb einer Gesellschaftsordnung wiederholt besonders dann durch blutige Revolution oder andere Gewalttaten durchgeführt wurde, wenn die Machtaufgabe der Machthaber mit der Aufgabe von persönlichem Territorium, z.B. der Abgabe von Land und Rechten an das Volk verbunden gewesen wäre. Dies gilt daher für die Weiterentwicklung von Feudalsystemen und entsprechender Agrarwirtschaft und Großgrundbesitz zu kapitalistischen bzw. sozialistischen Systemen. In Europa wurde uns dies durch die französische und russische Revolution sehr deutlich gemacht.

Während es bei der russischen Revolution nur vornehmlich um die Rechte der auf dem von ihnen bearbeiteten Land rechtlosen Bauern ging, sind viele reine Bauernaufstände als Vorläufer dieser Revolutionen in aller Welt bekannt. Ganz besonders um 1525 in deutschen Landen. Unter vergleichbaren Bedingungen in Japan. Schließlich war die chinesische Revolution des 20. Jahrhunderts zunächst durch die Rechtlosigkeit der Masse der Bevölkerung, d.h. der Bauern bedingt.

Sonderformen der Gruppenaggression

a) Aggressionen einer Großgruppe gegen eine Kleingruppe in den eigenen Reihen

Bekannt ist der nicht selten rücksichtslose Kampf einer Großgruppe gegen eine Kleingruppe in den eigenen Reihen, d.h. gegen eine Minorität. Eine derartige Minorität, die sich eventuell durch eigene Sprache, sowie eigene Sitten und Gebräuche abhebt, ist entweder durch entsprechende Gesetzgebungen und anderes voll integriert, wie z.B. in der Schweiz deutsche, französische, italienische, räteromanische Gruppen friedlich miteinander leben, wobei auch wichtig ist, daß die Möglichkeit zu familiären Verpflichtungen untereinander die Gruppenzentren gegeneinander verwischen kann. Oder diese Kleingruppe ist nicht integriert und wird dann in Krisenzeiten verfolgt. Entwickelt sie sich gar durch überdurchschnittlichen Fleiß und Tüchtigkeit zum Rivalen gegenüber der Großgruppe, in der sie lebt, wird sie von verantwortungslosen Volksverführern zum Sündenbock für bestehende Mißstände erklärt oder werden gar noch religiöse Motive hinzugezogen, dann kann es zu gräßlichen Aggressionen der Großgruppe gegen die Kleingruppe kommen, wie es in der Geschichte immer wieder geschah (Beispiele: Christen – Juden, Türken – Griechen, Philippiner – Chinesen u.a.).

Während es schon in jeder Kleingruppe nicht nur Anführer und Mitläufer gibt, sondern auch Schwache, die als Blitzableiter und Sündenbock dienen, wenn die Gruppe Mißerfolge hatte, so sucht auch jede Großgruppe Sündenböcke in den eigenen Reihen. Eine verfolgte Minorität in diesem Sinne wurden z.B. auch in unserem Kulturkreis diejenigen Frauen, die im Zusammenhang mit einem auffälligen Verhalten oder Aussehen zu Hexen erklärt wurden und nach Mißernten verbrannt wurden, um nur ein Beispiel zu nennen.

b) Kleingruppe gegen eigene Großgruppe

Viel wäre zu sagen von den Aggressionen von Kleingruppen, die sich gegen die Interessen ihrer Großgruppe wenden: Passen sie sich an, so gewinnen sie entweder Stimmen und gewinnen bei uns mit Überschreiten der 5%-Hürde bei der Wahl auch die Macht, oder sie gehen unter. Machtanspruch ohne Anpassung an die Gruppen- bzw. Staatsmoral bedeutet Terror.

c) Vom Gleichgewicht der aggressiven Kräfte

Es wurde bisher skizzenhaft einiges gesagt über Aggressionen innerhalb einer Gruppe, sowie von Kleingruppen (zunächst Urhorde und Familie) zu Kleingruppe, von Großgruppe zu Großgruppe auf territorialer Ebene, von Großgruppe zu Kleingruppen gegenüber der eigenen Großgruppe.

Wollen Lebewesen gemeinsam miteinander etwas erreichen, müssen sie nicht nur äußere Widerstände aggressiv überwinden, sondern sich aggressiv innerhalb einer Gruppe mit sich auseinandersetzen. Damit unterscheidet sich eine anonyme Schar, wie erwähnt, grundsätzlich von einer Gruppe, wie dies bereits in der Tierwelt entsprechend den Ergebnissen der vergleichenden Verhaltensforschung als sichtbares Naturgesetz festzustellen ist.

Die Rangordnung läßt in der Tierwelt erkennen, daß sich die Summe der aggressiven Energien in einer Gruppe nicht verändert, wenn ein Tier seinen Rang verliert, da sogleich ein anderes Tier an seine Stelle tritt. Zumal wir in der Naturwissenschaft das Gesetz von der Erhaltung der Energie kennen, das besagt, daß sich das Energiepotential der Welt nicht verändert, ganz gleich, wie viel Energie umgesetzt wird, könnte man folgenden bildhaften Vergleich vorschlagen: Die aggressiven Kräfte sollten nicht nur zwischen verschiedenen Gruppen ausgewogen sein, indem z.B. sich das Potential abschreckender Waffen zwischen zwei Großgruppen die Waage hält, sondern es sollte auch innerhalb von Gruppen ein ausgewogenes Verhältnis zwischen Führenden und Geführten, Gebenden und Nehmenden, Stärkeren und Schwächeren geben. Kommt zu viel Aggression „von oben", kommt es zur Benachteiligung der optimalen Entfaltung der Kinder in der Familie, wie der Untergeordneten in jeder Interessengruppe. Erst seitdem die Arbeitnehmer in Verbänden organisiert wurden, verlor sich die Ausnutzung durch die Arbeitgeber. Konsequenterweise gilt dies auch umgekehrt: z.B. Kinder, die zu wenig überzeugend autoritär geführt werden, und damit nicht die Regeln einer Gruppenmoral kennenlernen oder nicht bejahen können, was sich nach Meinung der Älteren gehört oder nicht, was man darf oder nicht, und wofür man leben sollte, werden nicht nur unzureichend vorbereitet auf die später auf sie zukommenden Aggressionen der anderen außerhalb der Familie, sondern lassen oft einen Identifikationsmangel erkennen. Indem sie sich nicht wenigstens streckenweise mit den Aufgaben und Zielen ihrer Familie identifizieren lernen, und dies geht nicht ohne die Erfüllung (vernünftiger) elterlicher Forderungen und die Hinnahme einiger von den Eltern gegenüber den eigenen Wünschen gesetzten Grenzen, laufen sie Gefahr, als Asoziale, eventuell als Drogenabhängige, der Realität zu entweichen oder sich kriminell gegen die Gesellschaft zu stellen. Eventuell vereint durch die destruktiven Ziele einer Kleingruppe mit dem Motto: Wir sind dafür, daß wir dagegen sind. Nicht selten ähnliche konkurrierende Kleingruppen bekämpfend oder sich in irgendeiner Form gegen die Konformisten wendend, da sie nicht nur nicht gelernt haben, sich mit irgendwelchen Lebenszielen zu identifizieren, sondern damit einhergehend auch nicht motiviert sind, für andere, außerhalb der unmittelbaren Kumpane ihrer abseits stehenden Kleingruppe, etwas zu tun.

Was für das Kräfteverhältnis der Aggressionen innerhalb von Gruppen gilt, beginnend von der Familie bis zu umfassenden Interessenverbänden von Arbeitgebern einerseits und Arbeitnehmern andererseits, gilt naturgemäß auch für das Verhältnis der Bürger zum Staat. Wie der Staat als zu stark und im negativen Sinne autoritär gilt, wenn er seine aggressiven Kräfte außerhalb der Rechte der Bürger terrorisierend mißbraucht, so gilt er als zu schwach, wenn er sich nachhaltig terrorisieren läßt. Ob die Aggressivität von oben oder untenher überwiegt: Das Überwiegen ist stets nicht nur ein Zeichen zu ausgeprägter Aggressivität der einen Seite, sondern auch zu aggressiver Hemmung der anderen Seite.

Zur Entwicklung und Entfaltung individueller Aggressivität

Hatten wir uns bisher auf die Aggressivität innerhalb und außerhalb von Gruppen konzentriert, so wenden wir uns nunmehr den Fragen zu: Wie entwickelt sich die Aggressivität des einzelnen?

Geht man dem Wort Aggressivität nach, so kommt man im Lateinischen zu der Wortbedeutung: Herantreten. Der Säugling ergreift mit dem Mund, dann mit den Händen Nahrung. Im weiten Sinne aggressiv nähert er sich Gegenständen erst probierend, anfassend, sodann eher betätigend oder zerstörend, schließlich mehr und mehr nutzend. Wird er nicht genügend ermutigt durch fehlende und menschliche Wärme, wie z.B. bei manchen Waisenkindern oder wie in Parallele bei isolierten Graugänsen beobachtet wurde (s.o.), oder wird er abgeschreckt durch Härte, so bildet sich schon im ersten Lebensjahr ein Wesenszug aus, der orale bzw. kaptative aggressive Gehemmtheit genannt wurde. Damit ist gemeint, daß die Betreffenden gehemmt sind, auch im späteren Leben an Menschen und Dinge heranzutreten und zuzugreifen, um ihre Lebensrechte einzufordern und sich innerhalb dieses Forderns aggressiv zu entfalten. Dementsprechend häufen sich mangelndes Selbstvertrauen, übermäßiges Angewiesensein auf die Zuwendung anderer und damit Hand in Hand gehend die zu geringe Fähigkeit, gegenüber den Wünschen anderer ein Nein entgegensetzen zu können. Auftreten depressiver Verstimmungen mit Selbstwertproblemen und nicht selten Ausweichungen aus der nicht zu ertragenden Härte des Daseins mit „Erleichterungstrinken" oder auch schließlich süchtigem Alkoholismus sind die nicht seltene Folge.

Es wird damit deutlich, daß wir unter aggressivem Verhalten nicht nur körperlich kämpfendes oder zerstörendes Verhalten verstehen, sondern jede Form des aktiven Herantretens an Menschen und Dinge. Auf höchster Ebene entfalten sich aggressive Energien auf den Gebieten von Kunst und Wissenschaft, wie der Gestaltung des öffentlichen Lebens. Werden in der Kindheit und Jugend die aggressiven Kräfte durch übermäßige Härte abgedrosselt oder durch Verwöhnung an ihrer Entfaltung gehindert, weil zu viel angeboten wurde, werden durch die Umgebung Angst- und Schuldgefühle ausgelöst bei der Entwicklung der Aggressivität im Bereich des Besitzstrebens, des Geltungsstrebens, der Sexualität, so gibt es eine Reihe individueller neurotischer Fehlentwicklungen: Genannt waren schon die Aggressionsgehemmtheiten im Bereich des zugreifenden und fordernden Sich-Selbstbehauptens. Zu nennen sind ferner die Angstneurotiker, die Angst vor ihrer eigenen Selbstbehauptung haben. Bei ihnen kann in Situationen, in denen sie sich gegenüber ihrem Partner oder Mitmenschen nicht behaupten können, ohnmächtige Wut auftreten, die sie angstvoll verdrängen, so daß sie statt der Wut nur die Angst erleben, z.B. als Angst vor einem Herzversagen.

Nicht selten kommt es bei Aggressionsgehemmtheiten zu aggressiven heftigen Durchbrüchen, nachdem man „alles geschluckt" hat und Aggressionen angestaut hat. Derartige aggressive Durchbrüche können vom „Die Faust auf den Tisch hauen" in Ausnahmefällen bis zu lebensbedrohenden Affekttaten führen. Die geschickte und gekonnte Selbstbehauptung im Gespräch verhindert im allgemeinen einen Aggressionsstau und damit die Gefahr des meist für beide Seiten nachteiligen aggressiven Durchbruchs. Ein aggressives Ventil öffnet sich außer über Tagesphantasien und Träume im magischen Erleben primitiver Völker, wie man es z.B. in Afrika noch heute beobachten kann, indem anderen Menschen Schaden oder auch der Tod durch Zauberei gewünscht wird. Uns dient in diesem Zusammenhang abgesehen von Tagesphantasien vor allem der Traum als Ventil. In derartigen Träumen schlägt der Träumer eine andere Person, oder er träumt, daß einem anderen etwas passiert sei oder dieser sogar gestorben sei, obwohl er lebt.

Bemerkenswert ist der Unterschied zwischen dem Zu-Tode-Wünschen im Bereich magisch zaubernden Denkens und Fühlens primitiver Kulturen und aggressiven Nachtträumen oder Tagesphantasien in unserer Gesellschaftsordnung. Das Zu-Tode-Wünschen im Rahmen der Zauberei geschieht im allgemeinen gestützt auf die Gruppenmoral, d.h. mit der Genehmigung einer Sekte, wobei auch an den Erfolg des Zu-Tode-Wünschens geglaubt wird. Derartige Sekten gibt es offensichtlich in Afrika innerhalb von Großgruppen, in denen man derartig gruppenbezogen und gruppenverpflichtet lebt, daß dort der einzelne einen anderen oder sich selbst sehr viel seltener umbringt als in unserer vereinzelten Gesellschaft.

Der einzelne unseres Kulturkreises, der für einen anderen Schaden oder den Tod erträumt oder auch in Tagesphantasien wünscht, verdrängt seine Aggressionen, die sich gegen das richten, was man in seiner Gemeinschaft darf. Erst in der analysierenden psychotherapeutischen Zuwendung werden die Aggressionen über das, was dem Betreffenden zu den Trauminhalten oder auch zu seinen Tagesphantasien einfällt, entschleiert. Meist zum Erstaunen oder auch Entsetzen des Träumers. Er kann beruhigt sein, denn zwischen der Brutalität unserer Aggressivität in nächtlichen oder auch Tagträumen und unseren Handlungen wird durch die volle Kraft unseres freien Willens und unserer Verantwortung eine gewaltige Kluft geschaffen, die nur den Kriminellen und Antisozialen auch zur brutalen Tat schreiten läßt. Für den Bürger, der bereit ist, sich in die Sitten und Gebräuche seiner Umgebung einzufügen, sind Träume und Tagesphantasien Ventile, über die er gleichsam „Dampf abläßt", und die ihm die Anpassung seiner Wünsche und Ängste an die Erfordernisse des Alltags erleichtern und nicht erschweren.

Während Rivalenkämpfe im Sport nach Regeln „ritterlich" ausgetragen werden, können sich auch Schlägertypen entwickeln, die besonders unter der enthemmenden Wirkung von Alkohol und dem verrohenden Einfluß entsprechender Fernsehsendungen (s.u.) andere auch außerhalb von rivalisierenden Gruppen bekämpfend im Sinne eines destruktiven Imponiergehabes zusammenschlagen. Damit finden wir Übergänge zu denjenigen, bei denen ein abnormes, der gegenwärtigen Gesellschaftsordnung nicht entsprechendes, aggressives Verhalten weniger oder nicht dazu führt, daß der Betreffende darunter leidet, sondern er läßt seine Umgebung darunter leiden.

Die Demonstration primitiver kämpferischer Aggressivitäten hat mehr das Ziel eines Imponiergehabes vor Artgenossen und führt nur ausnahmsweise zum Tod des Opfers.

Die Bindung von aggressiver Entfaltung an die Sexualität entspricht zwar männlich werbender Sexualität, wie die Aggressionshemmer weiblicher Hingabe, doch kann es in seltenen Fällen zu derartigen abnormen Fixierungen kommen, daß Gewalt sadistisch angewandt wird oder masochistisch erlitten wird, um sexuelle Erregung zu erleben.

Die Bindung aggressiver Energien an den Erwerb von Besitz führt gerade in unserer Zeit zu einer Überfülle von Eigentumsdelikten. Das Eindringen in das Territorium eines anderen zum diebischen Besitzerwerb führt jedoch nur in einem relativ kleinen Prozentsatz zu Gewalttaten.

Sieht man sich die Fülle der Möglichkeiten individueller Fehlentwicklungen der Aggressivität an, so erkennt man, daß die Aggressivität, die zur Tötung Fremder führt, weitgehend auf Gruppenaggressionen, wie oben beschrieben, beschränkt ist, während der einzelne den einzelnen zwar auch bekämpft, jedoch weniger, um ihn zu vernichten, als vielmehr, um ihm überlegen zu sein oder sich zu behaupten. Je mehr der Mensch für seine Gruppe ein Freund wird, läuft er Gefahr, zum gefährlichen Feind einer Nachbargruppe zu werden. Gefährlich wird der Mensch, wenn die anderen ihm z. B. im Krieg erlauben oder es auch von ihm erwarten, den Feind zu töten. Gestattet ihm damit die Moral der Gruppe, in der er lebt, den Angriff einer Fremdgruppe, dann bringt der Mensch, weitgehend frei von instinktgebundenen, aggressiven Hemmungen und angewiesen auf eine Gruppenmoral, die ihm etwas erlaubt oder verbietet, andere Menschen seit der Steinzeit um. Wenn die Gruppenmoral im Kriege das Töten anderer fordert und damit gestattet, so bleiben Schuldgefühle auch aus, wenn der Soldat nach dem Krieg erfährt, daß seine Führung diesen Krieg unberechtigt und willkürlich gewonnen hat. Demgegenüber führt die Aggressivität des einzelnen gegenüber dem einzelnen zwar nicht selten zum Angriff auf seinen Besitz und seinen Körper, jedoch verhindert die Aggressionshemmung durch die Gruppenmoral der Gruppe, in der der Täter lebt, niedergelegt in Gesetzen und religiösen Geboten, von Ausnahmefällen abgesehen, den Tod des einzelnen angegriffenen Fremden. Jedenfalls steht auch bei uns die Zahl der kriminellen Angriffe gegen Besitz und Körper anderer Personen durch einzelne in keinem Verhältnis zu den Aggressionen mit Todesfolge gegen einzelne. Es ist selbstverständlich ein grundlegender Unterschied, ob die Gruppe Belohnungen für die Tötung von Feinden anbietet, oder ob er eine Strafe und Verachtung durch seine Gruppe zu erwarten hat, wenn er sich am einzelnen vergeht.

Ein Sonderfall ist die Aggressivität eines einzelnen gegenüber einer Großgruppe. Sie entsteht am ehesten aus Verbitterung auf querulatorischer Grundlage, indem der Betreffende sich für vermeintliches Unrecht an der Großgruppe rächen will oder auch die Gesellschaft erpreßt, um sich z. B. zu bereichern. Das geschieht entweder heimlich, allein durch Gefährdung der Öffentlichkeit (z. B. Attentate auf öffentliche Verkehrsmittel) oder durch Schadenszufügung, indem z. B. berühmte Gemälde in Museen beschädigt oder zerstört werden. Es geschieht aber auch im offenen Kampf im Stil eines Michael Kohlhaas, der eine Kampfgruppe bildete, andere überfiel, tötete und brandschatzte. Die unschuldigen, angegriffenen Personen werden bei derartigen Gewalttaten die Sündenböcke für das vermeintliche Unrecht, das die Großgruppe in ihrer Gesamtheit oder zumindest ihre Führung praktiziert hat. Einem fanatischen Querulanten sind seine Sache und sein vermeintliches Recht wichtiger als das Recht seiner Gesellschaft, wie unter Umständen der Besitz und das Leben ihrer Mitglieder.

Kommen wir zu den aggressiven Delikten einzelner gegen einzelne:

Kommt es zu persönlichen aggressiven Delikten mit Todesfolge, so zur Zeit bei uns in 3 von 4 Fällen nicht gegenüber Fremden, sondern gegenüber Personen, zu denen der Betreffende eine affektive Beziehung hat. Zumal statistisch nachgewiesen wurde, daß seelisch Kranke zwar nicht seltener, aber auch nicht häufiger gefährlich aggressiv werden, ist es charakteristisch für die menschliche Aggressivität des einzelnen, daß er auch dann nur im Ausnahmefall das Leben anderer bedroht, wenn er sich im Wahn durch diese bedroht fühlt. Menschen, die in ihrer Kommunikation mit anderen Menschen beeinträchtigt sind, weil sie allein wohnen, weil sie schwerhörig sind oder in einer sprachfremden Umgebung die anderen nicht verstehen, werden oft verunsichert und mißtrauisch und können u.U. in paranoidem Wahn davon überzeugt sein, daß die anderen etwas gegen sie haben oder ihnen etwas tun wollen. Die Mehrzahl der rund eine halbe Million Bundesbürger, die schizophren erkranken, haben mehrmals in ihrem Leben (meist nur für einige Monate) das Erlebnis, daß durch andere von außen etwas mit ihnen gemacht wird und sie verfolgt werden. Dennoch kommt es nur bei 6 schizophrenen Erkrankten auf 10000 schizophren Erkrankte zu gefährlich aggressiven Handlungen gegenüber anderen und auch hier wiederum überwiegend nicht gegen Fremde, sondern gegen nahestehende Personen.

Damit schließt sich der Kreis: Die menschliche Aggressivität wird für den Menschen um so gefährlicher, je mehr der Mensch als Mitglied einer Gruppe handelt, die ihm Gefährlichkeit erlaubt. Seine Aggressivität wird immer weniger und nur im Ausnahmefall lebensbedrohlich gefährlich, wenn der einzelne sich entgegen der Gruppenmoral an einem Mitglied seiner Gruppe vergeht.

Zur Aggression gegen sich selbst

Der einzelne verliert zwar an lebensbedrohlicher Gefährlichkeit, wenn er nicht aus der Geborgenheit und mit der Erlaubnis einer Gruppe heraus andere angreift. Dagegen wird der einzelne sich selbst gegenüber gefährlicher, wenn er die Geborgenheit einer Gruppe vermissen muß oder verliert. Die Erfahrung hat gezeigt: Je mehr der Mensch vereinzelt, um so häufiger scheitert er an sich selbst. Vereinzelungen, Isolierung und damit oft Vereinsamung führen häufig dazu, daß sich Aggressionen gegen den Vereinzelten selbst richten: In Form von depressiven Zweifeln an sich selbst, in Form von Lebensüberdruß bis zum Selbstmord, in Form von Ausweichen aus dem Leben und damit oft Lebensbeendigung über eine Sucht. Die enge Verbindung von Beendigung des Lebens über Selbstmord und Sucht wird deutlich, wenn wir erfahren, daß sich nicht nur viele der zur Zeit bis zu 1,8 Millionen geschätzter Alkoholkranker in der Bundesrepublik langsam zu Tode trinken, sondern auch Alkoholkranke rund 100 Mal häufiger Selbstmord begehen als die übrige Bevölkerung. Die nahe Beziehung der Aggression gegen sich selbst zur Aggression gegen andere wird auch dadurch deutlich, daß in manchen Selbstmordversuchshandlungen auch Aggressionen gegen andere enthalten sind, wobei die Selbstmordversuchshandlungen oder der Selbstmord anklagend Schuldgefühle auslösen sollen.

Auf zur Zeit rund 10 Personen, die sich in der Bundesrepublik umbringen, kommen 0,5–1 Person, die umgebracht werden. Da es sich dabei meist um persönlich bekannte Personen handelt, stellen wir fest, daß sich rund 40 Bundesbürger umgebracht haben, bis 1 Unbekannter umgebracht wurde.

Es wird daher darauf ankommen, die aggressiven Kräfte des einzelnen derart zur Entfaltung zu bringen, daß sie sich nicht primitiv kämpferisch zerstörerisch äußern, sondern ihm und der Gesellschaft nützen. Dies wird in unserer Zeit erschwert, da Staat und Kirche schwerlich positive Ziele zur Höherentwicklung der Aggressivität einerseits, wie Aggressionshemmungen andererseits ausreichend vermitteln können, wenn nicht eine Gruppenmoral in der Kindheit und Jugend durch die Familie, die einem nahebringt, wie und wofür man zu leben hat, nachhaltig erlebt wurde.

Der weitgehende Zerfall der Großfamilie in der industrialisierten und zivilisierten Gesellschaft benachteiligt vielfach die Entwicklung des einzelnen für die Zukunft. Es besteht die Verpflichtung der Älteren bzw. Erfahreneren, als Eltern in der Familie, als Arbeitgeber am Arbeitsplatz, als Politiker gegenüber dem Bürger, die anderen zu führen und damit auch zu fordern. Dabei zeigt sich in der westlichen Welt, daß liberal-demokratische Gesellschaften Gefahr laufen, die Wichtigkeit dieser Forderungen „von oben“, die bereits in der Familie einsetzen und beim Staat enden, zu unterschätzen. Eine derartige Führungsschwäche muß jedoch das Gleichgewicht der aggressiven Kräfte stören, wie dies umgekehrt auch eine überbetont oder gar diktatorische Führungsstärke tut.

Aggressivität und Massenmedien

Die Massenmedien haben sowohl über Fernsehen, Presse und Rundfunk die Möglichkeit, schädigende Aggressionen zu hemmen, aber auch zu fördern.

Dem Abbau primitiver kämpferischer Aggressionen dienen sowohl die Vermittlung von Informationen im Interesse der Völkerverständigung, indem sie die Fremden entfremden und damit auch entfeinden. Aggressionshemmend in diesem Sinn wirken ferner alle Informationen über Rivalitätskämpfe auf dem Gebiet des Sports, sobald man sich auf irgendeiner Ebene mit den Sportlern identifizieren kann. So können besonders Länder-, Europa- und Weltmeisterschaftskämpfe über die Vermittlung durch die Massenmedien enorme aggressive Energien zwischen Großgruppen abreagieren.

Demgegenüber werden Aggressionen gefördert, indem die Massenmedien zur Verrohung über Nachahmung beitragen. Der instinktarme Mensch ist in hohem Maß auf Nachahmung angewiesen, soll er sich nicht ständig intelligent neue Bewältigungsmöglichkeiten des Daseins ausdenken. Wir sind viel mehr nachahmende Konformisten als wir wahrhaben wollen. Die Änderung einer Mode in irgendeiner Richtung und ihre Nachahmung zeigen es immer wieder allzu deutlich. An diese menschliche Nachahmungsbereitschaft appelliert die gesamte Werbung in den Massenmedien. Da gerade die Nachahmung über Gesichtseindrücke angeregt wird, wäre es paradox, annehmen zu wollen, daß das Vorzeigen aggressiver Handlungen im Fernsehen nicht auch aggressionsfördernd wirken sollte. Es ist bekannt, daß Aggressionen mit Todesfolge nicht nur meist gegenüber bekannten Personen, meist nachts und häufig unter dem enthemmenden Einfluß von Alkohol erfolgen. Man weiß, wie häufig in jeder Woche das Schlagen oder Töten von Menschen im Fernsehen (besonders nachts) gezeigt wird. Dabei werden aggressive Handlungen zum Teil bagatellisiert, indem besonders in Western Schlägereien, die in der Wirklichkeit lebensgefährlich wären, verharmlost werden. Hinzu kommt, daß das Ausleben lebensbedrohender Aggressionen zumindest demjenigen, der recht handelt, in derartigen Sendungen gestattet wird.

Es ist bekannt, daß in der Zeit des römischen Reiches, in der zur Schaubelustigung des Volkes Hunderttausende von Menschen in Amphitheatern durch wilde Tiere oder andere Kämpfe umgebracht wurden, die zerstörerische Aggressivität der Zuschauer gegenüber Fremden nicht gemindert wurde. Es ist bekannt, daß in den USA auf mehreren Fernsehkanälen seit vielen Jahren mehr als 20 Stunden am Tag ein hoher Prozentsatz der Sendungen vorführt, wie Menschen geschlagen, verletzt, getötet werden. In dieser Zeit stieg die Zahl aggressiv-gefährlicher Delikte, ganz besonders bei Jugendlichen, erheblich an. Die Schutzbehauptung, daß derartige Sendungen die Gefahr gefährlicher, aggressiver Handlungen mindern, entbehrt jeglicher Grundlage.

Dabei sei zugegeben, daß die moralisch bedingte Aggressionshemmung des Normalbürgers durch derartige Sendungen nicht gefährdend abgebaut werden kann, doch werden die im Hinblick auf ihr aggressives Niveau Unreifen und Primitiven, wie die in aggressiven Krisensituationen Lebenden, bei derartigen Überlegungen vergessen.

Sachregister